Coleção
Processo e Direito

Direção
Michele Taruffo
Jordi Nieva
Eduardo Oteiza
Daniel Mitidiero

PROCESSO CIVIL
E
IDEOLOGIA

José Rogério Cruz e Tucci

PROCESSO CIVIL E IDEOLOGIA

Subsídios estratégicos ao advogado do contencioso

Marcial Pons

MADRI | BARCELONA | BUENOS AIRES | SÃO PAULO

Coleção Processo e Direito

Direção

Michele Taruffo / Jordi Nieva / Eduardo Oteiza / Daniel Mitidiero

Processo civil e ideologia: subsídios estratégicos ao advogado do contencioso
José Rogério Cruz e Tucci

Capa
Nacho Pons

Produção
Ida Gouveia / HBLYZ / Oficina das Letras®

CIP-Brasil. Catalogação na Publicação

Tucci, José Rogério Cruz e
Processo civil e ideologia: subsídios estratégicos ao advogado do contencioso / José Rogério Cruz e Tucci - 1. ed. - São Paulo: Marcial Pons, 2019.
(Processo e Direito)
Inclui bibliografia
ISBN 978-85-66722-77-2

1. Ideologia. 2. Processo civil. 3. Processo judicial. I. Título. II. Série

Índices para catálogo sistemático: Direito processual civil 347.9

Av. Brig. Faria Lima, 1461, Torre Sul, 17/8, Jardim Paulistano CEP 01452-002 São Paulo-SP
☎ (11) 3192.3733
www.marcialpons.com.br

Impresso no Brasil

APRESENTAÇÃO

Encilhada por um verdadeiro sistema autopoiético, a ciência processual civil de época contemporânea tem ensejado, nas mais diferentes experiências jurídicas, de matriz anglo-saxônica ou de estrutura romano-canônica, invejável contribuição para o aperfeiçoamento da dogmática.

Hoje, os estudiosos do processo têm a exata dimensão da necessidade de um processo despido de prolixidade, ágil no que respeita às formas, em busca de um objetivo comum colimado por todos, qual seja uma projeção temporal mínima, que assegure às partes as garantias do devido processo legal, respondendo prontamente às suas respectivas expectativas.

É certo que esta patente evolução, norteada sobretudo pela instrumentalidade das formas, tem trazido ampla repercussão no plano da praxe forense, a partir do ideário de um processo mais simplificado, rápido e econômico, em prol do cidadão que anseia tutela jurisdicional eficiente e tempestiva.

A valorização e a redefinição da atuação do juiz e, de um modo geral, do papel do Poder Judiciário despertam, nos dias atuais, múltiplas interrogações que culminam inserindo, no epicentro do direito processual, importantes problemas que decorrem do denominado ativismo judicial.

De uma perspectiva historicamente estática, a partir das duas últimas décadas do século XX, observa-se radical mudança de rumo nos estudos de direito processual: a ciência do processo, civil e penal, passou a ser redimensionada sob enfoque constitucional. Na Itália, as obras seminais de referência, que constituíram o marco fundamental para essa inescondível guinada, foram as de Luigi Paolo Comoglio e Nicolò Trocker, ambas editadas no início da década de 1970.

Desde então, novas vertentes se descortinaram, gerando, a seu turno, intenso debate sobre vários temas, em particular, acerca de uma concepção dinâmica do princípio do contraditório, considerado como a pedra angular do alicerce do método moderno de desenvolvimento do processo.

Ademais, muitas outras polêmicas suscitadas e que ainda rondam a doutrina e a jurisprudência concernem à amplitude dos poderes do juiz, aos problemas da tutela de urgência em juízo de cognição sumária, do direito à prova, do conteúdo mínimo da motivação da sentença, da eficácia persuasiva e vinculante dos precedentes judiciais, da objetivação dos recursos excepcionais, enfim, uma miríade de questões relevantes que instigam todos nós, estudiosos e estudantes, a desvendar o melhor caminho a ser seguido, não apenas sob o aspecto técnico, mas, igualmente, numa direção estratégico-política.

Como bem pontua Cecilia Café-Mendes, no século em que vivemos, aos poucos, o conceito de ideologia ganhou matizes diferentes no âmbito de cada área do conhecimento humano. Para historiadores e filósofos da ciência, é possível fazer clara distinção entre ideias verdadeiras e falsas. Para Karl Popper, por exemplo, ideologia, pura e simples, sem investigação mais acurada, é, na verdade, pseudociência, uma vez que pressupõe adesão não-crítica a determinada posição, sendo, assim, protegida de qualquer método refutatório dentro do pensamento racional. E, assim, por esta razão, o cientista pouco ou quase nenhuma contribuição oferecerá à sua comunidade de trabalho.

É preciso, pois, para que se colham bons frutos, hipotizar uma determinada situação, analisá-la, enfrentá-la sob diferentes ângulos e opiniões, e, depois, escolher a mais adequada solução do ponto de vista teórico e prático, embasando-a tanto quanto possível numa tese, sedimentada em argumentos sustentáveis.

Aduza-se que, em nossa experiência jurídica, muitos problemas se dilataram em virtude da promulgação e ulterior vigência do Código de Processo Civil de 2015, alargando o campo de discussão e entrelaçando mais de uma possibilidade, que têm merecido grande atenção dos cultores da ciência processual.

De minha parte, buscando separar o que é aceitável dentro de parâmetros básicos que são ministrados pela legislação e pela dogmática, tenho procurado me envolver nesse profícuo debate acadêmico, sem perder de vista a minha atuação profissional diuturna como advogado.

Não posso afirmar que tenho acertado todas as vezes na escolha das soluções a que cheguei... Muitas delas, agora reunidas nesse livro, submeto, com redobrada satisfação, à apreciação dos meus estimados Colegas,

Orientandos e Alunos, ao mesmo tempo em que os convido a participar de profícua e consistente reflexão, visando a encontrar, em conjunto, pontos de convergência que possam aperfeiçoar e iluminar a exegese das leis que regem o processo civil!

José Rogério Cruz e Tucci

SUMÁRIO

Apresentação 7

- I -

Contra o processo autoritário 19

1. Premissas 19
2. Essência do processo civil liberal 20
3. Ampliação dos poderes do juiz norteada pelo princípio da legalidade 21
4. Tendências autoritárias da jurisprudência 26
5. Técnicas arbitrárias em busca da celeridade processual 30
6. Crítica ao julgamento "piloto" do Tribunal Constitucional europeu 31
7. O novo CPC: inaceitável transformação do processo individual em processo coletivo 33
8. À guisa de conclusão 34

- II -

Garantias constitucionais do processo civil nas três décadas de vigência da Constituição Federal 35

- III -

Apontamentos sobre as *Normas fundamentais do processo civil* 47

- IV -

O elogio de Piero Calamandrei como uma perene homenagem aos juízes de todas as épocas 85

- V -

Protagonismo do juiz e das partes no saneamento e na organização do processo 91

1. Aproximação dos regimes processuais europeus 91
2. Audiência de saneamento sob a perspectiva da comparação jurídica 93
3. Antecedentes da reforma brasileira 97
4. Regramento do vigente CPC 99
5. Resolução de questões processuais pendentes 100
6. Fixação das questões de fato e deferimento dos meios de prova 100
7. Distribuição do ônus da prova 101
8. Delimitação das questões de direito 103
9. Designação de audiência de instrução e julgamento 103
10. Previsão de pedido de esclarecimento formulado pelas partes 104
11. Delimitação consensual acerca das *questiones facti* e *iuris* 105
12. Complexidade da causa e imposição de audiência para o saneamento compartilhado 107
13. Procedimento para a futura produção de prova testemunhal 110
14. Procedimento para a futura produção de prova pericial 111
15. Intervalo mínimo entre a realização das audiências de instrução e julgamento 111
16. Limites da eficácia preclusiva da decisão de saneamento 112

- VI -

Audiência de instrução e julgamento no novo CPC 117

1. Introdução: audiência de instrução e julgamento na tradição do processo civil brasileiro 117
2. Generalidades 120
3. Pregão e declaração de abertura da audiência 121
4. A arbitragem não constitui método de solução consensual de conflitos 123
5. Preservação da ordem e do decoro 124

6. Comportamento inconveniente e requisição de força policial 126
7. Tratamento urbano 127
8. Documentação dos requerimentos deduzidos na audiência 128
9. Cronologia da produção da prova oral 129
10. Palavra pela ordem com autorização judicial 131
11. Causas determinantes do adiamento da audiência 131
12. Responsabilidade pelas despesas 133
13. Nulidade decorrente da falta ou da inexatidão da intimação 134
14. Debates orais 135
15. Substituição dos debates orais pela apresentação sucessiva de memoriais escritos 136
15.1. As "razões finais escritas" em nossa tradição jurídica 136
15.2. Precisa redação do art. 364, § 2º, do CPC 140
16. Continuação da audiência em data próxima 140
17. Abandono da regra da identidade física do juiz 141
18. Documentação em autos físicos 143
19. Documentação em autos eletrônicos 144
20. Registro da audiência em vídeo e áudio 144
21. Autorização *ope legis* da gravação da audiência 145
22. Publicidade da audiência 145
23. Restrição legal à publicidade 147

- VII -

Breve perfil histórico dos procedimentos no processo civil brasileiro 149

1. Introdução 149
2. Primeiras leis atinentes ao processo civil 150
3. Regulamento 737 (1850) 151
3.1. Considerações prévias 151
3.2. Estrutura 152
3.3. Atos, procedimentos e fases do processo 152
4. Consolidação Ribas (1878) 155

5. Literatura processual da época 157
6. Período da dualidade processual (1890-1934) 158
7. Unificação do direito processual (1934-1938) 161
8. Literatura processual da época 161
9. À guisa de conclusão 162

- VIII -

A liberdade do juiz e o problema da requalificação jurídica da demanda 163

1. Introdução 163
2. O art. 10 do novo CPC 165
3. *Iura novit curia,* requalificação jurídica e *ratio decidendi* 167
4. Conclusão 171

- IX -

Estrutura dos precedentes judiciais no CPC: entre técnica e ilusão .. 173

1. Generalidades 173
2. Função e relevância dos pronunciamentos decisórios dos tribunais .. 174
3. Jurisprudência, precedente judicial e súmula 177
3.1. Jurisprudência 177
3.2. Precedente judicial (em sentido estrito) 178
3.3. Súmula 180
3.4. Súmula vinculante 180
3.5. Dos fatos à regra sumulada 181
4. Repercussão do precedente judicial nos futuros julgamentos 182
5. Duas palavras sobre a melhor técnica de citação das decisões judiciais 183
6. Esboço de uma teoria geral dos precedentes judiciais 185
7. Horizontes do art. 927 188
8. Tipologia da eficácia das decisões dos tribunais na experiência jurídica brasileira 189

8.1. Súmulas com eficácia vinculante 189
8.2. Súmulas e precedentes com relativa eficácia vinculante ("*force de facto*") 193
8.3. Precedentes e jurisprudência com eficácia meramente persuasiva 195
9. Proibição de decisão proferida com base em "fundamento-surpresa" e imposição do dever de motivação 196
10. Possibilidade de participação da sociedade no procedimento de revisão do precedente 198
11. Determinantes do superamento do precedente e modulação temporal da eficácia 199
11.1. O problema da eficácia retroativa do precedente 199
11.2. Anacronismo do precedente e modulação temporal da eficácia 200
12. Ônus da justificação adequada 204
13. Ampla publicidade dos pronunciamentos dos tribunais 206
14. Influxos dos precedentes nos casos repetitivos 207
15. Objeto do julgamento dos casos repetitivos 207

- X -

O STJ e a relevância dos precedentes judiciais como fenômeno de transformação do direito 211

1. Valor do precedente no discurso judicial 211
2. O dogma da coisa julgada e a força do precedente judicial 213
3. Antecipação à lei e ruptura dos paradigmas 216

- XI -

Regime da coisa julgada no CPC de 2015 223

1. Estabilidade e segurança jurídica 223
2. Eficácia da sentença e delimitação da coisa julgada 227
3. Conceito legal de coisa julgada material 229
4. Coisa julgada sobre decisões parciais de mérito e inconstitucionalidade do art. 975 do CPC/2015 232

5. Limites objetivos da coisa julgada: questão principal 235
6. Questão principal, questão autônoma e questão prejudicial 237
7. Questão prejudicial expressa e incidentalmente decidida e coisa julgada 238
8. Requisitos para a extensão da coisa julgada à questão prejudicial 239
9. Incontornável problema prático 239
10. Situações excluídas: restrições probatórias e limitações à cognição 240
11. Arguição incidental da falsidade de documento 241
12. Viabilidade (ainda) da ação declaratória incidental 241
13. Incidência imediata das regras de direito processual 241
14. Distinção formal entre motivos e dispositivo 243
15. Função instrumental dos motivos 246
16. Motivação e coisa julgada 248
17. Veracidade dos fatos 249
18. Extensão da preclusão 251
19. Inexistência de preclusão *pro iudicato* acerca de questão de ordem pública 252
20. Coisa julgada e relação jurídica de trato continuado 253
21. Previsão legal determinante da revisão da coisa julgada 255
22. Alusão à denominada flexibilização da coisa julgada 256
23. Limites subjetivos da coisa julgada 257
24. Conceito processual de parte e de terceiro 259
25. Terceiros beneficiados pela eficácia da sentença transitada em julgado 264
26. Questões resolvidas no curso do processo 268
27. Indiscutibilidade das questões já decididas 269
28. Eficácia preclusiva da coisa julgada 270
29. Âmbito de abrangência da eficácia preclusiva da coisa julgada....... 270

- XII -

Reflexões sobre a estrutura formal da sentença arbitral ... 275

1. Aspectos gerais ... 275

2. Relatório ... 276

3. Motivação ... 277

3.1. Garantia constitucional da motivação ... 277

3.2. Significado e conteúdo da motivação ... 277

3.3. Proibição do "fundamento-surpresa" e requalificação da demanda pelo tribunal arbitral ... 279

3.4. Escopos da motivação ... 282

3.5. Decisões consideradas nulas por defeito de motivação ... 283

3.5.1. Nulidade decorrente de mera reprodução de fundamento legal (art. 489, § 1º, I) ... 284

3.5.2. Nulidade decorrente da fundamentação genérica em "conceitos jurídicos indeterminados" (art. 489, § 1º, II) ... 285

3.5.3. Nulidade decorrente de fundamentação padronizada (art. 489, § 1º, III) ... 285

3.5.4. Nulidade decorrente de motivação insuficiente (art. 489, § 1º, IV) 285

3.5.5. Nulidade decorrente de invocação impertinente de súmula ou precedente (art. 489, § 1º, V) ... 286

3.5.6. Nulidade decorrente do desrespeito injustificado a súmula, jurisprudência ou precedente (art. 489, § 1º, VI) ... 287

3.5.7. Nulidade decorrente de motivação *aliunde* ou *per relationem* 288

3.6. Exigência de justificação na hipótese de colisão de normas (art. 489, § 2º) ... 288

3.7. Consequência da sentença considerada desmotivada ... 292

4. Dispositivo ... 293

5. Dissenso entre os árbitros ... 294

6. Complementação da sentença arbitral ... 294

7. Aspectos conclusivos ... 295

- XIII -

Perspectivas dos honorários de sucumbência no novo CPC 297

1. Pressupostos da revisão de honorários advocatícios de sucumbência pelo STJ 297

2. Definição dos honorários advocatícios de sucumbência pelo STJ 302

3. Honorários do advogado não podem suplantar o benefício do vencedor 306

- XIV -

Os advogados vão ao cinema: *class action* 309

- XV -

Colar do mérito judiciário

Discurso de agradecimento 319

BIBLIOGRAFIA 327

– I –

CONTRA O PROCESSO AUTORITÁRIO

Sumário: 1. Premissas. 2. Essência do processo civil liberal. 3. Ampliação dos poderes do juiz norteada pelo princípio da legalidade. 4. Tendências autoritárias da jurisprudência. 5. Técnicas arbitrárias em busca da celeridade processual. 6. Crítica ao julgamento "piloto" do Tribunal Constitucional europeu. 7. O novo CPC: inaceitável transformação do processo individual em processo coletivo. 8. À guisa de conclusão.

"Judicium est in qualibet actione trinus actus trium personarum: judicis, actoris et rei" (Bulgarus, 1163 – ?)

1. Premissas

O presente artigo visa a reafirmar um dos fundamentos dogmáticos mais importantes do processo civil de índole liberal, consistente na ideia de que *nemo iudex sine actore*, vale dizer, de que o processo se origina por iniciativa exclusiva da parte.

Ademais, o profícuo debate teórico – ainda hoje atual – acerca da amplitude dos poderes do juiz deve sempre ser examinado, qualquer que seja a opção ideológica do intérprete, sob a égide da legalidade, ou seja, não é tão relevante a atribuição de maior ou menor atuação oficiosa do juiz, em matéria probatória, desde que norteada nos quadrantes das garantias do devido processo legal.

A moderna concepção publicística do processo civil não implica dilatação do poder estatal, mediante o exercício ilimitado da atividade jurisdicional, mas, sim, pressupõe a existência de um juiz, independente e imparcial, na direção dos atos processuais, seguindo normas legais predispostas, tendentes a tutelar direitos que reclamam proteção, submetidos à cognição do Poder Judiciário por exclusiva iniciativa dos respectivos titulares ou de quem é legitimado a agir em nome próprio defendendo interesses alheios. Viceja destarte a instrumentalidade do processo como vetor institucionalizado em prol da efetivação do direito material.

Assim, firme nesse postulado, acredito que deve ser combatida qualquer tentativa de romper o paradigma da inércia da jurisdição, com a imposição de um processo de matriz autoritária, que, a pretexto de prestigiar os princípios fundamentais da duração razoável e da economia processual, vulnere o direito individual do cidadão, a exemplo, aliás, da regra que restou vetada, ao ensejo da sanção presidencial, do art. 333 do nosso novo Código de Processo Civil (Lei 13.105/2015), que viabilizaria a abominável conversão *ex officio* da ação individual em ação coletiva.

É sempre importante frisar que a celeridade deve servir às partes e não ao Estado!

2. Essência do processo civil liberal

A atividade dos órgãos do Poder Judiciário é eminentemente caracterizada pela inatuação ("*wo kein Klager ist da ist kein Richter*"),[1] afigurando-se, pois, pelo princípio da demanda (art. 262 CPC), sempre imprescindível a provocação do Estado, a fim de que este, substituindo a atuação dos interessados, possa, de modo imparcial, declarar o direito, satisfazer o direito declarado ou, ainda, assegurar o direito cuja declaração é invocada.

Com a ação da parte, fundada no exercício do direito à jurisdição, ativando os órgãos estatais, detentores da função judicante, na busca de tutela estatal, irrompe também o monopólio de disposição, reconhecido ao demandante.

Com efeito, tal concepção, vigente na generalidade dos ordenamentos processuais democráticos, exprime a supremacia do litigante para instaurar o processo, determinar-lhe o objeto e, ainda, dispensar a proteção jurisdicional pleiteada.[2] Em idêntico sentido, José Roberto dos Santos Bedaque assevera que: "o monopólio da parte sobre a iniciativa do processo existe independentemente da natureza do direito litigioso. Ainda que indisponível

1. Cf. conhecida máxima cunhada por Nicolaus T. Gönner, *Handbuch des deutschen gemeinen Prozesses*, v. 1, p. 180.
2. Robert Wyness Millar, *The Formative Principles of Civil Procedure*, A History of Continental Civil Procedure, p. 14.

o direito subjetivo material, persiste o princípio da inércia da jurisdição. Em outras palavras, mesmo em relação a essa categoria de direitos, o interessado tem o monopólio da demanda. E se o Estado tem interesse direto ou indireto na relação, ainda assim não se confere poder de iniciativa ao juiz".[3]

Isso tudo significa que o litigante tem "full control" sobre o seu direito material e as suas respectivas garantias processuais e, outrossim, bem revela o poder da parte de livre escolha para o exercício ou não-exercício destas prerrogativas;[4] o juiz, por outro lado, nos limites da lei, detém poderes de direção material do processo e de iniciativa probatória, simplesmente porque deve estar comprometido com a solução mais justa possível da controvérsia.

3. Ampliação dos poderes do juiz norteada pelo princípio da legalidade

A doutrina processual se preocupou no passado e ainda hoje debate a opção do legislador pela ampliação dos poderes do juiz, seja no que se refere à produção da prova, seja no que concerne à direção do processo.

Examinando as tendências políticas que inspiraram a elaboração do projeto do Código de Processo Civil italiano, sob a égide do regime fascista, Piero Calamandrei, no parecer que preparou, emitido em nome da *Facoltà di Giurisprudenza della R. Univesità di Firenze*, no qual reconhecendo o mérito do *progetto Solmi*, elogiou a simplificação das formas e a instituição da oralidade, desdobrada na concentração e na imediatidade, tal como preconizada por Chiovenda.

Já no que se refere a questão bem mais delicada, qual seja, a atinente à ampliação dos poderes do juiz, Calamandrei afirmou – no § 3º, sob a rubrica *Observações sobre as premissas políticas do projeto* – que, segundo o Ministro da Justiça,

---

3. *Poderes instrutórios do juiz*, p. 99. Enfatiza, a propósito, Hélio Tornaghi que, em nosso sistema processual civil, "o juiz, além de não poder tomar a iniciativa do processo (*ne procedat iudex ex officio*) e de ficar na dependência da do autor (*nemo iudex sine actore*), também deve conformar-se ao que foi pedido, sendo-lhe defeso conhecer de matéria estranha à demanda e à contestação" (*Comentários ao Código de Processo Civil*, v. 1, p. 399).

4. V., a respeito, J. A. Jolowicz, *The Active Role of the Court in Civil Litigation*, Public Interest Parties and the Active Role of the Judge in Civil Litigation, p. 199 e s.

Quanto à orientação oposta, seguida pelos sistemas jurídicos totalitários, nos quais, em muitas hipóteses, são consideravelmente ampliados os poderes do juiz, em detrimento da liberdade de disposição das partes, v. Corrado Ferri, *Struttura del processo e modificazione della domanda*, p. 61 e s.; M. A. Gurvich, *Profili generali del processo civile sovietico*, Ricerche sul processo – 1. Il processo civile sovietico, p. 15 e s.; V. K. Poutchinski, *Princípios de processo civil da URSS e das Repúblicas Federadas*, p. 45 e s.; Rafael Grillo Longoria, *Derecho Procesal civil* – I (Teoría general del proceso civil), p. 82 e s.; Mauro Cappelletti, *Le grandi tendenze evolutive del processo civile nel diritto comparato*, Processo e ideologie, p. 182 e s.

"(...) o problema 'essencialmente político' que está na base da reforma é 'um aspecto do vasto problema da restauração do princípio da autoridade. Até no campo do processo civil, o Estado deve reassumir a sua posição preeminente; deve reafirmar a indeclinável superioridade que lhe compete de executar o direito'. Trata-se, em outras palavras, de projetar no campo do processo os princípios autoritários em que se inspira a organização constitucional do Estado: e como, no processo, o Estado é representado pelo juiz, o princípio autoritário introduzido no processo significa logicamente a ampliação dos poderes do juiz. Ainda sobre este ponto fundamental, a reforma encontrou na Itália o terreno perfeitamente preparado pela doutrina: a concepção do processo civil como matéria de ordem pública, a qual importa dar ao juiz uma posição preeminente, já foi sustentada na obra de Lodovico Mortara e tornou-se, depois, como é sabido, um dos dogmas da lição de Chiovenda, cuja proposta de reforma, em fins de 1919, partia da premissa de que 'o conceito renovado da justiça como função do Estado... restitui ao juiz, no processo moderno, uma posição central de órgão público interessado em distribuir justiça da melhor e mais rápida maneira possível'... Na verdade, esta tendência publicística que encontra no atual texto legal projetado uma afirmação tão enérgica, não é senão um aspecto, inserido na restrita esfera processual de um fenômeno mais vasto que se vem desenvolvendo por diversas formas nos ordenamentos jurídicos de todo o mundo e tem como diretriz comum a prevalência do interesse social sobre o interesse individual. Diante do sistema baseado no chamado 'princípio dispositivo', que se pode em certo sentido considerar como a expressão processual do individualismo liberal, o 'princípio inquisitório' afirma-se como expressão do autoritarismo, que não pode deixar à mercê das iniciativas individuais a consecução dos fins individuais, mas como fins do Estado. Verifica-se, assim, paralelamente a essa progressiva absorção do direito privado pelo direito público, que se realiza aos nossos olhos em todos os campos do direito substantivo, a gradual demolição das barreiras que tradicionalmente separavam o processo civil do processo penal e pareciam instransponíveis...".[5]

Seja como for, na visão de Calamandrei, inspirada na doutrina de Chiovenda, a ampliação dos poderes instrutórios do juiz não enfraquece o princípio dispositivo, uma vez que permanecem salvaguardadas a proibição de julgamento *ultra petita* e o dever de decidir *secundum allegata*.[6]

Ademais, em continuação, sobre o denominado princípio de autoridade e a concessão de poderes mais amplos ao juiz (§ 3º, n. 6), acrescentou Calamandrei que:

---

5. Calamandrei, *Parere della Facoltà di Giurisprudenza a S. E. il Ministro della Giustizia sul Progetto preliminare del Codice di Procedura Civile*, p. 24-26; Opere giuridiche, v. 1; Processo oral (obra coletiva), p. 165-166.

6. V., a respeito, as importantes considerações de Michele Taruffo, *Calamandrei e le riforme del processo civile*, Piero Calamandrei – Ventidue saggi su un grande maestro, coletânea Per la storia del pensiero giuridico moderno, p. 160-161.

"A concepção restaurada do fim publicístico do processo civil importa naturalmente reforçar os poderes do juiz; com efeito, numerosas disposições do projeto visam a este objetivo. Mas aumento dos poderes do juiz não significa necessariamente aumento da indeterminação dos mesmos, nem é necessário, para ampliar a autoridade do juiz, alargar a esfera dos seus poderes discricionários, ou seja, do seu arbítrio. Fazemos esta observação porque nos parece que aquela premissa geral de restauração da autoridade do Estado no processo civil, em que se funda o projeto, não pode significar de forma alguma renúncia do Estado à regulamentação legal do desenvolvimento do processo e consequente transferência para o juiz do poder de criar, em cada caso, a regra processual que lhe pareça mais apropriada à controvérsia. Restauração da autoridade do Estado tem significado sempre, na Itália, restauração da autoridade da lei, compreendida como manifestação de vontade do Estado, emitida de modo geral e abstrato; também o projeto, justamente porque alvitra a restaurar no processo a autoridade do Estado, não pode ter pretendido abrir a porta àquela tendência malsã seguida por algumas leis estrangeiras (da qual constitui expressão mais típica a lei sobre processo civil da Rússia soviética, reduzida a 473[7] artigos esquemáticos, que deixam vastíssimo campo ao arbítrio do juiz), tendência que procura reduzir as leis processuais a poucos princípios diretivos, baseado nos quais poderia o juiz (à semelhança de quanto podem fazer os árbitros pelo art. 17 do CPC) criar para cada processo o rito que mais lhe agradasse...".[8]

Verifica-se, pois, que, para Calamandrei, "autoridade do Estado" tem o significado de "autoridade da lei", o que, intuitivamente, exclui a criação judiciária do direito, e, portanto, qualquer manifestação de poder discricionário do juiz sobre o procedimento!

Oportuno é observar que esta lição se amolda perfeitamente à moderna dogmática processual, no sentido de que a "ampliação dos poderes do juiz", ou seja, a concepção de um juiz proativo, não implica, *tout court*, a instituição de um processo necessariamente autoritário. Com efeito, hoje, a dilatação dos poderes judiciais de direção e de instrução deve ser sempre equacionada com as garantias constitucionais do processo ("autoridade da lei"), a permitir que as partes possam participar – cooperando com o juiz, em constante contraditório – de todos os rumos que o procedimento venha a trilhar, por força de decisão judicial, incluindo-se, aí, por óbvio, toda a atividade relacionada à produção da prova (consulte-se, *e. g.*, o art. 6º do nosso novo CPC, com a seguinte redação: "*Todos os sujeitos do processo*

---

7. Hoje, o CPC da Federação Russa contém 446 artigos, em vigor desde 1º-2-2003. O art. 8º desse diploma processual confere amplos poderes instrutórios ao juiz, que encontram limites no texto constitucional.

8. Calamandrei, *Parere della Facoltà di Giurisprudenza a S. E. il Ministro della Giustizia sul Progetto preliminare del Codice di Procedura Civile*, cit., p. 27-28; Opere Giuridiche, cit., v. 1, p. 306-307; Processo oral (obra coletiva), cit., p. 167.

devem cooperar entre si para que se obtenha, em tempo razoável, decisão de mérito justa e efetiva").

Nessa linha de raciocínio, numa notável palestra de Moacyr Amaral Santos, atualmente adormecida, infere-se que a ampliação dos poderes do juiz, em especial, aqueles de direção do processo, de modo a assegurar andamento rápido da causa, nada tem de autoritário, se a atuação judicial não produzir qualquer prejuízo à defesa dos litigantes. Invocando lição de Pontes de Miranda, ressalta Amaral Santos, que a direção supõe arbítrio, porém esse arbítrio é limitado pelas regras técnicas que dispõem sobre a sucessão de atos procedimentais; ou seja, no exercício da direção do processo, o juiz poderá imprimir-lhe celeridade que se coaduna com o desenvolvimento regular das fases processuais, na conformidade da sua disciplina legal, pois, do contrário, do desrespeito da direção a esta disciplina, resultará prejuízo à defesa dos interessados. De tal modo, ampliando-se embora os poderes do juiz na direção do processo, o legislador deve condicionar o exercício destes à conformação com as normas processuais, o que redunda na negação da discricionariedade, que caracteriza o juiz autoritário. De outra parte, a ingerência e atuação do juiz na direção do processo, a dar-lhe uma alma atualizada com a doutrina publicística, tem, entretanto, que se acomodar aos princípios cardeais do processo de natureza dispositiva.[9]

Mais recentemente, ainda sobre essa importante temática, registra-se acirrada polêmica teórica, que envolveu inúmeros processualistas.

A partir de um livro escrito por Juan Montero Aroca, intitulado *Los princípios políticos de la nueva Ley de Enjuiciamento Civil: los poderes del juez y la oralidade*,[10] de 2001, no qual vem repudiada, de forma veemente, a opinião de quem sustenta que o processo está a serviço de determinados fins estatais e que a função jurisdicional é o meio para alcançar os escopos políticos do Estado democrático, o debate se instaurou com a posição crítica assumida por Giovanni Verde, então Vice-Presidente do Conselho Superior da Magistratura italiana, no artigo *Le ideologie del processo in un recente saggio*.[11]

Embora sobrelevando as garantias processuais, Montero Aroca resume o seu ponto de vista, quanto ao exercício dos poderes instrutórios atribuídos ao julgador, afirmando que a chamada "publicização" do processo civil tem origem na ideologia fascista e totalitária, sendo certo que a concessão de

9. *Contra o processo autoritário*, aula inaugural do ano letivo de 1959, Revista da Faculdade de Direito da Universidade de São Paulo, 1959, p. 222-223.

10 . Publicado em Valencia, pela editora Tirant lo Blanch.

11 . Rivista di diritto processuale, 2002 (3), p. 676-687. Reproduzido em espanhol, sob o título *Las ideologías del proceso en un reciente ensayo*, Proceso civil e ideología, p. 67 ss.

amplos poderes discricionários ao juiz – especialmente nos sistemas processuais austríaco, soviético, alemão e italiano –, não se sustenta, visto que o processo civil tem por objeto direitos subjetivos privados, de interesse exclusivo dos litigantes e não do Estado. Assim, o juiz jamais pode ter maior protagonismo do que a atuação das próprias partes.[12]

Ora, como destaca Joan Picó y Junoy, a tese dos "revisionistas", de que a inatividade do juiz se justifica pelo caráter privado do objeto discutido no processo civil encontra-se completamente ultrapassada, diante de uma perspectiva "publicista" ou "social" do processo, que o concebe como instrumento necessário para o exercício da função jurisdicional do Estado. Mesmo que o cerne dos litígios discutidos no âmbito do processo civil tem natureza, em regra, privada ou disponível, dúvida não há de que o modo de o processo desenvolver-se não comporta ingerência das partes, mas, sim, do Estado-juiz, "único titular da função jurisdicional, que se serve do processo como instrumento para garantir a efetividade desta função".[13]

Ademais, cumpre salientar que a atividade probatória *ex officio* vem contemplada na grande maioria das legislações processuais do mundo ocidental, como importante regra técnica, quando reputado necessário o seu emprego, de complementação da produção da prova, em prol da adequada solução do litígio.

Frise-se, por outro lado, que o denominado processo de âmbito coletivo apresenta uma ruptura à barreira imposta pelo art. 18 do Código de Processo Civil: aquela percepção herdada da Idade Média, coroada no direito alemão, em que o processo era instituto entre partes (*Sache dei Parten*), no qual o juiz, inerte, ficava observando o duelo judiciário entre os litigantes, com poderes instrutórios mínimos, limitando-se tão somente a proferir uma sentença em consonância com o que havia ficado provado nos autos. Essa visão individualista que marcou o direito civil e o direito processual civil no século XIX, obviamente, influenciou a legislação do século XX.

---

12 . *Los princípios políticos de la nueva Ley de Enjuiciamento Civil: los poderes del juez y la oralidad*, cit., *passim*; *El proceso civil llamado "social" como instrumento de "justicia" autoritaria*, Proceso civil e ideología, cit., p. 130 ss.; *Síntesis de las concepciones históricas del proceso civil*, Teoría & Derecho – Revista de pensamento jurídico, 7, p. 15 ss.

A discutível posição de Montero Aroca foi secundada por Franco Cipriani, *Prefazione* à edição italiana do livro de Montero Aroca, *I principi politici del nuovo processo civile spagnolo*, Napoli, ESI, 2002; e por Girolamo Monteleone, *Principi e ideologie del processo civile: impressioni di un "revisionista"*, Rivista trimestrale di diritto e procedura civile, 2003, 2, p. 575 ss.; reproduzido em espanhol, sob o título *Principios e ideologías del proceso civil: impresiones de "un revisionista"*, Proceso civil e ideología, coord. Juan Montero Aroca, cit., p. 97 ss.

13 . *El derecho procesal entre el garantismo y la eficacia: un debate mal planteado*, Proceso civil e ideología, p. 121-122.

Suplantada essa concepção, pode-se alvitrar um processo com escopos sociais bem mais nítidos, um processo de conotação mais pública do que privada. Em nosso atual direito positivo, no contexto da denominada tutela jurisdicional das liberdades, o micro sistema formado, em particular, pelas leis que regulamentam a ação popular (Lei 4.717/1965), a ação civil pública (Lei 7.347/1985), a ação de improbidade administrativa (Lei 8.429/1992) e as ações para proteção dos consumidores (Lei 8.078/1990) e dos investidores do mercado de capitais (Lei 7.913/1989), têm regras próprias, que interagem com a legislação processual codificada, mantendo com essa estrito relacionamento no que se refere ao procedimento e às peculiaridades processuais.

Enfrentando esta importante temática, José Roberto dos Santos Bedaque, com arrimo na prestigiosa doutrina de Barbosa Moreira, escreve que a simplificação do procedimento, a instituição de instrumentos ajustados às especificidades do direito material e o aperfeiçoamento das técnicas tradicionais tendem, com efeito, a ampliar o acesso à ordem jurídica justa, uma vez que, além de imprimir maior celeridade ao meio estatal apto à solução das controvérsias, aumentam o diâmetro de efetividade da tutela jurisdicional. Estas técnicas, destinadas a conferir maior efetividade ao instrumento, "acabam por implicar a concessão de maiores poderes ao julgador na condução do processo, mas de modo nenhum comprometem a liberdade das partes quanto à determinação dos limites objetivos e subjetivos da decisão, que não pode alcançar senão aquilo que fora determinado pelos sujeitos parciais ao fixar os limites da demanda".[14]

Conclui-se, pois, que a atual concepção de "processo justo" não compadece qualquer resquício de discricionariedade judicial, até porque, longe de ser simplesmente "la bouche de la loi", o juiz proativo de época moderna deve estar determinado a zelar, tanto quanto possível, pela observância, assegurada aos litigantes, do devido processo legal.

4. Tendências autoritárias da jurisprudência

Não obstante, em nossa experiência jurídica, *esquecendo completamente de que a celeridade deve servir às partes e não ao Estado*, os tribunais, em várias situações, extrapolam as garantias processuais, passando a legislar em detrimento do direito material dos jurisdicionados, como ocorre, *v. g.*, no âmbito da famigerada jurisprudência defensiva. Na verdade, verifica-se que determinados óbices à admissão dos recursos às cortes superiores são fruto

---

14 . Cf. Bedaque, *Instrumentalismo e garantismo: visões opostas do fenômeno processual*, Garantismo processual – garantias constitucionais aplicadas ao processo, pp. 1-40. V., ainda, Bedaque, *Poderes instrutórios do juiz*, p. 140-142.

de construção engenhosa, que guardam alguma coerência hermenêutica com as regras processuais em vigor.

Todavia, há, em significativo número, outras barreiras que mais se identificam à "perversidade e abuso pretoriano", as quais não têm qualquer razão plausível para subsistirem no âmbito de um ordenamento jurídico democrático, comprometido com a efetividade da tutela jurisdicional.

Dentre estas, descortina-se inconsistente, por ilustração, a que aplica, com base na analogia, a Súmula 284/STF, para não conhecer recurso extraordinário ou especial, na hipótese de o recorrente deixar de apontar, de forma explícita, o permissivo constitucional em que lastreada a impugnação (v., p. ex., decisão no Agravo em REsp 390.160-SP: "... Correta a decisão agravada, porquanto, verifica-se que, quando da interposição do recurso especial, não foi indicado o permissivo constitucional que embasa o recurso, de modo a esbarrar, por analogia, no óbice constante da Súmula 284/STF").

Tenha-se presente que esta orientação, como ocorre na generalidade das vezes nas quais vem aplicada a denominada jurisprudência defensiva, evidencia que o direito material do recorrente não tem a menor relevância para o tribunal.

Entendo que tal posicionamento autoritário representa inegável denegação de jurisdição. Realmente, no que toca ao Superior Tribunal de Justiça – o autodenominado "Tribunal da Cidadania" -, a despeito de alguma flexibilização observada nos últimos tempos, continua ele se valendo de questiúnculas e estratagemas, no afã de afastar o julgamento do mérito do recurso, em detrimento de sua missão constitucional em prol da unidade da aplicação do direito federal.

E, ainda pior, é que na situação acima aludida, além de afastar-se da própria jurisprudência dominante no tribunal, delineia-se equivocada a incidência da Súmula 284/STF. Com efeito, entre muitos outros (*v. g.*: EDecl no REsp 974.304-PR e AgRg no REsp 845.134-SP), importante julgamento da Corte Especial, nos Embargos de Declaração no Recurso Especial 72.075-RS, decidiu, de forma clara e precisa: "... Ainda que o recorrente não tenha mencionado expressamente que a pretensão recursal estava fundada na alínea 'a', restou inequivocamente demonstrado que a irresignação ventilada visava a atacar contrariedade a dispositivo de lei federal porventura existente no acórdão recorrido...".

Diante de tal contexto, no qual sobressai inarredável divergência *intra muros*, a duplicidade de entendimento quanto a esta questão infunde manifesta insegurança jurídica. Desse modo, dúvida não há de que a ausência de indicação da alínea em que lastreado o recurso (fundamento legal) não se confunde com a falta de alusão ao dispositivo reputado contrariado.

Importa lembrar que estamos vivendo há três anos sob a égide de um novel diploma processual, no qual, durante toda a sua respectiva tramitação legislativa, procurou-se exterminar, de uma vez por todas, o formalismo exagerado e as decisões-surpresa, para valorizar, em última análise, o acesso à ordem jurídica justa.

Ressalte-se, já sob outra perspectiva, que o plano de recuperação judicial, devidamente aprovado pelos credores, ostenta a natureza de negócio jurídico de direito privado, que se processualiza com a respectiva homologação, a teor do disposto no art. 58 da Lei 11.101/2005, passando, a partir daí, a ter plena eficácia.

A respeito do controle judicial sobre o plano de recuperação, do mesmo modo como sucede na análise formal da transação, o juiz da recuperação deverá examinar se estão preenchidos os requisitos legais de natureza formal.

Enfrentando este importante tema, derivado da regra do art. 58, Fábio Ulhoa Coelho bem assevera que na hipótese de o plano de recuperação ser aprovado mediante deliberação que atendeu ao quórum qualificado previsto na lei, deve o juiz limitar-se a homologá-lo.[15]

Segundo Manoel Justino Bezerra Filho, em comentário ao disposto nos parágrafos do art. 56 da Lei 11.101/2005, "a assembleia geral, que no caso sob exame apenas será convocada se houver objeção, tem poderes para aprovar, alterar ou rejeitar o plano de recuperação. O juiz não está vinculado a tais decisões mantendo evidentemente o exercício do poder jurisdicional; de qualquer forma, tratando-se de decisão de credores", deverá, em princípio, ser observada pelo juiz...[16]

Ressalvo que o controle judicial do mérito do plano será, pois, possível, mas desde que o credor ou credores apontem, a tempo e hora, eventual fraude ou conluio, ou, ainda, outro vício grave, que tenha o condão de comprometer a deliberação assemblear. Não se admite, contudo, que o credor insatisfeito se insurja *tout court* contra a vontade da maioria.

Assim, diante dos termos da apontada legislação, a interpretação que deve ser prestigiada é aquela que entende ser vedado ao tribunal imiscuir-se, *sponte propria*, na substância do plano de recuperação judicial, sem que tenha havido, no momento processual oportuno, requerimento dos interessados ("objeções" – art. 56).

Em outras palavras, o juiz não poderá, à míngua de provocação do credor, substituir-se a este e glosar a estratégia de recuperação sob o argu-

---

15 . *Comentários à nova lei de falências e de recuperação de empresas*, p. 167.
16 . *Lei de recuperação de empresas e falências comentada*, p. 178.

mento de que desponta ele prejudicial aos interesses econômicos da massa de credores! E isso, sobretudo porque o plano de recuperação sempre tem como objeto direito eminentemente disponível.

No entanto, no julgamento do AgIn 0136362-29.2011.8.26.0000, da então denominada Câmara Reservada à Falência e Recuperação do Tribunal de Justiça de São Paulo, a turma julgadora, inspirando-se, *ex officio*, "nos princípios gerais de direito e nos princípios constitucionais da isonomia, da legalidade, da propriedade, da proporcionalidade e da razoabilidade, e, ainda, nas normas de ordem pública"(!?!), houve por bem decretar a nulidade do referido plano de recuperação judicial: "Isto posto, pelo meu voto, conheço do recurso e, de ofício, decreto a nulidade da deliberação da Assembleia-Geral de Credores que aprovou o plano de recuperação judicial...".

Assim como este, outro aspecto que bem caracteriza o processo autoritário concerne às dificuldades que o recorrente tem enfrentado para lograr a homologação da desistência de seu recurso especial perante o Superior Tribunal de Justiça, quando se encontra ele afetado pela técnica procedimental dos recursos repetitivos.

Este tema ainda não foi definitivamente pacificado no Superior Tribunal de Justiça. A respectiva Corte Especial, examinando questão de ordem suscitada nos Recursos Especiais 1.058.114-RS e 1.063.343-RS, debateu o problema, sopesando o interesse da parte no pedido de desistência do recurso, com arrimo no art. 501 do Código de Processo Civil, e a prevalência do interesse coletivo, que caracteriza o julgamento dos recursos submetidos ao disposto no art. 543-C do revogado diploma processual, introduzido pela Lei 11.672/2008.

André Macedo de Oliveira escreveu detido ensaio sobre essa problemática,[17] destacando que a Ministra Nancy Andrighi, relatora da questão de ordem no Recuso Especial 1.063.343-RS, afirmou, sem qualquer fundamento legal expresso, que se está diante da sistemática da coletivização, "cuja orientação repercutirá tanto no plano individual, resolvendo a controvérsia *inter partes*, quanto na esfera coletiva, norteando o julgamento dos múltiplos recursos que discutam idêntica questão de direito... A todo recorrente é dado o direito de dispor de seu interesse recursal, jamais do interesse coletivo", por isso, sustenta "a homologação do pedido de desistência sem prejuízo da formulação de uma orientação quanto à questão idêntica de direito existente em múltiplos recursos".

---

17 . *A desistência dos recursos especiais repetitivos e os julgamentos em tese*, Revista Consultor Jurídico, 19.01.2015.

Mais próximo de nossos dias, a 3ª Turma voltou a examinar o tema por ocasião do julgamento do Recurso Especial 1.370.698-SP. Foi acolhido o pedido de desistência, nos termos do voto do Ministro João Otávio de Noronha, secundado pela maioria, diante do interesse da parte em desistir do recurso, a teor da regra do art. 501 do Código de Processo Civil de 1973, que autoriza o recorrente desistir do recurso a qualquer tempo, sem a anuência do recorrido. Ficou vencida a Ministra Nancy Andrighi, que se posicionou contra a homologação da desistência, ao argumento de que: "o julgamento dos recursos submetidos ao Superior Tribunal de Justiça ultrapassa o interesse individual das partes, alcançando toda a coletividade para a qual suas decisões irradiam efeitos".

Ressalte-se que esta crescente "objetivação" *ex officio* do recurso especial, sem qualquer previsão legal, relegando o direito material da parte a plano secundário, constitui outro exemplo marcante de vulneração do processo de índole liberal. Contudo, atualmente, esse tema está regrado no parágrafo único do 998, com a seguinte redação: "*A desistência do recurso não impede a análise da questão cuja repercussão geral já tenha sido reconhecida e daquele objeto de julgamento de recursos extraordinários ou especiais repetitivos*".

5. Técnicas arbitrárias em busca da celeridade processual

Com a promulgação da Constituição Federal de 1988 e dos inúmeros textos legais que lhe seguiram (*v. g.*: Código de Defesa do Consumidor, reforma da lei de ação civil pública etc.), infundiu-se em cada brasileiro um verdadeiro "espírito de cidadania". Os cidadãos passaram a ser senhores de seus respectivos direitos, com a expectativa de verem cumpridas as garantias que lhes foram então asseguradas.

Diante desse importante fenômeno, houve, como era notório, um vertiginoso crescimento da demanda perante o Poder Judiciário. Os números alarmantes são de conhecimento geral. E isso tudo agravado pela circunstância de que a constitucionalização de um conjunto tão ousado de garantias, sem a consecução consistente de políticas públicas e sociais correlatas, tem propiciado, sem dúvida, maior judicialização dos conflitos.

Atento a este significativo problema, de todo indesejado, o legislador pátrio tem procurado introduzir em nosso sistema processual, ao longo do tempo, inúmeras técnicas tendentes a acelerar a marcha do processo, pagando um altíssimo preço à custa dos jurisdicionados.

Nessa linha, o art. 285-A do Código de Processo Civil (reproduzido no art. 332 do novo CPC: "improcedência liminar do pedido"), que autoriza o juiz a proferir sentença de improcedência do pedido, quando, no mesmo juízo, o mérito, exclusivamente de direito, já tiver sido apreciado em outra demanda.

É bem de ver que nem sempre se torna fácil traçar nítida distinção entre matéria de direito e matéria de fato, circunstância que reclama redobrada atenção do julgador. Nesse particular, o açodamento do juiz pode ferir a garantia da ampla defesa, como, aliás, se extrai de acórdão da 1ª Turma do Superior Tribunal de Justiça, no julgamento do Recurso Especial 1.443.992-RJ, relatado pelo Ministro Ari Pargendler, valendo transcrever a seguinte passagem: "O pedido inicial diz respeito a matéria de fato, não se sustentando a sentença proferida sem o contraditório regular, porque está supõe matéria exclusivamente de direito. Recurso especial conhecido e provido para anular o processo a partir da sentença".

Ademais, também me parecia inadequado, sob o ponto de vista garantístico, o procedimento para o julgamento dos recursos especiais repetitivos no âmbito do Superior Tribunal de Justiça, contemplado no art. 543-C do revogado Código de Processo Civil. Havendo multiplicidade de recursos especiais com fundamento em idêntica questão de direito, é escolhido um dentre eles no qual será proferido um acórdão paradigma, que deve servir de orientação a todos os outros julgamentos nos processos que ficaram sobrestados (cf. § 7º do art. 543-C).

O grave problema que emerge deste expediente processual é que as partes litigantes que figuram nos outros recursos não participaram e efetivamente não influíram na decisão colegiada proferida *inter alios*. Daí saltar aos olhos a discutível constitucionalidade da eficácia vinculante nesta espécie de julgamento.

Aduza-se que esta técnica se encontra ainda mais sofisticada no novo Código de Processo Civil, que não apenas amplia as situações em que é ela possível (arts. 976 e 977), como também impõe a todos os tribunais, consoante o disposto no art. 927, a observância "automática" dos acórdãos proferidos sob tal regime.

Reconheço que o problema da multiplicação de recursos sobre matéria análoga é realmente sério. Todavia, o entendimento de que a eficácia do precedente julgamento, em sede de recurso repetitivo, estende-se às outras impugnações manejadas por terceiros é absolutamente insustentável. A um processo civil construído sobre alicerces democráticos repugna a ideia da produção de efeitos contrários ao direito subjetivo de alguém, que sequer teve oportunidade de participar do processo.

6. Crítica ao julgamento "piloto" do Tribunal Constitucional europeu

Já sob outro enfoque, à luz da comparação jurídica, tem sido muito criticada uma novidade, introduzida pelo Protocolo n. 14, de 2009, no âmbito da Corte Europeia dos Direitos do Homem (Tribunal de Estrasburgo), consistente no processo de "arrêt pilote" – julgamento piloto.

Provocada a Corte Europeia por um jurisdicionado, contra ofensa ao seu direito perpetrada por um dos países signatários da Convenção Europeia para a Salvaguarda dos Direitos do Homem, a demanda individual pode ser convertida em processo coletivo, destinado a examinar a matéria e condenar o Estado requerido a regulamentá-la de forma genérica, em prol de todos os cidadãos potencialmente interessados.

Anote-se que a coletivização da demanda individual fica ao exclusivo critério do Tribunal Constitucional: "l'effet collectif n'est pas organisé par les requérants, il l'est unilateralement par la Cour".[18]

Pendendo outros processos análogos, determina-se o sobrestamento destes, que ficam na expectativa do "julgamento piloto", cuja decisão projetará eficácia em relação a todas as eventuais demandas individuais.

Em tom crítico, a doutrina de um modo geral, tece crítica à suspensão dos processos, impedindo que a parte interessada possa influir na construção da decisão da demanda afetada, por livre escolha da Corte Europeia. Na verdade, os processos suspensos sequer serão examinados.

A inexorável demora causada pelo procedimento mais complexo, nestas hipóteses, também vem apontada como fator negativo. É que, julgado procedente o pedido em relação a todos os que estiverem em situação idêntica ao autor da demanda, este deverá aguardar que o Estado réu tome providência global, muito mais ampla, custosa e demorada, do que atender à necessidade imediata de um único interessado, que cuidou de ajuizar demanda individual. O requerente deve esperar a execução pelo Estado das medidas gerais a fim de evitar a persistência da violação.

A suspensão das demandas similares coloca os respectivos requerentes, que já esgotaram todas as vias de recursos internos, em uma situação muito desconfortável, visto que não será cumprida a garantia da duração razoável do processo. Chega-se mesmo à seguinte indagação: o prolongamento do procedimento para estes requerentes não equivale a uma ulterior violação dos direitos do requerente de ver a sua causa julgada dentro de um prazo razoável?[19]

---

18 . Affef Ben Mansour, *Un processus inédit: les arrêts "pilotes" de la CEDH*, Les actions en justice au-delà de l'intérêt personnel (obra coletiva), p. 223.

19 . Affef Ben Mansour, *Un processus inédit: les arrêts "pilotes" de la CEDH*, Les actions en justice au-delà de l'intérêt personnel, cit., p. 221 e ss.

7. O novo CPC: inaceitável transformação do processo individual em processo coletivo

Esta idêntica problemática também se reflete na infeliz novidade, introduzida no apagar das luzes da tramitação legislativa do novo Código de Processo Civil, sob a rubrica "conversão da ação individual em ação coletiva".

Preceituava o vetado art. 333:

> "Atendidos os pressupostos da relevância social e da dificuldade de formação do litisconsórcio, o juiz, a requerimento do Ministério Público ou da Defensoria Pública, ouvido o autor, poderá converter em coletiva a ação individual que veicule pedido que: I – tenha alcance coletivo, em razão da tutela de bem jurídico difuso ou coletivo, assim entendidos aqueles definidos pelo art. 81, parágrafo único, incs. I e II, da Lei n. 8.078, de 11 de setembro de 1990 (Código de Defesa do Consumidor), e cuja ofensa afete, a um só tempo, as esferas jurídicas do indivíduo e da coletividade; II – tenha por objetivo a solução de conflito de interesse relativo a uma mesma relação jurídica plurilateral, cuja solução, por sua natureza ou por disposição de lei, deva ser necessariamente uniforme, assegurando-se tratamento isonômico para todos os membros do grupo. § 1º Além do Ministério Público e da Defensoria Pública, podem requerer a conversão os legitimados referidos no art. 5º da Lei n. 7.347, de 24 de julho de 1985, e no art. 82 da Lei n. 8.078, de 11 de setembro de 1990 (Código de Defesa do Consumidor). § 2º A conversão não pode implicar a formação de processo coletivo para a tutela de direitos individuais homogêneos. § 3º Não se admite a conversão, ainda, se: I – já iniciada, no processo individual, a audiência de instrução e julgamento; ou II – houver processo coletivo pendente com o mesmo objeto; ou III – o juízo não tiver competência para o processo coletivo que seria formado. § 4º Determinada a conversão, o juiz intimará o autor do requerimento para que, no prazo fixado, adite ou emende a petição inicial, para adaptá-la à tutela coletiva. § 5º Havendo aditamento ou emenda da petição inicial, o juiz determinará a intimação do réu para, querendo, manifestar-se no prazo de 15 (quinze) dias. § 6º O autor originário da ação individual atuará na condição de litisconsorte unitário do legitimado para condução do processo coletivo. § 7º O autor originário não é responsável por qualquer despesa processual decorrente da conversão do processo individual em coletivo. § 8º Após a conversão, observar-se-ão as regras do processo coletivo. § 9º A conversão poderá ocorrer mesmo que o autor tenha cumulado pedido de natureza estritamente individual, hipótese em que o processamento desse pedido dar-se-á em autos apartados. § 10. O Ministério Público deverá ser ouvido sobre o requerimento previsto no *caput*, salvo quando ele próprio o houver formulado."

A análise deste longo dispositivo legal leva à crença de que irrompe ele inconstitucional, porquanto ofensivo às garantias do devido processo legal, bem como se descortinava como exemplo emblemático de processo autoritário.

Foram sem dúvida por estas razões que restou ele vetado. Aliás, o veto foi realmente providencial!

Como é sabido, delineia-se invejável o nosso modelo jurídico de proteção aos direitos difusos e coletivos, investindo de legitimação ativa considerável número de sujeitos.

Considere-se outrossim que este referido "sistema processual de tutela coletiva", que sempre se articulou de forma autônoma e independente, jamais se imiscuiu no âmbito das ações individuais.

Daí, porque totalmente inoportuna e desnecessária a ingerência que seria instituída, no âmbito do processo civil individual, no afã de obter um julgamento que possa abranger maior número de interessados, em flagrante afronta ao direito do cidadão, que, confiando na Constituição Federal, procurou advogado e ajuizou demanda própria, sobre a qual sempre teve ampla disponibilidade!

8. À guisa de conclusão

A temática desenvolvida nestas linhas é da maior relevância, tanto mais quanto se tenha presente o significado dos princípios constitucionais que exornam a garantia do devido processo legal, necessariamente assecuratória da plenitude de defesa.

No entanto, toda vez que o juiz, de ofício, transportar para as fronteiras do processo o interesse particular ou público de outrem, estranho à relação jurídica deduzida em juízo, haverá nítida deturpação do princípio da autoridade, uma vez que transforma o juiz em protagonista, não simplesmente da direção do processo, mas, sim, da própria sorte do objeto litigioso, ferindo de morte a legalidade que deve nortear a realização de todos os atos processuais.

A tal propósito, lembro que Barbosa Moreira, de forma enfática, procurou sintetizar o desejo de todos os operadores do direito e, de modo particular, dos jurisdicionados, no sentido de que a prestação jurisdicional venha a ser mais eficiente do que realmente é; no entanto, "se para torná-la melhor é preciso acelerá-la, muito bem: não, contudo, a qualquer preço"![20]

---

20 . *O futuro da justiça: alguns mitos*, Temas de direito processual, 8ª s., p. 5.

– II –

GARANTIAS CONSTITUCIONAIS DO PROCESSO CIVIL NAS TRÊS DÉCADAS DE VIGÊNCIA DA CONSTITUIÇÃO FEDERAL

Um advogado, logo na manhã de mais um dia de labuta, é intimado de uma sentença proferida contra os interesses de seu cliente. Vai direto para o dispositivo e, insatisfeito, passa a examinar a motivação do ato decisório. Fica ainda mais contrariado, porque, mesmo depois de positivado o princípio constitucional do dever de fundamentação dos atos decisórios, de copiosa literatura a respeito do tema e de jurisprudência pacífica sobre a questão, o juiz teria negligenciado o seu mister, deixando de explicitar a *ratio decidendi* de forma consistente, convincente e adequada!

A despeito desta situação apenas exemplificativa (mas ainda relativamente frequente, o que é lamentável...), dúvida não pode haver de que a Constituição Federal brasileira implementou grande e elogiável avanço no que se refere à superlativa garantia do devido processo legal!

No ano de 2018 foram comemoradas três décadas de vigência da Constituição de 1988 – a sétima da nossa história –, elaborada pelo Congresso Constituinte, composto por deputados e senadores eleitos democraticamente em 1986 e empossados em fevereiro de 1987. O trabalho, concluído em um ano e oito meses, permitiu inequívocos progressos em áreas estratégicas da convivência social. As normas previstas no título sob a rubrica *Dos Direitos e Garantias Fundamentais*, consideradas irrevogáveis, são denominadas cláusulas pétreas (não podem ser alteradas por emendas constitucionais). Entre elas estão a maioria das garantias processuais.

A Constituição, dentre outros relevantes escopos, deve regular e pacificar os conflitos e interesses individuais e coletivos que integram a sociedade. Para isso, estabelece regras que asseguram a prestação jurisdicional revestida de determinadas garantias, que foram sendo cunhadas ao longo do tempo pela experiência extraída de dogmas democráticos, fundamentais para dar consistência à famosa máxima, sábia e perene, do jurista romano Ulpiano (*Digesto 1.1.10.1*): "*Iuris praecepta sunt haec: honeste vivere, alterum non laedere, suum cuique tribuere*" ("Os preceitos do direito são estes: viver honestamente, não lesar a outrem, dar a cada um o que é seu").

E isso, simplesmente porque os atos processuais devem ser regidos, realizados e interpretados em estrita simetria com os postulados que asseguram aos litigantes o devido processo legal, contemplados na Constituição Federal de 1988, especialmente em seu art. 5º. Assinale-se que a Carta Republicana em vigor, lei suprema que é, situa-se no ponto culminante da hierarquia das fontes do Direito, contendo os fundamentos institucionais e políticos de toda a legislação ordinária. Em seus textos repousam numerosas regras e institutos atinentes ao processo, qualquer que seja a sua natureza. Ademais, ao lado de seu perfil técnico, deslocado para a vertente constitucional, o Direito Processual vem moldado por duas diferentes exigências: precisão formal e justiça substancial. E nesse conflito dialético entre exigências contrapostas, não obstante dignas de proteção, são inseridas as garantias constitucionais do processo.

Destacada página da história da liberdade, a garantia constitucional do devido processo legal deve ser uma realidade em todo o desenrolar do processo judicial, arbitral ou administrativo, de sorte que ninguém seja privado de seus direitos, a não ser que no procedimento em que este se materializa se constatem todas as formalidades e exigências em lei previstas. A Constituição Federal vigente assegurou, como se sabe, a todos os membros da coletividade um processo que deve se desenrolar publicamente perante uma autoridade competente, com igual tratamento dos sujeitos parciais, para que possam defender os seus direitos em contraditório, com todos os meios inerentes e motivando-se os respectivos provimentos; tudo dentro de um lapso temporal razoável.

Como pressuposto de um processo civil revestido de todas estas prerrogativas, é imprescindível que os titulares de direitos ameaçados ou violados possam submeter as suas respectivas pretensões à apreciação no âmbito de um procedimento no qual lhes sejam asseguradas tais garantias, com absoluta paridade de armas.

O art. 5º da nossa Constituição encerra o princípio da reserva legal, também denominado da inafastabilidade da jurisdição, ao preceituar que: "*a lei não excluirá da apreciação do Poder Judiciário lesão ou ameaça a direito*". Observa-se que o *caput* do art. 3º do Código de Processo Civil em vigor reitera essa mesma regra, reservando ao Estado-juiz o monopólio da jurisdição.

Isso significa que a ninguém é dado renunciar à defesa de seus direitos diante de uma potencial lesão futura! Daí por que desponta nulo e ineficaz qualquer *pactum de non petendo*, estipulado como cláusula de negócio jurídico, pelo qual os contratantes se comprometem a não recorrer ao Poder Judiciário caso surja algum litígio entre eles.

Com a promulgação da Constituição Federal, em 1988, e dos inúmeros textos legais que lhe seguiram (por exemplo: Código de Defesa do Consumidor, reforma da Lei de Ação Civil Pública etc.), infundiu-se em cada brasileiro um verdadeiro "espírito de cidadania". Os cidadãos passaram a ser senhores de seus respectivos direitos, com a expectativa de verem cumpridas as garantias que lhes foram então asseguradas.

O princípio constitucional do contraditório – e o seu desdobramento na garantia do direito de defesa – corresponde a um postulado considerado eterno. Realmente, nenhuma restrição de direitos pode ser admitida sem que se propicie à pessoa interessada a produção de ampla defesa, e, consequentemente, essa só poderá efetivar-se em sua plenitude com o estabelecimento da participação ativa e contraditória dos sujeitos parciais em todos os atos e termos do processo.

É que, aliás, ampliando, explicitamente, tradicional regra de nosso ordenamento jurídico, a garantia do contraditório foi elevada ao plano constitucional, no Brasil, pela Constituição de 1946 e reiterada na atual Carta Magna no inc. LV do art. 5º: "*aos litigantes, em processo judicial ou administrativo, e aos acusados em geral são assegurados o contraditório e ampla defesa, com os meios e recursos a ela inerentes*".

O processo judicial, arbitral ou administrativo, como instituição eminentemente dialética, em qualquer de suas vertentes, encontra-se sob a égide do princípio do contraditório. Não se faz possível conceber um processo unilateral, no qual atue somente uma parte, visando à obtenção de vantagem em detrimento do adversário, sem que se lhe conceda oportunidade para apresentar as suas razões. Se não as deduzir, a despeito de ter sido convocado, sofrerá os ônus da inatividade, situação que lhe poderá ser prejudicial. O contraditório, ademais, deve igualmente ser observado no desenvolvimento do processo, para que ambos os protagonistas, em franca colaboração com o juiz, possam efetivamente participar e influir no provimento final.

Acrescente-se que, garantindo aos sujeitos parciais uma equivalência nas respectivas posições, por eles assumidas, o princípio do contraditório sedimenta-se na possibilidade de atuação não em momentos episódicos, mas em todo o *iter* procedimental, numa sequência de atuações, estratégias e reações, que tornam efetiva a ampla defesa, evitando-se indesejada "decisão-surpresa".

O princípio do contraditório, diante da regra constitucional supra transcrita, recebeu tratamento específico no novo Código de Processo Civil. Na verdade, o objetivo precípuo da Comissão de Juristas que elaborou o respectivo Anteprojeto veio revelado na própria exposição de motivos, ao ser enfatizado, com todas as letras, que: "*A necessidade de que fique evidente a harmonia da lei ordinária em relação à Constituição Federal da República fez com que se incluíssem no Código, expressamente, princípios constitucionais, na sua versão processual*".

No novo diploma processual, muitas regras foram concebidas para dar concreção a princípios constitucionais, como, por exemplo, as que preveem um procedimento, com contraditório e produção de provas, prévio à decisão que desconsidera da pessoa jurídica.

O art. 10 do Código de Processo Civil contém regra no sentido de que o fato de o juiz estar diante de matéria de ordem pública não dispensa a obediência ao princípio do contraditório.

Outro consectário da garantia do devido processo legal firma-se no denominado princípio da isonomia processual, determinante do tratamento paritário dos sujeitos parciais do processo durante todos os atos e termos do respectivo procedimento. Decorre ele, sem dúvida, do enunciado do art. 5º, e seu inc. I, da Constituição Federal, ao expressar, de modo enfático, e até repetitivo, que "*todos são iguais perante a lei, sem distinção de qualquer natureza, garantindo-se aos brasileiros e aos estrangeiros residentes no País a inviolabilidade do direito à vida, à liberdade, à igualdade, à segurança e à propriedade, nos termos seguintes: I – homens e mulheres são iguais em direitos e obrigações, nos termos desta Constituição*".

Nem podia ser diferente, até porque o processo civil jamais atingiria plenamente sua finalidade de compor as controvérsias se os litigantes não fossem tratados com igualdade em todo o seu desenrolar. Em suma, assegurando-se a todos os jurisdicionados, indistintamente, a proteção de seus direitos subjetivos materiais, pelos órgãos dotados de jurisdição, por meio do processo, subsiste, também no âmbito da ação, o regramento da isonomia processual, fazendo as partes que nele atuam merecerem igual tratamento, ou seja, as mesmas chances, autêntica paridade de armas (*Waffengleichheit*).

Com efeito, impondo-se à legislação ordinária amoldar suas normas às preceituações constitucionais, nela não pode haver lugar para o estabelecimento de discriminações ou privilégios, quaisquer que sejam, isto é, de desigualdades entre iguais.

Por esta razão é que não se pode cogitar de exceção ou exceções ao mencionado princípio constitucional, embora largamente disseminadas na velha legislação, como, por exemplo, a ampliação do prazo em quádruplo e em dobro, respectivamente, para a Fazenda Pública oferecer contestação ou recorrer; e o reexame necessário das sentenças proferidas contra a União, o Estado e o Município. Aliás, não só estas como igualmente outras regras correlatas, revestidas de incontornável inconstitucionalidade, ao favorecerem também a Fazenda Pública e o Ministério Público em determinadas situações processuais de conotação nitidamente patrimonial, que infringem o princípio maior, alusivo à igualdade de todos perante a lei.

Como já tive oportunidade de asseverar, o atual Código de Processo Civil, a propósito deste aspecto criticável, perdeu a oportunidade de dizimar os apontados privilégios, ao manter a "remessa necessária" (art. 496), e estabelecer, como regra, o prazo em dobro para o Ministério Público (art. 180); para a União, Estados, Distrito Federal, Municípios e suas respectivas autarquias e fundações de direito público (art. 183); para a Defensoria Pública, as entidades e os escritórios de prática jurídica das faculdades de Direito, legalmente reconhecidas (art. 186 e § 3º). No que se refere à delicada questão dos honorários advocatícios, quando a Fazenda Pública é parte, o novo Código, no art. 85, § 3º, traça critérios para a fixação da verba honorária, que evidenciam a valorização e o reconhecimento do exercício profissional do advogado.

As garantias da publicidade e do dever de motivação estão consagradas, pela moderna doutrina processual, na esfera dos direitos fundamentais, como pressupostos do direito de defesa e da imparcialidade e independência do juiz.

A publicidade do processo constitui um imperativo de conotação política, introduzido, nos textos constitucionais contemporâneos, pela ideologia liberal, como verdadeiro instrumento de controle da atividade dos órgãos jurisdicionais.

A garantia em tela justifica-se na exigência política de evitar a desconfiança popular na administração da justiça, até porque a publicidade consiste num mecanismo apto a controlar a falibilidade humana dos juízes.

Considere-se, por outro lado, que, ao lado da publicidade, é absolutamente imprescindível que o pronunciamento da justiça, destinado a assegurar a inteireza da ordem jurídica, realmente se funde na lei; e é preciso que esse fundamento se manifeste, para que se possa saber se o império da lei foi na verdade assegurado.

Tendo-se presente a dimensão de seu significado jurídico-político, desponta, na atualidade, a necessidade de controle (extraprocessual) "generalizado" e "difuso" sobre o *modus operandi* do juiz no tocante à administração da justiça.

Daí por que, a exemplo da publicidade dos atos processuais, o dever de motivação dos atos decisórios vem catalogado entre as garantias estabelecidas nas Constituições democráticas com a primordial finalidade de assegurar a transparência das relações dos jurisdicionados perante o poder estatal e, em particular, nas circunstâncias em que é exigida a prestação jurisdicional.

A garantia da motivação representa a derradeira manifestação do contraditório, no sentido de que o dever imposto ao juiz de enunciar os fundamentos de seu convencimento traduz-se no de considerar os resultados do efetivo debate judicial.

Embora as respectivas garantias da publicidade e do dever de motivação não tenham sido inseridas no rol dos *Direitos e Garantias Fundamentais*, o legislador constituinte brasileiro as situou nas disposições gerais atinentes ao Poder Judiciário: art. 93, IX: "*todos os julgamentos dos órgãos do Poder Judiciário serão públicos, e fundamentadas todas as decisões, sob pena de nulidade, podendo a lei, se o interesse público o exigir, limitar a presença, em determinados atos, às próprias partes e a seus advogados, ou somente a estes*".

Seja como for, ambas, com efeito, foram contempladas na Constituição Federal em vigor, como autênticas *garantias processuais*.

No que concerne à garantia da publicidade, verifica-se, de logo, que o novo Código de Processo Civil, além de se manter fiel aos dogmas clássicos do processo liberal, assegurando, como regra, a *publicidade absoluta* ou *externa*, mostra considerável aperfeiçoamento em relação à antiga legislação.

Esclareça-se que *publicidade absoluta* ou *externa* é aquela que autoriza o acesso, na realização dos respectivos atos processuais, não só das partes, mas ainda do público em geral; *publicidade restrita* ou *interna*, pelo contrário, é aquela na qual alguns ou todos os atos se realizam apenas perante as pessoas diretamente interessadas e seus respectivos procuradores judiciais, ou, ainda, somente com a presença destes.

Em primeiro lugar, como norma de caráter geral, praticamente repetindo o mandamento constitucional, dispõe o art. 11 do Código de Processo Civil que: "*Todos os julgamentos dos órgãos do Poder Judiciário serão públicos, e fundamentadas todas as decisões, sob pena de nulidade*".

A exceção vem preconizada no respectivo parágrafo único. Coerente com tal enunciado, o art. 189 preceitua que:

> "Os atos processuais são públicos, todavia tramitam em segredo de justiça os processos: I – em que o exija o interesse público ou social; II – que versem sobre casamento, separação de corpos, divórcio, separação, união estável, filiação, alimentos e guarda de crianças e adolescentes; III – em que constem dados protegidos pelo direito constitucional à intimidade; IV – que versem sobre arbitragem, inclusive sobre cumprimento de carta arbitral, desde que a confidencialidade estipulada na arbitragem seja comprovada perante o juízo. § 1º – O direito de consultar os autos de processo que tramite em segredo de justiça e de pedir certidões de seus atos é restrito às partes e aos seus procuradores. § 2º – O terceiro que demonstrar interesse jurídico pode requerer ao juiz certidão do dispositivo da sentença, bem como de inventário e partilha resultante de divórcio ou separação."

Cabem aqui, pois, algumas observações. Nota-se que, assim como o parágrafo único do art. 11 do diploma processual, o art. 189 continua utilizando a anacrônica expressão "segredo de justiça", em vez daquela muito mais técnica, qual seja "regime de publicidade restrita".

Ademais, o interesse a preservar, muitas vezes, não é apenas de conotação "pública", mas, sim, "privada" (como, por exemplo, casos de erro médico, nos quais a prova produzida pode vulnerar a dignidade da pessoa envolvida), ou seja, de um ou de ambos os litigantes, devendo o juiz, norteado pelo inc. X do art. 5º da CF, valer-se do princípio da proporcionalidade, para determinar a *publicidade restrita* na tramitação do respectivo processo. Observe-se que a própria Constituição Federal autoriza a publicidade restrita para proteger a intimidade das partes: "*a lei só poderá restringir a publicidade dos atos processuais quando a defesa da intimidade ou o interesse social o exigirem*".

Andou bem o legislador ordinário, ao zelar, de forma expressa, pela garantia constitucional da privacidade/intimidade de informações respeitantes às partes ou mesmo a terceiros. Mas isso não basta. Há também outros dados, que, embora não preservados pela mencionada garantia, quando revelados, em muitas circunstâncias, acarretam inequívoco prejuízo a um dos litigantes. Refiro-me, em particular, às ações concorrenciais, que têm por objeto dados atinentes à propriedade intelectual, ao segredo industrial, ao cadastro de clientes etc. Estas informações, igualmente, merecem ser objeto de prova produzida em "regime de publicidade restrita".

Acrescente-se, outrossim, que no capítulo *Da Audiência de Instrução e Julgamento*, o art. 368 do novo Código, de forma incisiva (e até redundante), reza que: "*A audiência será pública, ressalvadas as exceções legais*".

Já, por outro lado, quanto ao dever de motivação, partindo-se da regra geral anteriormente transcrita, fácil é concluir que, em princípio, o novo

Código de Processo Civil, norteado, ainda uma vez, pelo mandamento constitucional, não admite pronunciamento judicial, de natureza decisória, despida de adequada fundamentação.

E, desse modo, preceitua que o modelo ideal de sentença deve conter, entre os seus requisitos formais, "*os fundamentos, em que o juiz analisará as questões de fato e de direito*".

Reproduzindo, portanto, a revogada legislação, o atual Código impõe o dever de motivação como pressuposto de validade dos atos decisórios (art. 11 c.c. art. 489, II).

É de se entender que as decisões interlocutórias, as sentenças terminativas (isto é, "sem resolução do mérito"), e, ainda, as decisões monocráticas que admitem ou negam seguimento a recurso comportam fundamentação mais singela, sem embargo da excepcional possibilidade de o juiz ou tribunal deparar-se com situação que imponha motivação complexa.

As sentenças e os acórdãos definitivos (isto é, "com resolução do mérito") devem preencher, rigorosamente, a moldura traçada no referido art. 489, ou seja, conter, no plano estrutural, os elementos essenciais neste exigidos.

De resto, segundo entendimento doutrinário e jurisprudencial generalizado, a falta de exteriorização da *ratio decidendi* do pronunciamento judicial acarreta a sua invalidade. E nulas, do mesmo modo, restarão as decisões administrativas dos tribunais, sempre que não fundamentadas, aplicando-se-lhes a cominação de nulidade.

O atual diploma processual, por outra ótica, prevê original e importante regra no § 1º do art. 489. Atento, ainda uma vez, à Constituição Federal, determinativo do dever de motivação, de forma até pedagógica, estabelece os vícios mais comuns que comprometem a higidez do ato decisório.

A experiência, contudo, tem demonstrado que inúmeros atos decisórios ainda hoje são cassados pelos tribunais por infringirem o dever de fundamentação. Na verdade, se de fato o referido dispositivo processual for observado com rigor, verifica-se facilmente que inúmeros provimentos judiciais, inclusive do Superior Tribunal de Justiça, serão formalmente "reprovados", porque, como a praxe evidencia, reportam-se ou simplesmente transcrevem a ementa de precedentes, à guisa de fundamentação!

Pelo que representa em termos de respeito ao devido processo legal, afinal, a garantia do acesso à justiça só poderá ser considerada atendida se, ao fim, as alegações das partes forem levadas em consideração pelos juízes; e, ainda, pela inestimável contribuição proveniente de pronunciamentos judiciais mais justos, porque mais próximos às peculiaridades de cada caso concreto.

Saliente-se outrossim que a redação original de nossa Constituição Federal como é notório, inseriu, no inc. LIV do art. 5º, uma cláusula geral, assegurando, explicitamente, a garantia do *due process of law*: "*Ninguém será privado da liberdade ou de seus bens sem o devido processo legal*". E, ainda, para que pairasse qualquer dúvida, além dessa preceituação genérica, já suficiente para alcançar o fim por ela colimado, previu, em vários incisos do citado art. 5º e, ainda, no art. 93, IX, incorrendo em manifesta redundância (porém louvável...), inúmeros corolários da garantia constitucional do devido processo legal.

Não havia, contudo, qualquer disposição acerca do direito à tutela jurisdicional dentro de um prazo razoável... A teor do § 2º do mesmo art. 5º: "*Os direitos e garantias expressos nesta Constituição não excluem outros decorrentes do regime e princípios por ela adotados, ou dos tratados internacionais em que a República Federativa do Brasil seja parte*". Oportuno, nesse passo, lembrar que o nosso país é signatário do Pacto de San José da Costa Rica, que adquiriu eficácia internacional em 18 de julho de 1978.

O Congresso Nacional aprovou o seu texto, sendo que, em seguida, o nosso governo brasileiro depositou a respectiva Carta de Adesão à apontada Convenção. Assim, o Pacto de San José foi incorporado ao ordenamento jurídico brasileiro.

Desse modo, apesar de a garantia do devido processo legal pressupor o rápido desfecho do litígio, o direito à duração razoável já estava contemplado, em nosso sistema jurídico, mesmo antes da alteração constitucional de 2004, dada a evidente compatibilidade de regramentos, em particular, pelo art. 8º, 1, do referido Pacto de San José: "*Toda pessoa tem direito de ser ouvida com as devidas garantias e dentro de um prazo razoável*".

Visando a espancar qualquer dúvida e afinando- se com as modernas tendências do Direito Processual, o legislador pátrio acabou inserindo o inc. LXXVIII no art. 5º da Constituição Federal, com a seguinte redação: "*a todos, no âmbito judicial e administrativo, são assegurados a razoável duração do processo e os meios que garantam a celeridade de sua tramitação*".

Seguindo orientação mundial, o texto constitucional brasileiro passou então a contemplar a garantia do processo, judicial e administrativo, sem dilações indevidas. Assegurou, ainda, a implementação de meios que garantam a economia e a celeridade processual.

Duas observações se impõem: em primeiro lugar, dada a profunda diversidade da *performance* da justiça nos vários quadrantes do Brasil, a aferição do "prazo razoável" será absolutamente diferenciada de Estado para Estado, seja no âmbito da Justiça Estadual, seja no dos Tribunais Federais.

De um modo geral, pela inarredável falta constante de recursos materiais destinados ao Poder Judiciário, a justiça no Brasil é lenta.

Ademais, sem embargo da carência de dados estatísticos, pela exigência de metas imposta pelo Conselho Nacional de Justiça, não há dúvida de que, nas Cortes estaduais, tem ocorrido inegável encurtamento do tempo para julgamentos dos recursos e das ações originárias. O Tribunal de Justiça de São Paulo é exemplo marcante: dificilmente as respectivas câmaras têm julgado com atraso!

Lembro, por outro lado, o famoso art. 6º, 1, da Convenção Europeia para Salvaguarda dos Direitos do Homem e das Liberdades Fundamentais, subscrita em Roma, em 1950, que tem a seguinte redação: "*Toda pessoa tem direito a que sua causa seja examinada equitativa e publicamente num prazo razoável, por um tribunal independente e imparcial instituído por lei, que decidirá sobre seus direitos e obrigações civis ou sobre o fundamento de qualquer acusação em matéria penal contra ela dirigida*".

Foi, sem dúvida, a partir da edição desse diploma legal supranacional que o *direito ao processo sem dilações indevidas* passou a ser concebido como um direito subjetivo constitucional, de caráter autônomo, de todos os membros da coletividade (incluídas as pessoas jurídicas) à *tutela jurisdicional dentro de um prazo razoável*, decorrente da proibição do *non liquet*, vale dizer, do dever que têm os agentes do Poder Judiciário de julgar as causas com estrita observância das normas de Direito Positivo.

Efetivou-se, outrossim, ao longo do tempo, a necessária exegese da abrangência do supratranscrito dispositivo, tendo-se, unanimemente, como *dilações indevidas*, os atrasos ou delongas que se produzem no processo por inobservância dos prazos estabelecidos, por injustificados prolongamentos das "etapas mortas" que separam a realização de um ato processual de outro, sem subordinação a um lapso temporal previamente fixado e, sempre, sem que aludidas dilações dependam da vontade das partes ou de seus mandatários.

Todavia, torna-se impossível fixar *a priori* uma norma específica, determinante da violação à garantia da tutela jurisdicional dentro de um prazo razoável. E, por isso, consoante orientação jurisprudencial da Corte Europeia dos Direitos do Homem, consolidada em 1987, no famoso caso Capuano, três critérios, segundo as circunstâncias de cada caso concreto, devem ser levados em consideração para ser apreciado o limite temporal razoável de duração de um determinado processo. Por via de consequência, somente será possível verificar a ocorrência de uma indevida dilação processual a partir da análise: a) da complexidade do assunto; b) do comportamento dos litigantes e de seus procuradores; e c) da atuação do órgão jurisdicional.

Esse expressivo precedente impôs condenação ao Estado italiano, fixando-a numa indenização pelo dano moral "derivante do estado de prolongada ansiedade pelo êxito da demanda", experimentado por uma litigante nos tribunais daquele país.

O reconhecimento de tais critérios, que exigem uma análise casuísta, bem revela que as *dilações indevidas* não decorrem do simples descumprimento dos prazos processuais prefixados.

É necessário, pois, que a morosidade, para ser reputada realmente inaceitável, decorra do comportamento doloso de um dos litigantes, ou, ainda, da inércia, pura e simples, do órgão jurisdicional encarregado de dirigir as diversas etapas do processo. É claro que a pletora de causas ou o excesso de trabalho não podem ser considerados, neste particular, justificativa plausível para a lentidão da tutela jurisdicional.

De aduzir-se, por outro lado, que, após a consagração, no plano constitucional, do direito fundamental à duração razoável do processo, o princípio da economia processual, de natureza precipuamente técnica, transformou-se em postulado político.

E isso, certamente porque a supratranscrita norma constitucional (inc. LXXVIII) não assegura apenas e tão somente a prerrogativa de um processo sem dilações indevidas, mas, na verdade, ainda contempla a inserção de meios técnicos e materiais que "garantam a celeridade de sua tramitação".

Verifica-se, por outro lado, que, apesar de intuitiva, a regra do art. 4º novo Código de Processo Civil não deixa margem a dúvida, uma vez que celeridade processual estende-se igualmente à fase de cumprimento de sentença e, por certo, inclui também o processo de execução, vale dizer, toda a "atividade satisfativa" em prol da parte vencedora.

Ademais, entre os poderes do juiz, a lei processual brasileira preceitua, no art. 139, II, que lhe incumbe: "*velar pela duração razoável do processo*".

Contudo, importa asseverar que a introdução de mecanismos aptos a assegurar a duração razoável do processo não deve, em qualquer situação, vulnerar o princípio fundamental do devido processo legal.

Verifica-se, em conclusão, que, de uma forma ou de outra, nestes 30 anos de vigência, a Constituição Federal contribuiu em muito para que viesse sedimentada, ainda que no plano teórico, a concepção de um processo justo.

Na verdade, o ideário constitucional, no que se refere às garantias processuais das partes litigantes, ostenta uma matriz democrática, afinada com as novas tendências da ciência processual, possibilitando, tanto quanto possível, que o cidadão tenha acesso aos tribunais, podendo apresentar suas razões, em contraditório e em igualdade de condições com o seu adversário, asseguranado-se-lhe a tramitação de um processo revestido de publicidade, dentro de um prazo razoável, sendo, a final, proferida uma sentença devidamente motivada.

– III –

APONTAMENTOS SOBRE AS *NORMAS FUNDAMENTAIS DO PROCESSO CIVIL*

Art. 1º – O processo civil será ordenado, disciplinado e interpretado conforme os valores e as normas fundamentais estabelecidos na Constituição da República Federativa do Brasil, observando-se as disposições deste Código.

1. Aspectos gerais

As normas de direito material, como, *v. g.*, aquelas contidas no Código Civil, regem as relações jurídicas entre os cidadãos. A locação de um imóvel, por exemplo, celebrada entre o proprietário e o inquilino, inicia-se, pode ser prorrogada e se encerra normalmente. E isso ocorre com a grande maioria dos negócios. Todavia, em algumas situações, o comportamento de uma das partes não é aquele esperado, ou mesmo, alguém pode praticar um ato danoso a outrem. Surge então um litígio entre tais sujeitos de direito, que não pode, em regra, ser solucionado pelas próprias mãos, vale dizer, pela autotutela. Assim, não se chegando a uma composição amigável, a qual é sempre recomendável, aquele que se sentiu lesado poderá ir a juízo em busca de uma decisão judicial que reconheça o seu direito.

Da autonomia da ação judicial em relação ao direito material decorre a singularidade do direito processual civil no cotejo com os outros ramos da ciência jurídica.

2. Significado da expressão "processo civil"

"Processo civil" é expressão polissêmica. Comumente, na linguagem da praxe forense, significa toda demanda judicial que tenha por objeto matéria não penal, trabalhista ou eleitoral. Nesse sentido, é muito frequente o emprego da expressão na chamada de ementas de acórdãos proferidos em causas de Direito de Família, de Direito Tributário, de Direito Administrativo, etc. Confira- se, por exemplo: "*Processo Civil*. Direito de Família. Recurso Especial. Não configuração de violação ao art. 535 do CPC. Execução de obrigação alimentar [...]" (STJ, 4ª Turma, REsp 1.332.808-SC, rel. Min. Luis Felipe Salomão, m.v., j. 18.12.2014, *DJe* de 24.02.2015); "*Processo Civil*. Embargos à Execução Fiscal. Inexistência de violação do art. 535 do CPC. Citação por edital [...]" (STJ, 2ª Turma, AgRg no Agravo em REsp 649.835-RS, rel. Min. Humberto Martins, v.u., j. 19.03.2015, *DJe* de 25.03.2015); "*Processo Civil*. Administrativo. Licitações e Contratos. Atribuição de efeito suspensivo a recurso especial [...]" (STJ, 2ª Turma, MC n. 23.812-RS, rel. Min. Humberto Martins, v.u., j. 19.03.2015, *DJe* de 25.03.2015).

Sob a perspectiva técnica, a locução "processo civil" designa o instrumento pelo qual os cidadãos podem pleitear a tutela de seus direitos perante órgão estatal dotado de jurisdição. Os atos que se desenrolam no âmbito do respectivo procedimento, pelas partes e pelo Estado-juiz, são basicamente disciplinados pelo CPC. Segundo a natureza da prestação jurisdicional requerida, o processo civil pode ser de conhecimento (cuja finalidade é reconhecer um direito); de execução (que visa à satisfação de um direito já reconhecido); e cautelar (que tem por escopo assegurar a efetividade de futura decisão (geralmente) condenatória).

3. Devido processo legal e processo civil

Os atos processuais devem ser regidos, realizados e interpretados em estrita simetria com os princípios que asseguram aos litigantes o devido processo legal, contemplados na Carta da República de 1988, especialmente em seu art. 5º. Assinale-se que a Constituição Federal em vigor, lei suprema que é, situa-se no ponto culminante da hierarquia das fontes do Direito, contendo os fundamentos institucionais e políticos de toda a legislação ordinária. Em seus textos repousam numerosas regras e institutos atinentes ao processo, qualquer que seja a sua natureza. Ademais, ao lado de seu perfil técnico, deslocado para a vertente constitucional, o Direito Processual vem moldado por duas diferentes exigências: precisão formal e justiça substancial. E nesse conflito dialético entre exigências contrapostas, não obstante dignas de proteção, são inseridas as garantias constitucionais do processo nas Cartas Constitucionais dos Estados democráticos modernos.

Destacada página da história da liberdade, a garantia constitucional do devido processo legal deve ser uma realidade em todo o desenrolar do processo judicial, arbitral ou administrativo, de sorte que ninguém seja privado de seus direitos, a não ser que no procedimento em que este se materializa se constatem todas as formalidades e exigências em lei previstas. Por outras palavras, impõe-se assegurar a todos os membros da coletividade um processo que se desenrole publicamente perante uma autoridade competente, com igual tratamento dos sujeitos parciais, para que possam defender os seus direitos em contraditório, com todos os meios inerentes e motivando-se os respectivos provimentos; tudo dentro de um lapso temporal razoável.

Como pressuposto de um processo civil revestido de todas estas prerrogativas, é imprescindível que os titulares de direitos ameaçados ou violados possam submeter as suas respectivas pretensões à apreciação no âmbito de um procedimento no qual lhes sejam asseguradas tais garantias, com absoluta paridade de armas.

Art. 2º – O processo começa por iniciativa da parte e se desenvolve por impulso oficial, salvo as exceções previstas em lei.

1. Iniciativa da parte

A função exercida pelos órgãos do Poder Judiciário é precipuamente caracterizada pela inatuação, afigurando-se, pois, pelo denominado princípio da demanda, sempre imprescindível a provocação do Estado, a fim de que este, substituindo a atuação dos interessados, possa, de modo imparcial, declarar o direito, satisfazer o direito declarado ou, ainda, assegurar o direito cuja declaração é invocada. O juiz não detém o poder de iniciar o processo (*ne procedat iudex ex officio*), ficando sempre na dependência da vontade do autor (*nemo iudex sine actore*). Tal dispositivo corresponde ao art. 262 do Código de Processo Civil de 1973. Igualmente, o juiz deve conformar-se ao que foi pedido, sendo-lhe defeso conhecer de matéria estranha à demanda e à contestação.

Com a ação da parte, fundada no exercício do direito à jurisdição, ativando os órgãos estatais, detentores da função judicante, na busca de tutela jurisdicional, irrompe também o monopólio de disposição, reconhecido ao demandante.

Com efeito, tal concepção, vigente na generalidade dos ordenamentos processuais democráticos, exprime a supremacia do litigante para instaurar o processo, determinar-lhe o objeto e, ainda, dispensar a proteção jurisdicional pleiteada. Mesmo que indisponível o direito subjetivo material, ainda continua imperando a regra da inércia da jurisdição, tendo o interessado o domínio da demanda. A despeito de o Estado ter interesse direto ou indireto no respectivo litígio, nem por isso se outorga poder de iniciativa ao juiz.

Isso tudo significa que o litigante tem absoluto controle sobre o seu direito material e, outrossim, bem revela o poder da parte de livre escolha para o exercício ou não exercício desta prerrogativa; o juiz, por outro lado, nos limites da lei, detém poderes de direção material do processo e de iniciativa probatória, simplesmente porque deve estar comprometido com a solução mais justa possível da controvérsia.

2. Impulso oficial

Depois de ajuizada a demanda cabe ao juiz determinar a realização dos atos processuais, devendo evitar, tanto quanto possível, as chamadas "etapas mortas" do processo, ou seja, a demora injustificada na efetivação de atividades que incumbem às partes ou mesmo aos auxiliares da justiça. É comum, nesse particular, o atraso na devolução de carta precatória ou na conclusão da perícia, sem que o juiz tome qualquer providência para acelerar a marcha do processo.

Ressalte-se, por outro lado, que, uma vez iniciado o processo, a inércia da parte pode acarretar desde a preclusão até a extinção do processo (cf. CPC/2015, arts. 209, § 2º, e 485, II e III).

A literatura processual se preocupou no passado e ainda hoje debate a opção do legislador pela ampliação dos poderes do juiz, seja no que se refere à produção da prova, seja no que concerne à direção do processo. É certo que a concepção de um juiz proativo não implica, *tout court*, a instituição de um processo necessariamente autoritário. Com efeito, atualmente, a ampliação dos poderes judiciais de direção e de instrução deve ser sempre equacionada com as garantias constitucionais do processo ("legalidade"), a permitir que as partes possam participar – cooperando com o juiz, em constante contraditório – de todos os rumos que o procedimento venha a trilhar, por força de decisão judicial, incluindo-se, aí, por óbvio, toda atividade relacionada à produção da prova (consulte-se, à guisa de exemplo, o art. 6º do Código de Processo Civil em vigor, com a seguinte redação: "*Todos os sujeitos do processo devem cooperar entre si para que se obtenha, em tempo razoável, decisão de mérito justa e efetiva*").

De tal modo, ampliando-se embora os poderes do juiz na direção do processo, o legislador deve condicionar o exercício destes à conformação com as normas processuais, o que redunda na negação da discricionariedade, que caracteriza o papel do juiz autoritário.

A tese no sentido de que a inatividade do juiz se justifica pelo caráter privado do objeto discutido no processo civil encontra-se completamente ultrapassada, diante de uma perspectiva publicista ou social do processo, que o concebe como instrumento necessário para o exercício da função jurisdicional do Estado. Mesmo que o cerne dos litígios eclodidos no âmbito do processo civil tenha geralmente natureza privada ou disponível, dúvida não há de que o modo de o processo se desenvolver é governado pelo Estado-juiz, único titular da função jurisdicional, que se serve do processo como instrumento para garantir a efetividade do ordenamento jurídico.

Ademais, cumpre salientar que a atividade probatória *ex officio* vem contemplada na grande maioria das legislações processuais do mundo ocidental, como importante regra técnica, quando reputado necessário o seu emprego, de complementação da produção da prova, em prol da adequada solução do litígio.

Frise-se, por outro lado, que a denominada tutela de âmbito coletivo apresenta uma ruptura à tradicional simetria entre o titular do direito material e o legitimado a ingressar em juízo. De idêntico modo, o processo coletivo supera aquela percepção herdada da Idade Média, coroada no direito alemão, de que o processo era instituto exclusivo das partes (*Sache dei Parten*), no qual o juiz, inerte, ficava observando o duelo judiciário entre os litigantes, com poderes instrutórios mínimos, limitando-se tão somente a proferir uma sentença em consonância com o que havia ficado provado nos autos. Essa visão individualista que marcou o direito civil e o direito processual civil no século XIX, obviamente, influenciou a legislação do século XX.

Em época mais recente, suplantada essa ideologia, pode-se alvitrar um processo com escopos sociais bem mais nítidos, um processo de conotação mais pública do que privada. Em nosso atual direito positivo, no contexto da denominada tutela jurisdicional das liberdades, o microssistema formado, em particular, pelas leis que regulamentam a ação popular (Lei 4.717/1965), a ação civil pública (Lei 7.347/1985), a ação de improbidade administrativa (Lei 8.429/1992) e as ações para proteção dos consumidores (Lei 8.078/1990) e dos investidores do mercado de capitais (Lei 7.913/1989), que interage com a legislação processual codificada, mantém com esta estrito relacionamento no que se refere ao procedimento e às peculiaridades processuais.

Conclui-se, pois, que a atual concepção de "processo justo" não admite qualquer resquício de discricionariedade judicial, até porque, longe de ser simplesmente mero porta-voz da lei ("*la bouche de la loi*"), o juiz proativo de época contemporânea deve estar imbuído de um espírito determinado a moldar a sua atuação norteado pelas garantias, asseguradas aos litigantes, do devido processo legal.

3. Exceções previstas em lei

Observe-se que, excepcionalmente, em determinadas situações, a legislação processual investe o juiz da atribuição de proceder de ofício. Contudo, o vigente Código de Processo Civil diminuiu o âmbito desta prerrogativa, reduzindo-a à arrecadação judicial dos bens vagos (art. 738) e daqueles da herança jacente (art. 744). Não há mais previsão de o inventário ser instaurado por determinação judicial, como ocorria sob a égide do diploma revogado (art. 989).

E o novel diploma, no que toca a essa questão, foi preciso, até porque o juiz, como terceiro imparcial, não pode mesmo dispor daquele poder inquisitivo, de dar início a processo de caráter litigioso ou não.

Art. 3º – Não se excluirá da apreciação jurisdicional ameaça ou lesão a direito. § 1º – É permitida a arbitragem, na forma da lei. § 2º – O Estado promoverá, sempre que possível, a solução consensual dos conflitos. § 3º – A conciliação, a mediação e outros métodos de solução consensual de conflitos deverão ser estimulados por juízes, advogados, defensores públicos e membros do Ministério Público, inclusive no curso do processo judicial.

1. Inafastabilidade da jurisdição

O art. 5º, XXXV, da Constituição Federal, consagrando norma idêntica constante das anteriores Cartas Políticas do Brasil, encerra o princípio da reserva legal, também denominado da inafastabilidade da jurisdição, ao preceituar que: "a lei não excluirá da apreciação do Poder Judiciário lesão ou ameaça a direito". Observa-se que o *caput* do art. 3º reitera essa mesma regra, reservando ao Estado-juiz o monopólio da jurisdição.

Isso significa que a ninguém é dado renunciar à defesa de seus direitos diante de uma potencial lesão futura! Daí por que desponta nulo e ineficaz qualquer *pactum de non petendo*, estipulado como cláusula de negócio jurídico, pelo qual os contratantes se comprometem a não recorrer ao Poder Judiciário caso surja algum litígio entre eles (v., nesse sentido, TJSP, 16ª Câmara de Direito Privado, AgIn 2194531-67.2014.8.26.0000, rel. Des. Miguel Petroni Neto, m.v., j. 17.03.2015: "[...] O acordo que foi formalizado veio a constituir novo título executivo – se trata de instrumento de confissão de dívida – de forma que se a execução é sobre o novo pacto e incidente sobre o valor principal, constante da cláusula 2ª (conforme cláusula 8ª), ele não poderia afastar o direito de defesa do devedor, uma vez que após a transação pode ter surgido fato que justifique a defesa. Assim, é nula a cláusula 16ª por violar o princípio legal da defesa [...]").

Com a promulgação da Constituição Federal e dos inúmeros textos legais que dela se originaram, infundiu-se em cada brasileiro um verdadeiro "espírito de cidadania". Os cidadãos passaram a ser senhores de seus respectivos direitos, com a expectativa de verem cumpridas as garantias que lhes foram então asseguradas.

Observe-se ainda que também foram incrementados, a partir do início dos anos 1990, mecanismos processuais adequados a recorrer aos tribunais com maior efetividade, como, por exemplo, a ampliação do rol dos legitimados ativos a manejar as ações diretas de inconstitucionalidade, a ajuizar ações coletivas em prol dos interesses difusos, a consagração da autonomia e independência do Ministério Público e a opção determinada por um modelo de assistência judiciária e de promoção de acesso à justiça.

Diante desse importante fenômeno, houve, como era notório, um vertiginoso crescimento da demanda perante o Poder Judiciário. Os números alarmantes são de conhecimento geral. E isso tudo agravado pela circunstância de que a constitucionalização de um conjunto tão ousado de garantias, sem a consecução consistente de políticas públicas e sociais correlatas, tem propiciado, sem dúvida, maior judicialização dos conflitos.

Tem-se outrossim clara percepção da ineficiência das agências reguladoras de serviços que também contribuem para a intervenção judicial. O recurso aos tribunais para garantir o acesso a medicamentos e tratamentos médicos é constante. Não é crível que nos dias de hoje muitos brasileiros tenham de ir à justiça para obter indenização por atraso de voo e extravio de bagagem, ou, ainda, para forçar adequada prestação de serviço em várias atividades. O Poder Judiciário está se tornando um verdadeiro SAC – Serviço de Atendimento ao Consumidor.

O sistema judicial passa, assim, a suplantar o sistema da Administração Pública, a quem, por óbvio, compete sancionar as referidas falhas.

Chega-se mesmo ao que poderíamos denominar de "banalização de demandas", sem esquecer o papel de exator dos tribunais, na função substitutiva de ser o principal palco da cobrança de tributos, diante dos milhares de executivos fiscais que abarrotam os escaninhos dos cartórios forenses.

Com esse exagerado afluxo de demandas, os processualistas passaram a prestigiar outros meios adequados de solução de conflitos, como a arbitragem, a conciliação e a mediação. Estes mecanismos alternativos podem ser extrajudiciais, mas de qualquer forma visam a propiciar maior acesso à justiça.

2. Reconhecimento expresso da arbitragem

A arbitragem consiste numa técnica de heterocomposição de controvérsias mediante a intervenção de um ou mais árbitros, escolhidos pelas partes, a partir de uma convenção de natureza privada. A sentença proferida pelos árbitros, que não comporta qualquer recurso, equipara-se à decisão judicial. A teor do disposto no art. 1º da Lei 9.307/1996, o objeto da arbitragem recai sobre direitos patrimoniais disponíveis, de titularidade de pessoas capazes de contratar.

Para a instauração do processo arbitral, é exigido um compromisso, pelo qual as partes concordam em submeter a decisão do litígio a um árbitro. Verifica-se, destarte, que a convenção de arbitragem é delimitada, sob o aspecto subjetivo, pelas pessoas que a firmaram, na qualidade de contratantes ou mesmo de anuentes.

Se, sob a ótica objetiva, somente é arbitrável o litígio envolvendo matéria atinente a direito disponível, do ponto de vista subjetivo, é apenas arbitrável o litígio entre as partes que subscreveram o instrumento em que presente a respectiva convenção e que sejam capazes.

Cumpre esclarecer, ainda, que o juízo arbitral somente pode ser instituído desde que presentes todas as pessoas que figuraram no instrumento no qual ficou estabelecida a cláusula compromissória.

Como a arbitragem se circunscreve aos limites do contrato celebrado entre as partes, sob os aspectos subjetivo e objetivo, não pode ser deflagrada senão entre os protagonistas do respectivo negócio. A legitimidade de parte para o processo arbitral, por isso, só se estabelece entre os sujeitos contratuais. A única via de legitimação, ativa ou passiva, para quem queira participar, ou seja, chamado a integrar a arbitragem, condiciona-se à própria convenção arbitral.

Assim, se determinada pessoa não estiver subordinada a contrato com previsão de arbitragem, não pode ela ser acionada perante o juízo arbitral.

Se o processo arbitral se iniciar sem a presença de todos os sujeitos que firmaram o contrato, só restará ao árbitro encerrar o procedimento sem julgamento de mérito, sob pena de ser nula a sentença que eventualmente vier a ser proferida.

Tendo-se em vista os limites subjetivos da convenção arbitral, não há como se admitir que a imutabilidade do conteúdo decisório da sentença possa atingir terceiros.

Esta é, outrossim, a orientação consolidada da jurisprudência de nossos tribunais, como, *e. g.*, infere-se do julgamento da Apelação 0116341-91.2009.8.26.0100, proferido pela 26ª Câmara de Direito Privado do TJSP:

> "[...] A substituição da Corte de arbitragem pela via judicial não implica ofensa ao princípio do *pacta sunt servanda*, porque os réus não foram partícipes do contrato, objeto da demanda. Bem por isso, não há como deixar ao encargo do Tribunal Arbitral o exame das questões discutidas, excluindo-se a participação do Poder Judiciário, isso sem falar que na arbitragem prevalece a regra da relatividade, ou seja, a instituição do compromisso arbitral, sob o aspecto subjetivo, é restrita às pessoas que firmam a cláusula

compromissória. Sua extensão subjetiva não pode produzir efeitos senão em relação aos signatários. Segundo entendimento doutrinário, entre as condições gerais da ação arbitral inserem-se a legitimação das partes e o interesse de agir. Na arbitragem, a legitimação das partes fica grandemente simplificada na medida em que só pode invocar juízo arbitral quem tiver firmado a convenção de arbitragem ou tiver saído vitorioso na ação de instituição de arbitragem. A Lei de Arbitragem fala em 'parte interessada' referindo-se à dupla qualidade de quem é parte no contrato e titular do interesse envolvido na controvérsia resultante dele [...]. Em suma, são sujeitos do litígio arbitral, única e exclusivamente, os que firmaram a convenção de arbitragem [...]."

Em senso análogo, a 11ª Câmara de Direito Privado da mesma Corte bandeirante, ao apreciar o recurso de Apelação 990.09.373821-0, deixou assentado, à unanimidade de votos, que, apesar de a arbitragem somente ser considerada válida se todos os contratantes e intervenientes participarem da mesma: "não se pode impor a eficácia da cláusula compromissária contra quem não manifestou a vontade de aderir a essa forma de solução de conflito".

Já, sob outro enfoque, de conformidade com o disposto no art. 485, VII, do atual diploma processual, o juiz não resolverá o mérito na situação em que for acolhida a arguição "*de existência de convenção de arbitragem ou quando o juízo arbitral reconhecer sua competência*". A convenção, pois, sob a novel legislação, continua sendo classificada como um pressuposto negativo de desenvolvimento válido e regular do processo.

Ainda, no que se refere à arbitragem, mais recentemente, diante da significativa importância que a participação econômica do Brasil passou a ostentar no mundo globalizado, a despeito de a atual lei, vigente há duas décadas, ser vitoriosa e inclusive prestigiada pelos nossos tribunais, entendeu-se oportuno o seu aperfeiçoamento, procurando alinhá-la aos regramentos contemporâneos mais avançados, já colocados à prova na experiência jurídica internacional.

No final do ano de 2012, foi nomeada pelo Senado Federal uma comissão composta por 21 juristas, sob a presidência do ministro Luis Felipe Salomão, com a finalidade de elaborar anteprojeto de reforma da Lei de Arbitragem e de instituição da mediação. Passados alguns meses, a comissão concluiu dois anteprojetos – um propondo alterações na Lei de Arbitragem e o outro propondo a criação da mediação extrajudicial.

Aquele referente à arbitragem (PLS 406/2013) transformou-se na Lei 13.129/2015, que alterou a Lei 9.307/1996, tendo preservado, em linhas gerais, a sistemática já consagrada.

Contudo, além de alguns reparos formais e terminológicos, verifica-se que três vertentes governam as respectivas modificações, quais sejam:

a) ampliação objetiva da incidência da arbitragem; b) maior liberdade das partes na indicação dos árbitros; e c) delimitação da atividade do juiz togado até a instituição da arbitragem.

3. Fomento à solução consensual dos conflitos

Procurando infundir a cultura da pacificação entre os protagonistas do processo, o Código de Processo Civil de 2015, em inúmeros preceitos, sugere a autocomposição. Dispõe, com efeito, o § 2º desse art. 3º que: "*O Estado promoverá, sempre que possível, a solução consensual dos conflitos*". Dada a evidente relevância social da administração da justiça, o Estado deve mesmo empenhar-se na organização de instituições capacitadas a mediar conflitos entre os cidadãos. No Brasil, o Ministério da Justiça preocupa-se em fornecer os meios necessários a várias organizações não governamentais, que têm como missão precípua a instalação e gestão de sistemas alternativos de administração de controvérsias.

Comprometido com o sistema "multiportas" de solução dos litígios, o Conselho Nacional de Justiça, há alguns anos, instituiu a Semana Nacional da Conciliação, que constitui um esforço concentrado para conciliar o maior número possível de demandantes em todos os tribunais do país. Trata-se de uma campanha de mobilização, realizada anualmente, que envolve todos os tribunais brasileiros, os quais selecionam os processos que tenham possibilidade de acordo e intimam as partes envolvidas para solucionarem o conflito. É, com certeza, uma das principais ações institucionais do Conselho Nacional de Justiça. A Resolução 125/2010-CNJ, dispõe sobre a Política Judiciária Nacional de tratamento adequado dos conflitos de interesses no âmbito do Poder Judiciário e dá outras providências.

No Estado de São Paulo merecem alusão os Centros de Integração da Cidadania, criados pela Secretaria da Justiça e da Defesa da Cidadania.

Aduza-se que o próprio Código, em seu art. 174, de forma muito original, fomenta a criação, pela União, Estados, Distrito Federal e pelos Municípios, de câmaras de mediação e conciliação, com atribuições relacionadas à solução consensual de conflitos no âmbito administrativo.

4. Conciliação e mediação

Além destas importantes iniciativas, que seguem tendência mundial, o § 3º do texto legal sob análise recomenda de modo expresso a solução suasória (autocomposição), que deverá ser implementada, na medida do possível e inclusive no curso do processo, "por juízes, advogados, defensores públicos e membros do Ministério Público".

Tanto a mediação quanto a conciliação pressupõem a intervenção de uma terceira pessoa. Na mediação, esta tem a missão de esclarecer as partes, para que as mesmas alcancem a solução da pendência. Na conciliação, pelo contrário, o protagonista imparcial se incumbe não apenas de orientar as partes, mas, ainda, de sugerir-lhes o melhor desfecho do conflito.

Nesta significativa perspectiva, muito mais enfático do que o anterior, o vigente Código de Processo Civil prevê ainda a criação de centros judiciários de solução consensual de conflitos, responsáveis pelas audiências de conciliação e mediação (art. 165); estabelece os princípios que informam a conciliação e a mediação (art. 166); faculta ao autor da demanda revelar, já na petição inicial, a sua disposição para participar de audiência de conciliação ou mediação (art. 319, VII); estabelece o procedimento da audiência de conciliação ou de mediação (art. 334); e recomenda, nas controvérsias de família, a solução consensual, possibilitando inclusive a mediação extrajudicial (art. 694).

Não é preciso registrar que, à luz desse novo horizonte que se descortina sob a égide do atual Código de Processo Civil, os aludidos operadores do direito não devem medir esforços em prol da composição amigável do litígio.

Art. 4º – As partes têm o direito de obter em prazo razoável a solução integral do mérito, incluída a atividade satisfativa.

1. Generalidades

A redação original de nossa Constituição Federal, como é notório, contemplou, no inc. LIV do art. 5º, uma regra geral, assegurando, explicitamente, a garantia do *due process of law*: "*Ninguém será privado da liberdade ou de seus bens sem o devido processo legal*". E, ainda, para que ficasse estreme de dúvidas, além dessa preceituação genérica, já suficiente para alcançar o fim por ela colimado, previu, em vários incisos do citado art. 5º e, ainda, no art. 93, IX, incorrendo em manifesta redundância (porém louvável...), inúmeros corolários da garantia constitucional do devido processo legal.

Não havia, contudo, qualquer disposição acerca do direito à tutela jurisdicional dentro de um prazo razoável...

A teor do § 2º do mesmo art. 5º: "*Os direitos e garantias expressos nesta Constituição não excluem outros decorrentes do regime e princípios por ela adotados, ou dos tratados internacionais em que a República Federativa do Brasil seja parte*". Oportuno, nesse passo, lembrar que o nosso país é signatário do Pacto de San José da Costa Rica, que adquiriu eficácia internacional em 18.07.1978. O Congresso Nacional, posteriormente, mediante o Decreto 27, de 26.05.1992, aprovou o seu texto, sendo que o nosso governo, em 25 de setembro do mesmo ano, depositou a respectiva Carta de Adesão à apontada Convenção. Com a ulterior publicação do Decreto 678/1992, o Pacto de San José foi promulgado e, finalmente, incorporado ao ordenamento jurídico brasileiro.

Desse modo, apesar de a garantia do devido processo legal pressupor o rápido desfecho do litígio, o direito à duração razoável já estava contemplado, em nosso sistema jurídico, mesmo antes da EC 45/2004, dada a evidente compatibilidade de regramentos, em particular, pelo art. 8º, 1, do referido Pacto de San José: "*Toda pessoa tem direito de ser ouvida com as devidas garantias e dentro de um prazo razoável* [...]".

E, com efeito, a jurisprudência de nossos tribunais foi instada a apreciar alegada ofensa à garantia do jurisdicionado a um processo sem dilações indevidas. Ao inventariar as raras ocorrências de pedido de dano moral gerado pela demora do processo, pode ser colacionado o caso que teve curso perante a 7ª Vara da Justiça Federal da Seção Judiciária de São Paulo (Proc. 89.0017372-3), promovido contra a União, no qual a sentença de procedência do pedido considerou irrazoável a demora de 20 anos para o deslinde do processo trabalhista e, portanto, constatada a imperfeição do serviço público. A condenação foi fixada em quantia equivalente a 150 salários mínimos.

No plano do processo administrativo, a 6ª Câmara Cível do Tribunal de Justiça do Rio Grande do Sul, no julgamento da Apelação 70006474233, relatado pelo saudoso Desembargador Carlos Alberto Alvaro de Oliveira, deu provimento ao recurso de apelação, para impor condenação ao Estado do Rio Grande do Sul, porque reconhecido o excesso de prazo no desenvolvimento da sindicância e do subsequente inquérito administrativo.

2. Adoção expressa e interpretação da garantia

A despeito dessa original orientação pretoriana, visando a espancar qualquer dúvida e afinando- se com as modernas tendências do Direito Processual, o legislador pátrio, por meio da Emenda Constitucional n. 45, acabou inserindo o inc. LXXVIII no art. 5º da Constituição Federal, com a seguinte redação: "*a todos, no âmbito judicial e administrativo, são assegurados a razoável duração do processo e os meios que garantam a celeridade de sua tramitação*".

Seguindo a mesma premissa que norteou as regras dos arts. 5º, LV, e 93, IX e X, da Constituição, no sentido de garantir, respectivamente, a ampla defesa e o contraditório, a motivação das decisões e a publicidade do procedimento tanto na esfera judicial quanto na administrativa, o texto constitucional passou então a contemplar a garantia do processo, judicial e administrativo, sem dilações indevidas. Assegurou, outrossim, a implementação de meios que garantam a economia e a celeridade processual.

Observe-se, em primeiro lugar, que, dada a profunda diversidade da *performance* da justiça nos vários quadrantes do Brasil, a aferição do "prazo razoável" será absolutamente diferenciada de Estado para Estado, seja no âmbito da Justiça Estadual, seja no dos Tribunais Federais. De um modo geral, pela inarredável falta constante de recursos materiais destinados ao Poder Judiciário, a justiça no Brasil é lenta.

Ademais, sem embargo da carência de dados estatísticos, pela exigência de metas imposta pelo Conselho Nacional de Justiça, não há dúvida de que, nas Cortes estaduais, tem ocorrido inegável encurtamento do tempo para julgamentos dos recursos e das ações originárias.

Lembro, por outro lado, o famoso art. 6º, 1, da Convenção Europeia para Salvaguarda dos Direitos do Homem e das Liberdades Fundamentais, subscrita em Roma, no dia 4 de novembro de 1950, que tem a seguinte redação: "*Toda pessoa tem direito a que sua causa seja examinada equitativa e publicamente num prazo razoável, por um tribunal independente e imparcial instituído por lei, que decidirá sobre seus direitos e obrigações civis ou sobre o fundamento de qualquer acusação em matéria penal contra ela dirigida*".

Foi, sem dúvida, a partir da edição desse diploma legal supranacional que o *direito ao processo sem dilações indevidas* passou a ser concebido como um direito subjetivo constitucional, de caráter autônomo, de todos os membros da coletividade (incluídas as pessoas jurídicas) à *tutela jurisdicional dentro de um prazo razoável*, decorrente da proibição do *non liquet*, vale dizer, do dever que têm os agentes do Poder Judiciário de julgar as causas com estrita observância das normas de Direito Positivo.

Efetivou-se, outrossim, ao longo do tempo, a necessária exegese da abrangência do supratranscrito dispositivo, tendo-se, unanimemente, como *dilações indevidas*, os atrasos ou delongas que se produzem no processo por inobservância dos prazos estabelecidos, por injustificados prolongamentos das "etapas mortas" que separam a realização de um ato processual de outro, sem subordinação a um lapso temporal previamente fixado e, sempre, sem que aludidas dilações dependam da vontade das partes ou de seus mandatários.

Todavia, torna-se impossível fixar *a priori* uma norma específica, determinante da violação à garantia da tutela jurisdicional dentro de um prazo razoável.

E, por isso, consoante orientação jurisprudencial da Corte Europeia dos Direitos do Homem, consolidada em 1987, no famoso caso Capuano, três critérios, segundo as circunstâncias de cada caso concreto, devem ser levados em consideração para ser apreciado o limite temporal razoável de duração de um determinado processo. Por via de consequência, somente será possível verificar a ocorrência de uma indevida dilação processual a partir da análise: a) da complexidade do assunto; b) do comportamento dos litigantes e de seus procuradores; e c) da atuação do órgão jurisdicional.

Esse expressivo precedente impôs condenação ao Estado italiano, fixando-a numa indenização pelo dano moral "derivante do estado de prolongada ansiedade pelo êxito da demanda", experimentado por uma litigante nos tribunais daquele país.

O reconhecimento de tais critérios, que exigem uma análise casuísta, bem revela que as *dilações indevidas* não decorrem do simples descumprimento dos prazos processuais prefixados.

Assim, é evidente que, se uma determinada questão envolve, por exemplo, a apuração de danos à natureza, a prova pericial a ser produzida poderá demandar muitas diligências que justificarão duração bem mais prolongada da fase instrutória.

Desse modo, não poderão ser taxadas de "indevidas" as dilações proporcionadas pelo esforço das partes, as quais, valendo-se das próprias regras processuais, acabam causando um natural prolongamento do procedimento.

É necessário, pois, que a morosidade, para ser reputada realmente inaceitável, decorra do comportamento doloso de um dos litigantes, ou, ainda, da inércia, pura e simples, do órgão jurisdicional encarregado de dirigir as diversas etapas do processo. É claro que a pletora de causas ou o excesso de trabalho não podem ser considerados, neste particular, justificativa plausível para a lentidão da tutela jurisdicional.

De aduzir-se, por outro lado, que, após a consagração, no plano constitucional, do direito fundamental à duração razoável do processo, o princípio da economia processual, de natureza precipuamente técnica, transformou-se em postulado político.

E isso, certamente porque o supratranscrito inc. LXXVIII do art. 5º não assegura apenas e tão somente a prerrogativa de um processo sem dilações indevidas, mas, na verdade, ainda contempla inserção de meios técnicos e materiais que "garantam a celeridade de sua tramitação".

3. Garantia da duração razoável

Verifica-se que, apesar de intuitiva, a regra do art. 4º, para não deixar margem a dúvida, estende-se à fase de cumprimento de sentença e, por certo, inclui também o processo de execução, vale dizer, toda a "atividade satisfativa" em prol da parte vencedora.

Ademais, entre os poderes do juiz, o art. 139, II, preceitua que lhe incumbe: "*velar pela duração razoável do processo*".

Diversos dispositivos do novo diploma processual concedem ao magistrado o poder de controlar e reprimir atos que possam colocar em risco a celeridade processual. Confira-se, *e.g.*, arts. 113, § 1º, 672, III, 685, parágrafo único.

O art. 139, VI, dispõe que: "*O juiz dirigirá o processo conforme as disposições deste Código, incumbindo-lhe: [...] VI – dilatar os prazos processuais e alterar a ordem de produção dos meios de prova adequando-os às necessidades do conflito, de modo a conferir maior efetividade à tutela do direito*".

Essa novidade, que tinha um âmbito muito mais abrangente na redação do Anteprojeto, diante do decantado princípio da cooperação entre os protagonistas do processo, sugere que qualquer alteração dos prazos processuais e da ordem da produção das provas deve ser precedida da audiência das partes, de forma democrática, a tornar legítima a respectiva decisão judicial. A exemplo do que sucede no processo da arbitragem, esse contraditório participativo é exigência fundamental para a consecução dos fins do processo. Trata-se, nesta hipótese, de um verdadeiro "negócio jurídico processual", pelo qual todos os integrantes do processo adaptam as regras legais às necessidades reais do processo em curso, em benefício da efetividade (v., por exemplo, CPC/2015, arts. 190, 191, 222, § 1º).

Contudo, importa asseverar que a introdução de mecanismos aptos a assegurar a duração razoável do processo não deve, em qualquer situação, vulnerar o princípio fundamental do devido processo legal.

Art. 5º – Aquele que de qualquer forma participa do processo deve comportar-se de acordo com a boa-fé.

1. Conceito de boa-fé

A boa-fé objetiva, nos domínios do Direito Privado, consubstancia-se numa cláusula geral, que pressupõe um comportamento ético das partes contratantes, as quais têm o dever de lealdade, tanto na manifestação da vontade, ao ensejo do aperfeiçoamento do negócio jurídico, quanto na interpretação das cláusulas contratuais, durante a execução do contrato e até mesmo após o cumprimento das obrigações pactuadas. Concebida como um verdadeiro princípio, a boa-fé objetiva foi contemplada, em nosso ordenamento jurídico, no art. 422 do Código Civil, com a seguinte redação: "*Os contratantes são obrigados a guardar, assim na conclusão do contrato, como em sua execução, os princípios de probidade e boa-fé*".

A aferição da boa-fé objetiva decorre da interpretação do padrão de conduta normalmente exigível dos sujeitos e dos efeitos jurídicos que razoavelmente deveriam ser esperados pelos contratantes. A resposta a essas duas indagações estabelecerá o conteúdo objetivo do negócio jurídico, ao qual estarão vinculadas as partes.

A teoria da boa-fé objetiva encerra um formidável instrumento de hermenêutica jurídica para detectar eventual abusividade das cláusulas contratuais expressas ou para reconhecer a inaplicabilidade parcial dos efeitos do negócio jurídico, ou ainda para proceder à interpretação integrativa da declaração de vontade, sempre que seja preciso restabelecer o equilíbrio contratual.

2. Cláusula geral de boa-fé de natureza processual

Na mesma linha principiológica, que marca as denominadas "Normas Fundamentais do Processo Civil", constantes do preâmbulo do Código em vigor, inspirando-se, por certo, na dogmática do direito privado, o legislador estabelece, nesse art. 5º, uma cláusula geral de boa-fé processual, que deverá nortear a conduta, durante as sucessivas etapas do procedimento, de todos os protagonistas do processo: o juiz, as partes, o representante do Ministério Público, o defensor público e também os auxiliares da justiça (serventuários, peritos, intérpretes etc.).

O fundamento constitucional da boa-fé decorre da cooperação ativa dos litigantes, especialmente no contraditório, que devem participar da construção da decisão, colaborando, pois, com a prestação jurisdicional. Não há se falar, com certeza, em processo justo e équo se as partes atuam de forma abusiva, conspirando contra as garantias constitucionais do devido processo legal.

A jurisprudência dos nossos tribunais, adiantando-se à novel legislação, tem preconizado que determinadas condutas, caracterizadas como abuso de direito, vulneram a boa-fé processual. Confira- se:

> "[...] Ocorre que, na hipótese, a apresentação da petição de desistência logo após a concessão dos efeitos da tutela recursal, reconhecendo à autora o direito de receber 2/3 de um salário mínimo a título de pensão mensal, teve a nítida intenção de esvaziar o cumprimento da determinação judicial, no momento em que o réu anteviu que o julgamento final da apelação lhe seria desfavorável, sendo a pretensão, portanto, incompatível com o princípio da boa-fé processual e com a própria regra que lhe faculta não prosseguir com o recurso, a qual não deve ser utilizada como forma de obstaculizar a efetiva

proteção ao direito lesionado" (STJ, 3ª Turma, REsp 1.285.405-SP, rel. Min. Marco Aurélio Bellizze, v.u., j. 16.12.2014, *DJe* de 19.12.2014);

"A jurisprudência do STJ é sedimentada em reconhecer a possibilidade da conversão do julgamento em diligência para fins de produção de prova essencial, como o exame de DNA em questão, principalmente por se tratar de ação de estado. O processo civil moderno vem reconhecendo – dentro da cláusula geral do devido processo legal – diversos outros princípios que o regem, como a *boa-fé processual*, efetividade, o contraditório, cooperação e a confiança, normativos que devem alcançar não só as partes, mas também a atuação do magistrado, que deverá fazer parte do diálogo processual. Na hipótese, deveria o julgador ter se mantido coerente com a sua conduta processual até aquele momento, isto é, proporcionado às partes a possibilidade de demonstrar a viabilidade na feitura de outro exame de DNA (preenchimento dos requisitos exigíveis) e não sentenciar, de forma súbita, o feito. Além disso, acabou por conferir aos demandantes um direito à produção daquela prova em específico, garantido constitucionalmente (CF, art. 5º, LV) e que não pode simplesmente ser desconsiderado pelo Juízo, podendo-se falar na ocorrência de uma preclusão para o julgador no presente caso.

Diante das circunstâncias do caso em questão e da vontade das partes, ainda sendo supostamente possível a realização do exame de DNA pela técnica da reconstrução, é de se admitir a baixa dos autos para a constatação da viabilidade e realização da perícia pleiteada" (STJ, 4ª Turma, REsp 1.229.905-MS, rel. Min. Luis Felipe Salomão, v.u., j. 05.08.2014, *DJe* de 02.09.2014); "O formalismo desmesurado ignora, ainda, a *boa-fé processual* que se exige de todos os sujeitos do processo, inclusive, e com maior razão, do Estado-Juiz" (STF, 1ª Turma, ED no ARE 674.231-RS, rel. Min. Luiz Fux, v.u., j. 27.08.2013, *DJe* de 11.09.2013, destaque nosso).

Note-se que a boa-fé processual se desdobra nos deveres de veracidade e de lealdade na realização dos atos processuais, contemplados nos arts. 77 e 142 do novo Código de Processo Civil. O descumprimento destes deveres caracteriza ato atentatório à dignidade da justiça e litigância de má-fé, cujas sanções estão detalhadamente previstas nos arts. 77, 80, 81, 100, parágrafo único, 334, § 8º, 536, § 3º, e 702, §§ 10 e 11.

Acrescente-se, por outro lado, que o Código também impõe comportamento ético e leal aos órgãos jurisdicionais, coibindo-os, por exemplo, de proferir "decisão-surpresa" (art. 9º). Exemplo marcante da lealdade do órgão jurisdicional em relação aos litigantes vem expresso na preciosa regra do parágrafo único do art. 932 do novo diploma: "*Antes de considerar inadmissível o recurso, o relator concederá o prazo de 5 (cinco) dias ao recorrente para que seja sanado o vício ou complementada a documentação exigível*".

Os arts. 322, § 2º, e 489, § 3º, do Código de Processo Civil, dispõem, respectivamente, que a interpretação do pedido e da decisão judicial deve ser governada pela boa-fé.

Art. 6º – Todos os sujeitos do processo devem cooperar entre si para que se obtenha, em tempo razoável, decisão de mérito justa e efetiva.

1. Aspectos gerais

À primeira vista, desponta questionável a redação do enunciado legal ora anotado, visto que no processo contencioso, por razões óbvias, nem todos os sujeitos do processo mostram-se dispostos a colaborar entre si. Todavia, o sentido da cooperação aqui preconizado não se refere, por certo, a qualquer concessão das posições de vantagens dos respectivos litigantes.

Na verdade, inspirando-se na moderna doutrina que já adotara entre os princípios éticos que informam a ciência processual o denominado "dever de cooperação recíproca em prol da efetividade", o legislador procura desarmar todos os participantes do processo, infundindo em cada qual um comportamento pautado pela boa-fé, para se atingir uma profícua comunidade de trabalho.

E isso, desde aspectos mais corriqueiros, como a simples consulta pelo juiz aos advogados da conveniência da designação de audiência numa determinada data, até questões mais complexas, como a expressa previsão de cooperação das partes ao ensejo do saneamento do processo (CPC/2015, art. 357, § 3º). Trata-se aí de *cooperação em sentido formal.*

2. Amplitude da regra

Verifica-se, destarte, que o novo diploma ampliou o sentido do art. 339 do velho diploma, agora repetido no art. 378: "*Ninguém se exime do dever de colaborar com o Poder Judiciário para o descobrimento da verdade*". Afirma-se que, nesta hipótese, a lei prevê a *cooperação em sentido material*, uma vez que faz recair sobre as partes e terceiros o dever de prestarem a sua colaboração para a descoberta da verdade.

É de ter-se presente que, além de situações de natureza técnica, que impõem a cooperação, valores de deontologia forense, sobrelevados pelos operadores do Direito – juízes, promotores e advogados –, também se inserem na esperada conduta participativa.

3. Deveres do tribunal e das partes

Pela perspectiva cooperativa por parte do tribunal despontam os deveres de prevenção, de esclarecimento, de consulta e de auxílio às partes, que podem ser resumidos da seguinte forma:

a) *dever de prevenção*: cabe ao juiz apontar as inconsistências das postulações das partes, para que possam ser aperfeiçoadas a tempo (*v.g.*:

emenda da petição inicial para especificar um pedido indeterminado; individualizar as parcelas de um montante que só é globalmente indicado);

b) *dever de esclarecimento*: cabe ao juiz determinar às partes que prestem esclarecimentos quanto a alegações obscuras ou circunstâncias que demandem complementações;

c) *dever de consulta*: cabe ao juiz colher previamente a manifestação das partes sobre questões de fato ou de direito que influenciarão o julgamento; e d) *dever de auxílio*: cabe ao juiz facilitar às partes a superação de eventuais dificuldades ou obstáculos que impeçam o exercício de direitos ou faculdades (por exemplo: o juiz deve proceder à remoção de empecilho à obtenção de um documento ou informação que seja indispensável para a prática de um determinado ato processual).

Já o dever de cooperação dos litigantes repousa no dever de se pautarem por probidade e boa-fé, de apresentarem os esclarecimentos determinados pelo juiz e de cumprirem as intimações para comparecimento em juízo. Esse dever não é apenas retórico. O art. 334 do Código em vigor, que disciplina a audiência de conciliação e de mediação, preceitua, no § 8º, que: "*O não comparecimento injustificado do autor ou do réu à audiência de conciliação é considerado ato atentatório à dignidade da justiça e será sancionado com multa de até dois por cento da vantagem econômica pretendida ou do valor da causa, revertida em favor da União ou do Estado*", dependendo, é claro, se o aludido ato processual foi designado em processo que se desenvolve, respectivamente, perante a justiça federal ou a justiça estadual.

O mais importante é que a colaboração, ditada pelo novel diploma processual, esteja a serviço da celeridade processual na rota do julgamento de mérito. Nesse sentido, *v. g.*, dispondo sobre as cartas de comunicação processual, o art. 261, § 3º, do Código de Processo Civil, reza que: "*A parte a quem interessar o cumprimento da diligência cooperará para que o prazo a que se refere o caput seja cumprido*". Procura-se, assim, evitar situações que proporcionem deliberada procrastinação do procedimento ou mesmo nulidade do processo.

Aos poucos a jurisprudência passa a reconhecer o dever de cooperação, como se extrai do seguinte julgado: "Nos termos do art. 535 do CPC, os embargos de declaração constituem modalidade recursal destinada a suprir eventual omissão, obscuridade e/ou contradição que se faça presente na decisão contra a qual se insurge, de maneira que seu cabimento revela finalidade estritamente voltada para o aperfeiçoamento da prestação jurisdicional, que se quer seja cumprida com a efetiva *cooperação das partes*" (STJ, 1ª Turma, EDcl no AgRg no Ag 1.300.872-CE, rel. Min. Napoleão Nunes Maia Filho, v.u., j. 21.10.2014, *DJe* de 03.02.2015, destacamos).

Firme nesse propósito, o vigente estatuto processual reprime, de forma veemente, nos arts. 77 e 80, os atos atentatórios à dignidade da justiça e a litigância de má-fé, como, por exemplo, a oposição de resistência injustificada à tramitação do processo ou a provocação de qualquer incidente manifestamente infundado (art. 80, IV e VI).

Art. 7º – É assegurada às partes paridade de tratamento em relação ao exercício de direitos e faculdades processuais, aos meios de defesa, aos ônus, aos deveres e à aplicação de sanções processuais, competindo ao juiz zelar pelo efetivo contraditório.

1. Aspectos gerais

Outro consectário da garantia do devido processo legal firma-se no denominado princípio da isonomia processual, determinante do tratamento paritário dos sujeitos parciais do processo durante todos os atos e termos do respectivo procedimento. Decorre ele, sem dúvida, do enunciado do art. 5º, e seu inc. I, da Constituição Federal, ao expressar, de modo enfático, e até repetitivo, que "*todos são iguais perante a lei, sem distinção de qualquer natureza, garantindo-se aos brasileiros e aos estrangeiros residentes no País a inviolabilidade do direito à vida, à liberdade, à igualdade, à segurança e à propriedade, nos termos seguintes: I – homens e mulheres são iguais em direitos e obrigações, nos termos desta Constituição*".

Nem podia ser diferente, até porque o processo civil jamais atingiria plenamente sua finalidade de compor as controvérsias se os litigantes não fossem tratados com igualdade em todo o seu desenrolar. Em suma, assegurando-se a todos os jurisdicionados, indistintamente, a proteção de seus direitos subjetivos materiais, pelos órgãos dotados de jurisdição, por meio do processo, subsiste, também no âmbito da ação, o regramento da isonomia processual, fazendo as partes que nele atuam merecerem igual tratamento, ou seja, as mesmas chances, autêntica paridade de armas (*Waffengleichheit*).

Com efeito, impondo-se à legislação ordinária amoldar suas normas às preceituações constitucionais, nela não pode haver lugar para o estabelecimento de discriminações ou privilégios, quaisquer que sejam, isto é, de desigualdades entre iguais.

2. Crítica à desigualdade substancial

Por esta razão é que não se pode cogitar de exceção ou exceções ao mencionado princípio constitucional, embora largamente disseminadas ao longo do velho Código, como, *e. g.*, a ampliação do prazo em quádruplo e em dobro, respectivamente, para a Fazenda Pública oferecer contestação ou recorrer; e o reexame necessário, nos incs. II e III do art. 475, das sentenças proferidas contra a União, o Estado e o Município. Aliás, não só estas como igualmente outras regras correlatas, revestidas de incontornável inconstitucionalidade, ao favorecerem também a Fazenda Pública e o Ministério Público em determinadas situações processuais de conotação nitidamente patrimonial, que infringem o princípio maior, alusivo à igualdade de todos perante a lei.

O vigente Código de Processo Civil, a propósito deste aspecto criticável, perdeu a oportunidade de dizimar os apontados privilégios, ao manter a "remessa necessária" (art. 496), e estabelecer, como regra, o prazo em dobro para o Ministério Público (art. 180); para a União, Estados, Distrito Federal, Municípios e suas respectivas autarquias e fundações de direito público (art. 183); para a Defensoria Pública, as entidades e os escritórios de prática jurídica das faculdades de Direito, legalmente reconhecidas (art. 186 e § 3º). No entanto, o art. 700, § 6º, admite expressamente a ação monitória em face da Fazenda Pública; e, ainda, no que se refere à delicada questão dos honorários advocatícios, quando a Fazenda Pública é parte, o novo Código, no art. 85, § 3º, traça critérios para a fixação da verba honorária, que evidenciam a valorização e o reconhecimento do exercício profissional do advogado.

3. Abrangência da garantia

Secundando essa tendência, o novo Código apresenta evolução científica a respeito da gratuidade da justiça aos menos favorecidos sob o aspecto financeiro, mediante a assecuração de tal benefício, nos arts. 98 a 102, às pessoas físicas e jurídicas. Nesse particular, vem estabelecida, com tratamento nitidamente desigual, a necessária igualdade ("igualdade substancial") entre os mais e menos afortunados, propiciando a estes idêntica possibilidade de acesso à justiça.

Ressalte-se que a garantia da isonomia se espraia na realização de todos os atos, devendo o juiz não descurar da bilateralidade da audiência, ou contraditoriedade, que se assenta num importantíssimo regramento, dito *princípio de justiça*, determinante da exigência de tratamento paritário das partes, a fim de que haja o mais perfeito equilíbrio entre as suas respectivas atividades processuais.

Em síntese: o novel dispositivo aqui examinado reitera a exigência constitucional de que, durante todo o desenrolar do procedimento, o ato praticado por uma das partes seja comunicado à outra, conferindo-lhe, igualmente, a possibilidade de se manifestar, no prazo fixado pela lei ou pelo juiz.

Não é preciso lembrar que a desatenção quanto às garantias da isonomia e do contraditório produz nulidade insanável, consoante construção pretoriana consolidada. V., na jurisprudência:

> "[...] Esta Corte, em diversos precedentes, tem entendido que o exame psicotécnico deve ser aplicado nos concursos públicos em geral sempre que houver lei prevendo sua exigência. E tal avaliação deverá pautar-se pela objetividade de seus critérios, sob pena de ofensa aos princípios da isonomia, da impessoalidade, da ampla defesa e do contraditório, máxime porque o candidato reprovado certamente encontrará sérios obstáculos à formulação de eventual recurso, diante da obscuridade e da falta de transparência nos motivos que levaram a sua reprovação. Dessa forma, assiste razão ao recorrente-impetrante, sendo de se reconhecer a nulidade do resultado de seu exame psicotécnico devido à subjetividade da avaliação e à ausência de previsão legal dos critérios de avaliação psicotécnica adotados, além do suposto cerceamento do direito à ampla defesa e ao contraditório" (STJ, 2ª Turma, RMS 34.576-RN, rel. Min. Mauro Campbell Marques, v.u., j. 06.09.2011, *DJe* de 14.09.2011); "[...] 'O princípio do contraditório, com assento constitucional, vincula-se diretamente ao princípio maior da igualdade substancial, sendo certo que essa igualdade, tão essencial ao processo dialético, não ocorre quando uma das partes se vê cerceada em seu direito de produzir ou debater a prova que se produziu' [...]" (STJ, 4ª Turma, REsp 74.472-DF, rel. Min. Cesar Asfor Rocha, v.u., j. 13.05.1996, *DJ* de 24.06.1996); "[...] O juiz tem o dever de dirigir o processo, assegurando às partes igualdade de tratamento. É ele obrigado a intimar o agravado a oferecer sua resposta, sob pena de ser violado o princípio do contraditório [...]" (STJ, 1ª Turma, REsp 199.565-SP, rel. Min. Garcia Vieira, v.u., j. 16.03.1999, *DJ* de 03.05.1999).

> **Art. 8º** – Ao aplicar o ordenamento jurídico, o juiz atenderá aos fins sociais e às exigências do bem comum, resguardando e promovendo a dignidade da pessoa humana e observando a proporcionalidade, a razoabilidade, a legalidade, a publicidade e a eficiência.

1. Aspectos gerais

Contendo verdadeira cláusula aberta, essa verba legal fornece importante instrumental hermenêutico ao julgador, a partir de princípios e regras de índole constitucional.

Não podendo se valer de juízo de equidade (art. 140, parágrafo único), o juiz, ao formar o seu convencimento, além de estar circunscrito ao material que consta do processo (art. 141), deverá eleger o fundamento jurídico mais adequado para aplicá-lo ao caso concreto, não podendo desconsiderar "*os fins sociais e as exigências do bem comum*".

A primeira parte do enunciado do art. 8º é repetição do art. 5º da Lei de Introdução às Normas do Direito Brasileiro (antiga LICC), pelo qual é autorizada a adequação das normas no momento de sua incidência. A interpretação a partir da finalidade social da lei deve nortear toda aplicação do ordenamento jurídico. O conceito de bem comum depende de aspectos políticos e ideológicos, e, ainda, de diversos elementos ou fatores, que encerram importantes valores, como a liberdade, a paz, a justiça e a segurança. O ordenamento jurídico é construído à luz da concepção do bem comum, vale dizer, dos ideais pelos quais uma determinada sociedade é regida.

Tenha-se presente que, na interpretação do Estatuto da Criança e do Adolescente, "*levar-se-ão em conta os fins sociais a que ela se dirige, as exigências do bem comum, os direitos e deveres individuais e coletivos, e a condição peculiar da criança e do adolescente como pessoas em desenvolvimento*" (art. 6º da Lei 8.069/1990).

Igualmente, dispõe o art. 6º da Lei 9.099/1995 (Juizados Especiais) que: "*O juiz adotará em cada caso a decisão que reputar mais justa e equânime, atendendo aos fins sociais e às exigências do bem comum*".

2. Abrangência da regra

Atendendo aos fins sociais e às exigências do bem comum – dois princípios legais de hermenêutica –, a jurisprudência pátria se manifesta, *e.g.*, no seguinte sentido:

> "[...] O ponto de partida, certamente, deve ser a letra da lei, não devendo, contudo, ater-se exclusivamente a ela. De há muito, o brocardo *in claris cessat interpretatio* vem perdendo espaço na hermenêutica jurídica e cede à necessidade de se interpretar todo e qualquer direito a partir da proteção efetiva do bem jurídico, ainda que eventual situação fática não tenha sido prevista, especificamente, pelo legislador.
>
> Obrigação do juiz, na aplicação da lei, em atender aos *fins sociais* a que ela se dirige e às exigências do *bem comum* (art. 5º da Lei de Introdução às Normas de Direito Brasileiro). Mas, quando a lei não encontra no mundo fático suporte concreto na qual deva incidir, cabe ao julgador integrar o ordenamento, mediante analogia, costumes e princípios gerais do direito [...]" (STJ, 2ª Turma, REsp 1.251.566-SC, rel. Min. Mauro Campbell Marques, v.u., j. 07.06.2011, *DJe* de 14.06.2011); "[...] A 2ª Seção desta Corte firmou entendimento segundo o qual são abusivas as cláusulas de contrato de plano de saúde limitativas do tempo de internação, 'notadamente em face da impossibilidade de previsão do tempo da cura, da irrazoabilidade da suspensão do tratamento indispensável, da vedação de restringir-se em contrato direitos fundamentais e da regra de sobredireito, contida no art. 5º da Lei de Introdução ao Código Civil, segundo a qual, na aplicação da lei, o juiz deve atender aos *fins sociais* a que ela se dirige às exigências do *bem*

> *comum*'. Súmula 302/STJ [...]" (STJ, 4ª Turma, REsp 361.415-RS, rel. Min. Luis Felipe Salomão, v.u., j. 02.06.2009, *DJe* de 15.06.2009, grifo nosso); "[...] Verifica-se que está havendo uma cobrança, sem a observância da comutatividade, o que implica desequilíbrio contratual, em desacordo com o disposto no art. 4º, III, do CDC, se mostrando excessivamente onerosa para o consumidor, colocando-o em desvantagem exagerada, o que é vedado pelos arts. 39, V, e 51, IV, XV e § 1º, II e III, do CDC, e leva ao reconhecimento de sua nulidade de pleno direito. Reputo que a decisão mais justa e equânime em atendimento *aos fins sociais da lei e às exigências do bem comum* (art. 6º da Lei 9.099/1995), em respeito aos princípios da vulnerabilidade objetiva dos consumidores e do equilíbrio contratual (art. 4º do CDC), é a que divide o valor da mensalidade de R$ 599,00 em sete partes de R$ 85,57 [...]" (STF, ARE n. 671.418-MG, decisão monocrática, Min. Dias Toffoli, j. 26.06.2012, *DJe* de 01.08.2012, destaque nosso).

Saliente-se, por outro lado, que os princípios da proporcionalidade, da razoabilidade e da legalidade, embora diferentes, constituem instrumentos de contenção dos excessos e abusos dos tribunais, impedindo-os de proferir decisões revestidas de arbítrio.

A proporcionalidade, como princípio do Estado de Direito, é uma garantia fundamental para a concretização dos valores consagrados na Constituição Federal. E essa proporcionalidade deve ser sopesada não pelos critérios pessoais do juiz e dos termos literais da lei, mas segundo padrões éticos da sociedade em que vive.

Na direção do processo e nas decisões que proferem, os magistrados devem exercer as suas respectivas funções norteados pela razoabilidade de seus atos a fim de legitimá-los.

O princípio da legalidade, a seu turno, implica que o órgão jurisdicional se encontra submetido ao Direito, ao ordenamento jurídico, às normas e princípios constitucionais, devendo buscar como meta a igualdade na própria lei.

Infere-se que tais princípios têm orientado inúmeras decisões de nossos tribunais. Confira-se, a propósito:

> "[...] O Tribunal manteve o valor compensatório em R$ 10.000,00 (dez mil reais), de acordo com as peculiaridades do caso em concreto, seguindo os *princípios da razoabilidade e proporcionalidade*. Para que se possa rever referida quantia, faz-se necessário o reexame dos fatos e provas constantes dos autos, medida defesa na presente fase processual [...]" (STJ, 3ª Turma, AgRg no Agravo em REsp 636.132-MG, rel. Min. Marco Aurélio Bellizze, v.u., j. 24.03.2015, *DJe* de 07.04.2015, destaque nosso); "[...] Em regra, não é cabível, na via especial, a revisão do montante indenizatório fixado pela instância de origem, ante a impossibilidade de análise de fatos e provas, conforme a Súmula 7/STJ. Contudo, a jurisprudência desta Corte admite, em caráter excepcional, a alteração do *quantum* arbitrado, caso se mostre

irrisório ou exorbitante, em clara afronta aos *princípios da razoabilidade e da proporcionalidade*, o que não ocorreu no caso concreto [...]" (STJ, 1ª Turma, AgRg no Agravo em REsp 665.221-PR, rel. Min. Sérgio Kukina, v.u., j. 24.03.2015, *DJe* de 06.04.2015, grifo nosso); "[...] Somente em hipóteses excepcionais, quando irrisório ou exorbitante o valor da indenização por danos morais arbitrado na origem, a jurisprudência desta Corte permite o afastamento do referido óbice para possibilitar a revisão. No caso, o valor arbitrado pelo Tribunal de origem não se distancia dos parâmetros da *razoabilidade e da proporcionalidade* [...]" (STJ, 4ª Turma, AgRg no Agravo em REsp 654.165-RJ, rel. Min. Antonio Carlos Ferreira, v.u., j. 24.03.2015, *DJe* de 30.03.2015).

Cumpre ressaltar, por fim, que a publicidade e a eficiência, também contempladas no enunciado do art. 8º, já foram aludidas em várias anotações aos precedentes artigos.

Art. 9º – Não se proferirá decisão contra uma das partes sem que ela seja previamente ouvida. Parágrafo único – O disposto no caput não se aplica: I – à tutela provisória de urgência; II – às hipóteses de tutela da evidência previstas no art. 311, II e III; III – à decisão prevista no art. 701.

1. Amplitude do contraditório

O princípio constitucional do contraditório – e o seu desdobramento na garantia do direito de defesa – corresponde a um postulado considerado eterno. Realmente, nenhuma restrição de direitos pode ser admitida sem que se propicie à pessoa interessada a produção de ampla defesa (*nemo inauditus damnari potest*), e, consequentemente, essa só poderá efetivar-se em sua plenitude com o estabelecimento da participação ativa e contraditória dos sujeitos parciais em todos os atos e termos do processo.

É que, aliás, ampliando, explicitamente, tradicional regra de nosso ordenamento jurídico, a garantia do contraditório foi elevada ao plano constitucional, no Brasil, pela Constituição de 1946 (art. 141, § 25), tendo sido conservada na Carta de 1967, com a redação que lhe deu a Emenda n. 1, de 1969 (art. 153, § 16), e reiterada na atual Constituição Federal, no inc. LV do art. 5º: "*aos litigantes, em processo judicial ou administrativo, e aos acusados em geral são assegurados o contraditório e ampla defesa, com os meios e recursos a ela inerentes*".

O processo judicial, arbitral ou administrativo, como instituição eminentemente dialética, em qualquer de suas vertentes, encontra-se sob a égide do princípio do contraditório. Não se faz possível conceber um processo unilateral, no qual atue somente uma parte, visando à obtenção de vantagem em detrimento do adversário, sem que se lhe conceda oportunidade para apresentar as suas razões. Se não as deduzir, a despeito de ter sido convocado, sofrerá os ônus da inatividade, situação que lhe poderá ser prejudicial. O contraditório, ademais, deve igualmente ser observado no desenvolvimento do processo, para que ambos os protagonistas, em franca colaboração com o juiz, possam efetivamente participar e influir no provimento final.

Acrescente-se que, garantindo aos sujeitos parciais uma equivalência nas respectivas posições, por eles assumidas, o princípio do contraditório sedimenta-se na possibilidade de atuação não em momentos episódicos, mas em todo o *iter* procedimental, numa sequência de atuações, estratégias e reações, que tornam efetiva a ampla defesa, evitando-se indesejada "decisão-surpresa".

É sabido que a plenitude da contraditoriedade, exercida no processo de conhecimento, não tem a mesma extensão no âmbito da fase de cumprimento de sentença ou no do processo de execução. Seja como for, na execução, tanto o exequente quanto o executado têm direito de ser cientificados dos atos processuais. As partes, no cumprimento de sentença e na execução, podem recorrer dos pronunciamentos judiciais. Diante de eventual questão a ser enfrentada pelo juiz, devem ser intimadas para manifestar-se, contribuindo com o convencimento do magistrado, em atividade tipicamente cooperativa.

Já no que se refere ao princípio do contraditório à luz do Código de Processo Civil em vigor, é de se assinalar que o objetivo precípuo da Comissão de Juristas que elaborou o respectivo Anteprojeto veio revelado na própria exposição de motivos, ao ser enfatizado, com todas as letras, que: "A necessidade de que fique evidente *a harmonia da lei ordinária em relação à Constituição Federal da República* fez com que se incluíssem no Código, expressamente, princípios constitucionais, na sua versão processual. Por outro lado, muitas regras foram concebidas, dando concreção a princípios constitucionais, como, por exemplo, *as que preveem um procedimento, com contraditório e produção de provas, prévio à decisão que desconsidera da pessoa jurídica, em sua versão tradicional, ou às 'avessas'. Está expressamente formulada a regra no sentido de que o fato de o juiz estar diante de matéria de ordem pública não dispensa a obediência ao princípio do contraditório* [...]" (destaque nosso).

Verifica-se, pois, que, em perfeita simetria com o princípio da publicidade e com o denominado princípio da cooperação entre os protagonistas do processo, a garantia do contraditório é expressamente contemplada neste art. 9º e, ainda, de algum modo, referenciada nos seguintes artigos do novo diploma processual: 10, 18, parágrafo único, 98, § 1º, VIII, 115, 135, 329, II, 371, *caput* e § 2º, 372, 437, § 1º, 493, 503, § 1º, II, 511, 592, 853, 962,

§ 2º, 983, 1.023, § 2º, 1.036, § 2º. E isso bem demonstra a preocupação do legislador em resguardar, de forma pormenorizada, o contraditório, que é considerado cânone fundamental do processo.

Não podendo ser diferente, os nossos tribunais também exaltam a garantia do contraditório: v., por exemplo: "[...] A intimação da parte agravada para resposta é procedimento natural de preservação do princípio do contraditório, nos termos do art. 527, V, do CPC. A dispensa do referido ato processual ocorre tão somente quando o relator nega seguimento ao agravo (art. 527, I), uma vez que essa decisão beneficia a agravada, razão pela qual se conclui que a intimação para apresentar contrarrazões é condição de validade da decisão que causa prejuízo aos recorrentes [...]" (STJ, 2ª Turma, AgRg no REsp 1.506.408-RS, rel. Min. Herman Benjamin, v.u., j. 19.03.2015, *DJe* de 06.04.2015); "[...] A jurisprudência do STJ consolidou-se no sentido de que, havendo elementos para a identificação dos interessados e sendo certo o domicílio, a intimação para participação no procedimento demarcatório de terreno de marinha deverá ser realizada de forma pessoal. A desobediência ao correto procedimento administrativo de demarcação ocasiona a sua nulidade por ofensa aos princípios do contraditório e da ampla defesa [...]" (STJ, 2ª Turma, AgRg no Agravo em REsp 598.403-RS, rel. Min. Herman Benjamin, v.u., j. 16.12.2014, *DJe* de 03.02.2015); "[...] Conquanto inexista previsão legal expressa quanto à necessidade da intimação do embargado para impugnar embargos declaratórios, a jurisprudência dos Tribunais Superiores pacificou-se no sentido de sua exigência, nos casos de resultado modificativo, sob pena de violação do princípio do contraditório e da ampla defesa. Precedentes: REsp 686752-PA, rel. Min. Eliana Calmon, *DJ* 27.06.2005; EEDAGA 314.971-ES, rel. Min. Luiz Fux, 1ª Turma, v.u., *DJ* 31.05.2004; REsp 316.202-RJ, rel. Min. Humberto Gomes de Barros, 1ª Turma, v.u., *DJ* 15.12.2003. É cediço na doutrina que: O princípio do contraditório é reflexo da legalidade democrática do processo e cumpre os postulados de todo e qualquer procedimento que o abandone. A técnica de reconstituição dos fatos através da fala de ambas as partes decorre da necessidade de o juiz prover, o quanto possível, aproximado da realidade. Trata-se de instituto inspirado no dever de colaboração entre as partes para com o juízo e na isonomia processual [...]" (STJ, 1ª Turma, REsp 1.080.808-MG, rel. Min. Luiz Fux, v.u., j. 12.05.2009, *DJe* de 03.06.2009).

Apenas por ilustração, dentre as novidades de destaque do Código, é digna de elogio a exigência de contraditório no âmbito do denominado *incidente de desconsideração da personalidade jurídica* (art. 133). Dispõe, com efeito, o art. 135 que: "*Instaurado o incidente, o sócio ou a pessoa jurídica será citado para manifestar-se e requerer as provas cabíveis no prazo de 15 (quinze) dias*". Este era mesmo um tema que reclamava tratamento legislativo. A existência de duas categorias bem nítidas de "terceiros" impõe diferente solução na aferição da respectiva responsabilidade patrimonial. A situação na qual o sócio continua na administração da pessoa jurídica executada não é análoga àquela em que o sócio há muito tempo retirou-se do quadro social. A surpresa da desconsideração da personalidade jurídica para este último, supostamente responsável, recomenda a amplitude da defesa, centrada na sua participação efetiva no mencionado incidente processual.

2. Exceções à regra

A despeito da clareza do enunciado do art. 9º, cabe aqui uma rápida observação. Excepciona-se, nos incs. I a III, o prévio contraditório naquelas situações de urgência ou que possam ocasionar a frustração do direito do requerente. O disposto no inc. I é bem abrangente, incluindo inúmeras situações nominadas no próprio diploma processual, como o arresto (art. 301) e a busca e apreensão (art. 536, § 1º).

Seja como for, em todas estas hipóteses, o contraditório se descortina "*postcipato*", como, *e. g.*, a técnica do procedimento monitório (CPC/2015, art. 701), em que o pronunciamento jurisdicional perseguido é proferido *inaudita altera parte*, diferindo-se para um momento ulterior a possibilidade de manifestação da outra parte. Frise-se que tal particularidade, admitida também em caráter excepcional em outras legislações modernas, não fere o devido processo legal.

Art. 10 – O juiz não pode decidir, em grau algum de jurisdição, com base em fundamento a respeito do qual não se tenha dado às partes oportunidade de se manifestar, ainda que se trate de matéria sobre a qual deva decidir de ofício.

1. Aspectos gerais

O enunciado desse dispositivo constitui desdobramento do art. 9º, ao vedar, com todas as letras, o denominado "fundamento-surpresa", ainda que se trate de matéria cognoscível de ofício.

Conexos, ainda, com a mesma *mens legislatoris*, determinam o parágrafo único do art. 493 que: "Se constatar de ofício o fato novo, o juiz ouvirá as partes sobre ele antes de decidir"; e o § 5º do art. 921: "O juiz, depois de ouvidas as partes, no prazo de 15 (quinze) dias, poderá, de ofício, reconhecer a prescrição de que trata o § 4º e extinguir o processo".

Fácil é verificar que estas regras estão definitivamente afinadas com a moderna ótica da ciência processual, que não admite, em hipótese alguma, a surpresa aos litigantes, decorrente de decisão escudada em ponto jurídico fundamental por eles não alvitrado. O tribunal deve, portanto, dar conhecimento prévio de em qual direção o direito subjetivo encontra-se vulnerável, aproveitando apenas os fatos sobre os quais as partes tenham tomado posição. Dessa forma, é evidente que os litigantes terão oportunidade de defender o seu direito e, sobretudo, influir na decisão judicial. É certo que a liberdade outorgada ao tribunal, no que se refere à eleição da norma a ser aplicada, independentemente de ser ela invocada pelos litigantes, decorrente do aforismo *iura novit curia*, não dispensa a prévia manifestação das partes acerca da questão alvitrada pelo juiz, em inafastável homenagem ao princípio do contraditório. Assevere-se, com prestigiosa doutrina, que este cuidado do legislador não concerne apenas ao interesse das partes, mas se encontra também voltado ao próprio interesse público, na medida em que a qualquer surpresa, qualquer ocorrência inesperada, torna-se mais distante a credibilidade da sociedade na administração da justiça.

2. Amplitude da regra

Verdadeiro *dever de consulta* do juiz, a cooperação aqui contemplada impõe ao tribunal conceder às partes a oportunidade de manifestação sobre qualquer questão de fato ou de direito. O juiz, antes de se pronunciar sobre determinada matéria não debatida, ainda que seja de conhecimento oficioso, deve abrir prazo para prévia discussão pelas partes, evitando, desse modo, seja proferida decisão calcada em "fundamento-surpresa", circunstância que acarreta a nulidade do pronunciamento judicial por violação à garantia da ampla defesa.

Não é preciso salientar que, quando se consegue a participação no *iter* de formação de um provimento decisório daqueles que serão os seus destinatários, obtém-se evidente legitimação da tutela do direito litigioso.

Ref. jurisprudencial: TJSC – 5ª CCível (Proc. 0832503-75.2013.8.24.0023):

> "Vistos. 1) À luz da decisão que deferiu a recuperação judicial da empresa..., autos n. 0203711-65.2016.8.19.0001, cabível, aqui, o regular trâmite, porquanto não abarcado este caso pelas delimitações da suspensão lá estipulada. 2) Em análise aos autos, depreende-se, ao que tudo indica, indícios de litispendência em relação aos contratos de fls. 293 e 298. A documentação apresentada até o momento, porém, mostra-se insuficiente à verificação da respectiva ocorrência, razão pela qual, determino a apresentação, pela ré, dos documentos aptos ao conhecimento desta questão. Embora a sobredita lacuna seja passível de cognição *ex officio* (CPC, art. 337, § 5º), por força do substrato principiológico na novel legislação processual, faz-se imprescindível prévia oitiva das partes (CPC, arts. 9 e 10). A propósito, extrai-se do escólio doutrinário: 'Verdadeiro dever de consulta do juiz, a cooperação aqui contemplada impõe ao tribunal conceder às partes a

oportunidade de manifestação sobre qualquer questão de fato ou de direito. O juiz, antes de se pronunciar sobre determinada matéria não debatida, ainda que seja de conhecimento oficioso, deve abrir prazo para prévia discussão pelas partes, evitando, desse modo, seja proferida decisão calcada em 'fundamento-surpresa', circunstância que acarreta a nulidade do pronunciamento judicial por violação à garantia da ampla defesa' (coordenação: Cruz e Tucci, José Rogério; *et alii*. *Código de Processo Civil anotado*. São Paulo: AASP, 2015, p. 21). Diante desse cenário, converto o julgamento em diligência, para manifestação da ré, em quinze dias, acerca das questões lançadas no item 2...".

Art. 11 – Todos os julgamentos dos órgãos do Poder Judiciário serão públicos, e fundamentadas todas as decisões, sob pena de nulidade. Parágrafo único – Nos casos de segredo de justiça, pode ser autorizada a presença somente das partes, de seus advogados, de defensores públicos ou do Ministério Público.

1. Generalidades

A publicidade e o dever de motivação estão consagrados, pela moderna doutrina processual, na esfera dos direitos fundamentais, como pressupostos do direito de defesa e da imparcialidade e independência do juiz.

A publicidade do processo constitui um imperativo de conotação política, introduzido, nos textos constitucionais contemporâneos, pela ideologia liberal, como verdadeiro instrumento de controle da atividade dos órgãos jurisdicionais.

A garantia em tela justifica-se na exigência política de evitar a desconfiança popular na administração da justiça, até porque a publicidade consiste num mecanismo apto a controlar a falibilidade humana dos juízes.

Considere-se, por outro lado, que, ao lado da publicidade, é absolutamente imprescindível que o pronunciamento da justiça, destinado a assegurar a inteireza da ordem jurídica, realmente se funde na lei; e é preciso que esse fundamento se manifeste, para que se possa saber se o império da lei foi na verdade assegurado.

Com efeito, tendo-se presente a dimensão de seu significado jurídico-político, desponta, na atualidade, a necessidade de controle (extraprocessual) "generalizado" e "difuso" sobre o *modus operandi* do juiz no tocante à administração da justiça.

Daí por que, a exemplo da publicidade dos atos processuais, o dever de motivação dos atos decisórios vem catalogado entre as garantias estabelecidas nas Constituições democráticas com a primordial finalidade de assegurar a transparência das relações dos jurisdicionados perante o poder estatal e, em particular, nas circunstâncias em que é exigida a prestação jurisdicional.

A garantia da motivação representa a derradeira manifestação do contraditório, no sentido de que o dever imposto ao juiz de enunciar os fundamentos de seu convencimento traduz-se no de considerar os resultados do efetivo debate judicial.

Embora as respectivas garantias da publicidade e do dever de motivação não tenham sido inseridas no rol dos *Direitos e Garantias Fundamentais*, o legislador constituinte brasileiro as situou nas disposições gerais atinentes ao Poder Judiciário: art. 93, IX: "*todos os julgamentos dos órgãos do Poder Judiciário serão públicos, e fundamentadas todas as decisões, sob pena de nulidade, podendo a lei, se o interesse público o exigir, limitar a presença, em determinados atos, às próprias partes e a seus advogados, ou somente a estes*".

Seja como for, ambas, com efeito, foram contempladas na Constituição Federal em vigor, como autênticas *garantias processuais*.

2. Garantia da publicidade dos atos processuais

No que concerne à garantia da publicidade, verifica-se, de logo, que o novo diploma legal, além de se manter fiel aos dogmas clássicos do processo liberal, assegurando, como regra, a *publicidade absoluta* ou *externa*, mostra considerável aperfeiçoamento em relação à antiga legislação.

Esclareça-se que *publicidade absoluta* ou *externa* é aquela que autoriza o acesso, na realização dos respectivos atos processuais, não só das partes, mas ainda do público em geral; *publicidade restrita* ou *interna*, pelo contrário, é aquela na qual alguns ou todos os atos se realizam apenas perante as pessoas diretamente interessadas e seus respectivos procuradores judiciais, ou, ainda, somente com a presença destes.

Em primeiro lugar, como norma de caráter geral, praticamente repetindo o mandamento constitucional (CF, art. 93, IX), dispõe o *caput* da regra legal sob análise que: "*Todos os julgamentos dos órgãos do Poder Judiciário serão públicos, e fundamentadas todas as decisões, sob pena de nulidade*".

3. Publicidade restrita

A exceção vem preconizada no respectivo parágrafo único do art. 11. Coerente com tal enunciado, o art. 189 do Código de Processo Civil preceitua que:

> "Os atos processuais são públicos, todavia tramitam em segredo de justiça os processos: I – em que o exija o interesse público ou social; II – que versem sobre casamento, separação de corpos, divórcio, separação, união estável, filiação, alimentos e guarda de crianças e adolescentes; III – em que constem dados protegidos pelo direito constitucional à intimidade; IV – que versem sobre arbitragem, inclusive sobre cumprimento de carta arbitral, desde que a confidencialidade estipulada na arbitragem seja comprovada perante o juízo. § 1º – O direito de consultar os autos de processo que tramite em segredo de justiça e de pedir certidões de seus atos é restrito às partes e aos seus procuradores. § 2º – O terceiro que demonstrar interesse jurídico pode requerer ao juiz certidão do dispositivo da sentença, bem como de inventário e partilha resultante de divórcio ou separação."

Mais condizente com o atual ordenamento jurídico, o novel texto manteve, em linhas gerais, a regra do art. 155 do diploma revogado.

Cabem aqui, pois, algumas observações. Nota-se que, assim como o parágrafo único do art. 11, o art. 189 continua utilizando a anacrônica expressão "segredo de justiça", em vez daquela muito mais técnica, qual seja "regime de publicidade restrita".

Ademais, o interesse a preservar, muitas vezes, não é apenas de conotação "pública", mas, sim, "privada" (como, por exemplo, casos de erro médico, nos quais a prova produzida pode vulnerar a dignidade da pessoa envolvida), ou seja, de um ou de ambos os litigantes, devendo o juiz, norteado pelo inc. X do art. 5º da Constituição, valer-se do princípio da proporcionalidade, para determinar a *publicidade restrita* na tramitação do respectivo processo. Observe-se que a própria Constituição Federal, no art. 5º, LX, autoriza a publicidade restrita para proteger a intimidade das partes: "*a lei só poderá restringir a publicidade dos atos processuais quando a defesa da intimidade ou o interesse social o exigirem*".

Aduza-se, por outro lado, que, a teor de acórdão da 4ª Turma do Superior Tribunal de Justiça, de relatoria do ministro Fernando Gonçalves, no julgamento do REsp 253.058-MG, restou assentado que: "Nos casos de pessoas públicas, o âmbito de proteção dos direitos da personalidade se vê diminuído, sendo admitidas, em tese, a divulgação de informações aptas a formar o juízo crítico dos eleitores sobre o caráter do candidato".

Andou bem o legislador, ao zelar, de forma expressa (inc. III), pela garantia constitucional da privacidade/intimidade de informações respeitantes às partes ou mesmo a terceiros (CF, art. 5º, XII). Mas isso não basta. Há também outros dados, que, embora não preservados pela mencionada garantia, quando revelados, em muitas circunstâncias, acarretam inequívoco prejuízo a um dos litigantes. Refiro-me, em particular, às ações concorrenciais, que têm por objeto dados atinentes à propriedade intelectual, ao segredo industrial, ao cadastro de clientes etc. Estas informações, igualmente, merecem ser objeto de prova produzida em "regime de publicidade restrita".

Acrescente-se, outrossim, que no capítulo "Da Audiência de Instrução e Julgamento", o art. 368 do novo diploma, de forma incisiva (e até redundante), reza que: "*A audiência será pública, ressalvadas as exceções legais*".

4. Garantia da motivação das decisões

Já, por outro lado, quanto ao dever de motivação, partindo-se da regra geral anteriormente transcrita, fácil é concluir que, em princípio, o vigente Código não admite pronunciamento judicial, de natureza decisória, despida de adequada fundamentação.

E, desse modo, preceitua o art. 489, II, que o modelo ideal de sentença deve conter, entre os seus requisitos formais, "*os fundamentos, em que o juiz analisará as questões de fato e de direito*".

Reproduzindo, portanto, o disposto no art. 458, II, do Código revogado, o novo diploma impõe o dever de motivação como pressuposto de validade dos atos decisórios (art. 11 c.c. art. 489, II).

É de se entender que as decisões interlocutórias, as sentenças terminativas (isto é, "sem resolução do mérito"), os acórdãos interlocutórios e, ainda, as decisões monocráticas que admitem ou negam seguimento a recurso comportam fundamentação mais singela, sem embargo da excepcional possibilidade de o juiz ou tribunal deparar-se com situação que imponha motivação complexa.

As sentenças e os acórdãos definitivos (isto é, "com resolução do mérito") devem preencher, rigorosamente, a moldura traçada no referido art. 489, ou seja, conter, no plano estrutural, os elementos essenciais neste exigidos.

5. Decisão desmotivada

De resto, segundo entendimento doutrinário e jurisprudencial generalizado, a falta de exteriorização da *ratio decidendi* do pronunciamento judicial acarreta a sua invalidade. E nulas, do mesmo modo, restarão as decisões administrativas dos tribunais, sempre que não fundamentadas, aplicando-se-lhes a cominação prevista no inc. IX do art. 93 da Constituição Federal e expressamente reiterada no artigo ora anotado. Confira-se: "1. A jurisprudência desta Corte Superior de Justiça admite que decisões judiciais adotem manifestações exaradas no processo em outras peças, desde que haja um mínimo de fundamento, com transcrição de trechos das peças às quais há indicação (*per relationem*). 2. No presente caso, a decisão tida como não fundamentada foi proferida nos seguintes termos: 'Indefiro o pedido de indisponibilidade dos bens do réu, bem como o sequestro de bens e valores dos seus representantes, dada a juntada pelo Requerido dos documentos de fls. 336-579, que elidem a existência de *fumus boni juris* e *periculum in mora* necessários para a medida cautelar constritiva postulada'. 3. A simples remissão empreendida pelo Juiz *a quo* na decisão agravada a mais de duas centenas de documentos não permite aferir quais foram as razões ou fundamentos incorporados à sua decisão para indeferir a indisponibilidade dos bens do réu, bem como o sequestro de bens e valores dos seus representantes, exsurgindo, daí, a nulidade do julgado. 4. Recurso especial provido" (STJ, 2ª Turma, REsp 1.399.997-AM, rel. Min. Mauro Campbell Marques, v.u., j. 17.10.2013, *DJe* 24.10.2013); "1. Se, em sede de embargos de declaração, o Tribunal se nega a apreciar todos os fundamentos que se apresentam nucleares para a decisão da causa e tempestivamente interpostos, comete ato de entrega de prestação jurisdicional imperfeito, devendo ser complementado. *In casu*, omitiu-se o julgado em emitir pronunciamento sobre a multa moratória de 30% sobre o valor do débito do ICMS. 2. Reconhecida essa precariedade no acórdão dos embargos, via recurso especial, decreta-se a sua nulidade, determinando-se o retorno dos autos à origem para que seja proferido novo julgamento com o exame obrigatório de todas as questões suscitadas pela contribuinte, apreciando-se e decidindo-se como melhor for construído o convencimento a respeito. 3. Recurso especial provido" (STJ, 1ª Turma, REsp 311;022-SP, rel. Min. José Delgado, v.u., j. 07.06.2001, *DJ* de 27.08.2001); "1. A matéria agitada no recurso especial, cuja caminhada foi obstada, merece ser reapreciada no âmbito desta Corte de Justiça. Diante disso, necessário se faz determinar a subida do recurso especial, sem prejuízo do juízo de admissibilidade definitivo que será oportunamente realizado neste Tribunal. 2. Ademais, o despacho de admissibilidade negativo, exercido pelo Tribunal de origem, é extremamente genérico. Este fato, por si só, prejudica o exercício do direito de defesa da parte, que fica impossibilitada de compreender quais os pontos específicos que obstaram a subida do apelo [...] Por fim, não custa lembrar que quando o Tribunal de origem afirma que os fundamentos do recurso especial não são suficientes para infirmar as conclusões do acórdão, ele acaba por adentrar na questão de fundo e a exercer juízo de valor que compete a esta Corte Superior [...]" (STJ, 2ª Turma, AgRg no AI 1.264.053-SP, rel. Min. Humberto Martins, v.u., j. 16.03.2010, *DJe* de 16.04.2010).

O Código de Processo Civil de 2015, por outra ótica, prevê original e importante regra no § 1º do art. 489. Atento, ainda uma vez, ao mandamento constitucional do dever de motivação, o novo diploma processual, de forma até pedagógica, estabelece os vícios mais comuns que comprometem a higidez do ato decisório.

Se de fato o referido dispositivo legal (art. 489, § 1º) for observado com rigor, verifica-se facilmente que inúmeros provimentos judiciais, inclusive do Superior Tribunal de Justiça, serão formalmente "reprovados", porque, como a praxe evidencia, reportam-se ou simplesmente transcrevem a ementa de precedentes, à guisa de fundamentação!

Vigente o novo Código, estão, pois, acoimadas de inarredável nulidade decisões lançadas com o seguinte conteúdo: "[...] Trata-se de recurso especial no qual se alega ofensa a dispositivos de lei federal e dissídio jurisprudencial. O recurso não reúne condições de admissibilidade. Quanto à alegada vulneração aos dispositivos arrolados, observe-se não ter sido demonstrada sua ocorrência, eis que as exigências legais na solução das questões de fato e de direito da lide foram atendidas pelo acórdão ao declinar as premissas nas quais assentada a decisão. Ademais, o acórdão, ao decidir da forma impugnada, assim o fez em decorrência de convicção formada pela Turma Julgadora diante das provas e das circunstâncias fáticas próprias do processo *sub judice*, sendo certo, por esse prisma, aterem-se as razões do recurso a uma perspectiva de reexame desses elementos. A esse objetivo, todavia, não se presta o reclamo, a teor do disposto na Súmula 7 do Superior Tribunal de Justiça, suficiente para obstar o seguimento do recurso, quer pela alínea *a*, quer pela alínea *c* do permissivo constitucional. Ante o exposto, nego seguimento ao recurso especial [...]".

Pelo que representa em termos de respeito ao devido processo legal, afinal, a garantia do acesso à justiça só poderá ser considerada atendida se, ao fim, as alegações das partes forem levadas em consideração pelos juízes; e, ainda, pela inestimável contribuição proveniente de pronunciamentos judiciais mais justos, porque mais próximos às peculiaridades de cada caso concreto. Não é exagero afirmar que o art. 489, § 1º, tão atacado pelas entidades representativas de magistrados, constitui uma das principais inovações do atual estatuto processual, o que estimula o intérprete, portanto, a rebater tantas quantas forem as objeções suscitadas em desfavor de sua vigência, ou que tentem limitar de alguma forma a sua respectiva aplicação.

> **Art. 12** – Os juízes e os tribunais atenderão, preferencialmente, à ordem cronológica de conclusão para proferir sentença ou acórdão. § 1º – A lista de processos aptos a julgamento deverá estar permanentemente à disposição para consulta pública em cartório e na rede mundial de computadores. § 2º – Estão excluídos da regra do *caput*: I – as sentenças proferidas em audiência, homologatórias de acordo ou de improcedência liminar do pedido; II – o julgamento de processos em bloco para aplicação de tese jurídica firmada em julgamento de casos repetitivos; III – o julgamento de recursos repetitivos ou de incidente de resolução de demandas repetitivas; IV – as decisões proferidas com base nos arts. 485 e 932; V – o julgamento de embargos

de declaração; VI – o julgamento de agravo interno; VII – as preferências legais e as metas estabelecidas pelo Conselho Nacional de Justiça; VIII – os processos criminais, nos órgãos jurisdicionais que tenham competência penal; IX – a causa que exija urgência no julgamento, assim reconhecida por decisão fundamentada. § 3º – Após elaboração de lista própria, respeitar-se-á a ordem cronológica das conclusões entre as preferências legais. § 4º – Após a inclusão do processo na lista de que trata o § 1º, o requerimento formulado pela parte não altera a ordem cronológica para a decisão, exceto quando implicar a reabertura da instrução ou a conversão do julgamento em diligência. § 5º – Decidido o requerimento previsto no § 4º, o processo retornará à mesma posição em que anteriormente se encontrava na lista. § 6º – Ocupará o primeiro lugar na lista prevista no § 1º ou, conforme o caso, no § 3º, o processo que: I – tiver sua sentença ou acórdão anulado, salvo quando houver necessidade de realização de diligência ou de complementação da instrução; II – se enquadrar na hipótese do art. 1.040, II.

1. Ordem cronológica da sentença

Contendo norma de cunho prático e moralizador, determina o *caput* do art. 12 que os órgãos jurisdicionais, sem exceção, determinem a conclusão dos processos para proferir o respectivo julgamento, seguindo a ordem de entrada, do mais antigo para o mais recente. De um lado, os jurisdicionados e os advogados passam a ter uma expectativa mais concreta da época em que aproximadamente a causa será julgada em primeiro grau e, ainda, perante o tribunal; de outro, evita-se, com essa previsão temporal, que o magistrado postergue o julgamento de processos volumosos ou, ainda, que transgrida a cronologia para atender à alguma solicitação de amigo.

Não é preciso dizer que tal regra foi aplaudida pela sociedade, em geral, e pelos advogados, particular.

Todavia, por motivos bem sabidos, de desagrado de boa parte da magistratura, mais recentemente, antes mesmo da entrada em vigor do diploma processual, sobreveio, em 4 de fevereiro de 2016, a Lei 13.256, que, dentre outras alterações, modificou substancialmente o enunciado do art. 12, inserindo o vocábulo "preferencialmente", que acabou retirando toda a eficácia positiva da norma em apreço. De um dever judicial passa-se a mera faculdade, embora acentuado o caráter preferencial de respeito à cronologia da entrada em juízo dos respectivos processos.

Seja como for, é de aduzir-se, sem embargo, desta criticável e inoportuna inovação legislação, que cartórios, respeitadas as preferências legais, deverão elaborar uma lista dos processos que forem enviados à conclusão do juiz ou do relator, disponibilizando-a à consulta pública na própria serventia e, ainda, na internet, provavelmente, no sítio eletrônico do respectivo tribunal.

Preservando a antiguidade do processo, é interessante notar que, a teor do § 6º, I, se o tribunal, por exemplo, anular a sentença, o processo retornará à vara de origem, mas ocupará o primeiro lugar da lista, "*salvo quando houver necessidade de realização de diligência ou de complementação da instrução*".

Nesse mesmo sentido, o § 6º, II, prevê que, na seara do julgamento dos recursos extraordinário e especial repetitivos, o processo não perde a ordem na listagem, quando o órgão que proferiu o acórdão recorrido tiver de proceder ao reexame, se aquele julgado contrariar a orientação do tribunal superior (art. 1.040, II).

2. Exclusões legais

O próprio dispositivo, ora sob análise, no § 2º, tratou de excluir dessa ordem cronológica uma série de hipóteses que se justificam, seja em relação ao momento da sentença (por exemplo: proferida em audiência; julgamentos de recursos repetitivos; de embargos de declaração), seja no que toca à natureza da decisão (por exemplo: resolução do processo sem julgamento de mérito; não conhecimento de recurso inadmissível).

Constando determinado processo da lista, eventuais requerimentos das partes, como, por exemplo, juntada de substabelecimento ou pedido de certidão, segundo o § 4º, não modificam o "lugar" que ele ocupa naquela, "exceto quando implicar a reabertura da instrução ou a conversão do julgamento em diligência".

Destaque-se o inc. IX, que autoriza o juiz a quebrar a listagem de processos, devendo expressar o motivo respectivo, por meio de decisão fundamentada, quando a causa impuser urgência no julgamento.

– IV –

O *ELOGIO* DE PIERO CALAMANDREI COMO UMA PERENE HOMENAGEM AOS JUÍZES DE TODAS AS ÉPOCAS

O instigante "livrinho", escrito por Piero Calamandrei, intitulado *Elogio dei giudici scritto da un avvocato* não é uma obra técnica de direito processual e tampouco um trabalho de cunho acadêmico. Na verdade, consubstancia-se num escrito literário, no qual Calamandrei revela, com senso crítico, inúmeros episódios de sua experiência de advogado. É, ainda – o que é bem mais importante –, um vigoroso subsídio de deontologia profissional.

Publicado, pela primeira vez, em 1935. A 3ª edição, de 1955, foi substancialmente aumentada. A 4ª e última edição é de 1959. O *Elogio* ganhou fama e, por essa razão, foi traduzido para mais de dez idiomas, inclusive para o árabe.[21]

Considerando o estilo muitas vezes irônico de seu autor, logo após a 1ª edição, surgiu significativa polêmica: a obra encerrava mesmo um "elogio"

---

21 . Inexplicável e lamentavelmente, a versão portuguesa mutilou o que de mais emblemático a obra contém, que é exatamente o seu título. Na tradução de Ary dos Santos, o título *nonsense* que a obra recebeu foi o seguinte: *Eles, os juízes, vistos por um advogado*, Lisboa, Livr. Clássica Ed., 1960. Observe-se que é com esse título que o *Elogio* de Calamandrei geralmente é conhecido no Brasil!

aos juízes, ou, pelo contrário, Calamandrei, de forma dissimulada, atacava a magistratura?

A grande dúvida produziu uma explicação do próprio autor. De fato, no prefácio (intitulado *Giudici e avvocati*) da 2ª edição, de 1938, adiantou-se Calamandrei para esclarecer que:

> "O título deste livro, cuja primeira edição a boa vontade dos leitores esgotou em pouco mais de um ano, não agradou nem mesmo aos críticos mais benevolentes: 'um pouco pesado', pareceu a Pietro Pancrazi; 'um tanto subjetivo', julgou-o Mariano D'Amelio. E sei de muitos outros leitores que, ao primeiro olhar lançado à capa, ficaram desconfiados: uns (especialmente se eram magistrados) acreditavam adivinhar naquele título um certo subentendido irônico, com reminiscências de Berni ou de Erasmo; outros (especialmente se eram advogados) suspeitavam deparar com o expediente profissional de um colega com segundas intenções, o qual, para hipotecar em benefício de seus clientes a simpatia dos juízes, não hesitara em apresentar-se diante deles sob a vestimenta reverente do panegirista.
>
> Por isso, o autor sente o dever de explicar qual foi o motivo que o induziu a preferir tal título, e sentir-se-á gratificado se conseguir demonstrar que, mesmo que não tinha sido bem escolhido, o foi, todavia, com intenções puras.
>
> Na palavra 'elogio' o autor não quis esconder nenhum ferrão satírico, como demonstra a honesta veneração com que se fala, no livro, do judicar; tampouco quis esconder nela o enjoativo mel de uma estudada *captatio benevolentiae*, como atesta a livre sinceridade com a qual no mesmo livro se fala dos juízes. Ao escolher essa palavra outrora adotada para indicar um gênero de exercitações oratórias hoje caídas em desuso, o autor preferiu-a precisamente por uma certa pátina antiquada e livresca que ela adquiriu na tradição, parecendo-lhe que, precisamente por isso, ela seria capaz de exprimir com nitidez que, mesmo ao louvar os juízes, o autor não tinha em vista objetivos profissionais práticos, mas quis conservar uma certa serenidade literária sorridente e desprendida, e, poder-se-ia dizer, humanística, a qual lhe permitiu (se ele não se enganou) manter a distância e a dignidade, louvando com discrição e sem servilismo, sorrindo sem ofender e com indulgência das fraquezas humanas – com simpatia e, poder-se-ia dizer, com poesia, se não parecesse presunção incomodar a poesia com esses assuntos de juízes e advogados.
>
> Mas, logo depois de ter escolhido, pelas razões mencionadas, o título de 'elogio', o qual, deixado assim sozinho, poderia fazer pensar num mero passatempo literário, o autor pensou ser oportuno acrescentar que esse elogio dos juízes tinha sido escrito por um advogado, pois pareceu-lhe que, precisamente por isso, o livro pudesse apresentar-se aos leitores com certa fidedignidade de documento, já que proveniente de uma daquelas pessoas que, por ter experiência cotidiana dos rigores dos juízes e por ser naturalmente levada à polêmica e à invectiva, tem maior direito de crédito quando afirma que, nos magistrados, as virtudes em muito prevalecem sobre os defeitos. Em suma,

com aquele acréscimo ao título, o autor quis tranquilizar discretamente o leitor, assim: – Falo bem dos juízes, embora sendo advogado; logo, se sou eu que estou dizendo, pode acreditar!

O tema do livro não é, pois, apenas o juiz, mas o juiz como é visto pelo advogado; ou seja, poder-se-ia dizer também, o advogado que, freando por um instante seus instintos críticos naturais, põe-se a contemplar com equânime serenidade (como nem sempre lhe é possível) o interlocutor cotidiano da sua profissão, que é o juiz. Nesse diálogo entre o juiz e o advogado, eu não diria que o juiz é o protagonista; o que conta é o binômio constituído por esses dois termos inseparáveis, a relação de reciprocidade que se estabelece entre essas duas forças em cujo equilíbrio se resumem todos os problemas, jurídicos e morais, da administração da justiça.

O autor, em muitos anos de exercício da profissão forense, convenceu-se de que qualquer aperfeiçoamento das leis processuais permaneceria letra morta, onde, entre os juízes e os advogados, não fosse ouvida, como lei fundamental da fisiologia judiciária, a inexorável complementariedade de suas funções, rítmica como a dupla batida do coração...”[22]

Em tom mais duro, no mesmo prefácio, Calamandrei responde à crítica formulada por Carnelutti: “... Entre os juízos expressos sobre a primeira edição deste Elogio, o autor não pode esquecer aquele de um grande mestre da ciência jurídica, que também é dotado como nenhum outro do divino dom da eloquência: o juízo de Francesco Carnelutti, que disse que a visão expressa no Elogio lhe parecia ‘um pouco melancólica’, ‘talvez por causa do temperamento do autor... e certamente do período que a advocacia atravessa’. Quanto ao temperamento melancólico do autor, é coisa que não interessa aos leitores (mas poder-se-ia observar que, se outro crítico autorizadíssimo acreditou encontrar no livro a expressão de um sensato otimismo, isso quer dizer que o autor não é tão melancólico quanto se diz, pois os otimistas são gente, se não propriamente alegre, serena). Mas, quanto à melancolia do período que a advocacia travessa, o autor acha que não é caso de se preocupar excessivamente com ela...”.[23]

De minha parte, tive e continuo tendo a percepção de que o *Elogio*, sobretudo depois da 3ª edição, revista e consideravelmente aumentada, encerra a experiência de uma fecunda vida profissional, que desnuda, com absoluta franqueza e de modo equânime, as virtudes e as mazelas não só dos juízes, mas, igualmente, dos advogados! Penso ainda que duas décadas depois, quando estampada a 3ª edição (1955), os significativos acréscimos

---

22 . Cf. tradução em português de Eduardo Brandão, com revisão técnica do Prof. Sérgio Sérvulo da Cunha, São Paulo, Martins Fontes, 1996, p. XXXVII-XL, que comete o mesmíssimo equívoco, já apontado na precedente nota, quanto ao título, sendo mantido: *Eles, os juízes, vistos por um advogado.*

23 . Tr. port. cit. (1996), p. L.

introduzidos por Calamandrei bem demonstram que a esperança depositada na justiça, vaticinada na 1ª edição (1935), sofrera profunda decepção. O paradigma entre as referidas duas edições sofreu sensível transformação. De um formato dominado pelo sarcasmo e revestido de gostosa ironia, Calamandrei passou a ser um crítico mordaz da praxe e do costume judiciários.

Dentre as adições da apontada 3ª edição, Calamandrei, *e. g.*, censura a imaginada superioridade da magistratura:

> "Grave defeito num juiz é a soberba; mas talvez seja uma doença profissional.
>
> Não sei se há juízes que, quando julgam, se creem infalíveis; mas, se há, é justo reconhecer que nosso rito judiciário e, além dele, nosso costume forense parecem feitos de propósito para induzir o juiz à tentação do orgulho. A solenidade da audiência, as togas com as borlas douradas, o segredo místico da câmara de conselho, a unanimidade institucional da decisão, bem como as fórmulas de deferência tradicional pelas quais os advogados chamam os juízes de 'excelentíssimos' e suas frases de exagerada humildade – 'vós me ensinais', 'lembro a mim mesmo', 'vossa iluminada sapiência', e assim por diante -, tudo isso concorre para dar aos juízes uma opinião de si talvez um pouco superior à realidade. Sem querer, todas aquelas cerimônias produzem em torno deles uma atmosfera de oráculos..."[24]

Ainda, apenas como exemplo, destaca Calamandrei: "Os juízes também, como todos os homens, preferem normalmente mover-se seguindo as vias do menor esforço. Se uma causa que apresenta numerosas questões difíceis pode ser resolvida *in limine* com uma exceção processual que poupe o trabalho de entrar no mérito, já é um ganho..."[25]

A propósito, Eduardo Couture, ao examinar a 3ª edição (1955), ponderou que, comparado com o original de 1935, tratava-se de outro livro, embora continuasse a ser, na verdade, antes que um *Elogio*, uma *Critica dei giudici scritta da un avvocato*. E isso, porque, ao ver do renomado processualista uruguaio, a obra trazia sincera e desapaixonada análise dos pontos positivos e negativos da magistratura, observada, de perto, por um advogado que amava o seu mister.[26]

A 3ª edição foi traduzida, em 1956, para o alemão (*Lob der Richter gesungen von einem Advokaten*). O prefácio específico que Calamandrei escreveu para esta tradução recebeu o sugestivo título, em italiano: *Anche i giudici sono uomini (Os juízes também são homens*). Em importantíssima passagem deste prefácio lê-se o seguinte:

---

24 . Tr. port. cit. (1996), cap. III.
25 . Tr. port. cit., cap. X.
26 . *Due libri in uno*, Rivista di diritto processuale, 1957, p. 64-66.

"... A primeira edição saiu em 1935, ou seja, no período em que a ditadura fascista havia atingido o apogeu de sua pressão: e, assim, o *Elogio dei giudici* integra aquela literatura antifascista 'alusiva', na qual o protesto contra o regime estava escrito não nas linhas, mas entre as linhas: não pelo que era dito, mas pelo que estava tácito. Na realidade, durante o fascismo, pelo menos na primeira década, a Magistratura foi, entre os vários órgãos do Estado inquinados ao servilismo político, aquele ao qual os antifascistas podiam recorrer com maior esperança de compreensão. Os magistrados, formados em sua maioria no período prefascista, conservaram, mesmo durante o fascismo, um espírito liberal e legalista, que os conduzia, naturalmente, a oporem-se, tanto quanto possível, aos arbítrios e às ilegalidades da ditadura. O *Elogio dei giudici* foi, portanto, nas entrelinhas, igualmente um elogio à legalidade, entendida como garantia da liberdade: isso explica também o tom geralmente otimista das anotações sobre os juízes, por mim escritas, naquele referido período. Para poder suportar, sem deixar-se consumir pela amargura da opressão política daquela época, era necessário continuar a crer pelo menos na justiça dos juízes. A magistratura resplandecia como um refúgio, no qual o advogado era conduzido a procurar conforto, para não se desesperar..."[27]

Não obstante, mais recentemente, a partir da releitura proposta por Franco Cipriani, reacendeu-se aquele antigo questionamento acerca do verdadeiro objetivo de Calamandrei.

Com efeito, estimulado pela republicação das mais importantes obras jurídicas de Calamandrei e pela edição de inúmeros artigos e ensaios ao ensejo do centenário da morte do jurista florentino, Cipriani propõe um convite à releitura do *Elogio*. Já pelo título do artigo – *Come si attacano gli intocabili*[28] – fica clara a interpretação de Cipriani acerca do famoso opúsculo de Calamandrei.

Cipriani sustenta, em apertado resumo, que não tinha sentido algum um advogado da estatura de Calamandrei tecer loas aos juízes. Na realidade – a teor da tese de Cipriani –, o que efetivamente deve ser lido são as entrelinhas, nas quais, com inequívoca "honesta dissimulação", o autor produz uma longa, severa e corajosa crítica à magistratura, e, ainda, aproveita para combater o comportamento profissional do advogado chicaneiro. Seria no mínimo paradoxal denominar de "elogio" os incontáveis desvios e abusos, cometidos pelos juízes, que são apontados por Calamandrei.[29]

Saliente-se que a versão de Cipriani foi rebatida, até com veemência, por dois ex-alunos de Calamandrei. Paolo Barile e Alessandro Galante

27 . Calamandrei, *Anche i giudici sono uomini*, Il Ponte, n. 10, 1956.

28 . Primeiramente publicado no periódico *Il Ponte*, 1992, n. 3, p. 90 ss.; e, agora, na coletânea *Piero Calamandrei e la procedura civile*, p. 277 ss.

29 . Cipriani, *Come si attacano gli intocabili*, cit., p. 283.

Garrone tentaram suavizar o intento do autor do *Elogio*; enquanto o primeiro afirmou que Cipriani entreviu um pensamento "maligno", incompatível com a ética de Calamandrei,[30] Garrone asseverou que Cipriani não entendera o sentido do livro, e, daí, a sua "extravagante interpretação".[31] O certo é que ambos preferem argumentar que o *Elogio* contém apenas uma sátira bem humorada da justiça italiana...[32]

Seja como for, a despeito das opiniões polarizadas, todo esse profícuo debate bem desvela a privilegiada inteligência de Calamandrei ao escrever um livro, sobre tema delicadíssimo, que, a par de desafiar a curiosidade dos operadores do direito, admitiu e tem admitido múltiplas interpretações, sem melindrar quem quer que seja!

A rigor, uma verdadeira homenagem à Magistratura de todos os tempos!

---

30 . Barile, nota de pé de página na publicação do artigo de Cipriani, *Come si attacano gli intocabili*, p. 277.

31 . *Calamandrei e l'*Elogio *dei giudici: ieri e oggi*, Giornata lincea in ricordo di Piero Calamandrei, p. 15 ss.

32 . V., com detalhes, Cipriani, *L'*Elogio *di Calamandrei tra canzonatura e piaggeria*, Piero Calamandrei e la procedura civile, cit., p. 290 ss.

– V –

PROTAGONISMO DO JUIZ E DAS PARTES NO SANEAMENTO E NA ORGANIZAÇÃO DO PROCESSO

SUMÁRIO: 1. Aproximação dos regimes processuais europeus. 2. Audiência de saneamento sob a perspectiva da comparação jurídica. 3. Antecedentes da reforma brasileira. 4. Regramento do vigente CPC. 5. Resolução de questões processuais pendentes. 6. Fixação das questões de fato e deferimento dos meios de prova. 7. Distribuição do ônus da prova. 8. Delimitação das questões de direito. 9. Designação de audiência de instrução e julgamento. 10. Previsão de pedido de esclarecimento formulado pelas partes. 11. Delimitação consensual acerca das *questiones facti* e *iuris*. 12. Complexidade da causa e imposição de audiência para o saneamento compartilhado. 13. Procedimento para a futura produção de prova testemunhal. 14. Procedimento para a futura produção de prova pericial. 15. Intervalo mínimo entre a realização das audiências de instrução e julgamento. 16. Limites da eficácia preclusiva da decisão de saneamento.

1. Aproximação dos regimes processuais europeus

A instituição de um sistema jurídico harmônico, a vigorar no âmbito da Comunidade Europeia, não constitui por certo um ideal tão distante, sobretudo depois da assinatura do Tratado de Maastricht, aos 7 de fevereiro de 1992, em que veio concebido um modelo político federativo para reger as relações entre os países signatários.

Assim é que, além de relevantes aspectos de natureza econômica e social, os Estados-membros passaram a adotar uma normativa legal tanto quanto possível uniforme para disciplinar, *e. g.*, as sociedades comerciais, a defesa da concorrência, a tutela dos consumidores e, ainda, muitas outras matérias no plano do direito material.

Já no que concerne a um "processo comum europeu", adverte Fazzalari que a equiparação substancial de diferentes sistemas constitui, sem dúvida, tarefa árdua, tendo-se em conta as dificuldades objetivas para unificar conteúdos normativos, experiências e culturas jurídicas discrepantes e, inclusive, valores éticos de matiz bem diversificado.[33]

No entanto, a interação política e estratégica da maioria das nações da União Europeia não pode evitar a influência recíproca de vários regimes jurídicos, chegando-se até a admitir, como meta concreta, um "direito processual europeu".[34]

Cumpre observar que o art. 6.º, 1, da Convenção Europeia para Salvaguarda dos Direitos do Homem e das Liberdades Fundamentais, subscrita em Roma no dia 4 de novembro de 1950, prescreve que: "*Toda pessoa tem direito a que sua causa seja examinada equitativa e publicamente num prazo razoável, por um tribunal independente e imparcial instituído por lei, que decidirá sobre seus direitos e obrigações civis ou sobre o fundamento de qualquer acusação em matéria penal contra ela dirigida*".

Aduza-se que essa importante regra supranacional é considerada a fonte motriz de toda a dogmática atinente às garantias do devido processo legal então disseminadas de modo praticamente análogo entre os países europeus, na certeza de que não basta assegurar o acesso aos tribunais, e, consequentemente, o *direito ao processo*. Delineia-se inafastável, também, a absoluta *regularidade* deste (*direito no processo*), com a verificação efetiva de todas as garantias e formalidades em lei previstas.

Tendo presente essa notória realidade, que irrompe da deliberada consagração de um *due process* como expressão de liberdade, assevera Carpi que, mais recentemente, a Corte de Justiça da Comunidade Europeia, sediada em Luxemburgo, ditou as premissas mínimas, a partir da exegese pretoriana da Convenção de Bruxelas (1968), especialmente no que toca à

---

33 . Prefazione, *La giustizia civile nei paesi comunitari*, p. VII.

34 . Cf. Marcel Storme, *Perorazione per un diritto giudiziario europeo*, Rivista di diritto processuale, p. 293 s.; *Diritto processuale internazionale*, La giustizia civile nei paesi comunitari, p. 26 ss.; Elio Fazzalari, *Per un processo comune europeo*, Rivista trimestrale di dirittto e procedura civile, p. 665 s.; Eric Stein, *Un nuovo diritto per l'Europa*, 1991; Peter Stein, *I fondamenti del diritto europeo – Profili sostanziali e processuali dell'evoluzione dei sistemi giuridici*, 1995.

competência e à execução das sentenças, para a elaboração de um *código de processo civil europeu.*[35]

Desse modo, há que se ter presente o deliberado desejo, entre os países-membros, de aperfeiçoamento e modernização das instituições judiciárias, para atender às exigências ditadas pela União Europeia, cujo escopo precípuo é o de lutar contra a morosidade da justiça.

Dentre vários temas que têm merecido atenção da legislação e da doutrina europeias, focada na razoável duração do processo, destaca-se o do "saneamento compartilhado" do processo, visando sobretudo a antecipar o julgamento da causa ou, então, a escoimar o processo de eventuais vícios que possam vir a comprometer a higidez da decisão futura.

Nesta fase do procedimento, a cooperação das partes atinge o seu ponto culminante, convergindo a atuação de todos os protagonistas da relação processual para um declarado objetivo, qual seja o de selar os rumos do processo.

2. Audiência de saneamento sob a perspectiva da comparação jurídica

Registre-se de início que, sob o prisma histórico, como já tive oportunidade de escrever,[36] a denominada audiência preliminar ou de debates, idealizada nos fins do século XIX por Franz Klein, resulta de inequívoca influência do direito austríaco,[37] à vista das finalidades que persegue e que vão desde a apreciação de questões prévias atinentes ao objeto formal do processo, solução das exceções dilatórias e fixação do *thema probandum*, para a realização da audiência subsequente, na qual serão produzidas as provas orais e apresentadas as alegações finais.

Inspirando-se na denominada regra da aceleração processual (*Beschleunigungsprinzip*), o legislador alemão de época mais recente procurou introduzir medidas tendentes a diminuir o lapso temporal entre o início do processo e a sentença definitiva, visando decididamente a conferir maior efetividade ao processo.

Acompanhando, assim, um movimento que se generalizou no continente europeu, a partir da década dos anos sessenta, e, em especial, com base em um ensaio escrito pelo Professor Fritz Baur, publicado pela primeira vez em 1966, sob o título *Caminhos para a concentração da oralidade no*

---

35 . *Reflections on the Harmonization of Civil Procedural Law in Europe in Relation to the 1968 Brussels Convention*, Scritti in onore di F. Mancini, 2, p. 112-113.

36 . Cruz e Tucci, *Lineamentos da nova reforma do CPC*, 2ª ed., p. 55 e ss.

37 . V., a propósito, por todos, Franco Cipriani, *Nel centenario del regolamento di Klein (il processo civile tra libertà e autorità)*, Rivista di diritto processuale, p. 969 ss.

processo civil,[38] instituiu-se informalmente, desde 1967, um procedimento mais concentrado e célere, batizado com o nome de "modelo de Stuttgart" (*Stuttgarter Modell*).

Foi este, na verdade, inicialmente implantado na famosa 20ª Seção do Tribunal (*Landgericht*) de Stuttgart, presidida então por Rolf Bender, cuja meta se resumia no desejo de desenvolver um "processo modelo", ou seja, um processo rápido, eficiente e justo.[39]

Regido assim pelos postulados da oralidade, concentração e eventualidade, esse "modelo", consoante a abalizada opinião de Grunsky, apresenta-se como um antídoto eficaz contra os fatos serodiamente apresentados.[40]

Tão profícuos foram os resultados iniciais desse procedimento, que acabou sendo definitivamente introduzido no ZPO pela reforma de 1976/77, com a modificação, em particular, dos §§ 271 e seguintes. Atualmente, pois, sobrelevando a importância da colaboração das partes, prescreve o § 282 do ZPO que cada litigante deve apresentar todas as suas alegações fáticas e jurídicas, de ataque e de defesa, em uma única oportunidade, para facilitar, à evidência, a tramitação do procedimento.

Nos domínios do processo civil austríaco, após a reforma de 2002, o § 258 do ZPO, prestigiando a oralidade, contempla a realização de uma audiência preparatória (*vorbereitende Tagsatzung*), destinada a dirimir eventuais exceções processuais e a complementar as posições das partes, para, em seguida, discutir e preparar as posteriores etapas do processo ("... *Erörterung des weiteren Fortgangs des Prozesses und der Bekanntgabe des Prozessprogramms*").

Na Itália, a Lei 353, de 26 de novembro de 1990, introduziu profundas modificações no processo civil em geral e no processo de conhecimento em particular.

Dominada pelas regras da oralidade e da eventualidade, pode-se afirmar que a referida lei procurou valorizar o procedimento de primeiro grau de jurisdição sobretudo com a introdução de fases preclusivas bem nítidas.

Duas audiências vieram previstas pela reforma peninsular: a primeira, que ora interessa, regrada no art. 183 do *Codice* italiano, denominada *prima*

---

38 . *Wege zu einer Konzentration der mündlichen Verhandlung im Zivilprozess*, agora estampado em Fritz Baur, *Beiträge zur Gerichtsverfassung und zum Zivilprozessrecht*, p. 223 ss.

39 . V., a propósito, Nicolò Trocker, *Processo civile e constituzione – Problemi di diritto tedesco e italiano*, p. 88 ss.

40 Wolfgang Grunsky, *Il cosiddetto "Modello di Stoccarda" e l'accelerazione del processo civile tedesco*, Rivista di diritto processuale, p. 366. V. Rolf Bender, *The Stuttgart Model*, Acess to Justice, v. 2, t. 2, ed. Cappelletti e Weisner, p. 437-438.

udienza di trattazione, destina-se à estabilização do processo, podendo as partes complementar as suas alegações, e se encerra com o exame e decisão sobre questões cognoscíveis *ex officio* e relativas ao objeto formal do processo.

Tal inovação, aperfeiçoada há mais de uma década, tem colhido bons frutos, dada a sensível celeridade que imprimiu ao processo, tendo-se presente a concentração de seus atos e da preclusão atinente ao objeto do litígio (*deduzioni di merito*) logo a partir da fase postulatória.[41]

Anote-se, por outro lado, que a novel legislação processual de Portugal, em vigor desde 2013, seguiu, neste particular, o Código revogado (art. 508º-A), dando um importante passo ao consagrar o direito "a obter, em prazo razoável, uma decisão de mérito e a respectiva execução".[42]

A experiência do processo civil português acerca desta temática é deveras profícua, uma vez que o denominado "despacho saneador", como ato judicial precipuamente destinado ao controle e ao julgamento da matéria relativa às nulidades processuais, é criação genuína do direito português, introduzido no art. 24 do Decreto 12.353, de 1926.[43]

Atualmente, inserido no capítulo intitulado *Da gestão inicial do processo e da audiência prévia*, o art. 591º do Código português, após as diligências atinentes à regularização de eventuais exceções dilatórias, será realizada *audiência prévia*, que comporta as seguintes atividades: *a*) tentativa de conciliação (art. 594º); *b*) discussão das partes quando a matéria de fato e de direito, objetivando a propiciar julgamento do mérito; *c*) delimitação dos termos do pedido e suprimento de eventuais imprecisões na exposição da matéria de fato; *d*) proferimento do despacho saneador; *e*) determinação, após o debate, a adequação formal, a simplificação ou a agilização proces-

---

41 . Luigi Paolo Comoglio, Corrado Ferri e Michele Taruffo, *Lezioni sul processo civile*, p. 486; Gian Franco Ricci, *Principi di diritto processuale generale*, p. 155.

42 . José Lebre de Freitas, *Revisão do processo civil*, Revista da Ordem dos Advogados, p. 427.

43 . Cf. José Alberto dos Reis, *Breve estudo sobre a reforma do processo civil e comercial*, p. 149 e s. O referido texto legal ampliou a intervenção do juiz e transformou o despacho regulador em despacho saneador. Consta do relatório preambular do Decreto 12.353/1926, a seguinte passagem: "No sistema atual, o juiz mantém inteiramente alheio e estranho à controvérsia que se debate nos autos até o momento em que vai proferir a sentença; ignora absolutamente o que está dentro do processo, embora tenha presidido a atos da maior importância, como exames, vistorias e inquirições de testemunhas. A sua presença é *nominal*... O Decreto propõe-se remediar estes males. Em primeiro lugar obriga o juiz, por uma forma indireta, a tomar conhecimento, desde o início do processo, da questão que se controverte e a acompanhá-la com atenção. O dever, imposto ao juiz, de indeferir *in limine* a petição inicial em certos casos e a necessidade de resolver, no fim dos articulados, as questões que possam obstar à apreciação do objeto da ação, forçam-no a pôr-se a par do litígio..." (cf. Fernando Luso Soares, *Processo civil de declaração*, p. 709-710).

sual; e *f*) programar, em conjunto com os advogados das partes, os atos a serem realizados na audiência final.

Aduza-se que esta audiência, a rigor, não é obrigatória, podendo ser dispensada em duas ocasiões ditadas pelo subsequente art. 592, a saber: *i*) nas ações não contestadas; e *ii*) quando acolhida exceção dilatória.

Frisa, a propósito, Miguel Teixeira de Sousa, sob a égide do diploma processual português de 1996, que a regra implantando a então denominada "audiência preliminar" constitui uma inovação da qual há legitimamente muito a esperar. "Ela permite dar expressão ao princípio da concentração e ao desejo de reduzir a duração do processo, mas – importa acrescentar – isso não será alcançado se a sobrecarga de trabalho dos tribunais conduzir a que a audiência preliminar seja convocada para muito depois de findos os articulados ou se, aliada a essa sobrecarga, os hábitos de trabalho dos advogados a transformarem numa formalidade sem utilidade prática. Com a sua consagração, a tramitação do processo passa a estruturar-se em torno de duas audiências: a audiência preliminar e a audiência de discussão e julgamento. Aquela é antecedida pela fase da discussão escrita entre as partes, esta última antecede o proferimento da decisão final. Estreita deve ser também a conexão entre essas audiências: a separá-las devem estar somente as indispensáveis actividades instrutórias, pelo que, tanto quanto possível, elas devem subordinar-se a um princípio de continuidade". [44]

O imperativo de evitar a realização de atos processuais absolutamente inúteis foi também o declarado propósito perseguido pela nova *Ley de Enjuiciamiento Civil* da Espanha pela Lei 1/2000. Trata-se de um diploma processual moderno e ambicioso, com 827 artigos, que entrou em vigor, para substituir a secular legislação de 1881, no dia 8 de janeiro de 2001. [45]

Sem dúvida que uma das mais expressivas novidades do Código espanhol é a introdução da *audiencia previa al juicio* – aliás estranha da tradição do processo civil espanhol –, regrada nos arts. 414 a 430.

Embora de realização obrigatória, também na Espanha, a exemplo do sistema português, reserva-se a esse relevante momento processual: *a*) a tentativa de conciliação ou transação entre as partes; *b*) o exame das questões processuais que possam obstar a marcha do processo (função saneadora); *c*) fixação do objeto do litígio; e *d*) deferimento dos meios de prova. [46]

---

44 . Miguel Teixeira de Sousa, *Apreciação de alguns aspectos da "revisão do processo civil – projecto"*, Revista da Ordem dos Advogados, p. 396.

45 . V., para uma análise crítica da legislação espanhola, Manuel Serra Domínguez, *La Ley 1/2000 sobre enjuiciamiento civil*, 2000.

46 . Cf. Juan Montero Aroca *et alii*, *El nuevo proceso civil (Ley 1/2000)*, p. 393, com a observação de que a audiência prévia supõe uma alteração de orientação deveras importante.

De anotar-se, por outro lado, que o denominado Código-Tipo para a América Latina, cujo anteprojeto data de 1988, tem interesse à luz da comparação jurídica por refletir algumas tendências da moderna ciência processual.

Centrado no dogma da oralidade, verifica-se que o Código-Tipo combate o formalismo e o tecnicismo dos juízes e adota um procedimento mais singelo, sem excesso de solenidade, buscando evitar um distanciamento temporal entre as fases instrutória e decisória. Pelo regime estabelecido no art. 301, a audiência preliminar, em princípio, obrigatória, tem igualmente por escopo otimizar as atividades processuais.

Com efeito, frustrada a conciliação, as etapas sucessivas da audiência se desenrolam em estreita colaboração entre os litigantes e o órgão julgador.[47]

Na precisa síntese de Teresa Sapiro Anselmo Vaz, "o Código-Tipo para a América Latina harmoniza o princípio dispositivo com o princípio inquisitório, com a introdução de um princípio de colaboração entre as partes e o juiz, em ordem à fixação do objecto do processo, constituindo a audiência preliminar o fulcro central de todo o processo".[48]

3. Antecedentes da reforma brasileira

Foi com certeza nesse contexto e imbuído de grande interesse em racionalizar o desenvolvimento do procedimento em primeiro grau de jurisdição, que o legislador brasileiro introduziu, pela Lei 8.952, de 13 de dezembro de 1994, a denominada "audiência de conciliação", ditada pela modificação do art. 331, assim redigido:

> "Se não se verificar qualquer das hipóteses previstas nas seções precedentes e a causa versar sobre direitos disponíveis, o juiz designará audiência de conciliação, a realizar-se no prazo máximo de 30 (trinta) dias, à qual deverão comparecer as partes ou seus procuradores, habilitados a transigir.
> § 1º Obtida a conciliação, será reduzida a termo e homologada por sentença.
> § 2º Se, por qualquer motivo, não for obtida a conciliação, o juiz fixará os pontos controvertidos, decidirá as questões processuais pendentes e deter-

---

47 . José Lebre de Freitas (*Em torno da revisão do direito processual civil*, Revista da Ordem dos Advogados, p. 14) lembra que o denominado princípio da cooperação (*Arbeitsgemeinschaft*) é hoje reputado como uma das traves mestras do direito processual civil, "já há décadas propugnado por Rosenberg e ainda há dois anos reafirmado como princípio fundamental do processo civil no IX Congresso Mundial de Direito Judiciário". V., a respeito, Elício de Cresci Sobrinho, *Dever de esclarecimento e complementação no processo civil*, p. 106.

48 . *Novas tendências do processo civil no âmbito do processo declarativo comum (alguns aspectos)*, Revista da Ordem dos Advogados, p. 883.

minará as provas a serem produzidas, designando audiência de instrução e julgamento, se necessário."

Não é difícil concluir, à simples leitura do supratranscrito dispositivo legal, que a anterior reforma do nosso Código alvitrou, de modo particular, agilizar o procedimento, possibilitando, de logo, às partes, a autocomposição do litígio respeitante a direitos disponíveis, e, à falta de conciliação, pela intransigência daquelas ou pela impossibilidade substancial, a fixação de modo objetivo, dos pontos controvertidos da causa que reclamam instrução probatória.

Verifica-se, assim, da interpretação conjugada dos arts. 329 a 331 do estatuto revogado, que três caminhos se ofereciam ao juiz ao ensejo da conclusão da fase postulatória na órbita do processo de conhecimento. Em primeiro lugar, incumbia-lhe examinar se o objeto formal do processo (pressupostos processuais e condições da ação) encontrava-se em absoluta ordem, evitando-se, com esse expediente, perda de tempo, energia e dinheiro. Em seguida, não sendo caso de julgamento segundo o estado dos autos (art. 329) ou de extinção antecipada do processo (art. 330), deveria o juiz, tratando-se de procedimento comum ordinário, designar audiência preliminar (art. 331).

Desse modo, quando da fase saneadora, não havendo conciliação das partes no momento inaugural desse importante ato processual, ou não sendo ela cabível (direito indisponível), o juiz passava então a prolatar a decisão declaratória de saneamento e procedia à especificação do fato ou fatos essenciais consistentes no *thema probandum* (art. 331, § 2º, CPC/1973).

É exatamente nesta etapa que, como visto, as legislações modernas depositam grande importância à audiência prévia ou preliminar, sobretudo no que se refere à definição do objeto do processo. Assim também, para evitar qualquer espécie de surpresa aos litigantes, à luz da atual concepção da garantia do contraditório, impõe-se aí ao juiz, segundo recente e prestigiosa doutrina, o dever de comunicar às partes as questões fáticas que ele reputa relevantes para a formação de sua própria convicção.[49]

Como bem ponderam António Montalvão Machado e Paulo Pimenta, a seleção da matéria fática pendente de prova resulta de um debate entre o juiz

---

49 . Cf. Luigi Montesano, *La garanzia costituzionale del contraddittorio e i giudizi civili di "terza via"*, Rivista di diritto processuale, p. 936. Apesar da incidência do princípio *iura novit curia*, pelo qual o juiz goza de liberdade para aplicar o direito ao caso concreto, a fixação das *quaestiones facti* confere o necessário equilíbrio, que sempre deve existir na órbita do processo de conhecimento, entre aquele princípio e os regramentos do contraditório e da congruência, "que se configuran, de esse modo, como verdaderos límites al primero" (Francisco Javier Ezquiaga Ganuzas, Iura novit curia *y aplicación judicial del derecho*, p. 32). V., em senso assemelhado, Carlos Alberto Alvaro de Oliveira, *O juiz e o princípio do contraditório*, Revista de Processo, p. 10.

e os advogados das partes, no qual todos devem intervir com um "espírito de entreajuda processual".[50]

Não pode restar dúvida de que toda essa atuação judicial consubstancia medida de flagrante economia de tempo, especialmente porque ao julgador cabia como cabe zelar para que a produção da prova se restrinja ao fato ou fatos probandos. Na verdade, da forma como idealizada e se bem implementada, a audiência destinada ao saneamento e à organização do feito presta-se a fomentar a inafastável interação entre os primordiais atores do processo.

4. Regramento do vigente CPC

Sob a rubrica *Do saneamento e da organização do processo*, o *caput* do art. 357 do nosso vigente Código estabelece que não se verificando qualquer uma das hipóteses de julgamento com ou sem resolução do mérito, anteriormente enunciadas, o juiz deverá proceder ao saneamento e à organização do processo, por meio de ato decisório proferido em gabinete ou em audiência, sendo que, nesta segunda situação, a atividade saneadora será compartilhada entre o juiz e as partes.

A atuação judicial, em tal oportunidade processual, desponta complexa e abrange: *a*) a solução de questões processuais que porventura ainda estejam pendentes; *b*) a fixação das questões de fato sobre as quais recairá a produção das provas, com o deferimento dos meios probatórios reputados pertinentes; *c*) a definição quanto à distribuição do ônus da prova, segundo as diretrizes especificadas no art. 373; *d*) a delimitação das questões de direito que serão consideradas para a decisão da causa; e, ainda, *e*) a designação, quando necessário, de audiência de instrução e julgamento.

Trata-se, como facilmente se observa, de um ato programático de suma relevância, que exige do magistrado acurado exame dos autos e adequada fundamentação para justificar cada capítulo da decisão de saneamento.[51] Não se admite, pois, "saneamento implícito", tendo se tornado obsoleto o enunciado da Súmula 424/STF.[52]

---

50 . *O novo processo civil*, p. 209.

51 . Cf., nesse sentido, STJ, 1ª T., REsp 780.285-RR, rel. Min. Francisco Falcão, v.u., *DJ* 27.03.2006: "a fase saneadora do processo é de extrema importância para o seu deslinde, tendo conteúdo complexo, sendo que nela o juiz examinará os pontos arguidos na contestação, de caráter preliminar, assim como os pressupostos processuais e os requerimentos de produção de provas, exigindo-se, para tanto, a devida fundamentação. Sendo assim, não há como o julgador deixar de proceder ao despacho saneador, deixando *in albis* as preliminares suscitadas e passando diretamente para a fase de instrução e julgamento, presumindo-se, assim, que o processo encontra-se sanado, sob pena de nulidade absoluta do feito".

52 . Consulte-se, sobre a evolução da jurisprudência acerca desta questão, Theotonio Negrão *et alii*, *Código de Processo Civil e legislação processual em vigor*, nota 11 ao art. 331.

5. Resolução de questões processuais pendentes

A praxe forense mostra que, pelo constante acúmulo de serviço, de um modo geral, a grande maioria dos juízes relega para este momento do processo a análise das preliminares de natureza processual.

É, com efeito, depois da réplica do autor que, efetivamente, o órgão julgador se debruça sobre o processo para dirimir as eventuais "questões processuais pendentes", como, *v. g.*, a arguição de incompetência ou a falta de legitimidade.

Tenha-se presente que esta atuação judicial não constitui apenas uma atribuição legal subordinada à eventual disposição ou discricionariedade. Constitui verdadeiro dever imposto ao juiz de enfrentar, com toda atenção e acuidade, possível arguição de existência de vício processual, atinente à ausência dos pressupostos de constituição e desenvolvimento válido do processo, de uma das condições de admissibilidade de ação, ou, ainda, de alguma irregularidade, cuja análise já deveria ter sido efetivada pelo julgador, caso fosse ele incontornável, implicativo de julgamento sem resolução do mérito.

Seja como for, o juiz, em princípio, é o único responsável pelos prejuízos ocasionados às partes pela postergação desse necessário escrutínio, relegando-o para fase ulterior, após, por exemplo, a devida instrução da causa, correndo o risco de ser obrigado a proferir sentença terminativa. Inadmite-se, portanto, em qualquer hipótese, decisão (não rara, aliás) proferida nos seguintes termos: "*As preliminares se confundem com o mérito, razão pela qual deixo de apreciá-las nesta oportunidade*".

Afigura-se de todo inadmissível este comportamento absolutamente descompromissado com a própria índole da atividade jurisdicional!

6. Fixação das questões de fato e deferimento dos meios de prova

Visando a extrair o máximo proveito da atividade instrutória, o art. 357, II, do Código de Processo Civil, também impõe ao juiz o dever de fixar as questões de fato, sobre as quais será produzida a prova. Com este expediente, afasta-se a prática de atos desnecessários ou inúteis, ao ensejo da colheita da prova oral, que não guarda, qualquer relação com os fatos probandos, efetivamente relevantes para o deslinde da causa.

Observa, a propósito, Paulo Lucon,[53] que o prévio conhecimento destes pontos fáticos não interessa apenas ao convencimento do magistrado, mas igualmente às partes que orientarão suas condutas no tocante à atividade

53 . *Código de Processo Civil anotado*, nota ao art. 357.

instrutória de acordo com o quanto estabelecido na decisão de saneamento. A delimitação das questões de fato realizada em tal oportunidade desempenha ainda outra relevante função, qual seja a de simplificar o controle da regra da congruência. Uma vez fixadas as questões de fato relevantes para o julgamento da causa, mais facilmente se poderá constatar se o juiz a respeitou ou não. Se não a respeitou, afere-se com maior objetividade se o julgamento desponta *extra, ultra* ou *citra petita* (art. 141 CPC).

Ainda nesta linha de atividade ordinatória, o juiz examinará a especificação de provas formulada pelas partes, deferindo aquelas que forem reputadas pertinentes para a certificação das questões de fato então fixadas. Exige-se, igualmente, adequada fundamentação deste ato decisório, sobretudo quando for indeferido algum meio de prova pleiteado por um dos litigantes (art. 370, par*ágrafo* único, CPC).

Cumpre frisar que, a teor do art. 370 do *Código*, diante da omissão ou imprecisão das partes, quanto à postulação das provas, o juiz detém o poder-dever de determinar *ex officio* a produção de qualquer meio de prova que entender necessária diante das peculiaridades fáticas do caso concreto.

E esta prerrogativa sequer fica sujeita à preclusão, como assentou a 3ª Turma do Superior Tribunal de Justiça, no julgamento do REsp 1.132.818-SP, de relatoria da Ministra Nancy Andrighi: "... não há preclusão absoluta em matéria de prova, até por se tratar de questão de ordem pública. Mesmo proferido o despacho saneador, o juiz pode, mais tarde, determinar a realização de outras provas, caso entenda que essa providência é necessária à instrução do processo".[54]

7. Distribuição do ônus da prova

Acompanhando tendência preconizada pela moderna doutrina processual, o art. 357, III, ora analisado, autoriza o juiz a determinar a distribuição do ônus da prova, em consonância com a regra do art. 373 do Código de Processo Civil, inserida entre as disposições gerais do capítulo das provas e que contempla, em seu *caput*, a clássica distribuição subjetiva do ônus da prova. Assim, repetindo o preceito do revogado art. 333, o ônus da prova incumbe ao demandante, para provar o fato constitutivo de seu direito (art. 373, I); e, ao réu, "*quanto à existência de fato impeditivo, modificativo ou extintivo do direito do autor*" (art. 373, II).

Todavia, o § 1º do art. 373 avança nesta matéria, ao acolher a técnica da denominada distribuição dinâmica do ônus da prova, seja por força de lei, seja a partir do exame de peculiaridades da situação concreta, possibilitando

---

54 . V. u., *DJe* 10.05.2012.

ao juiz repartir o ônus da prova, de modo diferente daquele estabelecido no *caput*, atribuindo-o à parte que dispõe de maior destreza para produzir determinada prova. A avaliação a ser feita pelo juiz, entre a excessiva dificuldade da obtenção da prova por uma das partes e a facilidade de acesso ou de produção da prova pela outra, pode muito bem recair sobre um único fato.

É evidente que há aí, quando a inversão é determinada *ope iudicis*, certo subjetivismo, não podendo o juiz se afastar de um critério de razoabilidade e bom senso.[55]

De qualquer forma, é sempre imprescindível que a inversão do *onus probandi* seja ordenada por meio de ato decisório devidamente motivado, permitindo, ainda, que a parte a quem atribuído tal encargo tenha plena oportunidade para dele se desincumbir.

O Código, como se nota, optou de uma vez por todas por afastar a ideia de que a inversão do ônus da prova seria regra de julgamento, posição esta sustentada por inúmeros doutrinadores.[56]

Cuidando de comentar o art. 6º, VIII, do Código de Defesa do Consumidor, sempre defendi orientação oposta, qual seja a de que a inversão é regra de instrução e que, por esta razão, deve ser determinada antes do início da fase instrutória, na decisão declaratória de saneamento, na qual, igualmente, serão fixados, de forma precisa, os fatos que o produtor ou fornecedor deverá provar.[57]

De um modo geral, o ato decisório que modifica a normativa sobre o ônus da prova deve ser proferido antes do início da instrução da causa. Em hipótese alguma o *onus probandi* é passível de dinamização, seja esta legal ou judicial, apenas no momento da sentença, como se fosse regra de julgamento. Na verdade, qualquer alteração na estrutura da atividade probatória deve dar-se concomitantemente ao deferimento das provas, a evitar ofensa ao direito fundamental ao contraditório.[58]

Atualmente, a respeito desta questão, o Superior Tribunal de Justiça esposa entendimento uníssono. Examinando controvérsia sobre a responsabilidade de procedimento médico em cirurgia estética, a 3ª Turma proveu o REsp 1.395.254-SC, relatado pela Ministra Nancy Andrighi, asseverando que: "A jurisprudência da 2ª Seção, após o julgamento do REsp 802.832-MG,

---

55 . V. Lucas Buril de Macêdo e Ravi Medeiros Peixoto, Ônus da prova e sua dinamização, p. 127.

56 . V., para uma síntese da atual posição doutrinária, Camilo José D'Ávila Couto, *Dinamização do ônus da prova no processo civil*, p. 164 ss.

57 . Cruz e Tucci, *Técnica processual civil do Código de Defesa do Consumidor*, Devido processo legal e tutela jurisdicional, p. 116-117.

58 . Cf., nesse sentido, o detido estudo de Artur Carpes, Ônus dinâmico da prova, p. 137.

rel. Min. Paulo de Tarso Sanseverino, *DJe* de 21.09.2011, consolidou-se no sentido de que a inversão do ônus da prova constitui regra de instrução, e não de julgamento".[59]

8. Delimitação das questões de direito

Para evitar qualquer risco de afronta ao princípio da congruência, estabelecido no art. 141 do diploma processual, e, outrossim, de atividade processual desfocada da *quaestio* ou *quaestiones iuris*, que integram o objeto litigioso, o inc. IV do art. 357, determina que a decisão de saneamento e de organização do processo, exatamente como ocorre em relação aos pontos fáticos essenciais, delimite as questões de direito que realmente são relevantes para o julgamento de mérito.

Por força do princípio *iura novit curia*, tais questões não ficam circunscritas àquelas suscitadas pelos litigantes. Enfatiza, a respeito, Fredie Didier Júnior,[60] que o art. 10 do Código impõe ao magistrado o dever de consultar as partes sobre qualquer questão de direito que tenha efetivo significado para o deslinde da controvérsia, afastando o perigo de ser proferida decisão baseada em fundamento surpresa, expressamente vedado pelo diploma processual em vigor.

Sempre afirmei que o ato decisório de saneamento é igualmente útil, quando fixadas tais balizas de fato e de direito, ficando elas documentadas nos autos, para auxiliar, como uma verdadeira bússola, o novo juiz da causa que eventualmente venha substituir, meses depois, o magistrado que teve o zelo de esquadrinhar o objeto do processo.

9. Designação de audiência de instrução e julgamento

Ao ensejo do saneamento, geralmente também é designada a audiência de instrução e julgamento, quando sua realização é reputada imprescindível, por ser descabido, à vista de particularidades do *thema decidendum*, o julgamento conforme o estado do processo (extinção do processo ou julgamento antecipado da lide).

Visualizando, pois, a necessidade da produção de prova oral, torna-se inafastável a realização da audiência de instrução e julgamento. Esta deverá ser designada, segundo dispõe o § 9º desse art. 357, com um intervalo mínimo de uma hora entre o seu início e o da próxima audiência. Nesse caso, dependendo da complexidade da causa e, em particular, da extensão da prova oral a ser colhida, o juiz deverá estar atento para que na designação

---

59 . V. u., *DJe* 29.11.2013.

60 . *Curso de direito processual civil*, v. 1, p. 692.

da audiência de instrução e julgamento haja um lapso temporal razoável entre aquelas que deverão ser realizadas no mesmo dia, evitando-se perda de tempo de todos os demais envolvidos e, pior ainda, que a subsequente audiência se frustre pelo adiantado da hora.

10. Previsão de pedido de esclarecimento formulado pelas partes

Diante da decisão de saneamento e organização do processo, o § 1º do art. 357 faculta às partes, sob pena de preclusão, pleito de esclarecimento ou de complementação, no prazo de 5 dias.

Em primeiro lugar, deve ser observado que a matéria sujeita à preclusão não inclui, por certo, aquela passível de impugnação por meio de recurso, a ser manejado em momento posterior. Além disso, se houver, por exemplo, redistribuição do ônus da prova (art. 373, § 1º, CPC), poderá ser interposto agravo de instrumento, a teor do disposto no art. 1.015, XI, do Código de Processo Civil.

Ademais, verifica-se ser redundante tal disposição legal (art. 357, § 1º), porque sempre possível, contra qualquer ato decisório, de acordo com o art. 1.022 do Código, a oposição de embargos de declaração. Desde que seja caso de solicitar esclarecimento, será sempre preferível a parte valer-se dos embargos de declaração, que provocam a interrupção do prazo para a interposição do recurso cabível (art. 1.026), do que correr o risco da preclusão, se o juiz simplesmente rejeitar o pedido de esclarecimento.

Ressalte-se que o legislador foi demasiadamente otimista ao tratar desta matéria, partindo do pressuposto de que todos os magistrados ou pelo menos a grande maioria deles estará disposta, em regime de franca cooperação, a prestar prontamente os esclarecimentos solicitados pelas partes. Muitos e muitos juízes, pelo contrário, como soe acontecer, rejeitarão o pleito de esclarecimento sob o fundamento-bordão de que o tribunal não está obrigado a responder as dúvidas dos litigantes.

Seja como for, o pedido de esclarecimento, a ser oferecido por ambas ou por qualquer uma das partes, deverá ser formulado no prazo de 5 dias, a contar da intimação ou da audiência na qual a decisão de saneamento e de organização do processo foi proferida.[61]

---

61 . Como a lei não traça qualquer distinção, permito-me discordar da posição sustentada por Fredie Didier Júnior, com apoio em opinião de Daniel Mitidiero, no sentido de que se o ato decisório de saneamento for proferido em audiência, o pleito de esclarecimento deve ser formulado até o término desta, "sob pena de preclusão" (*Curso de direito processual civil*, v. 1, p. 693).

11. Delimitação consensual acerca das *questiones facti* e *iuris*

Os demandantes têm a faculdade de apresentar ao juiz, para homologação, convenção consensual sobre a fixação das questões de fato e de direito, acima referidas. O § 2º do art. 357 diz mais: tal acordo ostenta eficácia vinculante às partes e ao juiz.

Tal regra tem certamente como fonte inspiradora o art. 12 do *Nouveau Code de Procédure Civile* francês, que autoriza as partes, de comum acordo, a delimitarem a extensão da matéria que será objeto de debate.[62]

Nota-se, ainda, sem qualquer dificuldade que a importante diretriz normativa, prevista no art. 357, § 2º, deve ser interpretada em conjunto com o art. 190 do diploma processual: "*Versando o processo sobre direitos que admitem autocomposição, é lícito às partes plenamente capazes estipular mudanças no procedimento para ajustá-lo às especificidades da causa e convencionar sobre os seus ônus, poderes, faculdades e deveres processuais, antes ou durante o processo*".

A bem da verdade, essa inovação segue orientação que tem sido prestigiada pelas experiências jurídicas mais avançadas.

Observa-se que, em época contemporânea, buscando racionalizar a marcha do processo foi introduzida, em 1999, no sistema jurídico inglês, importante reforma – *The Woolf Reforms* –, que criou uma verdadeira comunidade de trabalho entre o juiz e as partes, visando a um maior dinamismo processual em prol da celeridade.

Cumpre salientar que nas hipóteses mais complexas, o procedimento a ser adotado pela regra 29 das *Civil Procedure Rules* é o denominado *multi-track*, que confere ao tribunal ampla liberdade de atuação, admitindo alterações na consecução dos atos processuais, em consonância com a natureza, relevância e duração da demanda.

Para o início desse respectivo procedimento é prevista a realização de um significativo ato processual, informado pela oralidade, denominado *case management conference*, ou seja, uma audiência na qual, sob a direção do juiz, em franca cooperação, as partes convencionam os limites do litígio e estabelecem, de comum acordo, o cronograma e os limites e a sequência das provas a serem produzidas.[63]

---

62 . V., a propósito, Anne Le Gallou, *Le juge e le droit: présentation de l'article 12 NCPC*, Revue juridique de l'Ouest, p. 477 ss.

63 . V., a propósito, Cruz e Tucci, *Direito processual civil inglês*, Direito processual civil europeu (obra coletiva), p. 227 ss.

Em França e na Itália, igualmente, são atualmente admitidos, com peculiaridades próprias, acordos processuais sobre o desenrolar do procedimento.[64]

Deve ter-se presente, nesse particular, que as convenções sobre os atos procedimentais têm natureza estritamente processual, não se confundindo com os negócios propriamente ditos, que ocorrem incidentalmente no âmbito do processo e que têm por objeto o próprio direito litigioso (como, p. ex., a transação).

Diante de tais premissas, sob o aspecto dogmático, o gênero negócio jurídico processual pode ser classificado nas seguintes espécies: *a*) negócio jurídico processual (*stricto sensu*), aquele que tem por objeto o direito substancial; e *b*) convenção processual, que concerne a acordos entre as partes sobre matéria estritamente processual.

As convenções almejam, pois, alterar a sequência programada dos atos processuais prevista pela lei, mas desde que não interfiram em seus efeitos. Enquanto há disponibilidade no modo de aperfeiçoamento dos atos do procedimento, a sua eficácia descortina-se indisponível, ainda que o objeto do litígio admita autocomposição.

Trilhando esse mesmo raciocínio, frisa Dinamarco que a escolha voluntária para regrar o procedimento não vai além de se direcionar em um ou outro sentido, sem liberdade, contudo, para construir o conteúdo específico de cada um dos atos. Os seus respectivos efeitos são sempre os que resultam da lei e não da vontade das partes.[65]

Assim sendo, é vetado às partes, por exemplo, estabelecerem que não se aplica a presunção de veracidade se algum fato não for contestado pelo réu, ou, ainda, atribuir peso/valor a determinada prova em relação a outro meio probatório.

Pois bem, dentre as novidades inseridas no Código destaca-se exatamente aquela contemplada no *caput* do art. 190, acima transcrito.

É certo que as convenções de natureza processual já existiam em nosso sistema processual (dispensa de audiência, suspensão do processo, distribuição do ônus da prova, critério para a entrega de memoriais, adiamento

---

64 . Consulte-se, a propósito, Loïc Cadiet, *Les convenctions relatives au procès en droit français. Sur la contractualisation du règlement des litiges*, Accordi di parti e processo – suplemento da Rivista trimestrale di diritto e procedura civile, p. 8 ss,; Remo Caponi, *Autonomia privata e processo civile: gli accordi processuali*, Accordi di parti e processo, p. 99 ss.; Maria Francesca Ghirga, *Le novità sul calendario del processo: le sanzioni previste per il suo mancato rispetto*, Rivista di diritto processuale, p. 166 ss.; e, na literatura pátria, Antonio do Passo Cabral, *Convenções processuais: entre publicismo e privatismo*, p. 109 ss.

65 . *Instituições de direito processual civil*, 2, p. 475.

de julgamento em segundo grau), embora sem a amplitude que agora vem prevista no novel diploma processual.[66]

Vale salientar que esta prerrogativa concedida às partes não pode ser identificada com os modos de solução consensual da controvérsia, que decorrem, como acima frisado, de verdadeiros negócios jurídicos, atinentes ao mérito da controvérsia.

Tais pactos, a exemplo do que se verifica no terreno da arbitragem, podem ser projetados antes mesmo da eclosão da lide ou celebrados incidentalmente já no curso do processo judicial. Não se afasta, pois, a possibilidade da ocorrência de mais de uma convenção processual entre as partes num mesmo processo.

Importa aduzir, em conclusão, a evitar qualquer dúvida, que as convenções processuais, amplamente admitidas pelo art. 190 do Código de Processo Civil, que ostentam natureza e conteúdo estritamente processual, não têm qualquer identidade dogmática com os negócios jurídicos processuais, de cunho substancial e que têm por objeto o direito controvertido.

12. Complexidade da causa e imposição de audiência para o saneamento compartilhado

Inspirando-se na moderna doutrina que já adotara entre os princípios éticos que informam a ciência processual o denominado "dever de cooperação recíproca em prol da efetividade", o art. 6º do Código de Processo Civil objetiva desarmar todos os participantes do processo, infundindo em cada qual um comportamento pautado pela boa-fé, para se atingir uma profícua comunidade de trabalho. E isso, desde aspectos mais corriqueiros, como a simples consulta pelo juiz aos advogados da conveniência da designação de audiência numa determinada data, até questões mais complexas, como a expressa previsão de cooperação dos demandantes ao ensejo do saneamento do processo (art. 357, § 3º, CPC). Trata-se aí de *cooperação em sentido formal.*

O estatuto processual em vigor, neste particular, estabeleceu verdadeira transformação das relações entre o juiz e os litigantes, determinante do abandono definitivo de velhos hábitos forenses de desprezo pela recíproca atuação dos juízes e dos patronos das partes, para abrir espaço a uma estreita colaboração, cujo resultado, qualquer que seja ele, sempre será mais profícuo.

---

66 . V., sobre o tema, Robson Godinho, *Negócios processuais sobre o ônus da prova no novo Código de Processo Civil*, 2015.

Uma das mais emblemáticas inovações do diploma de 2015 concerne à reconfiguração da função atribuída ao juiz, que determina uma direção ativa do processo, possibilitando-lhe traçar uma rota segura que mais se adapte às exigências da causa.

Em obra que marcou época, discorrendo sobre a independência e o sentido de responsabilidade do juiz, Calamandrei asseverava que os advogados sempre devem enaltecer os magistrados "que ousam romper a regra monástica do seu silêncio para transformarem a audiência, de inútil solilóquio de um retórico diante de uma assembleia de assistentes sonolentos, num diálogo entre interlocutores vivos que procuram, por meio da discussão, compreender-se e convencer-se". Na verdade – conclui Calamandrei –, "para que as instituições judiciárias atendam às exigências de uma sociedade de homens livres, que seja banido o seu tradicional traço secreto, permitindo que também no processo permeie entre juízes e advogados este sentido de confiança, de solidariedade e de humanidade, que é em todos os campos o espírito vivificador da democracia".[67]

Verifica-se, destarte, que o Código ampliou o sentido do art. 339 do velho diploma, agora repetido no art. 378: "*Ninguém se exime do dever de colaborar com o Poder Judiciário para o descobrimento da verdade*". Afirma-se que, nesta hipótese, a lei prevê a *cooperação em sentido material*, uma vez que faz recair sobre as partes e terceiros o dever de prestarem a sua recíproca colaboração para a descoberta da verdade.

É de ter-se presente que, além de situações de natureza técnica, que impõem a cooperação, valores de deontologia forense, sobrelevados pelos operadores do Direito – juízes, promotores e advogados –, também se inserem na esperada conduta participativa.

Pela perspectiva cooperativa por parte do tribunal despontam os deveres de prevenção, de esclarecimento, de consulta e de auxílio às partes, que podem ser resumidos da seguinte forma: *a*) *dever de prevenção*: cabe ao juiz apontar as inconsistências das postulações das partes, para que possam ser aperfeiçoadas a tempo (*v. g.*: emenda da petição inicial para especificar um pedido indeterminado; individualizar as parcelas de um montante que só é globalmente indicado); *b*) *dever de esclarecimento*: cabe ao juiz determinar às partes que prestem esclarecimentos quanto a alegações obscuras ou circunstâncias que demandem complementações; *c*) *dever de consulta*: cabe ao juiz colher previamente a manifestação das partes sobre questões de fato ou de direito que influenciarão o julgamento; e *d*) *dever de auxílio*: cabe ao juiz facilitar às partes a superação de eventuais dificuldades ou obstáculos que impeçam o exercício de direitos ou faculdades (p. ex.: o

---

67 . *Processo e democrazia*, p. 90.

juiz deve proceder à remoção de empecilho à obtenção de um documento ou informação que seja indispensável para a prática de um determinado ato processual).

Já o dever de cooperação dos litigantes repousa no dever de se pautarem por probidade e boa-fé, de apresentarem os esclarecimentos determinados pelo juiz e de cumprirem as intimações para comparecimento em juízo. Esse dever não é apenas retórico. O art. 334 do Código de Processo Civil, que disciplina a audiência de conciliação e de mediação, preceitua, no § 8º, que: "*O não comparecimento injustificado do autor ou do réu à audiência de conciliação é considerado ato atentatório à dignidade da justiça e será sancionado com multa de até dois por cento da vantagem econômica pretendida ou do valor da causa, revertida em favor da União ou do Estado*", dependendo, é claro, se o aludido ato processual foi designado em processo que se desenvolve, respectivamente, perante a justiça federal ou a justiça estadual.

O mais importante é que a colaboração, ditada pelo novel diploma processual, esteja a serviço da celeridade processual na direção do julgamento de mérito. Nesse sentido, *e. g.*, dispondo sobre as cartas de comunicação processual, o art. 261, § 3º, do Código, reza que: "*A parte a quem interessar o cumprimento da diligência cooperará para que o prazo a que se refere o caput seja cumprido*". Procura-se, assim, evitar situações que proporcionem deliberada procrastinação do procedimento ou mesmo nulidade do processo.

Aos poucos a jurisprudência passa a reconhecer o dever de cooperação, como se extrai do seguinte julgado: "Nos termos do art. 535 do CPC[1973], os embargos de declaração constituem modalidade recursal destinada a suprir eventual omissão, obscuridade e/ou contradição que se faça presente na decisão contra a qual se insurge, de maneira que seu cabimento revela finalidade estritamente voltada para o aperfeiçoamento da prestação jurisdicional, que se quer seja cumprida com a efetiva *cooperação das partes*".[68]

Os profissionais do direito sabem que há demandas bem mais intrincadas do que outras, que se diferenciam pelo grau de complexidade. Ninguém ousará discordar de que uma causa, na qual se pretende indenização por danos material e moral, provocados pelo extravio de bagagem, é mais simples do que uma ação declaratória de nulidade de um contrato, cumulada com pedidos de cancelamento de registro imobiliário e de ressarcimento por perdas e danos e lucros cessantes.

---

68 . STJ, 1ª T., EDcl no AgRg no Agravo 1.300.872-CE, rel. Min. Napoleão Nunes Maia Filho, v.u., *DJe* de 03.02.2015.

Daí, porque, nas questões mais singelas, o magistrado, em regra, prescinde de maior participação ativa das partes para proferir a decisão de saneamento e de organização do processo.

Todavia, verificando-se que, diante das circunstâncias de uma situação concreta mais complexa, sobretudo quando pairarem dúvidas e dificuldades de compreensão atinentes, precipuamente, à matéria de fato, mas, também, às questões de direito, que podem ser melhor definidas com a cooperação das partes, deverá o juiz designar "audiência de saneamento", para que as providências acima referidas sejam compartilhadas pelos protagonistas do processo (art. 357, § 3º, CPC).

Tal determinação, como se percebe, encontra-se em absoluta sintonia com a previsão do aludido art. 6º do Código de Processo Civil. Ademais, aplica-se aqui, por analogia, a regra salutar do art. 334, § 12º, segundo a qual o juiz deverá designar a audiência de saneamento com um intervalo de pelo menos 20 minutos entre o início de uma e o da próxima.

A experiência forense revela que a contribuição dos advogados na fixação dos pontos litigiosos, preparando o processo para a atividade instrutória, é quase sempre oportuna e profícua.

Convidar as partes a integrar ou esclarecer as suas respectivas alegações, como se extrai da redação do § 3º do art. 357, implica inclusive a possibilidade de aditamento ou mesmo de alteração do pedido e/ou da causa de pedir, segundo dispõe o art. 329, II, do diploma processual, desde que consinta o réu, assegurando-se-lhe o contraditório.

13. Procedimento para a futura produção de prova testemunhal

Procurando igualmente racionalizar a gestão do processo, os § 4º a 7º do art. 357 do Código de Processo Civil contêm algumas regras sobre o procedimento da prova testemunhal. Em primeiro lugar, deferido esse meio de prova, o juiz deverá fixar um prazo comum, não superior a 15 dias, para que as partes apresentem o rol das respectivas testemunhas (§ 4º).

Quando for designada audiência de saneamento compartilhado, os litigantes terão de comparecer à audiência, cada qual munido de seu rol de testemunhas (§ 5º), cujo número não excederá a 10, sendo 3, no máximo, para depor sobre cada fato (§ 6º). O juiz, no entanto, diante das peculiaridades fáticas e da complexidade da causa, de acordo com art. 357, § 7º, tem a prerrogativa de reduzir a lista das testemunhas, prestando às partes a devida justificativa.

Numa demanda que tenha por objeto a apuração de responsabilidade pelos prejuízos ocasionados por acidente de trânsito, 10 testemunhas é realmente um número excessivo para a prova oral de circunstâncias fáticas singelas, acerca, por exemplo, da dinâmica da colisão, do excesso de velocidade ou da luz do semáforo no momento da colisão.

14. Procedimento para a futura produção de prova pericial

A mesma lógica pauta a hipótese de deferimento de prova pericial, devendo o juiz, de conformidade com o disposto no art. 465 do Código, nomear desde logo perito e fixar o prazo de entrega do laudo. Sendo também possível, o juiz deverá estabelecer, no próprio ato decisório de saneamento, o calendário para a produção da prova pericial (art. 357, § 8º, CPC).

Certamente muito mais eficiente, no entanto, quando o juiz alvitrar tratar-se de hipótese que recomende a prova pericial, é a realização de saneamento compartilhado, em audiência, para que, de comum acordo, os litigantes estipulem as datas das sucessivas etapas do procedimento do referido meio de prova.

Embora omissa a lei processual, sendo designada audiência, as partes deverão estar preparadas para indicar, caso deferida a produção de prova pericial, os seus respectivos assistentes técnicos e apresentar os quesitos a serem respondidos.

15. Intervalo mínimo entre a realização das audiências de instrução e julgamento

Embora com redação criticável, porque não há clareza suficiente sobre qual audiência se está tratando, dispõe, finalmente, o § 9º do art. 357, que as pautas de audiência (por certo destinada à instrução e julgamento da causa) deverão observar um intervalo mínimo de pelo menos uma hora entre cada uma delas. A meu ver, constitui dever do juiz cuidar para que a pauta das respectivas audiências seja escalonada, de sorte a resguardar aquele interregno de tempo, entre o início de uma e o da audiência subsequente.

Não é preciso dizer que dependendo da extensão da prova oral, diante do número de testemunhas que prestará depoimento, o lapso de uma hora pode ser muito exíguo. Cabe assim ao magistrado designar a audiência de instrução e julgamento sucessiva num horário adequado, considerando-se, ainda que de forma presumida, o tempo de duração da audiência anterior.

A exemplo do § 12 do art. 334 do Código de Processo Civil, o supra referenciado preceito legal revela, à evidência, respeito às partes e aos seus procuradores, uma vez que, na praxe forense, inclusive atualmente, inúmeras audiências são designadas para um único horário ou com intervalo mínimo, ficando pois comprometida a tarde toda dos mencionados atores do processo, que permanecem nas dependências do fórum durante horas e horas, aguardando o pregão para o início da audiência que lhes interessa.

16. Limites da eficácia preclusiva da decisão de saneamento

Considerada a relevância da decisão de saneamento e de organização do processo, torna-se oportuno examinar a extensão da eficácia preclusiva no que se refere ao seu respectivo núcleo decisório.

Invoque-se, a propósito, como ponto de partida, a regra do *caput* art. 505 do Código: "*Nenhum juiz decidirá novamente as questões já decididas relativas à mesma lide*".

Comentando o art. 471 do diploma revogado, correspondente a este dispositivo, praticamente com a mesma redação, Moniz de Aragão esclarece serem duas as suas finalidades: uma atinente à coisa julgada e outra à preclusão.[69]

É até intuitivo que, diante da segurança jurídica assegurada com a formação da coisa julgada, o que foi definitivamente decidido não é passível de ser novamente objeto de julgamento. E isso deve ocorrer não apenas no âmbito do mesmo processo, como, igualmente, em processo sucessivo.

Saliente-se, inicialmente, que a expressão "questões decididas" imbrica-se à doutrina de Carnelutti, relativa à distinção entre "processo integral" (contendo toda a lide) e "processo parcial" (contendo apenas parte da lide), sempre dependendo do poder de disposição do demandante quanto à delimitação do objeto litigioso.[70]

No entanto, sobretudo com a expressa admissão, pelo Código de Processo Civil (art. 203, § 2º), de decisão interlocutória de mérito, é possível que essa se torne, no curso do processo, indiscutível, diante da preclusão.

Não sendo ela impugnada por meio de agravo de instrumento (art. 1.015, II), transita em julgado, adquirindo o *status* de coisa julgada material. Outro regime é reservado às questões de natureza processual. Apreciadas e julgadas estas no curso do processo, em especial, no ato decisório de saneamento, somente poderão ser impugnadas, dependendo do objeto da decisão, por agravo de instrumento, ou, então, no momento oportuno, por meio de apelação. Todavia, tratando-se de matéria de ordem pública, o juiz poderá revê-las, enquanto não exaurida a sua jurisdição, diante da inexistência de preclusão *pro iudicato*.

---

69 . *Sentença e coisa julgada – Exegese do Código de Processo Civil*, p. 264.
70 . *Istituzioni del processo civile italiano*, v. 1, p. 255-256.

Enfatiza Sérgio Porto que, embora indiferente a natureza do ato decisório, sentença ou interlocutória, sendo de mérito, toda a matéria que tenha se caracterizado como questão controvertida e que tenha provocado julgamento, não sendo impugnada ou não sendo mais passível de recurso, adquire estabilidade, vedando nova decisão, por incidência da coisa julgada material.[71]

Sob outra perspectiva, dentre as espécies de preclusão, em relação aos protagonistas do processo, há ainda a denominada preclusão *pro iudicato*, pela qual é vedado ao juiz decidir questão de mérito já julgada.

Assim, a preclusão, normalmente, atinge a atividade dos demandantes, mas, igualmente, pode também ocorrer em relação ao órgão jurisdicional, impondo-lhe o obstáculo de não mais poder decidir matéria de mérito, referente a direito disponível, a qual, nos termos do *caput* do art. 505, foi objeto de precedente julgamento.

Cumpre deixar claro que a vedação no sentido de desautorizar o juiz a rever anterior ato decisório concerne apenas questões de direito disponível, atinentes ao mérito, uma vez que, consoante o disposto no art. 485, § 3º, do Código, não alcança a matéria de natureza processual de ordem pública, que pode ser reexaminada, pelo próprio juiz da causa, até o momento de proferir sentença.

Fredie Didier Júnior, enfrentando esta questão já sob as novas regras processuais, sustenta diferente opinião, trazendo inúmeros argumentos que convidam à reflexão. Embora entendendo que o art. 485, § 3º, autoriza a cognição em qualquer grau e tempo de jurisdição da matéria arrolada nos respectivos incs. IV, V, VI e IX, isso somente ocorrerá se não tiver sido precedentemente examinada: "convém precisar a correta interpretação que se deve dar ao enunciado do § 3º do art. 485. O que ali se permite é o conhecimento, a qualquer tempo, das questões relacionadas à admissibilidade do processo – não há preclusão para a verificação de tais questões, que podem ser conhecidas *ex officio*, até o trânsito em julgado da decisão final, mesmo pelos tribunais. Mas não há qualquer referência no texto legal à inexistência de preclusão em torno das questões *já decididas*".[72]

Se fosse consistente esta linha de raciocínio, quando já decidida, por exemplo, em primeiro grau uma preliminar de natureza processual, não impugnada a decisão por meio do recurso cabível, o tribunal estaria impedido de reexaminá-la de ofício, porque coberta pela preclusão. Na verdade,

71 . *Comentários ao Código de Processo Civil*, p. 206.
72 . *Curso de direito processual civil*, p. 699.

o tribunal não só pode como deve enfrentar as questões de ordem pública, visto que não há se falar em preclusão *pro iudicato* sobre esta matéria.

Tive oportunidade de examinar esta problemática sob a égide do diploma processual revogado, valendo-me da lição de Galeno Lacerda.[73] Na verdade, há ensinamentos que se perpetuam. Como a redação do atual *caput* do art. 505 é praticamente a mesma da anterior (art. 471 CPC/1973), invoco mais uma vez a doutrina do insigne processualista gaúcho, ainda atual, ao refutar a posição de Liebman, no sentido da impossibilidade de ser reavivado, no curso do processo, o exame acerca de questões cujo deslinde já havia sido coberto pela preclusão.

Com efeito, após sistematizar as nulidades processuais e tentar solucionar os problemas que defluíam da atividade saneadora do juiz, Galeno Lacerda afirmava que:

> "(...) a violação de normas imperativas, ao contrário do que ocorre com a anulabilidade, deve ser declarada de ofício pelo magistrado. Enquanto, porém, a ofensa à lei reclamada pelo interesse público provoca nulidade insanável, a infração de preceito imperativo ditado em consideração a interesse da parte impede o juiz a tentar o suprimento, antes de declarar a nulidade. Ora, o problema da preclusão de decisões *no curso do processo* é substancialmente diverso do problema da preclusão das decisões *terminativas*. Enquanto nestas o magistrado esgota a jurisdição, extinguindo a relação processual, naquelas ele *conserva a função jurisdicional*, continua preso à relação do processo. Em face dessa premissa, a pergunta se impõe: Pode o magistrado, que conserva a jurisdição, fugir ao mandamento de norma imperativa, que o obriga a agir de ofício, sob pretexto de que a decisão interlocutória precluiu? Reconhecido o próprio erro, poderá a falta de impugnação da parte impedi-lo de retratar-se? Terá esta com sua anuência, tal poder de disposição sobre a atividade ulterior do juiz? A resposta, evidentemente, no caso, deve ser negativa. Se o juiz conserva a jurisdição, para ele não preclui a faculdade de reexaminar a questão julgada, desde que ela escape à disposição da parte, por emanar de norma processual imperativa. Daí se conclui que a preclusão *no curso do processo* depende, em última análise da disponibilidade da parte em relação à matéria decidida. Se indisponível a questão, a ausência de recurso não impede o reexame pelo juiz. Se disponível, a falta de impugnação importa concordância tácita à decisão. Firma-se o efeito preclusivo não só para as partes, mas também para o juiz, no sentido de vedada se torna a retratação".[74]

Desse modo, também sob a vigência do Código de 2015, se depois de ter proferido a decisão de saneamento, enquanto não esgotada a jurisdição,

---

73 . Cruz e Tucci, *Sobre a eficácia preclusiva da decisão declaratória de saneamento*, Temas polêmicos de processo civil, p. 49 ss., com arrimo na obra de Galeno Lacerda, *Despacho saneador*, escrita sob a vigência do CPC de 1939.

74 . *Despacho saneador*, p. 160-161.

entender o juiz que se equivocara quanto às matérias arroladas nos incs. IV, V, VI e XI do art. 485 e no inc. II do art. 487, impõem-lhe a função de dirigente do processo e o dever de velar pela duração razoável do processo (art. 139), reexaminá-la e resolvê-la novamente. É o que determina o art. 485, § 3º, no sentido de autorizar ao juiz conhecer de ofício das supra aludidas matérias, até que, à evidência, não tenha exaurido a sua própria jurisdição.[75]

Esta mesma orientação tem prevalecido atualmente em nossos tribunais, como, *v. g.*, colhe-se em acórdão da 3ª Turma do Superior Tribunal de Justiça, no Agravo Regimental no REsp 1.377.422-PR, relatado pelo Ministro Ricardo Villas Bôas Cueva: "Nos termos da jurisprudência desta Corte as matérias de ordem pública decididas por ocasião do despacho saneador não precluem, podendo ser suscitadas na apelação, ainda que a parte não tenha interposto o recurso de agravo".[76]

Em senso análogo, a 2ª Turma, a seu turno, por ocasião do julgamento do REsp 1.483.180-PE, com voto condutor do Ministro Herman Benjamin, assentou, à unanimidade de votos, que: "Esta Corte Superior possui entendimento consolidado de que as matérias de ordem pública decididas por ocasião do despacho saneador não precluem, podendo ser suscitadas na apelação, ainda que a parte não tenha interposto o recurso de agravo".[77]

---

75 . V., em senso análogo, sob o regime do CPC/1973, Moacyr Amaral Santos, *Primeiras linhas de direito processual civil*, v. 2, p. 299.

76 . V.u., *DJe* 17.04.2015. Confira-se, outrosssim, STJ, 3ª T., EDcl no Ag 1.378.731-PR, rel. Min. João Otávio de Noronha, v.u., *DJe* 24.05.2013: "As matérias de ordem pública decididas por ocasião do despacho saneador não precluem, podendo ser suscitadas na apelação, ainda que a parte não tenha interposto o recurso de agravo".

77. *DJe* 27.11.2014. O STJ, por paradoxal que possa parecer e de forma injustificada, considera a arguição de prescrição como mera exceção, em afronta à letra do art. 487, II, do CPC: 4ª T., AgRg no AREsp 411.528-MG, Min. Raul Araújo, v.u., *DJe* 11.05.2015: "Conforme assentado na jurisprudência desta Corte, 'Afastada a prescrição no despacho saneador e não havendo recurso, opera-se a preclusão, não sendo admissível a rediscussão da matéria no âmbito de apelação. Precedentes: AgREsp 1.013.225/SC, rel. Min. Humberto Martins, *DJe* 04.02.2009; AgREsp 1.069.442-PR, rel. Min. Sidnei Beneti, *DJe* 03.11.2008; AgREsp 1.045.481-PR, rel. Min. Massami Uyeda, *DJe* 28.08.2008; REsp 706.754-RJ, rel. Min. João Otávio de Noronha, *DJe* 05.05.2008; REsp 595.776-MG, rel. Min. Denise Arruda, *DJU* 04.12.2006' (2ª T., REsp 1.147.112-PR, rel. Min. Castro Meira, *DJe* 19.08.2010)"; 2ª T., REsp n. 1.276.048-SP, Min. Assusete Magalhães, v.u., *DJe* 12.02.2015: "Hipótese em que o juiz de 1º grau, após afastar a tese de prescrição do direito de ação, no despacho saneador – contra o qual não foi interposto qualquer recurso -, novamente decidiu a questão, quando da prolação da sentença, acolhendo a referida prejudicial de mérito, reexaminando matéria preclusa, questão que já se encontrava acobertada pela preclusão também para o Tribunal de origem, em flagrante afronta ao art. 471 do CPC. 'O art. 471[CPC/1973] do CPC é peremptório ao prescrever que nenhum juiz decidirá de novo as questões já decididas – precisamente por falar em nenhum juiz o texto dessa disposição abrange também o juiz da causa, manifestamente compreendido na generalidade do advérbio'. Esse artigo também se aplica às decisões interlocutórias... Esta Corte firmou o entendimento segundo o qual,

'afastada a prescrição no despacho saneador e não havendo a interposição de recurso, não pode o Tribunal, em sede de apelação, sob pena de vulneração do instituto da preclusão, proferir nova decisão sobre a matéria'...".

– VI –

AUDIÊNCIA DE INSTRUÇÃO E JULGAMENTO NO NOVO CPC

SUMÁRIO: 1. Introdução: audiência de instrução e julgamento na tradição do processo civil brasileiro. 2. Generalidades. 3. Pregão e declaração de abertura da audiência. 4. A arbitragem não constitui método de solução consensual de conflitos. 5. Preservação da ordem e do decoro. 6. Comportamento inconveniente e requisição de força policial. 7. Tratamento urbano. 8. Documentação dos requerimentos deduzidos na audiência. 9. Cronologia da produção da prova oral. 10. Palavra pela ordem com autorização judicial. 11. Causas determinantes do adiamento da audiência. 12. Responsabilidade pelas despesas. 13. Nulidade decorrente da falta ou da inexatidão da intimação. 14. Debates orais. 15. Substituição dos debates orais pela apresentação sucessiva de memoriais escritos. 15.1. As "razões finais escritas" em nossa tradição jurídica. 15.2. Precisa redação do art. 364, § 2º, do CPC. 16. Continuação da audiência em data próxima. 17. Abandono da regra da identidade física do juiz. 18. Documentação em autos físicos. 19. Documentação em autos eletrônicos. 20. Registro da audiência em vídeo e áudio. 21. Autorização *ope legis* da gravação da audiência. 22. Publicidade da audiência. 23. Restrição legal à publicidade.

1. Introdução: audiência de instrução e julgamento na tradição do processo civil brasileiro

A oralidade no processo civil, que teve na obra de Giuseppe Chiovenda lugar de inegável destaque, reúne como corolários: *a*) a prevalência da palavra; *b*) a imediatidade; *c*) a identidade física do juiz; e *d*) a concentração de determinados atos processuais numa única oportunidade.

Calamandrei, muitos anos depois, reafirmando, quase que integralmente os alicerces da clássica teoria de seu mestre, sublinha que, de fato, o mérito de ter sobrelevado, na Itália, as vantagens da oralidade, é todo de Chiovenda, que, com um admirável apostolado, iniciado em 1906 e perdurado até a sua morte, fez-se pregoeiro daquela reforma inspirada no processo oral, que acabou triunfando não apenas na legislação italiana, como, igualmente, mundo afora, em inúmeros outros diplomas processuais.[78]

À guisa de exemplo, o processo civil espanhol adota expressamente a imediação, no modelo chiovendiano, a teor dos arts. 137 e 289.2 da *Ley de Enjuiciamiento Civil* (Lei 1/2000), que impõem a presença da autoridade judiciária na consecução de uma séria de atos processuais, sob pena de nulidade. Igualmente, vem sancionada, no art. 442, a ausência das partes ou de seus procuradores na audiência (tanto no *juicio ordinario* quanto no *juicio verbal*), com a rejeição da demanda sem exame do mérito.[79]

Bem é ver que a imediatidade, na doutrina de Chiovenda,[80] constitui o núcleo central do processo oral, pelo qual "o juiz, a quem cabe proferir a sentença, deve assistir ao desenrolar das provas, das quais tem de extrair seu convencimento, ou seja, que tenha estabelecido contato direto com as partes, com as testemunhas, com os peritos e com o objeto do processo, de modo que possa apreciar as declarações de tais pessoas e as condições do lugar em que os fatos se passaram, e ainda outras, baseado na impressão imediata, que delas teve, e não em informações de outrem".

Em nossa experiência processual, antes mesmo da influência da dogmática italiana que, mais tarde, iria marcar de forma indelével a legislação e a doutrina pátrias, a tradição jurídica luso-brasileira já conhecia, na seara forense, a "audiência" como ato de interlocução entre o juiz e os advogados das partes, que acorriam ao foro para apresentar, diretamente ao magistrado, alegações e requerimentos. Todos estes atos processuais ficavam registrados pelos escrivães, que os transcreviam nos respectivos autos do processo.

Importa ressaltar que esta praxe, provinda do direito reinol, mais especificamente das Ordenações Filipinas (1603),[81] coincidia, certamente com

78 . *Oralità nel processo*, Nuovo digesto italiano, 9, p. 179; Opere giuridiche, 1, p. 450 ss.

79 . V., a respeito, Heitor Vitor Mendonça Sica, *Direito processual civil espanhol*, Direito processual civil europeu contemporâneo, p. 80.

80 . *Instituições de direito processual civil*, v. 3, p. 53. Lembre-se que Chiovenda foi aluno de Adolf Wach, na Alemanha, adepto ferrenho do processo oral e autor de célebre ensaio (*Oralidad y escritura*, Conferencias sobre la Ordenanza Procesal Civil, p. 32-33), cuja ideia central é a de que a defesa deve ser *preparada*, e não *efetuada*, mediante a troca de petições, e que o demandado deve ter, no debate oral, plena liberdade de movimento quanto ao material de defesa... Com relação à substância efetiva do fundamento, a demanda representa, destarte, um simples escrito preparatório.

81 . 3.19: "*Do Regimento das Audiências*".

algumas discrepâncias formais, com a concepção preconizada por Chiovenda, no sentido de que "não se entende por feita uma declaração, se não é feita ou evocada oralmente em audiência. Vê-se que os escritos preparatórios são anteriores à audiência; é um verdadeiro contrassenso vir à audiência para expender alegações por escrito; a escrita se usa entre ausentes, mas, entre presentes, faz-se uso da palavra".[82]

Ao tempo da pluralidade legislativa, em matéria processual, os Códigos estaduais, em geral, embora disciplinassem uma audiência ordinária, não contemplavam a realização de um ato processual dominado pelos regramentos da oralidade.

O Código de 1939, a seu turno, a despeito de ter recebido estrutura bem mais científica, deixou de recepcionar a regra da oralidade em toda a sua extensão, inserida definitivamente nos quadrantes de uma dogmática mais evoluída que então estava em voga no continente europeu, já na década de 30, do século passado.

Elucida, a propósito, Athos Gusmão Carneiro, que, sob a égide do nosso primeiro diploma processual, "o processo brasileiro, todavia, continuou consagrando a regra de que as declarações fundamentais das partes contêm-se na inicial e na contestação, apresentadas não com a função de meros escritos preparatórios, mas como declarações de vontade, fixando em definitivo os lindes da pretensão e da resistência".[83] Contudo, o CPC de 1939 adotou, do processo oral, a imediatidade, prevendo que o juiz devesse assistir à produção das provas em audiência.

O Código de 1973, declaradamente, consagrou, ainda que de forma atenuada, as principais características do processo oral, que tem o seu momento culminante na audiência de instrução e julgamento, então disciplinada no art. 450 e seguintes.

Como se infere da respectiva Exposição de Motivos do Código de Processo Civil revogado, manteve ele, quanto ao processo oral, firme na lição de Chiovenda:

> "(...) o sistema vigente, mitigando-lhe o rigor, a fim de atender a peculiaridades da extensão territorial do País. O ideal seria atingir a oralidade em toda a sua pureza. Os elementos que a caracterizam são: *a*) a identidade da *pessoa física* do juiz, de modo que este dirija o processo desde o seu início até o julgamento; *b*) a concentração, isto é, que em uma ou em poucas audiências próximas se realize a produção das provas; *c*) a irrecorribilidade das decisões interlocutórias, evitando a cisão do processo ou a sua interrupção contínua, mediante recursos; que devolvem ao Tribunal o julgamento

---

82 . *Procedimento oral*, Processo oral (obra coletiva), p. 59.

83 . *Audiência de instrução e julgamento*, p. 5.

da decisão impugnada. Falando de processo oral em sua pureza, cumpre esclarecer que se trata de um tipo ideal, resultante da experiência legislativa de vários povos e condensado pela doutrina em alguns princípios. Mas, na realidade, há diversos tipos de processo oral, dos quais dois são os mais importantes: o austríaco e o alemão. Entre estes, a diferença que sobreleva notar, concerne ao princípio da concentração. Ocorre, porém, que o projeto, por amor aos princípios, não deve sacrificar as condições próprias da realidade nacional. O Código de Processo Civil se destina a servir ao Brasil. Atendendo a estas ponderações, julgamos de bom aviso limitar o sistema de processo oral, não só no que toca ao princípio da identidade da pessoa física do juiz, como também quanto à irrecorribilidade das decisões interlocutórias. O Brasil não poderia consagrar uma aplicação rígida e inflexível do princípio da identidade, sobretudo porque, quando o juiz é promovido para comarca distante, tem grande dificuldade para retomar ao juízo. de origem e concluir as audiências iniciadas. O projeto preservou o princípio da identidade física do juiz, salvo nos casos de remoção, promoção ou aposentadoria (art. 137). A exceção aberta à regra geral confirma-lhe a eficácia e o valor científico. 'O que importa', diz Chiovenda, 'é que a oralidade e a concentração sejam observadas rigorosamente como regra'...".

Anote-se, ainda, que a instituição do julgamento antecipado da lide, com a reconhecida desnecessidade da audiência de instrução e julgamento, realça a importância da oralidade que ficava reservada somente para as hipóteses nas quais se impunha o contato do juiz com as partes e, sobretudo, com a produção da prova oral.

2. Generalidades

O novo Código, inspirando-se praticamente no mesmo modelo do sistema oral do diploma revogado, reduziu-o ainda mais, visto que deixou de exigir a identidade física do juiz, antes prevista, com todas as letras, no revogado art. 132.

Contudo, a audiência de instrução e julgamento continua sendo o palco primordial para que os protagonistas parciais do processo, na presença do juiz, produzam as suas provas orais e concluam os debates sobre os pontos mais relevantes da causa. Em seguida, sendo possível, o magistrado proferirá sentença.

Este importante ato processual, como acima frisado, é, em regra, designado na decisão de saneamento e organização do processo, quando sua realização é considerada necessária, por ser inviável, diante das particularidades do objeto litigioso, o julgamento conforme o estado do processo, em qualquer uma de suas variantes (extinção do processo ou julgamento antecipado da lide).

A audiência de instrução e julgamento constitui o ato processual mais solene do procedimento de primeiro grau, visto que complexo, dinâmico e demarcado por inúmeras formalidades. É ela a principal audiência regulada pelo Código de Processo Civil, integrante do procedimento comum e que tem lugar em todos os demais procedimentos, desde que exigida prova oral ou esclarecimentos de perito antes da decisão da demanda. Nos domínios do processo oral, representa ela o ápice, visto que concentra os atos culminantes da contenda judicial. Nela, o juiz entra em contato direto com as provas, presencia o debate final das partes e profere sentença que coloca termo ao litígio. Por meio desta audiência põe-se em prática o princípio da oralidade com a plenitude de todos os seus mais importantes corolários, de resto, salientes no processo de época contemporânea.[84]

Constatando, pois, a imprescindibilidade da produção de prova oral, torna-se imperiosa a realização da audiência de instrução e julgamento.

3. Pregão e declaração de abertura da audiência

Com redação claramente invertida, dispõe o art. 358 do Código que, no dia e hora previamente fixados, com tolerância máxima de 30 minutos (art. 362, III, CPC), o juiz mandará o auxiliar do juízo apregoar as partes e seus respectivos advogados, e, ainda, outras pessoas intimadas, como, por exemplo, testemunhas, perito, assistentes técnicos.

O pregão é formalidade essencial, por meio do qual se procede à publicidade do ato e garante a ciência aos interessados. A ausência do pregão gera nulidade da audiência, caso decorra prejuízo a quem deveria ter comparecido. Mesmo que o processo tramite sob o signo da publicidade restrita, devendo a audiência ser realizada a portas fechadas, o pregão é público, dirigido a todas as pessoas que dela devem participar.[85]

Primeiramente, ingressam na sala de audiência, localizada na sede do juízo, apenas as partes e os seus patronos. Não se pode admitir, em hipótese alguma, o mau vezo de alguns magistrados, em particular, nas causas de família, que, antes mesmo de instalada a audiência, convocam somente as partes. Este é o chamado "juiz-esfinge", soturno, que prefere conversar com os litigantes longe dos advogados. Na verdade, em muitas ocasiões, a parte, geralmente nervosa, não tem habilidade e tampouco condições de entender o que o juiz pretende extrair neste diálogo secreto. O litigante, em qualquer situação, tem o direito impostergável de se fazer acompanhar por

---

84 . Cf. Humberto Theodoro Júnior, *Curso de direito processual civil*, v. 1, p. 535.

85 . Cf. Joaquim Felipe Spadoni, *Breves comentários ao novo Código de Processo Civil*, p. 978.

seu advogado e este tem a prerrogativa inarredável de estar ao lado de seu constituinte.

Devidamente acomodados, as partes e os seus patronos, só então é que o juiz declara aberta a audiência de instrução e julgamento. Tanto é assim, que se infere da redação do art. 362, § 1º, do Código de Processo Civil, que o pregão precede a instalação da audiência, inclusive para que se possa verificar se a ausência de alguma pessoa que deva participar do ato compromete a sua realização.

Depois de declarada aberta a audiência, versando a demanda sobre direito que comporte autocomposição, o juiz deverá tomar a iniciativa de perquirir acerca da possibilidade de solução consensual do litígio, em franco diálogo com as partes e seus advogados. É claro que eventuais observações e conselhos normalmente feitos pelo juiz nesta ocasião não deverão ultrapassar o limite do razoável, ou seja, não se admite que os litigantes sejam "forçados" ou se sintam constrangidos a se reconciliarem.

A atividade conciliatória do juiz jamais pode ser abusiva, gerando embaraços e expondo indesejada "parcialidade secreta". A tentativa de conciliação, encetada pelo magistrado, não pode se transformar numa "obrigação" para as partes transigirem. Pelo contrário, a experiência e a habilidade judiciais, visando a persuadir os litigantes, devem sempre deixá-los à vontade, até porque, com toda certeza, muito antes da data da audiência, já puderam eles refletir e sopesar, seguindo a orientação de seus respectivos patronos, quão vantajosa seria uma solução amigável da controvérsia nesta altura da demanda.

Escreve, a propósito, Alexandre Pessoa Vaz, em obra específica sobre este tema, que o denominado dever de persuasão judicial consubstancia-se na iniciativa conciliatória *ex officio* do juiz do processo, que pressupõe estreita cooperação com os litigantes, em busca da realização de uma autêntica pacificação social, simples, pronta e econômica.[86]

Cumpre ainda esclarecer que a tentativa de conciliação a ser observada no início da audiência de instrução e julgamento não fica prejudicada mesmo que, em momento precedente, em especial, ao ensejo da audiência de conciliação ou de mediação, anteriormente realizada, as partes não tenham alcançado qualquer acordo. Com o tempo transcorrido entre tais atos processuais, é possível que aspectos subjetivos, combinados com a alteração de condições objetivas, tenham contribuído para que os demandantes

---

86 . *Poderes e deveres do juiz na conciliação judicial*, p. 77-79. V., ainda, Elio Fazzalari, *Le funzione del giudice nella direzione del processo civile*, Rivista di diritto processuale, p. 64 ss.

mudassem de ideia, preferindo agora, por razões estratégicas, encerrar o litígio de forma suasória.

Bem é de ver, nesse sentido, que, embora a anterior tentativa de conciliação não tenha sido profícua, quando ainda não se tinha uma visão global da causa, o mesmo esforço pode renovar-se e com maior esperança, na audiência de instrução e julgamento, momento em que o juiz, plenamente informado do conteúdo da causa, pode agir com maior proveito, e as partes têm condições de melhor avaliar a conveniência de prolongar ou não um processo cujo resultado, em muitas situações, já pode ser presumido.

É exatamente esta realidade que justifica a regra do art. 359 do Código, ao prever a tentativa de conciliação, por ocasião da realização da audiência de instrução e julgamento, "*independentemente do emprego anterior de outros métodos de solução consensual de conflitos*".

Exitosa a conciliação, as cláusulas do acordo serão reduzidas a termo, sobrevindo a respectiva sentença homologatória da transação a que as partes chegaram, implicativa de julgamento com resolução do mérito (art. 487, III, *b*, CPC).

Não atingida a solução consensual, o juiz deverá dar imediato prosseguimento à audiência, passando-se à produção da prova oral.

4. A arbitragem não constitui método de solução consensual de conflitos

Equívoco imperdoável do legislador emerge da redação do art. 359, ao inserir, de forma exemplificativa, ao lado da mediação, a arbitragem, como se essa também fosse um mecanismo alternativo de resolução amigável do litígio.

A arbitragem, na verdade, consiste numa técnica de heterocomposição de controvérsias mediante a intervenção de um ou mais árbitros, escolhidos pelas partes, a partir de uma convenção de natureza privada. Dentre as peculiaridades mais salientes da Lei 9.307/1996, destaca-se a equiparação da sentença arbitral à sentença judicial, como, com toda clareza, dispõe o art. 31: "*A sentença arbitral produz, entre as partes e seus sucessores os mesmos efeitos da sentença proferida pelos órgãos do Poder Judiciário e, sendo condenatória, constitui título executivo*".

Infere-se, de logo, que se atribui natureza publicística ao juízo arbitral, consubstanciado em equivalente jurisdicional, por opção das partes. A despeito de ser instituído por meio de um instrumento negocial de cunho privado (convenção arbitral), o desenrolar do processo de arbitragem é tão jurisdicional quanto aquele que tramita perante a justiça estatal.

Ademais, o processo arbitral pode ser classificado como sendo de "jurisdição contenciosa", cuja sentença, segundo o art. 26 da Lei de Arbitragem, deve ser elaborada seguindo a mesma estrutura formal exigida pela legislação processual (art. 489 CPC).

A arbitragem, pois, não se confunde com a conciliação ou com a mediação, as quais, efetivamente, constituem meios alternativos de solução consensual dos conflitos.

5. Preservação da ordem e do decoro

Em caráter exortativo, o enunciado do art. 360 traz à relembrança que o juiz, como autoridade pública, é detentor do poder de polícia e, por esta razão, tem a prerrogativa de exercê-lo durante a audiência de instrução e julgamento. Este – o poder de polícia – numa moderna perspectiva, encerra atividade de cunho disciplinar, permitindo ao agente estatal impor restrições ou limitações, em prol do interesse público, a direitos e liberdades individuais.[87]

A Administração Pública, de um modo geral, no exercício do aludido poder, de um lado, regulamenta as leis e controla a sua aplicação, preventivamente (por meio de notificações, licenças ou autorizações), e, de outro, repressivamente, quando houver a prática de atos abusivos, ilegais ou irregulares (mediante a imposição de ordens ou de medidas coercitivas).[88]

É certo que este poder de polícia atribuído à autoridade judicial não se faz presente apenas na audiência de instrução e julgamento, visto que inerente à sua atividade jurisdicional e administrativa, nos quadrantes do juízo em que exerce a jurisdição. O juiz, pois, a teor do art. 139, VII, do Código de Processo Civil, exerce o poder de polícia durante toda a tramitação do processo, cabendo-lhe, dentre outros aspectos, zelar pelo respeito mútuo e nível condizente dos debates travados pelos advogados.

Acentua, a respeito, Athos Gusmão Carneiro, que, como as demais atividades estatais, "por excelência, a atuação judicial exige seja efetivada em ambiente de ordem e disciplina, em benefício do interesse geral e da atividade-fim. Através do poder de polícia, a autoridade judiciária, atuando

87 . Observe-se que o art. 78 do CTN define, de forma ampla, o que vem a ser poder de polícia: "Considera-se poder de polícia atividade da administração pública que, limitando ou disciplinando direito, interesse ou liberdade, regula a prática de ato ou abstenção de fato, em razão de interesse público concernente à segurança, à higiene, à ordem, aos costumes, à disciplina da produção e do mercado, ao exercício de atividades econômicas dependentes de concessão ou autorização do Poder Público, à tranquilidade pública ou ao respeito à propriedade e aos direitos individuais ou coletivos".

88 . Maria Sylvia Zanella Di Pietro, *Direito administrativo*, p. 110.

administrativamente, condiciona e limita o exercício de certas faculdades individuais, visando a assegurar, em convivência e atuação harmônica de todos os sujeitos do processo, e auxiliares do juízo, a mais pronta e eficaz obtenção das finalidades da própria atividade no campo da jurisdição".[89]

Diante da solenidade e sobriedade de que são revestidas as audiências do procedimento de primeiro grau e as sessões de julgamento nos tribunais, o silêncio, a ordem e o decoro devem ser sempre mantidos. É necessário que as audiências em geral se desenvolvam num clima de tranquilidade e num ambiente tanto quanto possível sereno e cordial.

Assim, todos os presentes têm o dever de colaborar para a preservação destes imperativos durante a realização daqueles referidos atos processuais. Devem manter-se de modo adequado e em rigoroso silêncio, coibindo-se o uso de celular, inclusive de aplicativos de mensagem de texto, e de outros aparelhos eletrônicos congêneres.

Observando o tradicional aspecto austero dos tribunais, escrevi que o tempo dos atos processuais, sob o aspecto intrínseco, não é um tempo ordinário. Da mesma maneira que o espaço judiciário reconstrói um interior que encarna a ordem absoluta, o tempo do processo interrompe o desenvolvimento linear do tempo cotidiano. Ele se insinua, como uma ação temporária que, por sua ordem e regularidade, compensa as lacunas do tempo profano. O tempo fisiológico do processo é um tempo inteiramente ordenado que permite à sociedade regenerar a ordem social e jurídica.

A separação do tempo do processo materializa-se, antes de mais nada, por um ruído: com efeito, a Corte, antes de entrar na sala de audiências, dá uma batida de martelo à porta ou, nos tribunais modernos, o toque de uma campainha. Esse sinal impõe silêncio aos presentes, que, em alguns tribunais, já estão instalados em seus lugares na sala, e os faz levantar. Uma simples abstenção – o silêncio – não é suficiente: a modificação da qualidade do tempo deve ser corporalmente demonstrada pelo ato de levantar-se. Os interessados e o simples espectador devem cumprir esse primeiro rito positivo: colocar-se em pé. Se alguém se recusa, o meirinho lhe fará uma advertência; além da pressão de todos os presentes que se levantaram, ele se confronta com o oficial, num primeiro relacionamento de força física que pode justificar a sua expulsão da sala.[90]

O trabalho simbólico do espaço fica então prolongado pelas formalidades que marcam a qualidade do tempo. Inevitável a lembrança dos três golpes que precedem todas as apresentações teatrais. O som produ-

---

89 . *Audiência de instrução e julgamento*, p. 38.

90 . Cf. trecho do capítulo *Le temps judiciaire*, do livro de Antoine Garapon, *Bien juger. Essai sur le rituel judiciaire*, p. 51.

zido, brutal e detonante, um pouco como uma explosão, parece aquele do tumulto que na China arcaica cassava os maus espíritos. A função simbólica desse barulho é purificar o porvir, distinguindo-o do tempo informal que o precede. Segue-se imediatamente uma frase ritual pronunciada em alta voz pelo oficial: "a Corte" ou "o Tribunal"! Nos Estados Unidos, o anúncio de abertura da audiência é feito com tamanha rapidez que ninguém consegue recolher suas anotações, mas todos compreendem que é preciso levantar-se...[91]

O juiz, investido do poder de polícia na condução da audiência, diante de atitude inusitada de quem quer que seja – partes, advogados, estagiários, serventuários –, deverá agir com firmeza, advertindo-o de que seu comportamento é incondizente com a ordem e com o decoro.

6. Comportamento inconveniente e requisição de força policial

Persistindo o desrespeito e a inconveniência daquele que foi admoestado, o juiz poderá ordenar que se retire da sala de audiências, seja pessoa que participa do processo ou seja terceiro, estranho ao litígio, embora presente ao ato, cujo comportamento não se adéqua com a ordem que deve ser mantida na sessão.

A infringência à ordem do magistrado, no exercício do poder de polícia repressiva, "acarretará advertência ao transgressor; e, se grave ou renovada a infração, determinará o juiz sua retirada da sala, ainda que para tanto possa ser mister a suspensão da própria audiência. Prevê a lei processual, se indispensável, a requisição, pelo juiz, de força policial, quer para constranger os recalcitrantes à retirada da sala, quer para garantia do cumprimento de eventual prisão em flagrante por desacato, desobediência, ou ilícito criminal outro, consumado, ou tentado, na presença do magistrado".[92]

O art. 150º do novo Código português, condicionado pela mesma tradição histórica do nosso diploma, preceitua que:

> "A manutenção da ordem nos atos processuais compete ao magistrado que eles presida, o qual toma as providências necessárias contra quem perturbar a sua realização, podendo, nomeadamente, e consoante a gravidade da infração, advertir com urbanidade o infrator, retirar-lhe a palavra quando se afaste do respeito devido ao tribunal ou às instituições vigentes, condená-lo em multa ou fazê-lo sair do local, sem prejuízo do procedimento criminal ou disciplinar que no caso couber... 7. Para a manutenção da ordem nos atos processuais, pode o tribunal requisitar, sempre que necessário, o

---

91 . Antoine Garapon, *Bien juger. Essai sur le rituel judiciaire*, cit., p. 52.
92 . Cf. Athos Gusmão Carneiro, *Audiência de instrução e julgamento*, p. 40.

auxílio da força pública, a qual fica submetida, para o efeito, ao poder de direção do juiz que presidir o ato."

7. Tratamento urbano

Já dispunham as Ordenações Filipinas, no título dedicado ao *Regimento das Audiências*, que o juiz deve ouvir a todos os requerentes com afabilidade e urbanidade, "*sem usar de palavras de remoque ou escândalo, nem consentir que se digam...*".[93]

Nota-se, com efeito, que essa velha advertência, atualmente repristinada com ênfase, nos estatutos de conduta e de ética da magistratura, do Ministério Público e da advocacia,[94] lamentavelmente tem sido cada vez menos observada.

A satisfação e o prazer em advogar – outrora tão exaltados por Calamandrei – encontram-se em sensível queda livre, diante dos múltiplos dissabores que o exercício profissional tem revelado nestes últimos tempos.

A incivilidade que exorna atualmente o ambiente forense foi destacada, de forma contundente, por Manuel Alceu Affonso Ferreira, em artigo que merece ser lido e que constitui importante repositório de memória àqueles que, como eu, recordam-se, com um certo saudosismo, das relações bem mais cordiais que marcavam o relacionamento entre os protagonistas da justiça. Invocando este passado, já remoto, Manuel Alceu enfatiza os tempos "em que o *data venia* não constituía sinal de fraqueza ou de rendição ao adversário; nos quais os advogados falavam em pé, pediam licença e protestavam respeitos, esmeravam-se na conjugação verbal, na pluralização e nas concordâncias; em que magistrados não encaravam como impertinentes, por isso assumindo fisionomias agressivas e carrancas belicosas, o causídico que buscava um urgente despacho ou, a propósito dessa urgência, tecia breve exposição presencial; a época em que inexistia a surpreendente categoria hoje formada pelos que, nos tribunais, 'não recebem advogados',

93 . 3.19.14.

94 . Lei Complementar 35/1979 (LOMAN), art. 35: "*São deveres do magistrado: ... IV – tratar com urbanidade as partes, os membros do Ministério Público, os advogados, as testemunhas, os funcionários e auxiliares da Justiça, e atender aos que o procurarem, a qualquer momento, quanto se trate de providência que reclame e possibilite solução de urgência*". Lei 8.625/1993 (LOMP), art. 43: "*São deveres dos membros do Ministério Público, além de outros previstos em lei: ... IX – tratar com urbanidade as partes, testemunhas, funcionários e auxiliares da Justiça*". Conferindo redação bem mais abrangente da norma contida no velho diploma, dispõe, com todas as letras, o art. 27 do novo Código de Ética da OAB, que: "*O advogado observará, nas suas relações com os colegas de profissão, agentes políticos, autoridades, servidores públicos e terceiros em geral, o dever de urbanidade, tratando a todos com respeito e consideração, ao mesmo tempo em que preservará seus direitos e prerrogativas, devendo exigir igual tratamento de todos com quem se relacione*".

dessa recusa se jactando; os julgamentos transparentes, com os seus votos abertamente proclamados sem o humilhante apelo à reles leitura (*per saltum* e geralmente inaudível...) de ementas nada esclarecedoras...".[95]

E isso tudo, sem contar, entre muitas outras facetas da crônica forense, circunstância deveras inusitada, pautada pela prepotência, na qual alguns desembargadores sentiram-se ofendidos com crítica, séria, científica, impessoal e, sobretudo, educada, a tese jurídica sustentada em acórdão lavrado pela respectiva turma julgadora, e, por este motivo, passaram, de forma vingativa e sem qualquer escrúpulo ético, a desmoralizar o autor do escrito!

No contexto de uma experiência jurídica, como a do Brasil, na qual o advogado exerce atividade indispensável à administração da justiça e é investido de função pública, dúvida não há de que juízes e advogados são inseridos moralmente, ainda que não materialmente, no mesmo plano axiológico. Desse modo – afirmava Calamandrei –, o juiz que falta ao respeito para com o advogado e, também, o advogado que não tem deferência para com o juiz ignoram que magistratura e advocacia obedecem à lei dos vasos comunicantes: não se pode baixar o nível de uma, sem que o nível da outra desça na mesma medida.

Aos profissionais que assim agem, falta-lhes, como é curial, rudimentar conhecimento de deontologia (teoria dos deveres) forense!

A responsabilidade moral e ética de cada ser humano, a rigor, não deveria estar disciplinada por normas pré-estabelecidas, visto que decorre como consequência natural do berço, da vida em sociedade, do homem em suas relações vitais e comunicativas.

Todavia, como há inexoráveis desvios, que se fazem intoleráveis, torna-se de todo recomendável que seja estabelecido um *standart*, um padrão, a possibilitar delimitação objetiva na liberdade de escolha desta ou daquela conduta ética. A ética normatizada tem, pois, a função de fixar algumas premissas, básicas e mínimas, de comportamento profissional, simplesmente para viabilizar necessário controle corporativo e institucional.

8. Documentação dos requerimentos deduzidos na audiência

Prevê, ainda, o inc. V do art. 360 do Código de Processo Civil, que o juiz deve cuidar para que todos os requerimentos formulados pelas partes durante a realização da audiência de instrução e julgamento sejam registrados em ata.

95. *Funeral da cordialidade*, Revista da CAASP, p. 50-51.

A documentação dos pleitos deduzidos pelos litigantes, consoante dispõe o subsequente art. 367, vem complementada pelo registro de todos os demais atos no termo da audiência.

Anote-se que esta incumbência do juiz, de velar pelo registro dos requerimentos das partes, prevista no art. 360, V, não constitui propriamente exercício do poder de polícia, mas, sim, atividade ordinatória de natureza processual.

9. Cronologia da produção da prova oral

Deslocando-o do capítulo atinente às provas do Código revogado, o legislador estabelece no art. 361, inserido entre as normas disciplinadoras do procedimento da audiência de instrução e julgamento, a ordem para a produção da prova oral, procurando otimizar o aproveitamento das declarações para o esclarecimento dos fatos.

Verifica-se claramente que tal determinação guarda coerência com a estrutura dialética do processo contencioso, cabendo ao autor a ofensiva e ao réu a defesa, no tocante à prova dos fatos, em perfeita sintonia com a regra do art. 373 do Código de Processo Civil, vale dizer, ao autor incumbe a prova dos fatos constitutivos do seu direito, e, ao réu, em imediata atuação, a prova dos fatos impeditivos, modificativos ou extintivos do direito do autor.

Importa frisar que o preceito em apreço, parcialmente repetido no art. 456, refere-se a uma ordem preferencial, embora não cogente, porque nada obsta a que as partes, de comum acordo, modifiquem-na, por mera conveniência ou por qualquer outra razão circunstancial, visando sobretudo a evitar o adiamento da audiência (art. 456, parágrafo único). Tudo dependerá da relação entre o depoimento da testemunha e o fato probando, que pode ser colhido em sequência diferente àquela predeterminada, desde que o litigante, que consentiu com a alteração, entenda que não sofrerá prejuízo.

A esse respeito, a jurisprudência tem se escudado no princípio da razoabilidade, deixando de anular o processo quando ocorrida a aludida inversão da ordem de oitiva de testemunhas desde que não evidenciado qualquer prejuízo, como se infere de julgamento da 11ª Câmara de Direito Privado do Tribunal de Justiça de São Paulo, na Apelação 9184245-18.2008.8.26.0000, da relatoria do Desembargador Airton Pinheiro de Castro.[96]

Abonando esse posicionamento, a 3ª Turma do Superior Tribunal de Justiça, no julgamento do Agravo Regimental no Agravo em REsp 249.673-RS, relatado pelo Ministro Sidnei Beneti, asseverou que: "A inversão na

---

96 . Registro do acórdão 02.08.2014.

ordem da oitiva das testemunhas não acarretou prejuízo à defesa do agravante, razão pela qual, ausente a prova de efetivo prejuízo, não merece reforma o aresto recorrido quanto ao tema".[97]

Acrescente-se que o art. 139, VI, do Código de Processo Civil, autoriza o juiz a: "*dilatar os prazos e alterar a ordem de produção dos meios de prova, adequando-os às necessidades do conflito de modo a conferir maior efetividade à tutela do direito*"; por meio de decisão devidamente fundamentada.

Recomenda-se que, no início da produção da prova oral, o juiz se reporte às questões de fato, sobre as quais deverá girar a instrução, que foram fixadas na decisão de saneamento, segundo o art. 357, II.

Como a prova pericial já foi realizada, serão ouvidos, primeiramente, o perito e os respectivos assistentes técnicos, a requerimento das partes, a respeito dos quesitos suplementares, caso não respondidos ou respondidos, por escrito, de forma insatisfatória (art. 361, I). Nesta hipótese, deverão ser intimados por meio eletrônico, com antecedência mínima de 10 dias, na forma do art. 477, §§ 3º e 4º, do Código, para que compareçam à audiência de instrução e julgamento.

Se todos eles forem intimados, após os esclarecimentos do perito, serão ouvidos o assistente técnico indicado pelo autor e, em seguida, aquele indicado pelo réu. Poderão eles reproduzir oralmente respostas trazidas por escrito.[98]

Passa-se então à colheita do depoimento pessoal do autor, que necessariamente deve ter sido intimado para tal finalidade (arts. 361, II, e 385, § 1º, do CPC). Se houver litisconsórcio ativo, caberá ao réu eleger qual deles deve depor em primeiro lugar. Após o depoimento do autor, tomado sem a presença dos outros litigantes que ainda não depuseram (art. 385, § 2º), passa-se à oitiva, se houver, do outro litisconsorte e, em seguida, do réu, observando-se a mesma ordem.

Serão inquiridas, sucessivamente, as testemunhas arroladas pelo autor, na ordem por ele escolhida e, em seguida, aquelas arroladas pelo réu (art. 361, III). Deverão ser elas ouvidas separadamente, cuidando-se para que uma não assista ao depoimento da outra (art. 456 CPC).

Tenha-se presente que, determinada diferente distribuição do ônus da prova, ao ensejo da decisão de saneamento e organização do processo (art. 357, III, CPC), o juiz deverá igualmente inverter a ordem de inquirição das testemunhas, ouvindo as do réu e, em seguida, aquelas arroladas pelo autor.

---

97 . V.u., *DJe* 28.02.2013.

98 . Cf. Moacyr Amaral Santos, *Comentários ao Código de Processo Civil*, v. 4, p. 383.

10. Palavra pela ordem com autorização judicial

Dispõe ainda o parágrafo único do art. 361, que durante o depoimento de todas as pessoas acima referidas, certamente para evitar tumulto, os advogados e o representante do Ministério Público não poderão intervir ou apartear sem permissão do juiz.

Frise-se que entre as prerrogativas do exercício profissional do advogado, consoante dispõe o art. 7º, X, da Lei 8.906/1994 (Estatuto da Advocacia), encontra-se a de: "*usar da palavra, pela ordem, em qualquer juízo ou tribunal, mediante intervenção sumária, para esclarecer equívoco ou dúvida surgida em relação a fatos, documentos ou afirmações que influam no julgamento, bem como para replicar acusação ou censura que lhe forem feitas*".

Todavia, deverá exercê-la, quando reputar pertinente, após a autorização do juiz, de forma serena, cordata e em tom de voz condizente.

11. Causas determinantes do adiamento da audiência

Norteadas pelo princípio da cooperação, tão prestigiado pelo novo Código, as partes deverão envidar todo esforço para evitar o adiamento da audiência de instrução e julgamento. Nesse sentido, devem elas diligenciar junto à escrivania, para que sejam expedidas as cartas de intimação a tempo de chegarem ao seu destino antes da data aprazada para a realização do mencionado ato processual.

Na verdade, excluindo-se a hipótese de ser provocado pelo requerimento conjunto das partes, o adiamento da audiência, que embaraça a marcha normal do processo, somente se justifica em circunstâncias excepcionais, inesperadas, que acabam impondo a redesignação daquele ato.

O art. 362 enumera as situações que determinam a redesignação da data da audiência de instrução e julgamento.

O adiamento decorrente de convenção das partes (inc. I), atende, a um só tempo, à conveniência pessoal dos litigantes ou dos advogados, como também à possibilidade de eventual composição amigável. O novo diploma suprimiu da redação do velho art. 453, I, a locução "... *caso em que só será admissível por uma vez*", dando a entender que, pelo art. 363, I, o pedido de adiamento a requerimento conjunto das partes pode ser formulado em mais de uma oportunidade, sendo razoável que seja justificado por motivo consistente.

O requerimento conjunto, por meio de petição, deve ser apresentado ao juiz até antes da abertura da audiência.

Ausente o magistrado, dúvida não há de que a audiência não se realiza, podendo ser ele responsável pelos eventuais prejuízos gerados pelo seu não comparecimento.

A ausência justificada de qualquer uma das pessoas que dela deva necessariamente participar, em particular, de um dos litigantes ou de seu respectivo patrono, também constitui motivo para o adiamento (inc. II). Há de ser motivo "realmente poderoso" – aduz Athos Gusmão Carneiro –, grave o suficiente para embasar a redesignação da audiência.[99]

Escreve sobre o tema Moacyr Amaral Santos, procurando esclarecer que "motivo justificado", no texto da lei, constitui algo inexorável, que implique real impedimento, como doença ou viagem para atender a pessoa da família, que esteja enferma.[100]

Não comparecendo a parte por justo motivo, quando intimada para prestar depoimento pessoal, designará o juiz nova data para a realização da audiência, a menos que a parte contrária desista de seu depoimento. Neste caso, a audiência pode ser instalada, uma vez que o litigante ausente deverá estar representado pelo seu patrono.

Se a parte que não compareceu sem motivo justificado deveria se submeter a depoimento pessoal, incide o disposto no art. 385, § 1º, do Código de Processo Civil, aplicando-se-lhe a pena de confesso, podendo o juiz dispensar a produção de outras provas.

Se a parte outorgou poderes a mais de um advogado, o impedimento de um deles por certo não constituirá motivo obstativo da realização da audiência, porque o outro causídico poderá comparecer em tal ato processual.[101]

Ademais, não se configura hipótese de força maior, suficiente a motivar o adiamento da audiência, a coincidência de para o mesmo horário ter sido marcada, ainda que em momento precedente, audiência em outro processo no qual o advogado também seja o único procurador.[102] Não se mostra razoável impor à parte contrária o adiamento de uma audiência, em razão da exclusiva conveniência do advogado. Tal situação, que, de fato, ocorre na prática, deve ser solucionada pelo bom senso, procurando o patrono o

---

99 . Cf. Athos Gusmão Carneiro, *Audiência de instrução e julgamento*, p. 101.
100. *Comentários ao Código de Processo Civil*, p. 384.
101. TJSP, 11ª Câm. Dir. Públ., AgIn 2204795-46.2014.8.26.0000, rel. Des. Oscild de Lima Júnior, v.u., j. 12.05.2015: "Pretensão de redesignação de audiência de oitiva de testemunha a que a advogada da autora não pôde comparecer, por estar doente – Pedido indeferido – Parte representada por dois procuradores – Possibilidade de representação por um deles na impossibilidade de comparecimento do outro".
102. Athos Gusmão Carneiro, *Audiência de instrução e julgamento*, p. 101-102.

seu colega, advogado da outra parte, ou mesmo o juiz da causa, para tentar contornar o problema de ordem profissional.

O não comparecimento justificado do perito ou de uma testemunha não é causa suficiente para o adiamento da audiência, que pode ser instalada e, se for o caso, cindida, para continuação em subsequente oportunidade (art. 365 CPC).

A ausência deve ser informada e justificada até a abertura da audiência, logo após o pregão. Se, iniciado o ato sem qualquer comunicação, o juiz procederá à instrução (art. 362, § 1º).

Dependendo das circunstâncias, como, por exemplo, o não comparecimento injustificado ou reiterado do advogado de uma das partes, poderá até provocar a dispensa da produção das provas por ela requeridas. Esta mesma disposição é aplicada na hipótese de ausência do defensor público ou do representante do Ministério Público (art. 362, § 2º).

Ressalte-se, por outro lado, que se o representante do Ministério Público, devidamente intimado, deixar de comparecer à audiência, o juiz consignará na ata a sua ausência e a audiência se realiza dentro da normalidade. Contudo, se o membro do *parquet* não foi intimado, o ato deve ser renovado porque implicativo da nulidade do processo.

O atraso injustificado por mais de 30 minutos, é, igualmente, motivo mais do que razoável para o adiamento da audiência. O inc. III do art. 362 do Código de Processo Civil tem por objetivo emprestar respeito às partes e aos seus procuradores, uma vez que, na praxe forense, em muitas ocasiões, ficam eles nas dependências da sede do juízo, durante tempo excessivo, bem depois da hora designada, aguardando o pregão para o início da audiência que lhes interessa.

Reza, aliás, o art. 7º, XX, do Estatuto da Advocacia, que, dentre os direitos do advogado, encontra-se aquele de: "*retirar-se do recinto onde se encontre aguardando pregão para ato judicial, após 30 minutos do horário designado e ao qual ainda não tenha comparecido a autoridade que deva presidir a ele, mediante comunicação protocolizada em juízo*".

12. Responsabilidade pelas despesas

Por fim, traçando regra de todo compreensível, o § 3º do art. 362 imputa a quem deu causa ao adiamento a responsabilidade pelas despesas decorrentes. Assim, todas as custas que forem necessárias para o cartório providenciar novas intimações, deverão ser recolhidas pelo responsável, que inclusive terá de indenizar eventual testemunha, presente na data da audiência adiada, pelos gastos que incorreu.

13. Nulidade decorrente da falta ou da inexatidão da intimação

Abrindo-se uma janela na pauta do expediente do juízo ou mesmo em situações excepcionais, a requerimento de uma ou de ambas as partes, o juiz, velando sempre pela duração razoável do processo (art. 139, II, CPC), poderá determinar a antecipação da data para a realização da audiência de instrução e julgamento.

Mais frequente, contudo, por inúmeras razões de força maior, que se verificam, sobretudo em grandes comarcas (manifestações populares, falta de energia etc.), é o adiamento da audiência.

Tanto na antecipação quanto no adiamento da audiência, o juiz deverá observar o comando, já examinado, do § 9º do art. 357 do Código de Processo Civil, mantendo, quando for o caso, um intervalo mínimo de uma hora entre as audiências.

Em ambas as situações, o juiz deve ordenar a intimação dos advogados das partes ou da sociedade de advogados por eles integrada, nos termos do art. 272 do Código, cientificando-os da nova data e horário para os quais foi redesignada a audiência. Devem igualmente ser intimados, quando atuarem no processo, o defensor público e o representante do Ministério Público.

É evidente que se a audiência não puder ser realizada pela ausência justificada de quem dela deveria participar, todos os demais presentes serão pessoalmente intimados da respectiva redesignação na própria sala de audiências. O juiz então, de ofício ou a requerimento da(s) parte(s), determinará a intimação daquele ou daqueles que não compareceram, por motivo justificado, para cientificá-los da nova data.

A falta de intimação referente à redesignação da audiência, que configura cerceamento de defesa, inquina o processo de vício insanável.

O Superior Tribunal de Justiça orienta-se no sentido de que a decretação da nulidade, nesta situação, é regida pelo princípio *pas de nullité sans grief*, devendo, portanto, resultar prejuízo ao litigante.[103]

Ademais, quando houver necessidade de intimação por via eletrônica ou pela imprensa oficial, sob pena de nulidade (art. 280 CPC), deverão ser observadas as formalidades exigidas nos §§ 2º a 5º do art. 272 do Código de Processo Civil.

Tenha-se presente que o novo diploma não repetiu a regra do art. 242, § 2º, agora revogada, que contemplava, na hipótese de antecipação da audiência, a intimação pessoal dos advogados.

---

103. 3ª T., AgRg no Agravo em REsp 285.000-RJ, rel. Min. Paulo de Tarso Sanseverino, v.u., *DJe* 17.11.2014.

14. Debates orais

Produzida a prova oral na audiência e não havendo que se aguardar qualquer complementação da instrução da causa ainda pendente em outro juízo, como, *e. g.*, a oitiva de testemunha por meio de carta precatória, encontra-se encerrada a fase probatória.

Cumpre lembrar que, neste estágio do procedimento, além da prova colhida na audiência de instrução e julgamento, todas as demais, ou seja, a documental e a pericial, quando esta foi deferida, já devem ter sido oportunamente produzidas.

Passa-se, assim, em sequência, aos debates orais, momento reservado às partes para manifestação abreviada das razões que lhes pareçam mais relevantes, seja em relação aos fatos seja quanto aos fundamentos jurídicos de suas respectivas posições. Estes debates constituem uma das características mais marcantes do processo oral, "em que se assinala a importância do princípio da oralidade".[104]

Assevera Fernando Luso Soares que não há previsão legal acerca da estrutura das alegações dos advogados em matéria de fato. Os argumentos expendidos, como parte verdadeiramente discussória da audiência devem procurar destacar os pontos positivos da prova oral que acabou de ser produzida. É certo que as alegações de alguns advogados serão mais objetivas, mais elegantes, mais persuasivas, e, assim, mais convincentes que as de outros. A arte e o talento de argumentar são pessoais. Todavia, sem descuidar da oratória, deve ser preocupação de cada patrono das partes a análise crítica da prova com referência a cada fato probando. Só assim os advogados logram transmitir ao juiz a impressão sobre o *provado* ou *não provado* de cada questão de fato.[105]

Como o réu sempre fala por último, o juiz concederá a palavra primeiramente ao advogado do autor, ao do réu e, por fim, ao representante do Ministério Público, quando atuar no feito. É claro que se o membro do *parquet* estiver participando na qualidade de autor, deverá fazer uso da palavra antes do réu.

O *caput* do art. 364 do Código de Processo Civil fixa ainda o prazo sucessivo de 20 minutos para cada um sustentar as suas razões. Este prazo poderá ser prorrogado, a critério do magistrado, por mais 10 minutos.

No entanto, se houver litisconsórcio ativo ou passivo, ou ainda terceiro que tenha adquirido a condição de parte, a ordem é preservada, mas

---

104. Moacyr Amaral Santos, *Comentários ao Código de Processo Civil*, p. 386.
105. Fernando Luso Soares, *Processo civil de declaração*, p. 811.

aquele prazo, já prorrogado, vale dizer, de 30 minutos, será dividido entre os patronos "do mesmo grupo", isto é, que estejam atuando no interesse convergente dos mesmos litigantes, desde que não tenham convencionado de forma diferente (art. 364, § 1º).

Assiste razão a Moacyr Amaral Santos,[106] quanto à crítica que lançou acerca da exiguidade do prazo então previsto no art. 454 do diploma revogado (20 + 10 = 30 minutos), entendendo que, em tal situação, deveria incidir a regra que duplica os prazos.

Idêntico lapso temporal, como visto, foi mantido no estatuto processual vigente, cabendo, portanto, aquela mesma censura, com a sugestão ao juiz para que aplique o art. 229 do Código (prazo em dobro), a possibilitar uma defesa oral um tanto mais eficiente.

15. Substituição dos debates orais pela apresentação sucessiva de memoriais escritos

15.1. As "razões finais escritas" em nossa tradição jurídica

Com enunciado bem mais aperfeiçoado, o § 2º do art. 364 do Código repetiu o § 3º do revogado art. 454, determinando que, diante de questões complexas de fato e de direito emergentes da causa, o debate oral poderá ser substituído por razões finais escritas.

Assinale-se que, sob a égide do Código de Processo Civil de 1973, em reiteradas ocasiões, a praxe forense mal interpretava a aludida regra, fazendo com que as partes apresentassem os arrazoados finais num mesmo momento, isto é, simultaneamente.

Examinando-se as nossas leis anteriores, iremos observar que outra, bem outra, era a orientação por elas perfilhada no tocante à apresentação das "razões" ou "alegações finais".

Com efeito, seguindo a estrutura procedimental traçada pelo direito reinol, especialmente pelas Ordenações Filipinas, o Regulamento 737/1850, preordenado para disciplinar o processo das causas de natureza comercial, e que, após a proclamação da República, *ex vi* do disposto no Decreto 763/1890, passou a ser igualmente observado nos processos atinentes às questões cíveis, preceituava no art. 223: "*Na mesma audiência em que se derem por findas as dila*ções a requerimento das partes, se assignarão dez dias a cada uma *dellas para dizerem afinal por seu advogado, dizendo primeiro o autor e depois o réo*".

---

106. *Comentários ao Código de Processo Civil*, p. 387.

Aduzia, sobre a questão, Paula Baptista que "findas as dilações probatórias seguem-se as razões finais, que são uma dissertação que cada uma das partes faz, sustentando seu direito com argumentos fundados nas provas dos autos e na lei, e refutando as provas e argumentos contrários. São um ótimo meio de discussão; mas não ato substancial... Deve o autor arrazoar primeiro que o réu, guardada a regra: *Reus in exceptione actor est*".[107]

Realçando, a seu turno, o escopo da manifestação derradeira dos litigantes, aduzia Moraes Carvalho que, encerrado "o lançamento das provas, o escrivão continua vista dos autos aos advogados das partes para formarem suas alegações, devendo primeiro continuá-la ao do autor, e depois ao do réu".[108]

Tempos depois, influenciado pela disciplina imposta pelo Código do Estado da Bahia (arts. 288 e 293), o qual, por sua vez, já sentira os ventos da oralidade que sopravam do Velho Continente, o diploma do Estado de Minas Gerais (Lei 830, de 07.09.1922), assegurava, no art. 368, a possibilidade da apresentação de "razões finais", sucessivas e escritas, no prazo de dez dias para cada uma das partes, prevendo, no art. 371, o debate oral: "*Devolvidos a cartório e preparados os autos para julgamento, designará o juiz, si o requerer alguma das partes e com a intimação dos respectivos advogados, a audiência destinada ao debate oral, que se effectuará dentro dos dez dias seguintes*".

A regra da oralidade vinha, então, defendida de modo obstinado por Arthur Ribeiro, autor do Projeto do Código mineiro, ao salientar, na discussão que precedeu a sua promulgação, que: "na exposição de motivos já dei a razão por que entendi introduzir na economia do nosso Direito Judiciário o instituto do debate oral, nos termos em que, com melhores resultados, foi estabelecido na legislação bahiana...".[109]

Conclui-se, pois, à luz da tradição jurídica brasileira, que as "razões finais", por escrito ou em forma de debate oral, sempre foram apresentadas, como é curial, sucessivamente, isto é, ensejando-se a que o réu se manifestasse após conhecer o teor das alegações do autor, em estrita observância das regras do contraditório e da publicidade dos atos processuais.

---

107. *Compendio de theoria e pratica do processo civil comparado com o commercial*, p. 164. Consulte-se, para uma resenha histórica mais aprofundada, Tucci e Cruz e Tucci, *Indevido processo legal decorrente da apresentação simultânea de memoriais*, Devido processo legal e tutela jurisdicional, p. 87 ss.

108. *Praxe forense ou directorio prático do processo civil brasileiro*, p. 165-166.

109. *Código de Processo Civil (com anotações de Arthur Ribeiro)*, p. 113.

Com o restabelecimento da unidade legislativa em matéria processual (art. 16, XVI, CF/1937), vem editado o nosso primeiro Código de Processo Civil de abrangência nacional.

No que se refere ao assunto ora examinado, dispunha o art. 269 que: "*Terminada a instrução, o juiz fixará os pontos a que deverá limitar-se o debate oral. Em seguida, será dada a palavra ao procurador do autor e ao do réu e ao órgão do Ministério Público, sucessivamente, pelo prazo de vinte (20) minutos para cada um, prorrogável por dez (10), a critério do juiz*".

Todavia, a regra da oralidade, então plenamente acatada no diploma de 1939, passou a ser inobservada na prática nas hipóteses de incidência do parágrafo único do art. 271 que, a seu turno, preceituava o seguinte: "*Se não se julgar habilitado a decidir a causa, designará, desde logo, outra audiência, que se realizará dentro de dez (10) dias, a fim de publicar a sentença*".

Consoante esclarecimento de Frederico Marques, quando a decisão não era prolatada na audiência de debates, a oralidade vinha desvirtuada, uma vez que os "memoriais escritos substituíram, quase que totalmente, a discussão oral da causa".[110]

É bem de ver, por outro lado, que, em tais casos, não era só a oralidade que se delineava comprometida, como também infringidos restavam o contraditório e a publicidade do debate, porquanto os memoriais, à guisa de razões finais, passaram a ser apresentados, simultaneamente, em cartório.

Como bem vaticinara Gabriel de Rezende Filho, em decorrência do procedimento adotado pelo Código, "acontecerá, na prática, aquilo a que, com chiste se referiu ilustre comentador do Projeto nas colunas d'*O Estado de S. Paulo*: ... o debate escrito, posto fora pela porta da sala das audiências, voltará aos autos pela porta dos cartórios...".[111]

O Código de 1973, seguindo a melhor tradição de nosso direito, estabelecia no art. 454 e § 3º que: "*Finda a instrução, juiz dará a palavra ao advogado do autor e ao do réu, bem como ao órgão do Ministério Público, sucessivamente, pelo prazo de 20 (vinte) minutos para cada um, prorrogável por 10 (dez) a critério do juiz... § 3º. Quando a causa apresentar questões complexas de fato ou de direito, o debate oral poderá ser substi-*

110. *Instituições de direito processual civil*, v. 3, p. 507.
111. *A reforma processual*, Processo oral, p. 204.

tuído por memoriais, caso em que o juiz designará dia e hora para o seu oferecimento".[112]

Nota-se, de logo, que, desde a tramitação legislativa, a letra e o espírito do dispositivo focado vinham mal interpretados (alvitre de inusitado sigilo – repita-se!), com a agravante da prática de entrega simultânea de memoriais que se formara sob a égide do Código de 1939.

Os mais comezinhos princípios de hermenêutica jurídica evidenciam que o parágrafo de um dispositivo legal não pode ser interpretado isoladamente, isto é, sem se considerar o seu *caput*. Pelo método sistemático, o exegeta deve partir, para bem interpretar as leis, da conexidade entre as partes de um mesmo preceito, e entre este e outros dispositivos do mesmo diploma legal. A compreensão inteira da norma resulta de seu contexto global e jamais de uma parte apenas truncada.[113]

Assim, como os debates são realizados sucessivamente, a substituição destes por memoriais, na hipótese da causa apresentar questões fáticas ou jurídicas intricadas, também deverá ser sucessiva, e não simultânea!

É, com efeito, de Pereira e Souza a vetusta e irrepreensível afirmação de que: "O privilégio do réu, ou de quem faz as vezes de réu, é sempre dizer em último lugar".[114]

Acrescente-se que essa é regra de caráter universal, não apenas no âmbito do processo penal (art. 403 CPP), como, igualmente, na esfera do processo civil.[115]

A doutrina pátria, contudo, influenciada pela praxe do regime anterior, interpretava o aludido § 3º como se o legislador tivesse imposto, quando o juiz reputasse necessário, o oferecimento contemporâneo de razões escritas.

Assim, escreve Wellington Moreira Pimentel que a lei não esclarece se oferecimento será feito por ambas as partes, simultaneamente, ao próprio juiz, em seu gabinete, ou se a entrega poderá ser feita em cartório. Esta

---

112. A redação do transcrito § 3º decorre de emenda apresentada pelo Relator-Geral do Projeto, Sen. Accioly Filho, ao então § 3º do art. 458, substituindo a locução "*designará audiência para o seu oferecimento*", por "*designará dia e hora para o seu oferecimento*", justificando a sugestão nos seguintes termos: "Um único juiz não fará 'audiência' para receber os memoriais. A fim de uma das partes não poder ler o memorial da outra, que o entregará antes, marcando-se dia e hora para todos resolve-se o assunto".

113. Cf. Carlos Maximiliano, *Hermenêutica e aplicação do direito*, p. 167.

114. *Primeiras linhas sobre o processo civil, acomodadas ao foro do Brasil*, p. 211, nt. 573.

115. V., *e. g.*, Italo Andolina e Giuseppe Vignera, *Il modelo costituzionale del processo civile italiano*, p. 109-110; W. Habscheid, *Droit judiciaire privé suisse*, p. 360: "Chaque partie peut de même discuter le résultat d'une instruction pour tenter de dissiper l'impression défavorable qui en résulte, ou pour l'exploiter en sa faveur".

última forma, será certamente, a que se adotará na prática.[116] Quanto ao modo de apresentação sugerido pelo ilustre processualista nada há a aduzir; todavia, a simultaneidade explicitada fica, com a devida vênia, por sua exclusiva conta...

Por sua vez, Athos Gusmão Carneiro, em conhecida monografia dedicada à audiência de instrução e julgamento, mesmo fazendo referência aos antecedentes históricos da verba legislativa examinada, acompanha a doutrina, sem qualquer alusão ao problema ora focado.[117]

Como fácil de perceber, e de logo ressaltado, os doutrinadores mais autorizados acomodaram-se à praxe, deixando de vislumbrar o óbvio...

15.2. Precisa redação do art. 364, § 2º, do CPC

Assim, para eliminar qualquer dúvida e considerando a orientação central do diploma processual, quanto à irrestrita observância da bilateralidade da audiência, merece destaque positivo o enunciado do § 2º do art. 364, ao estabelecer, com meridiana clareza, que as razões finais escritas deverão ser oferecidas pelas partes e, inclusive pelo Ministério Público, quando tiver intervindo no processo, "*em prazos sucessivos de 15 (quinze) dias, assegurada vista dos autos*".

Isso significa que, após a apresentação do memorial do demandante, deverá ser ele juntado aos autos e, só então, abrir-se-á vista ao réu, para que ofereça as suas alegações finais.

16. Continuação da audiência em data próxima

Com o inescondível propósito de manter coerência com a regra da concentração, o legislador mantém mônedas as várias etapas da audiência de instrução e julgamento, devendo todos os atos, de diversa natureza, que a compõem, ser realizados na mesma sessão. Por esta razão é que a audiência será una e contínua, iniciando-se e se encerrando, quando for possível, num único dia.

Todavia, diante de determinados obstáculos, como, por exemplo, o não comparecimento do perito, intimado a prestar esclarecimento, ou de alguma testemunha, o ato da audiência poderá ser interrompido, para continuação em outra oportunidade, desde que haja consenso entre as partes.

---

116. *Comentários ao Código de Processo Civil*, p. 476-477.
117. *Audiência de instrução e julgamento*, p. 96-97.

Isso significa que a audiência pode ser iniciada na data designada, procedendo-se de forma normal, inclusive com a produção de prova oral, em ordem diferente àquela pré-estabelecida no art. 361.

Como acima visto, no que se refere a esse dispositivo do novo Código de Processo Civil, a ordem da colheita da prova descortina-se apenas preferencial, visto que nada impede que as partes, de comum acordo, alterem-na procurando afastar a sempre indesejada redesignação da audiência.

Não havendo consenso entre os litigantes, se o juiz vislumbrar comportamento voltado a procrastinar a marcha do processo, sem que haja ponderação razoável de uma das partes, deverá intervir para evitar o adiamento da audiência.

Embora una e contínua, a audiência pode ser interrompida por razões inexoráveis, quando não for possível ultimar, numa única sessão, todas as suas etapas, seja porque o tempo tornou-se exaurido, dentro do horário forense, seja pela ausência justificada de uma das pessoas que dela deveria participar.

Suspensa a audiência, o juiz determinará o seu prosseguimento em data próxima, designando-a em pauta preferencial.

Ressalta, nesse particular, Moacyr Amaral Santos,[118] que, como se trata de continuação da audiência de instrução e julgamento, considerando-se que essa se norteia pelos regramentos da concentração e da imediatidade, é de se recomendar que, tais sejam as circunstâncias, alguma outra audiência, em outro processo, tenha de ser sacrificada, ficando prejudicada com a sua redesignação; porque, do contrário, o *dia próximo*, principalmente nas grandes comarcas, será por certo tão distante, pondo a perder as virtudes da oralidade.

O escrevente da sala de audiências deverá intimar, de logo, as partes e os seus patronos da data e horário de sua continuação e o juiz determinará a intimação do ausente – *v. g.*, perito, testemunha –, com a observância das formalidades legais, cabendo à parte, a quem interessa a oitiva daquele, providenciar os meios necessários para a efetivação do respectivo ato de comunicação processual.

17. Abandono da regra da identidade física do juiz

Ultimando-se a participação dos litigantes no ato da audiência, com os debates orais, o processo encontra-se no estado de receber sentença, a ser

118. *Comentários ao Código de Processo Civil*, p. 389.

proferida, em imediata sequência, pelo mesmo juiz que dirigiu a produção da prova e presenciou a discussão da causa.

Sendo assim possível, o magistrado ditará a sentença ao escrevente, observando os seus requisitos formais, enumerados no art. 489 do Código de Processo Civil. Caso o juiz não tenha condições de julgar a demanda na própria audiência, determinará que os autos lhe venham conclusos para proferir sentença.

Ademais, se os debates forem substituídos pela entrega de razões finais escritas, a audiência será encerrada, sendo que aquelas deverão ser apresentadas em cartório, no prazo fixado no § 2º do art. 364.

Encerrado o prazo para o oferecimento de memoriais, com ou sem eles, os autos serão conclusos ao juiz.

O mesmo art. 366 estabelece o prazo (impróprio) de 30 dias, para que o juiz prolate a sentença, a qual será publicada na imprensa oficial, para fins de intimação, de acordo com o art. 1.003 do diploma processual.

Deixando de acolher todos os corolários do processo oral, como acima esclarecido, o legislador não repetiu no Código em vigor a preceituação do revogado art. 132. Desse modo, não mais vigora em nosso sistema processual civil a regra da identidade física do juiz, podendo então a sentença, em princípio, ser proferida por juiz diferente daquele que presidiu a audiência de instrução e julgamento.

Na verdade, os nossos tribunais já vinham flexibilizando a exigência da identidade física do juiz, para atender, com maior efetividade, ao princípio da duração razoável do processo, como se infere, *v. g.*, de importante precedente da 1ª Turma do Superior Tribunal de Justiça, depois confirmado em inúmeros outros arestos, mantendo-se tal orientação até a presente data, textual: "Na forma do art. 132 do CPC[1973], o magistrado que concluir a audiência só não julgará a lide se estiver convocado, licenciado, afastado por qualquer motivo, promovido ou aposentado, caso em que a passará ao seu sucessor. Sob esse enfoque, a Corte Especial deste Tribunal, por ocasião do julgamento do AgRg no Ag 624.779-RS, de relatoria do Ministro Castro Filho, firmou entendimento no sentido de que o princípio da identidade física do juiz não tem caráter absoluto, podendo o juiz titular ser substituído por seu sucessor nas hipóteses previstas no art. 132 do CPC, entre as quais está incluída a expressão 'afastado por qualquer outro motivo', a partir da qual pode-se considerar o afastamento do magistrado em decorrência do regime de exceção/mutirão, que visa a agilização da prestação jurisdicional. Além disso, a jurisprudência entende que a simples alegação de afronta ao referido dispositivo legal não tem o condão de acarretar a nulidade da sentença, porquanto imperioso ventilar qual o prejuízo efetivamente sofrido. No caso em foco, verifica-se da leitura dos fundamentos do acórdão recorrido que, indubitavelmente, foram levados em consideração os elementos probatórios produzidos nos autos, dentre eles, documentos, prova testemunhal e pericial, de modo que, em assim sendo, não há como vislumbrar qualquer prejuízo ao recorrente. E, sem prejuízo, não há nulidade. Com efeito, desde que não haja prejuízo para nenhuma das partes, consoante ocorre na espécie, o princípio do juiz natural pode ser flexibilizado, a fim de conferir efetividade ao Judiciário, como nas hipóteses de mutirões...".[119]

A alteração legislativa agora verificada, certamente, deveu-se a algumas circunstâncias que ensejavam enorme atraso na marcha do processo, quando observada com excessivo rigor a referida norma legal. Mas nem por esta razão, é claro, as causas deixarão de ser julgadas pelo mesmo juiz. Dúvida não persiste quanto às vantagens, veementemente defendidas por Chiovenda, no sentido de que a impressão recebida pelo juiz que assistiu aos atos orais, em contato direto com as partes e testemunhas, não pode ser transmitida a outro magistrado, encarregado de julgar a causa: "se o processo foi oral perante o juiz que colheu a prova, torna-se escrito para o que vai decidir!".[120]

Saliente-se, outrossim, que a despeito de ter sido abolida a identidade física, o novo juiz que for proferir sentença, se entender necessário, poderá determinar a repetição de alguma prova oral já produzida.

18. Documentação em autos físicos

Valendo-se da mesma técnica prevista no diploma revogado, o novel legislador disciplina a documentação de todas as vicissitudes verificadas na audiência de instrução e julgamento, inclusive no que respeita ao processo eletrônico.

Assim, além do registro da presença e da identificação dos participantes do ato, o escrevente de sala inserirá no "termo de audiência", sob ditado do juiz, um resumo de tudo de relevante que ocorreu na audiência, bem como a íntegra de todas as decisões e da sentença, quando proferida essa na mesma sessão.

O juiz rubricará as respectivas folhas, devendo o termo ser subscrito pelo juiz, advogados, representante do Ministério Público, quando tiver intervindo, e pelo escrivão ou escrevente de sala. O termo será encadernado em volume próprio, ficando armazenado no arquivo do cartório (art. 367, § 1º).

---

119. REsp 380.466-PR, rel. Min. Benedito Gonçalves, v.u., *DJe* 22.10.2009.
120. *Procedimento oral*, p. 60.

Se do termo de audiência constar qualquer ato de disposição, para o qual os patronos não detenham poder específico, as partes deverão subscrevê-lo (art. 367, § 2º).

Suponha-se, por exemplo, que as partes celebrem transação sobre alguma parcela do objeto litigioso. Ainda que os advogados tenham sido investidos de poderes para transigir, como as partes se encontram presentes, recomenda-se que elas também assinem o termo.

O escrivão providenciará o traslado, para os autos do processo, de cópia autêntica do termo de audiência.

Se a audiência tiver prosseguimento em outra sessão, lavrar-se-á novo termo.

19. Documentação em autos eletrônicos

Atento à inexorável transição do paradigma do processo físico para o do processo eletrônico, o legislador estabelece, no § 4º do art. 367, que a documentação da audiência de instrução e julgamento, quando eletrônicos os autos, deverá observar a respectiva disciplina, prevista no Código de Processo Civil, em lei específica a ser editada e, ainda, nas normas internas dos tribunais.

Seja como for, nos domínios do processo eletrônico, o termo de audiência será igualmente reproduzido nos autos virtuais.

20. Registro da audiência em vídeo e áudio

Com os olhos voltados para a modernidade, o § 5º do art. 367 contempla significativa novidade, ao autorizar a gravação por imagem e áudio, por meios técnicos adequados, da audiência de instrução e julgamento, sujeitando-se igualmente à normativa própria.

Esta possibilidade, já cogitada há alguns anos, fica condicionada à garantia de rápido e fácil acesso pelo juiz e pelas partes.

Aduza-se que o texto legal em apreço não especifica quem é que fornecerá, se e quando implantada tal faculdade, o aparato técnico para o apontado registro em vídeo e áudio. Considerando a regra do subsequente § 6º, tudo leva a crer que a gravação, aqui contemplada, tenha um cunho oficial, ficando à disposição do juízo e das partes, em cartório, se os autos forem físicos, ou em algum "link" do processo eletrônico.

Isso significa que, no futuro, as salas de audiência serão dotadas de artefatos eletrônicos exigidos para a alvitrada finalidade.

21. Autorização *ope legis* da gravação da audiência

Para pôr fim a discussões que ainda hoje ocorrem na sala de audiências, o § 6º do art. 367, permite, com meridiana clareza, que qualquer uma das partes, *independentemente de autorização judicial*, proceda à gravação em imagem e/ou em áudio da audiência de instrução e julgamento.

Nesse caso, como parece evidente, a parte é que deverá providenciar, com necessária discrição, o aparelhamento necessário para a referida gravação.

22. Publicidade da audiência

A publicidade e o dever de motivação estão consagrados, pela moderna doutrina processual, na esfera dos direitos fundamentais, como pressupostos do direito de defesa e da imparcialidade e independência do juiz.

A publicidade do processo constitui um imperativo de conotação política, introduzido, nos textos constitucionais contemporâneos, pela ideologia liberal, como verdadeiro instrumento de controle da atividade dos órgãos jurisdicionais.

É, por essa razão, que os especialistas têm destacado sua respectiva importância, como, *e. g.*, Stalev, ao afirmar que a publicidade consubstancia-se numa "garantia para o procedimento legal e imparcial dos tribunais, tanto como a veracidade das alegações das partes e das testemunhas, devido à influência disciplinadora propiciada pela possibilidade que concede ao povo de vigiar os atos e termos do processo. Ao mesmo tempo, a publicidade desvela a vertente pedagógica da justiça. No mundo, a publicidade é a mais adequada técnica para uma boa justiça e um dos melhores meios para a educação jurídica da sociedade".[121]

Na mesma linha, Couture, ao conceber a publicidade e transparência dos atos processuais como a própria essência do modelo democrático de governo, acrescenta que representa ela um elemento necessário "para a aproximação da justiça aos cidadãos".[122]

---

121. *Fundamental Guarantees of Litigation in Civil Proceedings: A Survey of the Laws of the European People's Democracies*, Fundamental Guarantees of the Parties in Civil Litigation, org. Cappelletti e Tallon, p. 406. Cf., ainda, Tucci e Cruz e Tucci, *Constituição de 1988 e processo*, p. 76, a qual me reporto parcialmente no presente estudo. V., a propósito, Joan Picó i Junoy, *Las garantías constitucionales del proceso*, p. 116 ss.; e, na literatura pátria, Roberto José Ferreira de Almada, *A garantia processual da publicidade*, coord. Bedaque e Cruz e Tucci, p. 86 ss.
122. *Fundamentos del derecho procesal civil*, p. 87.

Na verdade, já agora segundo assevera Fairén Guillén, a garantia em tela vem baseada na exigência política de evitar a desconfiança popular na administração da justiça, até porque a publicidade consiste num mecanismo apto a controlar a falibilidade humana dos juízes; num meio pelo qual o povo supervisiona a atuação do Poder Judiciário; num instrumento para fomentar o interesse popular pela justiça.[123]

No que concerne à garantia da publicidade, verifica-se, de logo, que o novo diploma processual, além de manter-se fiel aos dogmas clássicos do processo liberal, assegurando, como regra, a *publicidade absoluta* ou *externa*,[124] mostra considerável aperfeiçoamento em relação à legislação revogada.

Em primeiro lugar, como norma de caráter geral, praticamente repetindo o mandamento constitucional (art. 93, IX, CF), dispõe o art. 11, *caput*, que: "*Todos os julgamentos dos órgãos do Poder Judiciário serão públicos, e fundamentadas todas as decisões, sob pena de nulidade*".

Acrescente-se que o último dispositivo do capítulo intitulado *Da Audiência de Instrução e Julgamento* – art. 368 do CPC –, de forma incisiva (e até redundante), reza que: "*A audiência será pública, ressalvadas as exceções legais*".

É dizer, a audiência de instrução e julgamento, assim como todas as demais, serão realizadas a portas abertas, *coram populo*, para conhecimento difuso de todos, ainda que sem o menor interesse na demanda, cabendo sempre ao juiz manter a ordem e o decoro, exercendo o seu inerente poder de polícia (art. 360 CPC).

Como bem lembra Athos Gusmão Carneiro, se a audiência for realizada em sigilo, sem que incida a regra impositiva da publicidade restrita, ainda que com a presença das partes e de seus advogados, estará ela acoimada de nulidade, expressamente prevista no art. 93, IX, do texto constitucional.

---

123. *Un proceso actual, oral, concentrado y económico: él del Tribunal de las Aguas de Valencia*, Studi in onore di Enrico Tullio Liebman, v. 4, p. 2.859.

124. É aquela que autoriza o acesso, na realização dos respectivos atos processuais, não apenas das partes, mas ainda do público em geral; *publicidade restrita* ou *interna*, pelo contrário, é aquela na qual alguns ou todos os atos se realizam apenas perante as pessoas diretamente interessadas e seus respectivos procuradores judiciais, ou, ainda, somente com a presença destes.
Observa-se, pois, que a doutrina processual mais recente abandonou a utilização (aliás, atécnica e de todo inapropriada) da expressão "segredo de justiça". Prefere-se, pois, o emprego das locuções "*regime de publicidade absoluta*" e "*regime de publicidade restrita*". V., *e. g.*, Tome García, *Proteción procesal de los derechos humanos ante los tribunales ordinarios*, p. 116; Fairén Guillén, *Los princípios procesales de oralidad y de publicidad general y su carácter técnico o político*, p. 325.

23. Restrição legal à publicidade

Como exceção ao significativo princípio da ampla publicidade, há situações nas quais sobrepuja algum interesse relevante – público ou particular –, impondo-se restrições àquele.

É por esta razão que o parágrafo único do supra referido art. 11 do Código de Processo Civil preceitua que: "*Nos casos de segredo de justiça, pode ser autorizada a presença somente das partes, de seus advogados, de defensores públicos ou do Ministério Público*".

Coerente com esta premissa, dispõe o art. 189:

> "Os atos processuais são públicos, todavia tramitam em segredo de justiça os processos: I – em que o exija o interesse público ou social; II – que versem sobre casamento, separação de corpos, divórcio, separação, união estável, filiação, alimentos e guarda de crianças e adolescentes; III – em que constem dados protegidos pelo direito constitucional à intimidade; IV – que versem sobre arbitragem, inclusive sobre cumprimento de carta arbitral, desde que a confidencialidade estipulada na arbitragem seja comprovada perante o juízo. § 1º O direito de consultar os autos de processo que tramite em segredo de justiça e de pedir certidões de seus atos é restrito às partes e aos seus procuradores. § 2º O terceiro que demonstrar interesse jurídico pode requerer ao juiz certidão do dispositivo da sentença, bem como de inventário e partilha resultante de divórcio ou separação."

Embora mais aperfeiçoado, o novel texto manteve, em linhas gerais, a regra do art. 155 do Código revogado.

Cabem aqui, pois, algumas observações. Nota-se que o art. 189 continua utilizando, como já visto, a anacrônica expressão "segredo de justiça", ao invés daquela muito mais técnica, qual seja, "regime de publicidade restrita".

Ademais, o interesse a preservar, muitas vezes, não é apenas de conotação "pública", mas, sim, "privada" (como, p. ex., casos de erro médico, nos quais a prova produzida pode vulnerar a dignidade da pessoa envolvida),[125] ou seja, de um ou de ambos os litigantes, devendo o juiz, norteado pelo inc.

---

125. Cf., também, Pontes de Miranda, *Comentários ao Código de Processo Civil*, t. 3, p. 71, ao enfatizar que: "... Hoje em dia, os respeitáveis interesses do Estado em que se ignore a posição de certos serviços estratégicos, bem como os dos particulares... são tão dignos de proteção quanto o decoro e a moralidade pública". V., sobre o tema, Luigi Montesano, *"Pubblico" e "privato" in norme del Codice Civile sulla tutela giurisdizionale dei diritti*, Scritti in onore di Elio Fazzalari, v. 2, p. 15 ss.
Aduza-se, por outro lado, que, a teor de acórdão da 4ª T. do STJ, de relatoria do Min. Fernando Gonçalves, no julgamento do REsp 253.058-MG, v.u., *DJe* 08.03.2010, restou assentado que: "Nos casos de pessoas públicas, o âmbito de proteção dos direitos da personalidade se vê diminuído, sendo admitidas, em tese, a divulgação de informações aptas a formar o juízo crítico dos eleitores sobre o caráter do candidato".

X do art. 5º, da Constituição Federal, valer-se do princípio da proporcionalidade, para determinar a "publicidade restrita" na tramitação do respectivo processo. Observe-se que a própria Carta Magna autoriza a limitação da publicidade para proteger a intimidade das partes.[126]

Andou bem o legislador, ao zelar, de forma expressa (art. 189, III, CPC), pela garantia constitucional da privacidade/intimidade de informações respeitantes às partes ou mesmo a terceiros (art. 5º, XII, CF). Mas, isso não basta. Há também outros dados, que, embora não preservados pela mencionada garantia, quando revelados, em muitas circunstâncias, acarretam inequívoco prejuízo a um dos litigantes. Refiro-me, em particular, às ações concorrenciais, que têm por objeto dados atinentes à propriedade intelectual, ao segredo industrial, ao cadastro de clientes, etc. Estas informações, igualmente, merecem ser objeto de prova produzida em "regime de publicidade restrita".

Lembre-se, outrossim, que, além das situações arroladas no supra transcrito art. 189, o Código também permite excepcionalmente que se realizem *inaudita altera parte* inúmeros atos processuais, como, *v. g.*, preveem vários dispositivos, uma vez que o interesse preponderante é do próprio requerente, cuja tutela jurisdicional pleiteada poderia sofrer o risco de ineficácia, sempre que a outra parte pudesse ter prévio conhecimento à efetivação daquela (p. ex.: art. 300).

Quanto à audiência de instrução e julgamento, nestas situações, a despeito de todos os seus respectivos participantes serem apregoados de viva voz e publicamente, será ela realizada em regime de publicidade restrita, isto é, a portas cerradas, permanecendo na sala, além do juiz e do escrevente, as partes, os advogados e o membro do Ministério Público, quando tiver intervindo na causa.

---

126. Art. 5º, LX, da CF: "*a lei só poderá restringir a publicidade dos atos processuais quando a defesa da intimidade ou o interesse social o exigirem*".

– VII –

BREVE PERFIL HISTÓRICO DOS PROCEDIMENTOS NO PROCESSO CIVIL BRASILEIRO

SUMÁRIO: 1. Introdução. 2. Primeiras leis atinentes ao processo civil. 3. Regulamento 737 (1850): 3.1. Considerações prévias. 3.2. Estrutura. 3.3. Atos, procedimentos e fases do processo. 4. Consolidação Ribas (1878). 5. Literatura processual da época. 6. Período da dualidade processual (1890-1934). 7. Unificação do direito processual (1934-1938). 8. Literatura processual da época. 9. À guisa de conclusão.

1. Introdução

Durante o período em que o Brasil foi colônia do reino unido de Portugal, o processo civil era naturalmente regrado pelas leis lusitanas.

Após a Independência, continuou a vigorar em nosso território, por força de lei, aprovada pela Assembleia Constituinte e Legislativa, em 20 de outubro de 1823, toda a legislação (ordenações, leis, regimentos, alvarás, decretos e resoluções) promulgada pelos monarcas portugueses, "e pelas quais o Brasil se governava até o dia vinte e cinco de abril de mil oitocentos e vinte e um, em que Sua Majestade Fidelíssima, atual Rei de Portugal e Algarves, se ausentou desta Corte; e todas as que foram promulgadas daquela data em diante pelo Senhor Dom Pedro de Alcântara, como Regente do Brasil, enquanto Reino; e como Imperador Constitucional dele, desde que se erigiu em Império, ficam em inteiro vigor na parte em que não tiverem sido revogadas; para por elas se regularem negócios do interior deste Império, enquanto não se organizar um novo Código, ou não forem especialmente alteradas...".

E, a despeito da abalizada opinião de Braga da Cruz,[127] no sentido de que o ordenamento jurídico pátrio sofreu, de modo considerável, a influência de um acentuado condicionamento histórico, é certo que não seria possível, de um dia para o outro, a elaboração de uma codificação genuinamente brasileira.

Assim, diante do supra transcrito texto legal, as regras de processo civil, de modo particular, contempladas no Livro III das Ordenações Filipinas e na legislação posterior, restaram inalteradas.

Esse, na verdade, o motivo pelo qual ficamos mais apegados à tradição jurídica de Portugal do que os seus próprios juristas.

Se, com o passar do tempo, o nosso legislador foi recolhendo subsídios da experiência jurídica estrangeira, não deixou de preocupar-se, principalmente, em consolidar, de forma mais científica, a obra do passado; expurgando preceitos já obsoletos; lenta e sabiamente foi sendo erguida uma estrutura capaz de atender aos anseios da nação nova, constituindo o produto do esforço conjugado e harmonioso dos órgãos legislativos, da doutrina e da jurisprudência.

Aduza-se que, em atendimento ao art. 163 da Constituição Política do Império do Brasil, de 1824, o Supremo Tribunal de Justiça foi organizado pela lei de 18 de setembro de 1828, então composto por 17 juízes letrados, escolhidos entre desembargadores dos Tribunais da Relação, "por suas antiguidades".

2. Primeiras leis atinentes ao processo civil

Resistindo então à ruptura abrupta dos laços políticos entre Portugal e Brasil, somente quase 10 anos depois da emancipação política é que o nosso direito processual sofreria inovações.

Promulgado em 1832, o Código do Processo Criminal do Império – que marcou época em razão da primorosa redação e de seu conteúdo liberal – trazia como título à parte (título único) a *Disposição provisória acerca da administração da justiça civil.*

---

127. *A formação histórica do moderno direito privado português e brasileiro*, Revista da Faculdade de Direito da USP, 50, 1955, p. 65. Cf. Cruz e Tucci e Azevedo, *Lições de história do processo civil lusitano*, p. 177 ss., parcialmente aqui resumidas. Consulte-se, ainda, Handel Martins Dias, *Condicionamento histórico do processo civil brasileiro: o legado do direito lusitano* (tese de doutorado inédita, Faculdade de Direito da USP, 2015).

O escopo dessa disposição, como se infere de seus 27 artigos, era o de transformar o processo civil num instrumento menos complicado e mais flexível, eliminando atos e formalismos desnecessários e recursos excessivos, tudo para favorecer uma prestação jurisdicional mais racional e célere e menos dispendiosa; por exemplo, nas causas em que as partes não podiam transigir, dispensava-se a conciliação; nas demais, se infrutífera, tomavam-se desde logo as providências para que o feito prosseguisse; o juiz adotava uma atitude mais dinâmica ao desenvolvimento da causa, reperguntando as testemunhas ou determinando qualquer outra diligência que lhe parecesse oportuna.

Como as leis em matéria de organização judiciária e de processo civil, promulgadas após a Independência, eram insuficientes para alcançar os seus objetivos, foi nomeada uma comissão de juristas e magistrados, em 3 de outubro de 1833, para proceder à revisão da legislação.

Esclarece Lobo da Costa que, após a declaração da maioridade do Imperador D. Pedro II, o Partido Conservador assumiu o governo e opôs grande resistência contra algumas das novidades introduzidas pela Disposição provisória, mediante a edição da Lei 261, de 3 de dezembro de 1841, e seu Regulamento 143, de 15 de março de 1842: "nestes dois diplomas legais foram atingidos justamente os dois pontos fundamentais da reforma de 1832, que se destinavam a desembaraçar a marcha do processo para possibilitar maior brevidade no julgamento das causas: o princípio da eventualidade e o da irrecorribilidade em separado das interlocutórias".[128]

3. Regulamento 737 (1850)

3.1. Considerações prévias

Alguns anos mais tarde, em 25 de novembro de 1850, foi promulgado o Regulamento 737, que disciplinou o processo das causas de natureza comercial.

À vista do aperfeiçoamento do sistema processual introduzido por esse diploma legal, após a proclamação da República, o Governo Provisório, pelo Decreto 763, de 19 de setembro de 1890, estendeu a sua aplicação, com algumas modificações, ao processo das causas cíveis.

O Regulamento é elogiado por alguns e criticado por outros processualistas. Lobo da Costa assevera que deve ele ser considerado nos quadrantes de seu tempo e no cenário da mentalidade brasileira à época de sua elaboração

128. Lobo da Costa, *Breve notícia histórica do direito processual civil brasileiro e de sua literatura*, p. 10-11.

e respectiva promulgação... Colocado em confronto com o Código Napoleônico (1806) que adotara orientação nova, "rompendo com as fórmulas tradicionais, o velho Regulamento não lhe fica a dever muito, quanto à distribuição das matérias, precisão dos conceitos, clareza dos dispositivos e simplificação de atos e termos processuais. No tocante ao Regulamento 737, afirmou Liebman: "neste se mantém substancialmente inalterada a estrutura fundamental do processo, mas foram introduzidas regras com grande clareza, em breve e precisas disposições, segundo a técnica legislativa moderna".[129] O exame comparativo do Regulamento com os Códigos italiano, português e espanhol, que lhe são posteriores, revela a superioridade daquele, na forma de ordenar o processo, sobretudo no que concerne à economia e simplificação dos atos e das formas do procedimento.[130]

Por outro lado, além da aguda crítica formulada por Pontes de Miranda contra o Regulamento 737, aduz Frederico Marques que tal diploma "não passava de uma adaptação brasileira, simples, sintética e muito bem elaborada do Livro III das Ordenações Filipinas..."; revelava, ademais, "a pobreza de nosso processo civil à época em que foi promulgado. Todavia, força é reconhecer que se apresenta primoroso quanto à redação e clareza dos dispositivos nele contidos...".[131]

3.2. Estrutura

O Regulamento 737, que contém 743 artigos, é estruturado em 3 partes: 1ª parte: *Do processo comercial*; 2ª parte: *Da execução*; e 3ª parte: *Dos recursos e das nulidades*. E, ainda, no final, um título único, intitulado *Das disposições gerais*.

3.3. Atos, procedimentos e fases do processo

O procedimento ordinário vinha disciplinado no tít. 2 da 1ª parte, sob a rubrica *Da ordem do juízo*, cujos principais atos e fases, eram os seguintes:

a) Cap. 1 – arts. 23 a 38: obrigatoriedade da tentativa de conciliação na maioria das demandas, excetuando-se algumas em razão da natureza do objeto do processo ou da qualidade das partes. Mesmo sem a existência de processo, os interessados poderiam apresentar-se perante o juiz de paz e requerer a assinatura do órgão judicial para que o respectivo termo tivesse eficácia executiva – art. 36;

---

129. *Istituti del diritto comune nel processo civile brasiliano*, Problemi del processo civile, p. 500.

130. Lobo da Costa, *Breve notícia histórica do direito processual civil brasileiro e de sua literatura*, cit., p. 32-33.

131. *O direito processual em São Paulo*, p. 6.

b) Cap. 2 – arts. 39 a 59: espécies e requisitos da citação (por mandado, por precatória, por edital ou por hora certa – podia ser feita pelo escrivão do feito ou pelo oficial de justiça);

c) Cap. 3 – arts. 60 a 64: competência (a regra era o foro do domicílio do réu);

d) Cap. 4 – arts. 65 a 73: ação ordinária (na hipótese de não haver previsão para ação sumária, especial ou executiva), petição inicial (que deveria ser apresentada na audiência para a qual o réu foi citado) e respectivo ajuizamento (em audiência, com o deferimento de 10 dias para o réu apresentar contestação);

e) Cap. 5 – arts. 74 a 95: exceções (de incompetência e suspeição, ilegitimidade de parte, litispendência e coisa julgada – as outras, dilatórias ou peremptórias, constituíam matéria de defesa e deveriam ser arguidas na contestação);

f) Cap. 6 – arts. 96 a 102: contestação (a arguição de nulidade do processo deveria preceder a matéria de defesa);

g) Cap. 7 – arts. 103 a 110: reconvenção (com decisão *in simultaneus processus*);

h) Cap. 8 – arts. 111 a 117: autoria (natureza de denunciação da lide);

i) Cap. 9 – arts. 118 a 122: oposição (não havia necessidade de citação das partes originárias);

j) Cap. 10 – arts. 123 a 126: assistência (exigência de demonstração de "interesse aparente que tem na causa");

l) Cap. 11 – arts. 127 a 137: dilação probatória (prazo de 20 dias para a produção das provas);

m) Cap. 12 – arts. 138 a 222: meios de prova (documentos público e particular, confissão judicial e extrajudicial, juramento supletório, juramento *in litem*, testemunhas, presunções, arbitramento, depoimento da parte e vistoria). Observa-se aqui acentuada influência do direito canônico, seja no tocante às espécies de juramento, seja no que concerne à prova tarifada (*prova plena absoluta* – art. 140 e *prova plena relativa* – art. 141);

n) Cap. 13 – arts. 223 a 229: alegações finais (10 dias, sucessivamente, para cada um dos litigantes);

o) Cap. 14 – arts. 230 a 235: sentença definitiva (impunha o art. 232 a motivação da sentença). A sentença era publicada "em mão do escrivão", sendo que somente era eficaz após a intimação das partes ou de seus procuradores (art. 234), ou "em audiência" (art. 235).

Infere-se, sem qualquer dificuldade, que a ordem do juízo traçada pelo Regulamento 737 era abrangente e continha rigor lógico.

Dentre muitos avanços e aspectos interessantes, que poderiam ser objeto de comentário, vale salientar que, diferentemente da praxe moderna, da entrega simultânea de memoriais, em flagrante afronta à regra do *caput* do art. 454 do Código de Processo Civil de 1973, o art. 223 do Regulamento 737 dispunha, com invejável redação, que: "*Na mesma audiência em que se derem por findas as dilações e requerimento das partes, se assinarão dez dias a cada uma delas para dizerem, afinal, por seu advogado,* dizendo primeiro o autor e depois o réu". Explicava, a propósito, Paula Baptista que: "findas as dilações *probatórias* seguem-se as *razões finais*, que são uma dissertação que cada uma das partes faz, sustentando seu direito com argumentos fundados nas provas dos autos e na lei, e refutando as provas e argumentos *contrários*. São um ótimo meio de discussão; mas não ato substancial... Deve o autor arrazoar primeiro que o réu, guardada a regra: *Reus in exceptione actor est*".[132]

Além do procedimento ordinário, previa o Regulamento 737, para causas menos complexas ou de menor valor, o procedimento sumário (*Das acções summarias* – art. 236 e segs.), bem mais simplificado e semi-escrito, que poderia ser encerrado ao ensejo da realização de uma única audiência.

Os procedimentos especiais (*Das acções especiais* arts. 246 e segs.) eram reservados para cinco demandas específicas.

No que se refere ao processo de execução (art. 308 e segs.), depois de eventual liquidação da sentença, o executado era citado para pagar ou nomear bens à penhora em 24 horas após a citação.

Não pagando e não nomeando bens, ou ainda quando os nomeasse sem atender às regras estabelecidas no art. 508, o patrimônio do executado ficava sujeito à penhora, em tantos bens quantos fossem suficientes para o pagamento da totalidade do débito (principal, juros e encargos do processo), a ser efetuada sobre dinheiro, ouro, prata, pedras preciosas, títulos da dívida pública, móveis e semoventes, bens de raiz ou imóveis, direitos ou ações, cumprindo-se o ato nessa ordem de preferências (arts. 510 e 512).

Os arts. 517 e 525 previam a prisão para aquele que resistisse à ordem judicial, escondesse os bens, ou que, com dolo, deixasse de possuí-los.

As exceções à penhorabilidade repetiam, em linhas gerais, aquelas que já constavam da legislação reinol; mas o Regulamento acrescentava outras, que haviam sido introduzidas com a promulgação do Código Comercial

---

132. *Compendio de theoria e pratica do processo civil comparado com o commercial*, p. 164.

(1850): assim, não podiam ser penhorados os fundos sociais, pelas dívidas particulares dos sócios (art. 529, § 10º); sob impenhorabilidade relativa, ficavam os fundos líquidos que o executado possuísse na companhia ou sociedade comercial a que pertencera (art. 530, § 6º); outra inovação era o resguardo do vestuário que os empregados públicos usavam no exercício de suas funções (art. 530, § 2º).

Efetuada a constrição, outra não se realizava, a não ser que a primeira fosse nula; ou o produto dos bens não atendesse ao valor do débito; ou, ainda, se o exequente dela desistisse, porque alcançara bens litigiosos, embargados, ou de terceiros (arts. 518 e 519).

Quanto aos recursos, o Regulamento continuava prevendo o cabimento dos embargos de declaração, de restituição de menores e de nulidade e infringentes do julgado (arts. 639 a 645), da apelação (arts. 646 a 664), e dos agravos de petição e de instrumento (arts. 668 a 670).

Foram extintos os agravos ordinário e no auto do processo (art. 668); restabeleceram-se as cartas testemunháveis (art. 671); e restringiu-se o ajuizamento da revista à hipótese de nulidade do processo ou da sentença (art. 667), não sendo contemplado o tradicional fundamento "da injustiça notória da sentença".

4. Consolidação Ribas (1878)

Por incumbência do Governo Imperial, em atendimento ao § 14 do art. 29 da Lei 2.033, de 20 de setembro de 1871 (chamada *Lei da reforma judiciária*), Antonio Joaquim Ribas ultimou, em 1878, a elaboração da *Consolidação das leis do processo civil*. Essa obra foi dividida em duas partes, trazendo ainda, em apêndice, o decreto de 25 de outubro de 1875, que deu força de lei, no Império, aos assentos da Casa da Suplicação de Lisboa e estabeleceu a prerrogativa do Supremo Tribunal de Justiça para editar assentos.

A primeira parte da Consolidação traçava as diretrizes da organização judiciária. A segunda parte tratava do processo em geral, do processo das ações ordinárias, do processo das ações especiais, da execução das sentenças e dos recursos. No título do processo em geral, abrange a jurisdição e competência, a conciliação, a citação e contumácia, a instância, a contestação da lide, a autoria, a oposição, a assistência, as dilações e férias, as provas, a conclusão e a sentença, e as custas. No título do processo das ações especiais, compreende o processo sumário (em geral, das causas de valor reduzido, das causas de liberdade, da assinação de 10 dias, das possessórias, de preceito cominatório ou embargos à primeira, do despejo de casas, de depósito convencional, de alimentos, de soldadas, juramento d'alma, reforma de autos, inventário, partilha e divisão, demarcação, arbitral, preparatória, incidente e administrativa), o processo sumaríssimo (em geral, de valor ínfimo, de locação de serviço) e o processo executivo (ações executivas em geral, fiscais, desapropriação, de custas, honorários, aluguéis, foros, depósito judicial, de penhor convencional). No título da execução de sentença abrange a carta de sentença e citação do executado, os juízes e partes competentes, da liquidação, penhora, avaliação, editais e pregões, arrematação, adjudicação, embargos do executado, de terceiro e das preferências. No título dos recursos, alinha os agravos, os embargos, a apelação e a revista.

A *ação de assinação de 10 dias* ou *decendiária*, na tradição do direito luso-brasileiro, é o ancestral remoto da denominada "ação monitória". Almeida Oliveira, na monografia específica sobre o tema,[133] conclui que a *ação decendiária* é criação genuína do foro português, sendo que, em momento posterior, a experiência da praxe brasileira a conservou em seu sistema processual. Com efeito, o Regulamento 737 previa, dentre as *ações especiais*, a *assinação de 10 dias*, dispondo, no art. 246, que: "*Consiste esta ação na assinação judicial de dez dias para o réu pagar, ou dentro deles alegar e provar os embargos que tiver*". Escrevendo sob a égide desse diploma processual, assevera Alberto Antonio de Moraes Carvalho que a *assinação de 10 dias* "é ação sumária, mas, se os embargos se recebem, torna-se ordinária".[134] Do Regulamento 737 a *ação decendiária* passou para a *Consolidação Ribas.*

Na edição comentada de 1880, auxiliado pelo filho Júlio A. Ribas, o Conselheiro Ribas esclareceu na "Prefação" da 3ª ed. (de 1915), que a Consolidação foi entendida necessária para preencher "o fim que teve em vista o legislador: regularizar e uniformizar a nossa praxe judiciária, e banir do foro as numerosas corruptelas que n'elle se tem introduzido".

Cumpre aduzir que, na Consolidação, Ribas expendeu sua opinião, teórica e, muitas vezes, prática, sobre todos aqueles institutos acima referidos. Lastreou-se, dentre outras, nas doutrinas de Valasco, Mello Freire, Gama, Paula Baptista e Pereira e Sousa. Apenas para registrar a segurança demonstrada por Ribas no trato de questões de natureza processual, verifica-se que no comentário ao art. 261 da Consolidação, referente à oposição de exceção peremptória pelo demandado, escreveu o Conselheiro que: "A grave questão tão debatida por Strick e outros praxistas, se a oposição de exceção de solução, prescrição ou qualquer outra peremptória, importa, ou não, a confissão da ação, acha-se resolvida pela Ordenação 3.50.1, que diz:

---

133. *A assignação de dez dias no foro commercial e civil*, 2ª ed., p. 16-7.
134. *Praxe forense ou directorio prático do processo civil brasileiro*, p. 229.

'*Porém, se o réu na exceção peremptória confessar a ação do autor, haverá o dito julgador por provada pela confissão, e receberá a exceção, se for posta em forma que seja de receber, e dará lugar à prova d'ella*'. Portanto, se o réu confessar que contraiu a obrigação, mas com certa condição, que a solveu, ou que prescreveu ou articular qualquer outra exceção peremptória, deverá provar a sua exceção; e se o não fizer deverá ser condenado pela sua confissão". Sobre a motivação das decisões judiciais, ao comentar o art. 487 da Consolidação, asseverava Ribas: "Os juízes, quer da primeira, quer da segunda instância ou do Supremo Tribunal de Justiça, são obrigados a expor especificamente os fundamentos das sentenças que proferem...". Enfocando a proibição de apelar imposta, pelo art. 1.529, § 5º, ao *revel verdadeiro*, Ribas tece aguda crítica, observando que tal regra encerra "um arbítrio indiscreto, e é injusta porque ataca o direito de defesa".[135]

5. Literatura processual da época

Atribuindo mérito ao Regulamento 737 por ter propiciado a produção de inúmeros estudos doutrinários sobre o processo civil, Lobo da Costa se deu ao detido trabalho de inventariar e tecer breve comentário acerca da literatura da segunda metade do séc. XIX. Seguindo então, em apertado resumo, a exposição do saudoso processualista, pode-se anotar que, dentre muitos outros estudos, merecem alusão os dos seguintes juristas:

Francisco de Paula Baptista, que escreveu o *Compendio de teoria e prática do processo civil comparado com o comercial*, foi o mais destacado intérprete do Regulamento 737. Este notável jurista, adiantando-se no tempo, afirmava que a ação há de ser definida como direito autônomo, distinto do direito subjetivo; dirige-se contra o Estado e não contra o réu; visa a obtenção de uma sentença de mérito; e é direito abstrato e não concreto. Independentemente do requerimento da parte, o juiz pode e deve mandar proceder as diligências tendentes a esclarecer sua consciência antes de proferir sentença.[136]

O Conselheiro Barão de Ramalho, professor e, por muitos anos, diretor da Faculdade de Direito do Largo de São Francisco, escreveu duas obras de inegável valor científico: *Prática civil e comercial* e *Praxe brasileira*.

Teixeira de Freitas acomodou ao foro brasileiro as *Primeiras linhas* de Pereira e Sousa; J. J. Pereira da Silva Ramos, revendo anterior edição, adequou ao nosso foro o livro *Doutrina das ações* de José Homem Correia

135. *Consolidação das leis do processo civil*, p. 164, 270 e 713-714.
136. *Compendio de theoria e pratica do processo civil comparado com o commercial*, p. 37 e 67.

Telles; e Antônio Fernandes Trigo de Loureiro anotou o *Manual de apelações e agravos* de Gouvêa Pinto.

A. de Almeida Oliveira escreveu três monografias: *A lei de execuções*, sobre a Lei 3.272, de 5 de outubro de 1885; *Assinação de dez dias no foro commercial e civil*; e *O benefício da "restituição in integrum"*.

6. Período da dualidade processual (1890-1934)

Após a proclamação da República, o Decreto 763, de 19 de setembro de 1890, ampliou o âmbito de incidência do Regulamento 737, que passou a ser aplicado no processo das causas cíveis em geral.

Ademais, como consequência do regime federalista desenhado pela primeira Constituição republicana de 1891, foi instituída pelo Governo Provisório a Justiça Federal nos moldes do direito argentino e do direito dos Estados Unidos da América.

Em atendimento aos arts. 55 e 56 da Lei Maior, o Decreto 848, de autoria de Campos Salles, editado em 11 de novembro de 1890, cria, no Rio de Janeiro, o Supremo Tribunal Federal, a ser então composto por 15 Ministros.

A instalação do Supremo Tribunal Federal ocorreu em 28 de fevereiro de 1891, ao ensejo de sua primeira sessão plenária, sob a presidência interina do Ministro Sayão Lobato (Visconde de Sabará), que, até então, presidira o Supremo Tribunal de Justiça. Em tal ocasião foi eleito o primeiro presidente da Corte, Ministro Freitas Henriques (natural da Bahia).

Foi o mesmo Decreto 848 que, no art. 9º, parágrafo único, instituiu um recurso contra as sentenças definitivas proferidas pelos tribunais estaduais. Mais tarde, no Regimento Interno do Supremo Tribunal Federal, de 8 de agosto de 1891, é que esse meio de impugnação foi denominado *recurso extraordinário*.

Esse recurso, consoante esclarece João Mendes de Almeida Júnior,[137] que tem sido chamado de *recurso extraordinário*, "é um recurso tão ordinário como o antigo 'agravo ordinário' e, como este, constitui uma nova instância, visto que, nos termos do art. 59, § 1º, da Constituição da República, o Supremo Tribunal Federal fatalmente conhecerá da causa como ficou fixada na contestação da lide. *Instantia est existencia fluens, id est, identitas mobilis aut quaedam unitas ducta in numerum prioris et posterioris* (= Instância é uma existência fluente, isto é, a identidade do móvel ou uma certa unidade no número anterior e do posterior). Ora, o 'móvel',

137. *A uniformidade, a simplicidade e a economia do nosso processo forense*, p. 17-19.

no processo judiciário, é a 'causa', isto é, a relação litigiosa entre o direto e o fato individuado; este 'móvel' permanece em fluente litígio no Supremo Tribunal Federal, em circunstâncias idênticas às que anteriormente ficaram fixadas na contestação da lide. O nome lídimo deste recurso é 'suplicação', diz Strikio, 3, Diss. 24.4.36: 'foi introduzida em lugar da apelação, não só por causa da eminência do juiz recorrido, como porque era um recurso de recurso, visto que o juiz recorrido já funcionara em segunda instância (D. *de off. Praefect. Praet.*, N. 119.5.1)'. *Supplicatio*, de *plicare*, dobrar, repetir, e *supra*, para cima. Em suma, o atual denominado 'recurso extraordinário' para o Supremo Tribunal Federal é idêntico ao antigo 'agravo ordinário' ou 'suplicação'; entretanto, não falta quem vá buscar analogia com o 'writ of error' dos ingleses e norte-americanos, aliás tão mal definidos que, na Inglaterra, desde os 'act' de 5-8-1873 e 11-8-1875, foram suprimidos e equiparados às apelações (v. *Annuaire de legisl. étrangére*, de 1874, p. 67 ss, e de 1875, p. 120 e 160, com as notas de Ribot e George Louis). Quem prestar atenção ao que era instituído nas Ord. Fil. (1.5.6, 6.pr; 3.84) e comparar tudo isso com o que está instituído no art. 59, § 1º, da Constituição da República, verá que o nosso Supremo, em relação às Justiças dos Estados, é, *na essência*, uma Casa de Suplicação; pois, as diferenças, na constituição do organismo e no funcionamento, se limitam a acidentes que não alteram, quer a 'natureza da instituição', quer a 'natureza do recurso'. Esta é a realidade que há de ser reconhecida e afirmada por quem quiser ver e dizer a coisa como a coisa é...".

Prevaleceu outrossim a ideia de que se a organização judiciária era atribuição dos Estados-membros, a estes deveria também caber a respectiva legislação processual. Com efeito, como bem esclareceu Lobo da Costa, em decorrência da equivocada compreensão da estrutura federativa, a Constituição de 1891 acabou contemplando o entendimento defendido por Campos Salles, no sentido de se outorgar aos novos Estados da Federação a competência para legislar sobre matéria processual, reservando-se ao legislativo federal de fazê-lo no que concernia ao processo da Justiça Federal.

A teor do art. 34, n. 23, c.c. o art. 65, n. 2, da Constituição Federal, os Estados-membros passaram a ter a prerrogativa de editar diplomas estaduais para regulamentar o respectivo processo judicial (civil e penal).

Foi veemente a crítica que Almeida Júnior teceu sobre essa nova orientação: "não é verdade que tivesse ficado assentada pela Constituição da República a competência 'privativa' dos Estados federados para legislar sobre o processo nas jurisdições estaduais..., ao contrário essa 'simples faculdade' importa exatamente a negação de uma competência 'privativa', tanto mais quanto o art. 65, n. 2, diz que: 'É facultado aos Estados todo e qualquer poder e direito que lhes não for negado por 'cláusula expressa' ou 'implicitamente' contida nas cláusula expressa da Constituição...'. Finalmente, para os Estados federados, nada pode haver de mais seguro do que a consolidação das leis nacionais ou gerais do processo; e, quando muito, se quiserem usar de uma autonomia supervácua, poderão eles declará-las 'incorporadas' à respectiva legislação estadual. Não queremos dizer que os Estados federados não possam legislar sobre o procedimento, especialmente em relação aos termos dependentes das distâncias e meios de comunicação e em relação a estilos exorbitantes das regras de direito e que afetarem a normalidade da administração da justiça...".[138]

Como anotam, a propósito, Lobo da Costa e Mendonça Lima, os Estados não cumpriram de imediato a importante tarefa. Enquanto o tempo passava, o processo continuou sendo regrado pelo velho Regulamento 737, o qual, ademais, serviu de inspiração e modelo aos legisladores estaduais.

As primeiras tentativas foram envidadas pelos Estados do Paraná e de São Paulo.

O pioneiro diploma regional sobre o processo civil foi o Regulamento Processual Civil e Comercial do Estado do Pará, aprovado pelo Decreto 1.380, de 22 de junho de 1905. Contudo, segundo escreveu Mendonça Lima, "não tinha ele o nome nem a sistemática técnica de um Código".[139] Na verdade, o Rio Grande do Sul é que editou o primeiro Código de Processo Civil e Comercial, promulgado pela Lei 65, de 16 de janeiro de 1908.

Seguiram-se a este o Código de Processo Civil e Comercial do Estado do Maranhão (1909); o do Distrito Federal (1910, cuja vigência restou suspensa); o do Espírito Santo (1914, substituído, por outro, em 1915); o da Bahia (1915); o do Rio de Janeiro (1919); o do Paraná (1920); o do Piauí (1920); o do Sergipe (1920); o do Ceará (1921); o de Minas Gerais (1922); o do Rio Grande do Norte (1922); o de Pernambuco (1924); o do Distrito Federal (1924); o de Santa Catarina (1928); o de São Paulo (1930); outro do Espírito Santo (1930); e, por fim, o da Paraíba (1930).

Os Estados de Alagoas, do Amazonas, do Mato Grosso e de Goiás não chegaram a promulgar seus próprios Códigos.

Com algumas exceções, o exame do conteúdo dos diplomas aprovados revela, a um só tempo, o espírito conservador dos juristas da época e a enorme influência do Regulamento 737. Prevaleceu, no dizer de Mendonça Lima, "a lei do menor esforço"...

---

138. *A uniformidade, a simplicidade e a economia do nosso processo forense*, cit., p. 3-10.
139. *A primazia do Código de Processo Civil e Comercial do Rio Grande do Sul*, Direito processual civil, p. 301 ss.

Resulta, assim, notória a influência do direito processual lusitano na estrutura dos diplomas estaduais. A atividade forense, consequentemente, também se mostrava dominada pelo praxismo do foro lusitano. "Os Códigos da Bahia, de Minas e de São Paulo passam por ser os mais aperfeiçoados, segundo os cânones das novas doutrinas processuais que começavam a se difundir nos meios jurídicos do país. Mas, mesmo assim, afora o aprimoramento técnico e o apuro de linguagem, de maior rigor científico na conceituação dos institutos e dos atos processuais, foram poucas as contribuições originais que trouxeram para o aperfeiçoamento do processo civil brasileiro".[140]

7. Unificação do direito processual (1934-1938)

O denominado sistema da dualidade processual foi extinto pela Constituição Federal de 16 de julho de 1934, passando a União, pela primeira vez sob o regime republicano, a ter competência legislativa exclusiva em matéria processual (art. 5º, XIX, *a*). Cabia, pois, à União, elaborar o Código de Processo Civil e o Código de Processo Penal, de âmbito federal, fazendo, destarte, desaparecer os diplomas regionais.

Considerando-se as vicissitudes políticas que ocorreram em meados da década de 30, o projeto de Código de Processo Civil e Comercial não teve tempo de ser apreciado pelo Congresso Nacional.

A nova Constituição de 1937 (conhecida como "a polaca") não alterou a competência privativa da União para legislar sobre direito processual (art. 16, XVI).

8. Literatura processual da época

Valendo-nos, igualmente, do minucioso levantamento feito por Lobo da Costa, para o período pós-republicano até a promulgação do Código de 1939, devem ser mencionadas as seguintes obras, dispostas em ordem cronológica:

João Monteiro, *Programa do curso de processo civil*, São Paulo, 1899; *Teoria do processo civil e comercial*, 1º vol., São Paulo, 1899; 2º vol., São Paulo, 1901;

João Mendes de Almeida Júnior, *Programa do curso de direito judiciário*, São Paulo, 1910 (reed. no Rio de Janeiro, em 1918);

Manoel Aureliano de Gusmão, *Cousa julgada*, São Paulo, 1914; *Processo civil e comercial*, 1º vol., São Paulo, 1921; 2º vol., São Paulo, 1924;

---

140. Lobo da Costa, *Breve notícia histórica do direito processual civil brasileiro e de sua literatura*, p. 70.

Otaviano Brandão, *Citação no direito brasileiro*, 1916; Álvaro Bittencourt Berford, *Da intervenção de terceiros na instância*, Rio de Janeiro, 1919;

Jorge Americano, *Estudo teórico e prático da ação rescisória*, 1922; *Da ação pauliana*, 1923; *Do abuso do direito no exercício da demanda*, 1923; *Processo civil e comercial*, São Paulo, 1925;

Antônio Luiz da Câmara Leal, *Do depoimento pessoal*, 1923; *Código de Processo Civil e Comercial do Estado de São Paulo comentado*, 5 vols., São Paulo, 1930-33;

Manoel Inácio Carvalho de Mendonça, *Da ação rescisória das sentenças e julgados*, Rio de Janeiro, 1916 e reeditado em 1940.

9. À guisa de conclusão

Este singelo recorte atinente à evolução histórica do procedimento, na órbita do direito processual civil em nosso país, bem revela que sempre houve uma preocupação do legislador pátrio em aperfeiçoar as leis processuais, procurando imprimir tramitação ao processo condizente com a expectativa das partes.

Ademais, a presente pesquisa também evidencia que a trajetória do processo civil pátrio, demarcada por significativas vicissitudes, está por merecer estudo de cunho histórico mais detido e aprofundado.

– VIII –

A LIBERDADE DO JUIZ E O PROBLEMA DA REQUALIFICAÇÃO JURÍDICA DA DEMANDA

SUMÁRIO: 1. Introdução. 2. O art. 10 do novo CPC. 3. *Iura novit curia,* requalificação jurídica e *ratio decidendi.* 4. Conclusão.

1. Introdução

Diante da redação do art. 10 do novo Código de Processo Civil (Lei 13.105/2015), tem suscitado controvérsia a questão referente aos limites da liberdade decisória do juiz, à luz do princípio *iura novit curia.*

Como é cediço, o juiz, ao construir a *ratio decidendi* e aplicar as "normas legais" ao caso concreto, goza de absoluta liberdade, nos limites fáticos constantes do processo, para a subsunção que reputar mais ajustada.

Embora o *nomem iuris* e/ou fundamento legal porventura apontado pelo autor possa influenciar a convicção do julgador, nada obsta, dada a incidência do aforismo *iura novit curia,* a que este requalifique juridicamente a demanda, emoldurando-a em outro dispositivo de lei ou mesmo em outra categoria jurídica. O juiz tem, pois, o poder-dever de examinar os fatos que lhe são submetidos nos quadrantes de todo o ordenamento jurídico – incluídos por certo os precedentes judiciais -, ainda que determinada norma ou categoria jurídica não tenha sido mencionada pelas partes.

Na verdade, o limite da liberdade do julgador encontra-se naquele ou naqueles fatos que individualizam a pretensão do autor e a exceção oposta pelo demandado, e que constituem, respectivamente, a *causa petendi* e a *causa excipiendi*: a qualificação jurídica desenhada pelo autor e secundada pelo réu nunca é definitiva e, consequentemente, nada impede a livre eleição dos motivos ou normas jurídicas que o órgão judicante entenda pertinentes.

Pode até mesmo suceder que no processo hermenêutico de subsunção, o juiz entenda que à situação fática narrada, de conformidade com a *lex generalis*, são aplicáveis normas especiais de regência, como, por exemplo, o Código de Defesa do Consumidor, mesmo que não invocadas pelas partes. Tem-se aí verdadeira modificação da tipificação jurídica do fundamento fático exposto pelo autor.

Disso também decorre que as partes podem variar, durante as fases do procedimento, o fundamento legal que eventualmente tenha sido deduzido na petição inicial ou na contestação, sem acarretar modificação do objeto do processo.

Cumpre, portanto, reconhecer que essa orientação, sintetizada pelo velho brocardo *da mihi factum dabo tibi ius*, está a revelar que, no drama do processo, a delimitação do *factum* e a individuação do *ius* correspondem, em princípio, a atividades subordinadas à iniciativa de diferentes protagonistas. Enquanto a alegação e comprovação do fato são incumbência dos litigantes, a aplicação do direito é apanágio do juiz!

Verifica-se, assim, que essa concepção é largamente consagrada não só na doutrina, mas também, nos tribunais, em especial, na jurisprudência do Superior Tribunal de Justiça.

Com efeito, a 4ª Turma, no julgamento do Agravo Regimental no REsp 870.624-SC, de relatoria da Ministra Maria Isabel Gallotti, deixou assentado que: "Não há óbice ao reconhecimento da fraude a credores em razão da parte invocar dispositivos próprios da revogada Lei de Falências. Isso porque nas instâncias ordinárias vigoram os princípios *iura novit curia* e *da mihi factum dabo tibi ius*, pelos quais o julgador não se adstringe ao direito invocado pela parte, podendo aplicar norma jurídica diversa para o julgamento da causa".

Em senso análogo, o mesmo órgão fracionário, ao ensejo do julgamento do Recurso Especial 1.046.497-RJ, com voto condutor do Ministro João Otávio de Noronha, decidiu que: "Inexiste violação dos arts. 458 e 535 do CPC[1973] quando o acórdão recorrido, ratificando a sentença, examina as questões havidas como necessárias ao desate da lide, com a exposição dos elementos e premissas jurídicas que ensejaram as conclusões ali firmadas. Com base nos fatos narrados pela parte na peça preambular, cabe ao magistrado atribuir a qualificação jurídica que tenha correspondência à solução do litígio diante do princípio *iura novit curia*, pelo qual se pressupõe o seu conhecimento do direito, cuja relevância reflete postulado de igual matiz: *da mihi factum dabo tibi ius*. Não há ofensa aos arts. 128 e 460 do CPC[1973] se a qualificação jurídica dos fatos difere daquela apontada pelos autores recorrentes".

Exemplo didático pode ser extraído de importante precedente, da 1ª Seção do Superior Tribunal de Justiça, no julgamento da Ação Rescisória 4.446-SP, de relatoria da Ministra Eliana Calmon, ao reconhecer que o tribunal, circunscrito à matéria controvertida, está autorizado a alterar o fundamento da ação rescisória, nos termos sintetizados na seguinte ementa: "1. Ação rescisória ajuizada para desconstituir acórdão do Superior Tribunal de Justiça que, em julgamento de recurso especial, concluiu pela incidência do imposto de renda sobre verbas pagas ao requerente por mera liberalidade do empregador. 2. Apesar da ação desconstitutiva ter sido ajuizada com esteio no art. 485, V, do CPC[1973], encontra-se o magistrado autorizado a conferir à hipótese narrada pelo autor a correta qualificação jurídica aos fatos expostos na exordial (decisão rescindenda fundada em suposto erro de fato – art. 485, IX, do CPC). Princípio do *iura novit curia*. 3. Ação rescisória julgada improcedente".

Conclui-se, destarte, que, baseando-se no mesmo cenário fático, nada impede que o juiz altere o *fundamento legal*, o dispositivo da lei (de resto, *irrelevante*), ou ainda o *fundamento jurídico*, vale dizer, a tipificação jurígena que advém do fato ou dos fatos narrados. A qualificação da demanda, emergente do conjunto fático-jurídico constante dos autos, pode perfeitamente ser alterada pelo juiz. Trata-se de "requalificação jurídica" de ofício.

Importa esclarecer, de logo, que não se delineia possível, para os propósitos do presente ensaio, traçar um conceito unívoco para a expressão "requalificação jurídica", visto que, dependendo da situação concreta, diferente será a extensão de suas implicações práticas na esfera de direito das partes.

Será suficiente conceber por "requalificação jurídica" o poder-dever que todo julgador tem de emprestar aos fatos narrados definição, categoria ou tipificação da relação jurídica diversa daquela eleita pelo autor e pelo réu, na fase postulatória da demanda.

É, pois, a partir desta ocorrência que se deve aferir a incidência ou não do art. 10 do novo Código de Processo Civil.

2. O art. 10 do novo CPC

Dentre as normas fundamentais que constam do preâmbulo do novo Código de Processo Civil, preceitua o art. 10 que: "O juiz não pode decidir, em grau algum de jurisdição, com base em fundamento a respeito do qual não se tenha dado às partes oportunidade de se manifestar, ainda que se trate de matéria sobre a qual deva decidir de ofício".

O enunciado desse dispositivo constitui desdobramento do anterior art. 9º, ao vedar, com todas as letras, o denominado "fundamento-surpresa" (ou "decisão-surpresa" – Überraschungsentscheidung), ainda que se trate de matéria cognoscível de ofício. Conexos, ainda, com a mesma *mens legislatoris*, determinam o parágrafo único do art. 493 que: "Se constatar de ofício o fato novo, o juiz ouvirá as partes sobre ele antes de decidir"; e o § 5º do art. 921: "O juiz, depois de ouvidas as partes, no prazo de 15 (quinze) dias, poderá, de ofício, reconhecer a prescrição de que trata o § 4º e extinguir o processo".

Fácil é verificar que estas regras estão definitivamente afinadas com a moderna ótica da ciência processual, que não admite, em hipótese alguma, a surpresa aos litigantes, decorrente de decisão escudada em ponto jurídico fundamental por eles não debatido. O tribunal deve, portanto, dar conhecimento prévio de qual direção o direito subjetivo encontra-se vulnerável, aproveitando apenas os fatos sobre os quais as partes tenham tomado posição. Dessa forma, faz-se evidente que os litigantes terão oportunidade de defender o seu direito e, sobretudo, influir na decisão judicial. É certo que a liberdade outorgada ao tribunal, no que se refere à eleição de novo fundamento, à luz do aforismo *iura novit curia*, não dispensa a prévia manifestação das partes acerca da questão alvitrada pelo juiz, em inafastável homenagem ao princípio do contraditório. Assevere-se, com prestigiosa doutrina, que este cuidado do legislador não concerne apenas ao interesse das partes, mas encontra-se também voltado ao próprio interesse público, na medida em que qualquer surpresa, qualquer ocorrência inesperada, torna mais distante a credibilidade da sociedade na administração da justiça.

Como bem escreve Carlos Alberto Alvaro de Oliveira, escudado em orientação da literatura alemã e italiana, a liberdade outorgada ao órgão julgador de eleger a norma a ser aplicada, até mesmo independentemente de sua alusão pelo interessado, não supera a necessidade de colheita de prévia oitiva das partes sobre os novos rumos a serem imprimidos à solução da questão controvertida.[141]

Em obra específica, Francisco Javier Ezquiaga Ganuzas também frisa que se o juiz eleger um terceiro caminho, deverá dar oportunidade às partes, antes da sentença, para que se pronunciem sobre o novo aspecto jurídico demarcado pelo julgador.[142]

141. *O juiz e o princípio do contraditório*, p. 37.
142. Iura novit curia *y aplicación judicial del derecho*, p. 37.

Aduza-se que a novel regra legal, acima transcrita, encerra, ademais, verdadeiro *dever de consulta*, impondo ao tribunal, em regime de franca cooperação, conceder às partes a oportunidade de manifestação sobre qualquer questão de fato ou de direito. O juiz, antes de se pronunciar sobre determinada matéria não debatida, ainda que seja de conhecimento *ex officio* (decadência, por exemplo), deve abrir prazo para discussão pelas partes, evitando, desse modo, seja proferida decisão calcada em "fundamento-surpresa", circunstância que acarreta a nulidade da sentença por violação à garantia do contraditório.

Não é preciso salientar que, quando se consegue a participação no *iter* de formação de um provimento decisório daqueles que serão os seus destinatários, obtém-se evidente legitimação da tutela do direito litigioso.

3. *Iura novit curia*, requalificação jurídica e *ratio decidendi*

Vejamos como as coisas se passam no terreno da casuística, valendo-me, como exemplo, da possibilidade de alteração da qualificação jurídica em matéria de responsabilidade civil.

Tenha-se presente que, em certas ações, como as que versam sobre responsabilidade civil (*fundamento global*), inúmeros fatos são passíveis de individualizar uma única pretensão, o que faz surgir séria celeuma quanto à possibilidade de intercâmbio do elemento causal da demanda no curso do processo.

Todavia, é certo que em relação a tais demandas, embora existam vários fundamentos jurídicos (*v. g.:* culpa contratual, culpa aquiliana) aptos a identificar um único pedido, também vigora a regra que veta a alteração dos elementos fático-jurídicos depois de estabilizado o objeto do processo.

Assim, se o demandante, pretendendo indenização por perdas e danos ocorridas durante a condução da carga, é derrotado em ação fundada no contrato de transporte, poderá, sem dúvida, pleitear, em seguida, a mesma indenização com arrimo na culpa decorrente de ato ilícito dada a manifesta imperícia do motorista do caminhão que transportava a mercadoria.

Como já tive oportunidade de escrever,[143] no âmbito do processo civil brasileiro, a regra da eventualidade e a respectiva substanciação da demanda (art. 319, III, do CPC) dizem respeito exclusivamente ao *fato essencial*, ou seja, àquele delimitado pelo autor na petição inicial, de sorte que se houver outro fundamento independente, ainda que para idêntica pretensão, nova

---

143. *A* causa petendi *no processo civil*, 3ª ed., p. 152 e ss.

demanda poderá ser ajuizada, porque a primeira não se identifica com aquela sucessiva.

A despeito de ter sido muito debatida, nas cortes francesas, a possibilidade de coexistência, numa mesma ação, de *causae petendi* estribadas em diversas categorias de culpa, entre nós irreleva que sejam aquelas diferentes, fundando-se uma na culpa derivada de ato ilícito e outra radicando na responsabilidade contratual.

Forçoso é reconhecer, com Araken de Assis, que na "concorrência" entre responsabilidade contratual e aquiliana, dada a uniformidade do complexo de fatos, há tão-somente divergência acerca do enquadramento legal, uma vez que os fatos ou configuram a primeira ou a segunda ação.[144]

Excelente trecho de voto de Philadelpho de Azevedo, quando Ministro do Supremo Tribunal Federal, presta-se a ilustrar o assunto ora examinado: "... As incertezas e deficiências de técnica dos arrazoados e da sentença, em face da origem da culpa e da natureza do contrato, foram apreciadas com severidade e, talvez, em detrimento do recorrente; erros de situação do problema jurídico não devem prejudicar as partes, eis que *ius novit curia* e as ações têm a mesma forma; aliás, a noção fundamental de culpa desafia distinções e enfraquece classificações, ainda que prestigiadas por uma longa tradição, de origem diversa, sem que se possa concluir que a preferência por um desses aspectos concorrentes envolva apreciação *extra* ou *ultra petita*, a despeito dos eruditos debates travados no Tribunal recorrido...".[145]

Não há se falar, pois, em modificação da demanda quando, da narração fática levada a cabo pelo autor, for possível ao juiz produzir qualificação diversa daquela inicialmente declinada pelo demandante. É claro que se o autor expuser os fatos que indicam a existência de culpa decorrente de ato ilícito, mas afirmar, por equívoco ou deficiência técnica, que se trata de responsabilidade advinda do contrato celebrado entre as partes, o magistrado deve conferir a adequada qualificação jurídica ao conjunto fático jurídico deduzido na causa.

E, assim, desde que debatida a questão sob todos os ângulos possíveis, não incide à evidência a regra do mencionado art. 10 do Código de Processo Civil, visto que a requalificação jurídica da demanda não se descortina como um "fundamento-surpresa".

Desse modo, pode ser afirmado que o juiz não só pode como deve, sem alterar os fatos expostos, imprimir o enquadramento jurídico que entender mais adequado. Daí porque, por exemplo, o tribunal poderá desprezar toda

---

144. *Cumulação de ações*, p. 185.
145. *Um triênio de judicatura*, p. 312.

a discussão travada sobre a prova do ato culposo e, com base na responsabilidade objetiva, *sem modificar ou introduzir quaisquer fatos*, emprestar nova moldura jurídica aos mesmos, a partir do reconhecimento da culpa presumida do produtor demandado no âmbito de uma relação de consumo.

Suponha-se, por exemplo, que um demandante tenha ajuizado uma ação de natureza condenatória, pleiteando indenização com fundamento na culpa de preposto da Administração Pública, por ter agido com manifesta negligência. Todo o contraditório se desenvolve acerca de tal questão. Todavia, guiado pelos princípios que regem a responsabilidade objetiva, o juiz, desconsiderando a prova efetiva do ato ilícito, profere sentença de procedência do pedido com fundamento na culpa presumida do Estado.

Nessa hipótese, a circunstância essencial, fundamental para a substanciação da demanda visando à indenização decorrente de atuação culposa de funcionário público, consubstancia-se precisamente no nexo causal entre o dano e o ato do agente. Ainda que deduzida pelo autor a culpa desse agente, não lhe é carreado o ônus da prova quanto ao ato comissivo.

Igualmente, na situação em tela, também não se aplica o disposto no indigitado art. 10 do novo diploma processual, simplesmente porque o fundamento que lastreia a sentença não constitui surpresa alguma, mas, na verdade, mera subsunção lógica do fato essencial ao ordenamento jurídico.

O mesmo ocorrerá se, por ilustração, as partes estiverem litigando com base em determinados fatos que configuram coação, embora todo o debate encontre-se centrado na alegação de simulação. Dúvida não há de que, apesar do "rótulo" (simulação) sobre o qual contendem as partes, o tribunal possa julgar, requalificando o fundamento jurídico da demanda, reconhecendo ou não a existência de coação.

No entanto, a recíproca não é verdadeira, vale dizer, se o contraditório tiver como foco a possível existência de coação, é vedado ao juiz, sem possibilitar a manifestação das partes, proferir sentença declaratória de nulidade do negócio com fundamento na simulação, visto que diferente seria a base fática.

Assim também, se o juiz formar convencimento de que se operou a prescrição, não arguida e tampouco debatida durante toda tramitação do processo, não poderá extingui-lo, por meio de sentença de improcedência pelo reconhecimento da prescrição, sem ouvir previamente as partes envolvidas. Justifica-se a manifestação das partes, até porque poderá existir uma causa interruptiva da prescrição, não revelada pelo autor pela simples razão de não ter sido ela suscitada pelo demandado.

O mesmo se impõe quando, por exemplo, vislumbrada possível ilegitimidade de parte no momento em que, encerrada a instrução da causa, aguarda-se a prolação da sentença.

Ademais, há determinadas situações nas quais a alteração da qualificação jurídica dos fatos implica modificação do regime jurídico aplicável ao caso concreto. Não se trata aí, como se observa, de mera requalificação da demanda, mas, sim, de diferente imputação ou tipificação jurídica extraída do conjunto fático constante dos autos, que pode acarretar sérias consequências na esfera do direito material e processual das partes.

Explico-me: a empresa X ajuíza demanda de natureza ressarcitória com arrimo no art. 186 do Código Civil. A ré Y se defende, deduzindo apenas fato modificativo das circunstâncias alegadas na petição inicial.

Ao iniciar a fase instrutória, diante das postulações das partes, o juiz se convence de que a relação é de consumo, devendo ser aplicadas as regras do Código de Defesa do Consumidor, com todas as implicações substanciais e processuais daí decorrentes.

Não tenho receio de afirmar que, nesta hipótese, antes de prosseguir com a realização dos demais atos procedimentais, o tribunal deve propiciar a manifestação das partes nos termos do art. 10 do Código de Processo Civil, a evitar futura decisão nula, escudada em "fundamento-surpresa".

E isso, porque a iniciativa *ex officio* que comporta a requalificação jurídica dos fatos deduzidos deve compatibilizar-se com as garantias processuais das partes, de modo a assegurar a imparcialidade do juiz e a plenitude do direito ao contraditório.

Como a legislação processual espanhola não contempla qualquer previsão para regrar tal situação, Guillermo Ormazábal Sánchez propõe, de *lege ferenda*, que o tribunal informe previamente às partes sobre a nova qualificação jurídica.[146]

Cumpre registrar que a fonte direta de inspiração do apontado dispositivo legal do novel estatuto processual foi, com muita probabilidade, o art. 16 do *Code de Procédure Civile* francês, cuja redação, introduzida em 1981, é muito semelhante àquela adotada no estatuto processual brasileiro agora em vigor.[147]

Anotam, a propósito, Loïc Cadiet, Jacques Normand e Soraya Amrani Mekki que, diante de um fundamento jurídico consistente não enfrentado pelos litigantes, o tribunal tem o dever de provocar um debate a respeito

---

146. *La vinculación del juez a la calificación jurídica de la demanda*, p. 118.

147. "O juiz deve, em todas as circunstâncias, fazer observar e observar ele mesmo o princípio do contraditório. Ele não pode, em sua decisão, valer-se de fundamentos, de justificativas ou de documentos invocados ou produzidos pelas partes sem que tenha havido um debate entre elas. Ele não pode lastrear a sua decisão em fundamentos jurídicos cognoscíveis de ofício sem que tenha convidado as partes a se manifestarem."

daquele. Tais autores chegam ainda a propor que, para um contraditório fecundo e aperfeiçoado, o ideal seria submeter à apreciação das partes um projeto de sentença, "afin de permettre un respect dynamique et informe du contradictoire".[148]

4. Conclusão

Deve ter-se presente que o processo judicial, sob a vertente axiológica, constitui instrumento de diálogo em prol da solução das controvérsias, pautando-se pelas exigências de segurança jurídica das partes e de respeito às garantias processuais.

Consideradas as premissas acima delineadas, conclui-se que é tarefa essencial da função de julgar o enquadramento jurídico dos fatos certificados no processo, a qual não se encontra circunscrita por equivocada ou imprecisa qualificação que tenha sido formulada pelas partes.

O tribunal, quando for necessário, sempre no contexto dos fatos constantes dos autos, tem o poder-dever de requalificar a demanda, firme no aforismo *iura novit curia*.

Se porventura o juiz optar por uma terceira via, baseando o seu convencimento em fundamento jurídico ou em diferente regime jurídico, que não foi objeto de debate e que possa gerar consequências relevantes, deverá, antes da prolação da sentença, suscitar a manifestação das partes.

Em suma: o art. 10 do novo Código de Processo Civil ratifica, de forma expressa, de um lado, a liberdade da cognição e da aplicação das regras legais pelo tribunal, e, de outro, o impostergável direito de audiência dos litigantes, que serão afetados pelo resultado do processo, de modo a garantir-lhes a possibilidade de influenciar na construção da sentença.

148. *Théorie générale du procès*, p. 647.

– IX –

ESTRUTURA DOS PRECEDENTES JUDICIAIS NO CPC: ENTRE TÉCNICA E ILUSÃO

SUMÁRIO: 1. Generalidades. 2. Função e relevância dos pronunciamentos decisórios dos tribunais. 3. Jurisprudência, precedente judicial e súmula: 3.1. Jurisprudência. 3.2. Precedente judicial (em sentido estrito). 3.3. Súmula. 3.4. Súmula vinculante. 3.5. Dos fatos à regra sumulada. 4. Repercussão do precedente judicial nos futuros julgamentos. 5. Duas palavras sobre a melhor técnica de citação das decisões judiciais. 6. Esboço de uma teoria geral dos precedentes judiciais. 7. Horizontes do art. 927. 8. Tipologia da eficácia das decisões dos tribunais na experiência jurídica brasileira: 8.1. Súmulas com eficácia vinculante. 8.2. Súmulas e precedentes com relativa eficácia vinculante ("*force de facto*"). 8.3. Precedentes e jurisprudência com eficácia meramente persuasiva. 9. Proibição de decisão proferida com base em "fundamento-surpresa" e imposição do dever de motivação. 10. Possibilidade de participação da sociedade no procedimento de revisão do precedente. 11. Determinantes do superamento do precedente e modulação temporal da eficácia: 11.1. O problema da eficácia retroativa do precedente 11.2. Anacronismo do precedente e modulação temporal da eficácia. 12. Ônus da justificação adequada. 13. Ampla publicidade dos pronunciamentos dos tribunais. 14. Influxos dos precedentes nos casos repetitivos. 15. Objeto do julgamento dos casos repetitivos.

1. Generalidades

Reafirmando o crescente protagonismo dos tribunais superiores na sociedade brasileira contemporânea e a consequente importância de seus respectivos pronunciamentos judiciais, o vigente Código de Processo Civil procurar valorizar a jurisprudência, embora sem critério científico algum, nesse original capítulo introdutório do Título I do Livro III, que disciplina a ordem dos processos nos tribunais.

Saliente-se que a redação destes novos dispositivos legais – arts. 926 a 928 – foi alterada na fase de conclusão do processo legislativo, sendo que, sob o ponto de vista técnico, a despeito das evidentes imprecisões de ordem dogmática, é muito superior à esdrúxula e absurda redação do art. 520, constante da proposta da Câmara dos Deputados, que, sob a rubrica *Do precedente judicial*, continha notória confusão, evidenciando completo desconhecimento do significado técnico de jurisprudência, precedente judicial e súmula.

Vale observar, de início, que tais regras destacam, com clareza, a louvável preocupação do legislador com o aspecto pedagógico no trato da matéria, sobretudo no que respeita à função institucional que é atribuída aos tribunais, visando à uniformização da interpretação e aplicação do ordenamento jurídico.

2. Função e relevância dos pronunciamentos decisórios dos tribunais

Nos horizontes do direito brasileiro, não há dúvida de que, ao longo da história, a atividade judicial sempre desempenhou importantíssimo papel, tanto no exercício da prática forense, quanto no próprio aperfeiçoamento dogmático de inúmeros institutos jurídicos.

Nenhum operador do direito, de época contemporânea, pode negar a utilidade e eficiência dos pronunciamentos judiciais acerca das várias teses que deve sustentar na defesa de um caso ou para fundamentar uma decisão; qualquer acadêmico sabe a importância do conhecimento da jurisprudência como um dos mais poderosos instrumentos de persuasão.

É simplesmente indispensável, para o exercício profissional, a consulta em repertórios de julgados e em coletâneas de jurisprudência, selecionados por matérias tópicas e/ou anotadas; estas, aliás, com sucessivas edições atualizadas.

Os próprios tribunais de um modo geral, zelosos em difundir os seus respectivos precedentes, disseminam-nos pela rede mundial de computadores, e até mesmo interagem e "dialogam", *on line*, com os usuários, chegando a "responder consultas" pontuais sobre determinada questão.

Diante da desmedida pletora de recursos que pendem de julgamento em nossas cortes de justiça, a experiência tem demonstrado que os acórdãos, via de regra, são fundamentados na jurisprudência e nos precedentes, em particular, dos tribunais superiores, fator esse que aumenta em muito a previsibilidade do resultado do processo.

Na verdade, a exigência de interpretação e aplicação, tanto quanto possível, homogênea do *ius positum* tem efetivamente ocupado a atenção do legislador pátrio, inclusive, por certo, como meio de minimizar o afluxo exagerado de demandas.

Ocorre que, com o passar do tempo, a mudança dos paradigmas sociais implica saudável evolução das teses jurídicas e, consequentemente, do posicionamento dos tribunais. Isso significa que os precedentes judiciais do passado, sobre inúmeras questões, vão sendo superados e substituídos por novas orientações que decorrem da inexorável dinâmica do direito.

Seja como for, é certo que tais alterações normalmente não são abruptas, até porque a uniformidade da jurisprudência garante a certeza e a previsibilidade do direito. Os cidadãos de um modo geral, informados por seus advogados, baseiam as suas opções não apenas nos textos legais vigentes, mas, também, na tendência dos precedentes dos tribunais, que proporcionam àqueles, na medida do possível, o conhecimento de seus respectivos direitos. Na verdade, a harmonia pretoriana integra o cálculo de natureza econômica, sendo a previsibilidade e a confiança que daquela decorrem pressuposto inafastável para o seguro desenvolvimento do tráfico jurídico-comercial: uma mudança abrupta e não suficientemente justificada da posição dos tribunais solapa a estabilidade dos negócios.

Ademais – o que não é menos importante -, como antes frisado, a jurisprudência consolidada garante a igualdade dos cidadãos perante a distribuição da justiça, porque situações análogas devem ser julgadas do mesmo modo, sobretudo no Brasil, em que há grande número de tribunais. O tratamento desigual é forte indício de injustiça em pelo menos um dos casos encerrados.

Em suma, ao preservar a estabilidade, orientando-se pelas decisões judiciais em situações sucessivas assemelhadas, os tribunais contribuem, a um só tempo, para a certeza do direito e para a proteção da confiança na escolha do caminho trilhado pela decisão judicial.

Em nosso país, na órbita da tutela jurisdicional, avulta, a respeito dessa relevante temática, a importância do Superior Tribunal de Justiça, como corte federal, cuja vocação precípua é a de uniformizar a interpretação e aplicação do direito nacional infraconstitucional. Sob a ótica constitucional, esta significativa missão é reservada ao Supremo Tribunal Federal.

E tal inequívoca função nomofilácica foi reiterada, em tom de exortação, pelo ministro Humberto Gomes de Barros, em conhecido voto proferido no Agravo Regimental no Recurso Especial 228.432-RS, julgado pela Corte Especial: "O Superior Tribunal de Justiça foi concebido para um escopo especial: orientar a aplicação da lei federal e unificar-lhe a interpretação, em todo o Brasil. Se assim ocorre, é necessário que sua jurisprudência seja observada, para se manter firme e coerente. Assim sempre ocorreu em relação ao Supremo Tribunal Federal, de quem o Superior Tribunal de Justiça é sucessor, nesse mister. Em verdade, o Poder Judiciário mantém sagrado compromisso com a justiça e a segurança. Se deixarmos que nossa jurisprudência varie ao sabor das convicções pessoais, estaremos prestando um desserviço a nossas instituições. Se nós – os integrantes da Corte – não observarmos as decisões que ajudamos a formar, estaremos dando sinal, para que os demais órgãos judiciários façam o mesmo. Estou certo de que, em acontecendo isso, perde sentido a existência de nossa Corte. Melhor será extingui-la" (j. un., 01.02.2002, *DJ* 18.03.2002).

Todavia, a despeito dessa premissa notória, o exercício profissional revela que acerca de inúmeras questões importantes há flagrante e indesejada instabilidade nos precedentes dos tribunais superiores. E isso ocorre – o que é pior – num mesmo momento temporal e, em princípio, sem qualquer justificação plausível!

É indiscutível que o juiz não pode ser escravo do precedente judicial, em sentido amplo, porque certamente haveria aí uma abdicação da independência da persuasão racional, assegurada pelo art. 371 do Código de 2015.

Contudo, se o tribunal resolver afastar a incidência de determinado precedente judicial cabe-lhe o ônus de apresentar argumentação contrária. Gino Gorla,[149] em um de seus últimos ensaios, pondera, acerca desse verdadeiro dever, que seria até temerário permitir, sem uma justificação consistente, que um posicionamento jurisprudencial sedimentado deixasse de ser aplicado em hipótese similar.

A tutela do cidadão, que confiou no Judiciário, não pode jamais ser relegada a pretexto de poder discricionário (inexistente) da magistratura!

Decorre daí a lógica da regra do *caput* do art. 926, que exalta a função uniformizadora dos tribunais, em geral, e das cortes superiores, em particular.

E, para tanto, o § 1º desse preceito legal, com todas as letras, estimula os tribunais a criarem súmulas, a partir de precedentes divergentes, com fundamento na "jurisprudência dominante" *interna corporis*,[150] isto é, da própria corte. Tal técnica hermenêutica mostra-se essencial para atender à

---

149. *Precedente giudiziale*, Enciclopedia giuridica treccani, v. 23, p. 11-12.

150. Em diversas ocasiões, criticando a infeliz expressão *jurisprudência dominante*, tivemos a oportunidade de questionar qual teria sido a verdadeira intenção do legislador, ao introduzir inúmeras reformas no texto do CPC/1973: *jurisprudência qualitativa ou quantitativamente dominante*?... O novo CPC, embora restringindo a poucos dispositivos, não perdeu o vício de utilizá-la.

aspiração de estabilidade, integridade e coerência da atividade judicante nos quadrantes de um determinado tribunal. É, na verdade, o mínimo que os jurisdicionados esperam!

3. Jurisprudência, precedente judicial e súmula

É de observar-se que, sob o ponto de vista técnico, reina, na prática do direito, inequívoca imprecisão daquilo que se concebe por jurisprudência, precedente judicial e súmula (e suas respectivas classificações dogmáticas). Assim, entendemos que se torna necessário traçar os respectivos conceitos, para que os juízes possam orientar-se ao proferir as suas decisões e os advogados invocá-los e argumentar corretamente em seus arrazoados.

Nota-se, de logo, que os comentários sobre o novo Código de Processo Civil, que até este momento vieram a lume, não se preocuparam, com esta relevante distinção.

Dúvida não há de que a jurisprudência, os precedentes judiciais e as súmulas são pronunciamentos produzidos exclusivamente pelos tribunais colegiados.[151]

3.1. Jurisprudência

Em sistemas jurídicos de *civil law*, como o nosso, nos quais predomina a legislação escrita, o termo jurisprudência – que é polissêmico – geralmente indica uma pluralidade de decisões relativas a vários casos concretos, atinente a um determinado assunto, mas não necessariamente sobre uma idêntica questão jurídica. Esse modo de lidar com a jurisprudência, cujo conhecimento hoje em dia é, via de regra, fornecido pela consulta rápida nos sítios eletrônicos dos próprios tribunais, revela, em algumas hipóteses, apenas a tendência do posicionamento pretoriano sobre a interpretação de determinado texto legal.

Invoca-se, por exemplo, a jurisprudência, aludindo-se, de um modo geral, a muitas decisões justapostas, causando sempre certa dificuldade para estabelecer qual tese é realmente relevante, ou mesmo para aferir qual ou quais julgados tratam especificamente da interpretação de um fundamento no qual lastreada a questão sob apreciação judicial.

Como bem observa Michele Taruffo, não é fácil desvendar, entre inúmeros arestos citados à guisa de jurisprudência, qual a posição realmente dominante.[152]

---

151. As sentenças monocráticas, quando invocadas em casos análogos, constituem exemplos e importante subsídio, mas não são consideradas "jurisprudência" na acepção do termo.
152. *Precedente e giurisprudenza*, Rivista trimestrale di diritto e procedura civile, p. 714.

Na verdade, em nossa experiência jurídica, num cenário forense com mais de 50 tribunais de segundo grau, a respeito de muitas teses desvendam-se, não raro, num mesmo momento temporal, acórdãos contraditórios, evidenciando significativa ausência de uniformidade da jurisprudência e, como natural decorrência, consequente insegurança jurídica, que surpreende até os profissionais mais experientes. E esse grave inconveniente pode ser inclusive constatado, por paradoxal que possa parecer, num mesmo tribunal, revelando divergência de entendimento, *intra muros*, entre câmaras, turmas ou sessões.

Não obstante, afirma ainda Taruffo, que a jurisprudência pode desfrutar de acentuada eficácia persuasiva se ficar demonstrado que o julgamento sobre determinada *quaestio iuris*, reiterado em vários acórdãos, desponta uniforme e sedimentado.

3.2. Precedente judicial (em sentido estrito)

Saliente-se, por outro lado, que os órgãos judicantes, no exercício regular de pacificar os cidadãos, descortinam-se como celeiro inesgotável de atos decisórios. Assim, o núcleo de cada um destes pronunciamentos potencia, em princípio, um precedente judicial. O alcance eficacial deste somente pode ser inferido aos poucos, depois de decisões posteriores.[153] O precedente então nasce como uma regra de um caso concreto e, em seguida, terá ou não o destino de tornar-se o *leading* de uma série de casos análogos.

Bem é de ver que, pressupondo, sob o aspecto temporal, uma decisão já proferida, todo precedente judicial é composto por duas partes distintas: *a*) as circunstâncias de fato que embasam a controvérsia; e *b*) a tese ou o princípio jurídico assentado na motivação (*ratio decidendi*) do provimento decisório, que aspira certo grau de universalidade.

O precedente, sob essa perspectiva, sempre corresponde a um pronunciamento judicial emergente de um caso concreto. Não é possível conceber um julgado como precedente se a interpretação da norma por ele aplicada não estiver diretamente conectada à questão concreta que foi objeto de decisão.[154]

---

153. Cf., nesse sentido, Chaïm Perelman e Lucie Olbrechts-Tyteca, *Tratado da argumentação. A nova retórica*, p. 404.

154. Cf., também, Taruffo, *Precedente e giurisprudenza*, Rivista trimestrale di diritto e procedura civile, p. 712. Esclareça-se, de logo, que a locução "precedente judicial", sob o ponto de vista técnico-processual, significa "a decisão individualizada de um caso concreto", da qual se extrai uma tese jurídica que constitui o cerne do respectivo provimento, ou seja, a denominada *ratio decidendi*, prestando-se a predeterminar ou apenas nortear futuros julgamentos sobre idêntica questão (cf., a respeito da ambiguidade e polissemia da expressão

Quando se alude a precedente refere-se, geralmente, a um ato decisório relativo a uma situação particular, enquanto, como acima visto, a citação da jurisprudência encerra uma pluralidade de decisões concernentes a vários e diversos casos concretos, ainda que sobre um tema comum, mas abordado sob diversificados enfoques.

A diferença não é apenas semântica. O fato é que nos sistemas de *common law*, que se fundam tradicional e tipicamente na máxima do *stare decisis*, geralmente, a decisão que é considerada precedente é apenas uma;[155] ou, no máximo, poucas decisões sucessivas que vêm citadas para sustentar o precedente. Desse modo, é fácil identificar quais pronunciamentos realmente "geram precedente".

Diferentemente da citação da jurisprudência, na qual são extraídos trechos ou extratos mais ou menos sintéticos da motivação, o precedente somente é compreendido pela interpretação da controvérsia antes resolvida. É assim do cotejo – técnica do *distinguish* – da integralidade de pelo menos duas situações fáticas (a já julgada e a que está sob julgamento), que o juiz estabelece a relação de precedente aplicável ou não incidente ao caso concreto. Ressalte-se, a propósito, segundo precisa observação de Thomas Bustamante, que o distanciamento do precedente não implica seu completo abandono – "ou seja, sua validade como norma universal não é infirmada" –, mas tão-somente a sua não aplicação em determinada hipótese concreta.[156]

Ademais, sob outra ótica – ainda segundo Taruffo –, não é simplesmente uma questão quantitativa: o precedente produz uma regra universal, que pode ser aplicada como critério de decisão num caso sucessivo em função da identidade ou da analogia entre os fatos do primeiro e os fatos do segundo caso. "Naturalmente, a analogia dos dois casos concretos não é dada *in re ipsa*... É, com efeito, o juiz do caso sucessivo que estabelece se existe ou não existe o precedente e, portanto, 'cria' o precedente. A estrutura fundamental do raciocínio que leva a aplicar o precedente ao caso sucessivo é fundada sobre a comparação dos fatos. Se esta análise justifica a incidência no segundo caso da *ratio decidendi* aplicada no primeiro, o precedente é eficaz e pode determinar a decisão do segundo caso. Note-se que, quando se descortinam estas condições, apenas um único precedente é suficiente para fundamentar a decisão do caso sucessivo".[157]

"precedente judicial", Pierluigi Chiassoni, *Il precedente giudiziale: tre esercizi di disincanto*, Analisi e diritto, p. 77 ss.).

155. É por esta razão que os operadores do *common law* invocam na maioria das vezes um determinado caso para indicar um precedente, como, p. ex., *Golden State Transit Corp. v. Los Angeles, 493 U. S. 103, 107 [1989]*.

156. Thomas da Rosa Bustamante, *Teoria do precedente judicial*, p. 471.

157. *Precedente e giurisprudenza*, Rivista trimestrale di diritto e procedura civile, p. 712.

Sob o aspecto institucional, a situação típica de aplicação do precedente é aquela de eficácia vertical, decorrente da autoridade hierárquica do órgão que emitiu o precedente em relação ao órgão incumbido de decidir o litígio posterior.

Diante desta importante perspectiva, os tribunais superiores são atualmente concebidos, especialmente em países federados, como o Brasil, para exercer a importante função nomofilácica em prol da uniformização da interpretação e aplicação do direito, ou seja, de verdadeiras cortes de precedentes.[158]

3.3. Súmula

Ao enfrentarem questões polêmicas ou teses jurídicas divergentes, os tribunais também produzem máximas ou súmulas que se consubstanciam na enunciação, em algumas linhas ou numa frase, de uma "regra jurídica", de conteúdo preceptivo. Trata-se de verdadeira redução substancial do precedente. A aplicação da súmula não se funda sobre a analogia dos fatos, mas sobre a subsunção do caso sucessivo a uma regra geral de natureza pretoriana.[159]

A construção de súmulas remonta a prática tradicional e consolidada do sistema judiciário luso-brasileiro. Não deriva da decisão de um caso concreto, mas de um enunciado interpretativo, extraído de reiterados julgamentos, formulado em termos gerais e abstratos. Por consequência, o *dictum* sumulado não faz referência aos fatos que estão na base da questão jurídica julgada e assim não pode ser considerado um precedente em sentido próprio, "mas apenas um pronunciamento judicial que traduz a eleição entre opções interpretativas referentes a normas gerais e abstratas. Sua evidente finalidade consiste na eliminação de incertezas e divergências no âmbito da jurisprudência, procurando assegurar uniformidade na interpretação e aplicação do direito".[160]

3.4. Súmula vinculante

A Emenda Constitucional 45, de 2004, a seu turno, voltou a instituir, no sistema jurídico brasileiro, de forma limitada, a denominada "súmula vinculante", ao adicionar no texto da Constituição Federal o art. 103-A, com

---

158. V., nesse sentido, dentre outros, Luiz Guilherme Marinoni, *A ética dos precedentes*, p. 102.

159. Cf. Taruffo, *Precedente e giurisprudenza*, p. 713. V., na literatura pátria, Tiago Asfor Rocha Lima, *Precedentes judiciais civis no Brasil*, p.197-198.

160. Michele Taruffo, *Las funciones de las Cortes Supremas: entre uniformidad y justicia*, Proceso y Constitución – El rol de las Altas Cortes y el derecho a la impugnación, p.136-137.

a seguinte redação: "O Supremo Tribunal Federal poderá, de ofício ou por provocação, mediante decisão de dois terços dos seus membros, após reiteradas decisões sobre matéria constitucional, aprovar súmula que, a partir de sua publicação na imprensa oficial, terá efeito vinculante em relação aos demais órgãos do Poder Judiciário e à administração pública direta e indireta, nas esferas federal, estadual e municipal, bem como proceder à sua revisão ou cancelamento, na forma estabelecida em lei".

Trata-se, como facilmente se denota, de verdadeira norma legal dotada de plena eficácia vertical obrigatória.

O enunciado da súmula, a teor do § 1º do art. 2º da Lei 11.417/2006, que regulamentou o instituto em apreço, deve ter por "objeto a validade, a interpretação e a eficácia de normas determinadas, acerca das quais haja, entre órgãos judiciários ou entre esses e a administração pública, controvérsia atual que acarrete grave insegurança jurídica e relevante multiplicação de processos sobre idêntica questão".

A desobediência enseja o ajuizamento de reclamação ao Supremo Tribunal Federal, contra o órgão que desrespeitou o princípio sumulado.

Até hoje foram editadas perto de 50 súmulas vinculantes e, ainda, persistem mais de 700 enunciados sumulados, fixados sob a égide do antigo sistema, que não foram revistos e que atualmente detêm apenas eficácia persuasiva.

A indigitada Lei 11.417 introduziu ainda um importante mecanismo democrático de participação popular, na forma de *amicus curiae*, no processo de elaboração, revisão e cancelamento da súmula vinculante. Dispõe, com efeito, o § 2º do art. 3º que: "*No procedimento de edição, revisão ou cancelamento de enunciado da súmula vinculante, o relator poderá admitir, por decisão irrecorrível, a manifestação de terceiros na questão, nos termos do Regimento Interno do Supremo Tribunal Federal*".

3.5. Dos fatos à regra sumulada

O subsequente § 2º do art. 926, mantendo ainda o cunho didático de que se reveste toda a redação dessa norma legal, circunscreve os limites pelos quais deve se pautar o tribunal na tarefa de construção das súmulas. A partir da contemplação dos fatos marcantes de reiterados julgamentos sobre teses geralmente polêmicas, o órgão judicante conclui que, para atender à exigência nomofilácica de interpretação e aplicação uniforme do texto legal, deve ser editada súmula.

O respectivo enunciado, pois, considerando a hipótese fática análoga e reiterada, sempre extraído do entendimento majoritário, persuasivo ou vinculante, assim, mesmo com eficácias assimétricas, deverá servir de norte para o julgamento dos casos futuros.

4. Repercussão do precedente judicial nos futuros julgamentos

É interessante notar, já sob outro enfoque, que a dimensão da eficácia do precedente concerne à intensidade da influência que ele exerce sobre a decisão de um caso futuro. O ponto de referência normativo no âmbito do *common law* é exatamente o precedente judicial, enquanto, no tradicional sistema de fontes do direito que vigora nos países regidos pelo *civil law*, o precedente, geralmente dotado de força persuasiva, é considerado fonte secundária ou fonte de conhecimento do direito.[161]

O precedente judicial é, pois, um fenômeno extremamente difuso, presente e relevante nos modelos jurídicos de época contemporânea, cada vez mais reforçado pela função de interpretação e aplicação uniforme (nomofilácica) do direito pelas Supremas Cortes.[162]

Existem, como se observa, "degraus" ou "parâmetros" de eficácia das decisões judiciais em relação a subsequentes julgamentos. A doutrina estrangeira, de fato, refere-se a "*degrees of normative force*".[163]

Taruffo e La Torre,[164] a seu turno, observam que, no sistema italiano, é a posição hierárquica do tribunal que determina o "grau de força persuasiva" dos precedentes. Desse modo, aqueles provenientes da Corte Constitucional, da Corte de Cassação e do Conselho de Estado (em matéria administrativa) detêm maior eficácia em relação àqueles proferidos pelos demais tribunais da Itália.

Com efeito, o valor intrínseco do precedente judicial, que constitui o ponto de referência normativo de toda a teoria do *stare decisis* (da expressão latina: *stare decisis et non quieta movere = mantenha-se a decisão e não se moleste o que foi decidido*), projeta uma eficácia de altíssimo grau, dita vinculante, nos julgamentos sucessivos proferidos em causas análogas.

---

161. Cf. Larenz, *Metodologia da ciência do direito*, p. 615.
162. Taruffo, *Dimensioni del precedente giudiziario*, *Scintillae iuris* – Studi in memoria di Gino Gorla, t. 1, p. 387; Francesco Galgano, *Il precedente giudiziario in civil law*, Atlante di diritto privato comparato, p. 31.
163. V., p. ex., Robert Alexy e Ralf Dreier, *Precedent in the Federal Republic of Germany*, Interpreting Precedents – A Comparative Study, obra coletiva dir. Neil MacCormick e Robert Summers, p. 26.
164. *Precedent in Italy*, Interpreting Precedents, p. 159.

Anota Schauer que os tribunais do *common law* devem se curvar ao precedente da mesma forma que devem seguir a Constituição e ainda outros textos legais (*statutes*).[165]

O conceito de *ratio decidendi* (ou também *holding*) na qual se escuda a *doctrine of binding precedent*, mostra que é a tese jurídica suficiente a decidir o caso concreto (*rule of law*), e não a parte dispositiva da decisão, que produz eficácia vinculante e que deve nortear a interpretação judicial em momento posterior.

Ressalte-se, por outro lado, que, nos sistemas jurídicos de *civil law*, o precedente judicial ostenta, em regra, apenas força persuasiva. Tal eficácia, dependendo de inúmeras variantes, pode ser maior ou menor.

Importa esclarecer outrossim que em determinados ordenamentos jurídicos de direito escrito, como, *e. g.*, o da Espanha e o do Brasil, adota-se um modelo *misto*, vale dizer, de precedentes vinculantes (decisões no controle direto de constitucionalidade) e de precedentes persuasivos.

Em nosso sistema, as súmulas, que, como visto, não se confundem com os precedentes judiciais, também podem ser vinculantes (apenas aquelas instituídas pelo STF) ou meramente persuasivas.

5. Duas palavras sobre a melhor técnica de citação das decisões judiciais

Na minha assídua atividade profissional tenho me deparado, ao longo do tempo, com excelentes colegas que enchem de orgulho os quadros da advocacia brasileira. São causídicos que conhecem muito bem o relevante papel que o advogado desempenha em prol da construção da cidadania no seio de uma sociedade livre, plural e democrática. São profissionais que sabem lidar com o direito de seus respectivos clientes, jamais se afastando dos importantes princípios deontológicos que vivificam o exercício da defesa de direitos alheios.

Discorrendo sobre as boas relações entre juízes e advogados, afirmava Calamandrei que a postura ética do advogado é fundamental para o crescimento do prestígio social de toda uma classe. Nesta mesma linha, asseverava que, assim como os magistrados, porta-vozes da soberania estatal, não devem se afastar da sobriedade que reveste os atos decisórios, os advogados também não podem fazer pilhéria, mínima que seja, em seus arrazoados.

O capricho, aliás, é recomendável em toda petição, por mais simples que seja a demanda. Torna-se criticável, sob todos os aspectos, a apresen-

165. *Thinking like a Lawyer*, p. 68-69.

tação de um requerimento com equívoco de digitação ou mesmo – o que é muito pior – com erro de português. Negligência, preguiça e desleixo definitivamente não combinam com o precioso ofício tão valorizado por Rui Barbosa, em seu famoso *Dever do Advogado*!

Ressalte-se, nesse particular, que os advogados devem cooperar com o julgador, procurando esclarecer, com clareza e coerência, qual a tese jurídica que embasa o direito de seu cliente. O art. 6º do vigente Código de Processo Civil, que encerra o denominado princípio da cooperação, tem, de fato, como corolário, o dever de esclarecimento das partes, pelo qual os respectivos patronos, como é curial, têm a "obrigação" profissional de zelar pela boa interpretação das normas jurídicas aplicáveis à causa.

Assim também, devem demonstrar ao juiz, tanto quanto possível, quais decisões – jurisprudência, precedente ou súmula – incidem no caso concreto, fazendo sempre o cotejo entre os elementos fáticos da questão a ser julgada e uma precedente decisão que tenha o condão de iluminar a melhor interpretação da regra de direito que embasa os argumentos deduzidos.

Cumprindo esta relevante tarefa, com o devido afinco e cuidado, torna-se bem mais coerente e produtiva a atuação desempenhada pelo profissional do direito.

A minha experiência de advogado aconselha os colegas mais jovens, quando oportuna a referência aos pronunciamentos dos tribunais, que invoquem, preferencialmente, nas hipóteses em que cabível, a súmula vinculante do Supremo Tribunal Federal pela sua evidente eficácia vertical, em tudo equiparada à lei. Incidindo a súmula vinculante num caso concreto, cuja demonstração, a rigor, é ônus do advogado, não se exige citação de qualquer outra decisão para reforçar a argumentação expendida.

Não havendo incidência de súmula vinculante, torna-se necessário verificar se existe "súmula persuasiva", editada pelo Supremo Tribunal Federal ou pelo Superior Tribunal de Justiça, a qual, embora não tenha a mesma força da vinculante, ostenta inegável importância intrínseca.

Na sequência, um acórdão atual, colacionado como paradigma, numa hipótese concreta análoga, mesmo com a sua eficácia simplesmente persuasiva, constitui eloquente subsídio. Nesta situação, cabe ao advogado cotejar os fatos do precedente judicial com aqueles do caso a ser julgado. Não se deve citar simplesmente a ementa. O advogado deve esquadrinhar a *ratio decidendi* e procurar demonstrar ao juiz a tese jurídica sufragada pela turma julgadora que, em tudo, deve abonar aquela por ele defendida na defesa do direito de seu cliente. Ressalte-se, a propósito, que o precedente das cortes superiores, diante da autoridade que decorre da hierarquia judiciária (precedente vertical), possui, em tese, um valor persuasivo maior do que um julgado proveniente de tribunal postado no mesmo grau hierárquico (precedente horizontal). De qualquer modo, quanto mais recente for a decisão, tanto melhor para o fim a que se destina a sua respectiva citação.

É certo que, em qualquer uma dessas situações, a quantidade conspira contra a qualidade. Não é necessária a alusão a muitos julgados; basta que aqueles colacionados retratem o "mesmo caso" *sub judice*.

Já naquelas hipóteses nas quais as cortes superiores ainda não tiveram oportunidade de enfrentar a questão objeto do litígio, o advogado deve selecionar julgados dos tribunais de segundo grau, optando, antes de quaisquer outros, pelos acórdãos do tribunal em que tramita o recurso ou, se ainda não tiver sido proferida a sentença, daquela corte à qual o juiz de primeiro grau encontra-se hierarquicamente subordinado. Aqui também a quantidade não deve prevalecer sobre a qualidade. O advogado tem a tarefa de garimpar os mais recentes julgados e trabalhar com a fundamentação dos julgados trazidos como paradigma, inclusive declinando o nome dos integrantes da turma julgadora, sobretudo quando gozar ela de prestígio perante a comunidade jurídica.

É assim imprescindível que se tenha esse mínimo de zelo, revestido de absoluta fidelidade, precisão e ética profissional nas respectivas citações das decisões judiciais, visando a persuadir o julgador a favor da tese sustentada.

Anoto, ainda, que estas recomendações também se aplicam ao trabalho diuturno dos magistrados, que, além de tudo, devem preservar a atualidade de suas decisões. À guisa de exemplo, é de considerar-se anacrônico aresto da 5ª Câmara de Direito Privado do Tribunal de Justiça de São Paulo, no AgIn 2124612-88.2014.8.26.0000, o qual, a despeito de ter sido proferido em 17 de setembro de 2014, desponta totalmente divergente do julgamento da Corte Especial do Superior Tribunal de Justiça, em incidente de recurso repetitivo (art. 543-C, § 1º, CPC/1973), no RE 1.102.467-RJ, relatado pelo Ministro Massami Uyeda, que, desde 2 de maio de 2012, alterou a orientação, rígida e formalista, que então prevalecia naquela Corte superior, para ensejar oportunidade à parte agravante de complementar o instrumento, com eventuais peças obrigatórias faltantes quando da interposição do recurso.

6. Esboço de uma teoria geral dos precedentes judiciais

Seja como for, para bem compreender e interpretar as regras do novo Código de Processo Civil sobre esta temática, necessário se torna traçar algumas linhas mestras que podem ser consideradas comuns à dinâmica funcional das decisões judiciais colegiadas.

Na verdade, uma teoria sobre os precedentes que aspire a ser geral, e portanto desfrutar de alguma utilidade heurística, deve, segundo entendo, partir da premissa de que o precedente judicial é uma realidade em sistemas jurídicos histórica e estruturalmente heterogêneos, e que apresenta características próprias em diferentes legislações.

O regime do precedente judicial opera em todo sistema jurídico a partir da interação de vários fatores, que podem ser classificados, segundo esquema traçado por Michele Taruffo,[166] pelos seguintes vetores: 1. a dimensão institucional; 2. a dimensão objetiva; 3. a dimensão estrutural; e 4. a dimensão da eficácia.

A primeira delas – a dimensão institucional – deve ser analisada à luz da organização judiciária e a forma pela qual a relação de subordinação hierárquica entre os tribunais é escalonada. Entram aqui em cena as espécies de precedente vertical, horizontal e auto-precedente (precedente no âmbito do mesmo tribunal).

Desde que exista uma estrutura burocrática de sobreposição de tribunais, é natural que o precedente de tribunal superior, com eficácia vinculante ou não, exerça um grau de influência maior no âmbito das cortes e juízos inferiores.

É claro que o denominado auto-precedente, em regra, também se impõe, *interna corporis*, como medida de coerência, além, é claro, da segurança jurídica que deve ser preservada pelos tribunais.

Pelo contrário, os precedentes horizontais, provenientes de órgãos postados no mesmo patamar hierárquico, possuem relativa eficácia persuasiva. Ressalte-se que, nessa hipótese, a autoridade intrínseca do julgado, sobretudo quando estiver enfrentando matéria nova, terá maior probabilidade de ser seguida por outros tribunais.

Foi o que ocorreu, à guisa de exemplo, em época não muito distante, com alguns precedentes da 3ª Turma do Tribunal Regional Federal da 4ª Região, em duas sucessivas ocasiões, nos julgamentos dos AgIn 5003563-11.2013.404/0000 e 5001481-41.2012.404/0000, de relatoria, respectivamente, dos Desembargadores Fernando Quadros da Silva e Carlos Eduardo Thompson Flores Lenz, sustentando, sem a menor sinalização e depois de já consumado o ato processual, que nos domínios do processo eletrônico, havendo litisconsórcio passivo, não se aplica a regra do art. 191 do Código de 1973, ou seja, o prazo para contestar é simples. Observa-se que nos dois votos condutores prevaleceu, de forma declarada, a interpretação teleológica, atendendo-se à finalidade do processo eletrônico, "*no qual não se fazem mais presentes as restrições para vista dos autos*" (*sic*).

---

166. *Dimensioni del precedente giudiziario*, Studi in memoria di Gino Gorla, t. 1, p. 387-388.

Posteriormente, no âmbito daquela mesma Corte gaúcha, a 4ª Turma, em senso diametralmente oposto, decidiu, por maioria, que, na esfera do processo eletrônico, quando os réus estiverem representados por diferentes procuradores, "*aplica-se, com relação aos prazos, a regra inserta no art. 191 do CPC*" (AgIn 5013337-65.2013.404.0000, rel. Des. Vivian Josete Pantaleão Caminha – j. m. v., 14.08.2013).

A despeito da flagrante divergência que passou a reinar sobre esta questão no Tribunal Regional Federal da 4ª Região, a inusitada exegese acabou contagiando o Tribunal de Justiça paulista. A 30ª Câmara de Direito Privado do Tribunal bandeirante, por paradoxal que possa parecer, sem aduzir qualquer novo fundamento, mínimo que fosse, ao julgar o AgIn 0084668-50.2013.8.26.0000, relatado pelo Desembargador Marcos Ramos, cingiu-se a reproduzir a ementa do *leading case* (precedente horizontal) acima apontado, no sentido de que: "a regra no art. 191 do CPC é inaplicável ao processo eletrônico, posto que não se fazem mais presentes as restrições para vista dos autos".

A dimensão objetiva do precedente, por outro lado, diz respeito à determinação de sua influência na decisão de casos futuros. Tem aqui relevância a distinção entre *ratio decidendi* e *obiter dictum*, considerando-se que o predicado formal de precedente é atribuído apenas à *ratio decidendi*. Interpretar um precedente judicial significa, segundo precisa síntese de Thomas da Rosa de Bustamante,[167] "distinguir no caso tomado como paradigma os fatos considerados 'materiais', que constituem a *ratio decidendi*, dos fatos 'não-materiais', ou seja, que constituem meros *obter dicta*, na medida em que não foram decisivos para a solução específica elaboradas pelo juiz no caso em questão".

Já no tocante à dimensão estrutural, ou seja, ao conceito substancial de precedente, exige-se, normalmente, um número considerável de decisões similares, para chegar-se à concepção de "jurisprudência consolidada", "dominante" ou "unânime".

Assinale-se que, nessa hipótese, o fator temporal também é importante, porque uma orientação pretoriana sedimentada reclama, normalmente, um longo período.

Precedentes contraditórios, em qualquer sistema jurídico, também geram um problema que deve ser resolvido, o quanto antes, pelo tribunal que está incumbido de decidir o caso sucessivo.

Finalmente, a dimensão da eficácia deriva do grau de influência que o precedente exerce sobre a futura decisão em um caso análogo, ou ainda da

---

167. *Teoria do precedente judicial*, p. 109.

técnica instituída pela legislação, quanto à sua respectiva eficácia (vinculante ou simplesmente persuasiva).

Aduza-se que, sob tal perspectiva, as técnicas do *overruling* (*common law*) e do *revirement* (*civil law*) representam situações específicas e excepcionais com o escopo de excluir do ordenamento jurídico determinado precedente, ultrapassado, para substituí-lo por outro que melhor se ajuste à hipótese então examinada, à luz da realidade do momento em que a decisão é proferida.

Não é preciso dizer, a esse respeito, que a preservação, na medida do possível, das correntes predominantes da jurisprudência, constitui obra de boa política judiciária, porque infunde na sociedade confiança no Poder Judiciário.

Mas é evidente, por outro lado, que a jurisprudência deve evoluir, dando resposta, realista e tempestiva, às exigências sociais em constante transformação.

7. Horizontes do art. 927

A redação do art. 927 do Código de Processo Civil delineia-se complexa, visto que encerra várias disposições coligadas, que bem poderiam ter sido desdobradas em diferentes artigos, como aliás recomenda a melhor técnica legislativa.

A despeito desse aspecto de natureza formal, a redação em apreço, modificada na última fase do processo legislativo, continua revelando acentuada despreocupação do legislador acerca da diferença conceitual e genética entre súmula, precedente judicial e jurisprudência.

Ademais, salta aos olhos o lamentável equívoco constante desse dispositivo, que impõe aos magistrados, de forma cogente – "os tribunais observarão" –, submissão aos mencionados pronunciamentos, como se todos aqueles arrolados tivessem a mesma força vinculante vertical. É evidente que os acórdãos proferidos nos incidentes de assunção de competência e de resolução de demandas repetitivas, nos julgamentos de recursos extraordinário e especial repetitivos, as súmulas do Supremo Tribunal Federal em matéria constitucional e do Superior Tribunal de Justiça em matéria infraconstitucional, e, ainda, a orientação do plenário ou do órgão especial dos tribunais aos quais estiverem subordinados os julgadores, à luz do regime constitucional vigente, *não* ostentam força vinculante.

Daí, em princípio, a inconstitucionalidade *prima facie* da regra examinada, visto que a Constituição Federal, no art. 103-A, reserva efeito vinculante apenas e tão somente às súmulas fixadas pelo Supremo, mediante devido processo com quórum de dois terços, e, ainda, aos julgados originados de controle direto de constitucionalidade.

À míngua de uma dogmática própria, o legislador pátrio perdeu uma excelente oportunidade para regulamentar um regime adequado das decisões de nossos tribunais, entre as várias espécies de provimentos judiciais, a partir de sua natureza, considerando a sua respectiva origem.

8. Tipologia da eficácia das decisões dos tribunais na experiência jurídica brasileira

Na atualidade, a despeito da promulgação do Código em vigor, o direito brasileiro continua adotando um modelo *misto* quanto à eficácia das decisões dos tribunais, a saber: *a*) súmulas e precedentes com eficácia vinculante; *b*) súmulas e precedentes com relativa eficácia vinculante; e *c*) precedentes e jurisprudência, com eficácia meramente persuasiva.[168]

8.1. Súmulas com eficácia vinculante

Hoje, no Brasil, possuem eficácia obrigatória *erga omnes*: *i*) as súmulas vinculantes do Supremo Tribunal Federal; e *ii*) as decisões proferidas pelo Supremo Tribunal Federal e pelos Tribunais de Justiça, no âmbito do controle concentrado de constitucionalidade.

A Emenda Constitucional 45/2004 inseriu, no texto da Constituição Federal, o art. 103-A, que outorga ao Supremo Tribunal Federal a atribuição de aprovar súmula com eficácia vinculante vertical. A superveniente Lei 11.417/2006 regulamentou o respectivo procedimento referente à súmula vinculante.

Por meio de iniciativa dos próprios integrantes do Supremo Tribunal Federal ou mediante requerimento dos legitimados,[169] as súmulas poderão ser aprovadas por dois terços dos ministros e desde que se trate de matéria

---

168. V., em senso análogo, Patrícia Perrone Campos Mello, *Precedentes*, p. 104-105.

169. Cf. art. 3º da Lei 11.417: "São legitimados a propor a edição, a revisão ou o cancelamento de enunciado de súmula vinculante: I – o Presidente da República; II – a Mesa do Senado Federal; III – a Mesa da Câmara dos Deputados; IV – o Procurador-Geral da República; V – o Conselho Federal da Ordem dos Advogados do Brasil; VI – o Defensor Público-Geral da União; VII – partido político com representação no Congresso Nacional; VIII – confederação sindical ou entidade de classe de âmbito nacional; IX – a Mesa de Assembleia Legislativa ou da Câmara Legislativa do Distrito Federal; X – o Governador de Estado ou do Distrito Federal; XI – os Tribunais Superiores, os Tribunais de Justiça de Estados ou do Distrito Federal e Territórios, os Tribunais Regionais Federais, os Tribunais Regionais do Trabalho, os Tribunais Regionais Eleitorais e os Tribunais Militares. § 1º O Município poderá propor, incidentalmente ao curso de processo em que seja parte, a edição, a revisão ou o cancelamento de enunciado de súmula vinculante, o que não autoriza a suspensão do processo...".

constitucional sobre a qual haja reiterados pronunciamentos em sentido convergente.

A expressão "reiteradas decisões" (art. 103-A), dada a sua evidente imprecisão, deverá ser interpretada a partir da existência de alguns precedentes uniformes sobre determinada questão. A análise objetiva da Suprema Corte é que irá estabelecer se a validade, a interpretação e os efeitos de uma *quaestio iuris*, de natureza constitucional, já se encontram suficientemente consolidados, a ponto de ser alçada à categoria de precedente sumulado.

O § 1º do art. 103-A traça, como pressuposto para a instauração do "procedimento de elaboração da súmula", a existência de "controvérsia atual" acerca de certa norma de conteúdo constitucional entre órgãos judiciários inferiores ou entre esses e a administração pública, que possa colocar em crise a segurança jurídica e que redunde em significativa multiplicação de demandas similares.

Sendo aprovada, a eficácia da tese jurídica sumulada projetar-se-á, com força vinculante, a todos os demais órgãos jurisdicionais, de quaisquer instâncias, inclusive, no âmbito da administração pública direta e indireta, em todos os níveis da federação.

Atribui-se, outrossim, ao próprio Supremo Tribunal Federal, no *caput* do mesmo art. 103-A, a faculdade de revisão ou cancelamento da regra sumulada, "*na forma estabelecida em lei*".

Preceitua, a propósito, o § 2º do aludido dispositivo que: "Sem prejuízo do que vier a ser estabelecido em lei, a aprovação, revisão ou cancelamento da súmula poderá ser provocada por aqueles que podem propor a ação direta de inconstitucionalidade".

Cumpre destacar que se autoriza expressamente, como se observa, a possibilidade de revisão ou mesmo de revogação da regra sumulada. Não é preciso dizer, que, do contrário, ou seja, sem essa flexibilidade, haveria o perigo de estagnação da jurisprudência, "que não convém a sistema algum. O mais nobre dos predicados do chamado *direito jurisprudencial* é a sua capacidade de adaptar-se às mutações sociais e econômicas da nação, de modo a extrair dos textos constitucionais e legais a norma que no momento atenda aos reclamos axiológicos da sociedade".[170]

Anote-se, por outro lado, que, desde o advento da República, na esteira do modelo norte-americano, adotou-se no Brasil o controle difuso, por via incidental, outorgando-se competência a qualquer órgão do Poder Judiciário

---

170. Cf. Dinamarco, *Súmulas vinculantes*, Revista Forense, 347(1999):64.

para conhecer, incidente e prejudicialmente, a questão da inconstitucionalidade.

Editada a Constituição de 16 de julho de 1934, todavia, passou-se a admitir o controle concentrado, direto, por via principal, ainda que bem limitado.

A supra referida Emenda Constitucional 45/2004, alterando a redação do art. 103 da Constituição Federal, unificou a legitimação ativa para a propositura da ação direta de inconstitucionalidade e da ação declaratória de constitucionalidade.[171]

É bem de ver que, no plano federal, a competência para o controle jurisdicional de constitucionalidade de lei ou ato normativo federal ou estadual continua especificada, com exclusividade, ao Supremo Tribunal Federal, a quem também compete processar e julgar, originariamente, a ação direta de inconstitucionalidade por omissão, contemplada no art. 103, § 2º, da Constituição Federal, quando a norma legal que deveria ter sido regulamentada pelo legislador ordinário, e não o foi, estiver contida no texto constitucional e, ainda, a arguição de descumprimento de preceito fundamental, a teor do disposto no art. 102, § 1º.

Ressalte-se, outrossim, que a Emenda Constitucional 3/1993, além de inúmeras modificações na ordem tributária, introduziu no art. 102, I, da Constituição Federal, a denominada ação declaratória de constitucionalidade, de competência originária do Supremo Tribunal Federal.

Importa notar que essa aludida reforma, no § 2º do art. 102, determinou ainda que: "As decisões definitivas de mérito, proferidas pelo Supremo Tribunal Federal, nas ações declaratórias de constitucionalidade de lei ou ato normativo federal, produzirão eficácia contra todos e efeito vinculante, relativamente aos demais órgãos do Poder Judiciário e ao Poder Executivo".

Observa-se, assim, que a primordial razão política inspiradora do Legislativo federal foi, sem dúvida, a de instituir um mecanismo destinado a subordinar o desfecho de demandas em curso perante juízos inferiores – monocráticos e colegiados – à decisão do Excelso Pretório pátrio.

---

171. Hoje, a teor do art. 103 da CF, são legitimados: *a*) o Presidente da República; *b*) a Mesa do Senado Federal; *c*) a Mesa da Câmara dos Deputados; *d*) a Mesa da Assembleia Legislativa ou da Câmara Legislativa do Distrito Federal; *e*) o Governador de Estado ou do Distrito Federal; *f*) o Procurador-Geral da República; *g*) o Conselho Federal da OAB; *h*) partido político com representação no Congresso Nacional; e *i*) a confederação sindical ou entidade de classe de âmbito nacional.

O procedimento da referida ação declaratória de constitucionalidade somente foi regulamentado pela Lei 9.868, de 1999, que também disciplinou aquele da tradicional ação direta de inconstitucionalidade.

Pois bem, verifica-se que a Constituição Federal acabou ampliando de modo expressivo a eficácia vinculante dos precedentes do Supremo Tribunal Federal no tocante ao controle direto da constitucionalidade das leis. Abriu-se assim, a passos largos, o caminho de adoção, no Brasil, do precedente judicial com força vinculante em situações que se encontram em jogo importantes *quaestiones iuris*, de inequívoco peso político.

Dispõe, a respeito, o art. 28 da referida Lei 9.868 que:

> "Dentro do prazo de 10 (dez) dias após o trânsito em julgado da decisão, o Supremo Tribunal Federal fará publicar em seção especial do Diário da Justiça e do Diário Oficial da União a parte dispositiva do acórdão. Parágrafo único. A declaração de constitucionalidade ou de inconstitucionalidade, inclusive a interpretação conforme a Constituição e a declaração parcial de inconstitucionalidade sem redução de texto, têm eficácia contra todos e efeito vinculante em relação aos órgãos do Poder Judiciário e à Administração Pública federal, estadual e municipal."

Procurando imprimir certeza jurídica nessa matéria, o respectivo acórdão delineia-se irrecorrível, não podendo igualmente ser objeto de ação rescisória (art. 26). Produz coisa julgada material, que vincula as autoridades aplicadoras da lei, que não mais poderão dar-lhe execução sob pena de afrontar a *res iudicata*, "uma vez que a declaração de inconstitucionalidade em tese visa precisamente a atingir o efeito imediato de retirar a aplicabilidade da lei. Se não fosse assim, seria praticamente inútil a previsão constitucional de ação direta de inconstitucionalidade genérica".[172]

Cumpre ainda acrescentar que a Lei 9.882/1999, que regulamentou o processo e julgamento da arguição de descumprimento de preceito fundamental, seguindo a mesma diretriz dos já aludidos mecanismos de controle direito da constitucionalidade da lei, determina, no art. 10, § 3º, que, em caso de procedência do pedido: "*A decisão terá eficácia contra todos e efeito vinculante relativamente aos demais órgãos do Poder Público*".

Não há dúvida, outrossim, que a força vinculante *erga omnes*, supra referenciada, acentua o caráter de fonte de direito dos referidos precedentes judiciais do Supremo Tribunal Federal.

Como bem pontuado, a propósito, a imutabilidade do conteúdo das decisões sobre a constitucionalidade dos textos legais, prevista expressamente no ordenamento jurídico, alça a produção da atividade judicial, nos

---

172. Cf. José Afonso da Silva, *Curso de direito constitucional positivo*, 16ª ed., p. 56-57.

sistemas nos quais esta ocupa preeminente posição, ao mesmo nível da hierarquia da lei.[173]

8.2. Súmulas e precedentes com relativa eficácia vinculante ("force de facto")

Certo é que os precedentes sumulados do Superior Tribunal de Justiça gozam de vigorosa força persuasiva ("*binding de facto*"), como, *e. g.*, pode-se extrair de pronunciamento, exarado no Agravo Regimental em AgIn 428.452-MS, relatado pelo Ministro Castro Filho, *in verbis*: "A exigência da certidão de publicação do acórdão recorrido é entendimento pacificado não apenas neste STJ, como também no Pretório Excelso... Ainda que as súmulas não sejam lei em sentido formal, traduzem elas o entendimento reiterado dos tribunais no que diz respeito à interpretação de determinada questão...".[174]

Proferindo o voto condutor no julgamento do REsp 14.945-MG, concluiu o Ministro Sálvio de Figueiredo Teixeira que, realmente, "não se justifica que os órgãos julgadores se mantenham renitentes à jurisprudência sumulada, cujo escopo, dentro do sistema jurídico, é alcançar a exegese que dê certeza aos jurisdicionados em temas polêmicos, uma vez que ninguém ficará seguro de seu direito ante jurisprudência incerta".[175]

Ademais, no modelo brasileiro então vigente e agora confirmado pelo novel diploma processual, tão eficaz é a jurisprudência sumulada, ou até mesmo "dominante", que, consoante dispõe o art. 332:

> "Nas causas que dispensem a fase instrutória, o juiz, independentemente da citação do réu, julgará liminarmente improcedente o pedido que contrariar: I – enunciado de súmula do Supremo Tribunal Federal ou do Superior Tribunal de Justiça..."; e, outrossim, segundo preceitua o art. 932 do Código de 2015: "Incumbe ao relator:... IV – negar provimento a recurso que for contrário a: a) súmula do Supremo Tribunal Federal, do Superior Tribunal de Justiça ou do próprio tribunal...".

Incide, nesse caso, a denominada *súmula impeditiva de recurso.*[176]

Cite-se, como exemplo, o julgamento do Superior Tribunal de Justiça, no Agravo Regimental no REsp 331.024-SP, relatado pelo Ministro Luiz

---

173. Julio Cueto Rua, *Fuentes del derecho*, p. 169; Cruz e Tucci, *Precedente judicial como fonte do direito*, p. 275.

174. 3ª Turma, j. u., DJ 05.08.2002.

175. 4ª Turma, j. u., DJ 13.04.1992.

176. Cf. Roberto Rosas, *Direito sumular*, 14ª ed., p. 12. V., criticando o sistema adotado, Lenio Luiz Streck, *Jurisdição constitucional e hermenêutica. Uma nova crítica do direito*, p. 403-405.

Fux, no qual ficou assentado que: "Em consequência, o recorrente que pretende seja reavaliado o seu direito líquido e certo, esbarra na *súmula impeditiva* de número 7 do E. STJ e de seguinte teor: 'A pretensão de simples reexame de prova não enseja recurso especial'...".[177]

Mas não é só. O inc. V do mesmo art. 932 dispõe que o relator também pode: "depois de facultada a apresentação de contrarrazões, dar provimento ao recurso se a decisão recorrida for contrária a: a) súmula do Supremo Tribunal Federal, do Superior Tribunal de Justiça ou do próprio tribunal".

Frise-se que, nessa derradeira hipótese, os efeitos ("quase") vinculantes do enunciado sumulado, chegam até a autorizar que decisão monocrática substitua o tradicional julgamento colegiado de segundo grau!

A jurisprudência reiterada e convergente, consagrada em súmula, adquire, assim, a dignidade que flui do elevado órgão de que emana, embora "não a autoridade intrínseca de fonte do direito",[178] porque apenas revela o sentido da lei. A súmula "não cria, não inova, não elabora lei; cinge-se a aplicá-la, o que significa que é a própria voz do legislador".[179]

A teor do art. 124 do Regimento Interno do Superior Tribunal de Justiça, a jurisprudência sumulada dispensa o recorrente de invocar precedentes judiciais em abono de seu direito.

Cumpre esclarecer que, a despeito das inúmeras referências, constantes do novo Código, os acórdãos, proferidos pelo Supremo Tribunal Federal e pelo Superior Tribunal de Justiça, nos incidentes de resolução de demandas repetitivas, de recursos repetitivos ou de assunção de competência, não desfrutam, como acima já observado, de eficácia vinculante.

Nessa linha de raciocínio, ao arrepio da letra da Constituição Federal, causa espécie a norma do art. 988, IV, do Código de 2015, ao preceituar que: "Caberá reclamação da parte interessada ou do Ministério Público para:... IV – garantir a observância de enunciado de súmula vinculante e de precedente proferido em julgamento de casos repetitivos ou em incidente de competência".

A tentativa do legislador de infundir ao intérprete a força obrigatória dos apontados precedentes resulta falaciosa e, outrossim, presta um enorme desserviço aos estudiosos e estudantes do direito processual civil.

---

177. 1ª Turma, j. u., DJ 19.12.2002.
178. Oliveira Ascensão, *O direito. Introdução e teoria geral – uma perspectiva luso-brasileira*, p. 317.
179. Cf. Buzaid, *Uniformização da jurisprudência*, p. 215.

8.3. Precedentes e jurisprudência com eficácia meramente persuasiva

A doutrina civilista pátria de época contemporânea, claramente dominada pelos influxos do condicionamento histórico, apresenta marcante tendência de admitir apenas eficácia persuasiva aos acórdãos proferidos pelos tribunais pátrios.

Entre aqueles que cuidaram do tema, Mário Guimarães, na obra (sempre atual) que escreveu sobre *O juiz e função jurisdicional*,[180] foi incisivo em afirmar que a jurisprudência dos tribunais é fruto da sabedoria dos experientes; é "o conselho precavido dos mais velhos. Quem conhece a lei e ignora a jurisprudência, diz, com exagero embora, Dupliant, não conhece quase nada".

A monografia clássica de Rubens Limongi França traz um rol de "*jurisprudencialistas*" de ontem e de hoje, que enalteceram a posição da atividade judicial como forma de expressão do direito. Emitindo a sua própria opinião, Limongi França escreve que a regra básica, na esfera do *civil law*, é a de que os julgados anteriores não vinculam necessariamente o magistrado, ainda que provenham do mesmo tribunal ou de corte superior.[181]

Não obstante, em caráter excepcional – conclui – a repetição constante, racional e pacífica dos precedentes judiciais, que, nesta hipótese, forma a jurisprudência, pode efetivamente adquirir valor de preceito geral: "é, a nosso ver, quando, pela força da reiteração e, sobretudo, da necessidade de bem regular, de modo estável, uma situação não prevista, ou não resolvida expressamente pela lei, ela assume os caracteres de verdadeiro *costume judiciário*".[182]

Realmente, entendo também que os precedentes judiciais, em sentido amplo, constituem valioso subsídio que auxilia a hermenêutica de casos concretos, embora careçam de força vinculante. É importante relevar, a tal propósito, a constante possibilidade de revisão da jurisprudência sedimentada não apenas por iniciativa dos órgãos jurisdicionais, mas, igualmente, por provocação das partes interessadas.

Os processualistas mais ortodoxos que escreveram há algumas décadas seguiram também essa corrente de pensamento que sempre preponderou nos países de direito codificado.

Alfredo Buzaid, à luz do sistema processual civil então vigente, assevera que os precedentes judiciais (*exemplis*), por mais prestigiados que

180. p. 327.

181. *O direito, a lei e a jurisprudência*, p. 175.

182. Cf. Limongi França, *O direito, a lei e a jurisprudência*, p. 178-179; *Jurisprudência*, Enciclopédia Saraiva do Direito, p. 167.

sejam, não podem obrigar os juízes, que permanecem independentes, livres de qualquer subserviência hierárquica superior no exercício da atividade jurisdicional.[183]

Conclui-se, pois, que atualmente os precedentes horizontais e os auto-precedentes e, ainda, a jurisprudência produzem de eficácia meramente persuasiva.

9. Proibição de decisão proferida com base em "fundamento-surpresa" e imposição do dever de motivação

Dispõe o § 1º do art. 927 que, na dinâmica da utilização das decisões arroladas nos respectivos incs. I a V, os juízes e tribunais deverão considerar as regras dos arts. 10 e 489, § 1º.

Isso significa que, ao ser invocada súmula, precedente judicial ou jurisprudência, como fundamento da decisão, a tese nela sufragada não poderá surpreender as partes.

Saliente-se que o enunciado do art. 10 do vigente Código de Processo Civil constitui desdobramento do art. 9º, ao vedar, com todas as letras, o denominado "fundamento-surpresa", ainda que se trate de matéria cognoscível de ofício.

Fácil é verificar que estas regras estão definitivamente afinadas com a moderna ótica da ciência processual, que não admite, em hipótese alguma, a surpresa aos litigantes, decorrente de decisão escudada em ponto jurídico fundamental por eles não alvitrado. O tribunal deve, portanto, dar conhecimento prévio de qual direção o direito subjetivo encontra-se vulnerável, aproveitando apenas os fatos sobre os quais as partes tenham tomado posição. Dessa forma, é evidente que os litigantes terão oportunidade de defender o seu direito e, sobretudo, influir na decisão judicial.

É certo que a liberdade outorgada ao tribunal, no que se refere à eleição da melhor interpretação pretoriana a ser aplicada, independentemente de ser ela invocada pelos litigantes, não dispensa a prévia manifestação das partes acerca da questão alvitrada pelo juiz, em inafastável observância ao princípio do contraditório.

Verdadeiro *dever de consulta* do juiz, a cooperação aqui contemplada impõe ao tribunal conceder às partes a oportunidade de manifestação sobre qualquer questão de fato ou de direito. O juiz, antes de se pronunciar sobre determinada tese não debatida, deve abrir prazo para prévia discussão pelas partes, evitando, desse modo, seja proferida decisão calcada em "funda-

---

183. Alfredo Buzaid, *Uniformização da jurisprudência*, p. 211.

mento-surpresa", circunstância que acarreta a nulidade do pronunciamento judicial por violação à garantia da ampla defesa.

Não é preciso salientar que, quando se consegue a participação no *iter* de formação de um provimento decisório daqueles que serão os seus destinatários, obtém-se evidente legitimação da tutela do direito litigioso.

Cumpre advertir, no entanto – para evitar-se qualquer equívoco -, que o juiz ou tribunal não terá de abrir vista às partes senão quando a sua decisão, com fundamento na doutrina e/ou em precedentes judiciais, tomar um rumo que não foi objeto do contraditório. Assim, é claro que ao invocar doutrina ou um determinado julgado, para sustentar a decisão, não se exige a manifestação dos litigantes. A tal propósito, apenas por ilustração, se a controvérsia tem como aspecto fulcral a cobertura securitária aos herdeiros do segurado que se suicida, independentemente do período de carência previsto no art. 798 do Código Civil, é certo que não haverá surpresa alguma às partes, se o julgador fundamentar a sua decisão na nova orientação da 2ª Seção do Superior Tribunal de Justiça, sufragada no julgamento do REsp 1.334.005-GO, o qual, por maioria de votos, decidiu que a seguradora não tem obrigação de indenizar hipótese de suicídio cometido dentro do prazo de carência de dois anos da celebração do contrato de seguro de vida.

Ademais, atento, ainda uma vez, ao mandamento constitucional do dever de motivação, o aludido § 1º do art. 489 do vigente Código, de forma até pedagógica, estabelece os vícios mais comuns que comprometem a higidez do ato decisório.

No que ora interessa, o juiz ou tribunal não poderá fundamentar o seu respectivo *decisum* baseando-se exclusivamente em precedentes pronunciamentos, sem qualquer argumentação adicional, revelando a *ratio decidendi* própria, pertinente ao *thema decidendum*.

Se de fato o referido dispositivo legal (art. 489, § 1º) for observado com rigor, verifica-se facilmente que inúmeros provimentos judiciais, inclusive do Superior Tribunal de Justiça, serão formalmente "reprovados", porque, como a praxe evidencia, reportam-se ou simplesmente transcrevem a ementa de precedentes, à guisa de fundamentação, não acrescentando nada que evidencie o convencimento pessoal do autor da decisão!

Vigente o novo diploma processual, estarão, pois, acoimadas de inarredável nulidade decisões que forem lançadas com o seguinte conteúdo:

> "... Trata-se de recurso especial no qual se alega ofensa a dispositivos de lei federal e dissídio jurisprudencial. O recurso não reúne condições de admissibilidade. Quanto à alegada vulneração aos dispositivos arrolados, observe-se não ter sido demonstrada sua ocorrência, eis que as exigências legais na solução das questões de fato e de direito da lide foram atendidas

pelo acórdão ao declinar as premissas nas quais assentada a decisão. Ademais, o acórdão, ao decidir da forma impugnada, assim o fez em decorrência de convicção formada pela Turma Julgadora diante das provas e das circunstâncias fáticas próprias do processo *sub judice*, sendo certo, por esse prisma, aterem-se as razões do recurso a uma perspectiva de reexame desses elementos. A esse objetivo, todavia, não se presta o reclamo, a teor do disposto na súmula 7 do Superior Tribunal de Justiça, suficiente para obstar o seguimento do recurso, quer pela alínea a, quer pela alínea c do permissivo constitucional. Ante o exposto, nego seguimento ao recurso especial...".

Pelo que representa em termos de respeito ao devido processo legal, afinal, a garantia do acesso a justiça só poderá ser considerada implementada, se, ao fim, as alegações das partes forem levadas em consideração pelos juízes; e, ainda, pela inestimável contribuição proveniente de anteriores pronunciamentos judiciais. Não é exagero afirmar que o art. 489, § 1º, tão atacado pelas entidades representativas de magistrados, constitui uma das principais inovações do CPC/2015, o que estimula o intérprete, portanto, a rebater tantas quantas forem as objeções suscitadas em desfavor de sua vigência, ou que tentem limitar de alguma forma a sua respectiva aplicação.

10. Possibilidade de participação da sociedade no procedimento de revisão do precedente

Considerando as consequências prejudiciais que acarreta a alteração *ex abrupta* de orientação pretoriana sedimentada, o § 2º do art. 927 faculta ao tribunal abrir a possibilidade de amplo debate em prol da rediscussão de determinada tese, até então sufragada "*em enunciado de súmula ou em julgamento de casos repetitivos*".

Lembre-se que esta importante novidade não é nova, uma vez que a supra mencionada Lei 11.417/2006, que regulamentou o procedimento da súmula vinculante, estabelece, no art. 2º, § 2º, que: "*No procedimento de edição, revisão ou cancelamento de enunciado da súmula vinculante, o relator poderá admitir, por decisão irrecorrível, a manifestação de terceiros na questão, nos termos do Regimento Interno do Supremo Tribunal Federal*".

A possibilidade de discussão aberta e participativa, de cunho verdadeiramente republicano, destaca a ideologia liberal e democrática que norteou o legislador do novel diploma processual.

11. Determinantes do superamento do precedente e modulação temporal da eficácia

11.1. O problema da eficácia retroativa do precedente

Cumpre frisar, ainda sob esse mesmo enfoque, outro problema correlato que ainda se encontra em aberto, uma vez que nem pelo prisma da história e tampouco pela dogmática moderna obteve solução satisfatória.

Referimo-nos à árdua questão da eficácia retroativa do "novo" precedente judicial.

Na verdade, a incerteza que nasce do advento de um novo precedente em substituição à orientação consolidada, acarreta um custo social e econômico elevadíssimo, mesmo nos sistemas que não conhecem força vinculante da jurisprudência, uma vez que a situação de insegurança gerada pela mudança somente poderá ser eliminada depois de um período relativamente considerável para que seja consolidada a *nova regula.*

Estipulada a "regra do jogo" deve ser evitada, com efeito, a perversa retroatividade de novel posicionamento pretoriano, circunstância que impede a perpetração de qualquer emboscada aos advogados, preservando-se, como precípuo escopo da jurisdição, o direito material dos litigantes.

Decorre desse importante comportamento a consciência de lealdade que deve fluir da função judicante, ao infundir confiança e segurança jurídica à sociedade e, em particular, aos jurisdicionados.

Esse problema foi enfrentado pelo Supremo Tribunal Federal da Alemanha, que revelou grande perplexidade com o fato de que a mudança de rumo dos precedentes judiciais pode mesmo ensejar o "desaparecimento da base do negócio, quando as partes de um acordo partiram em consonância com a situação jurídica que resultava da jurisprudência anterior".[184]

No entanto, sem embargo da possibilidade de ocorrência dessa inevitável situação, tanto o Supremo quanto a Corte Constitucional Federal alemães consideram que as regras que proíbem a retroatividade das leis não poderiam estender-se às decisões dos tribunais. Se tal fosse possível, "conduziria a que os tribunais houvessem de estar vinculados a uma jurisprudência outrora consolidada, mesmo quando esta se revela insustentável à luz do conhecimento apurado ou em vista da mudança das relações sociais, políticas ou econômicas".[185]

---

184. Cf. Karl Larenz, *Metodologia da ciência do direito*, p. 617.
185. Larenz, *Metodologia da ciência do direito*, p. 618.

Assim, diante do interesse da coletividade, a modulação dos efeitos pretéritos, a critério do tribunal, constitui técnica oportuna e deveras significativa, a evitar injustiça.

11.2. Anacronismo do precedente e modulação temporal da eficácia

Durante toda a evolução histórica da atividade judicial, a força vinculante das decisões sofreu profundas alterações, sendo correto afirmar-se que, hoje, nem mesmo a *House of Lords* encontra-se absolutamente adstrita às suas próprias decisões.

Aduza-se que, sob tal perspectiva, as técnicas do *overruling* (*common law*) e do *revirement* (*civil law*) representam situações específicas e excepcionais com o escopo de excluir do ordenamento jurídico determinado precedente, para substituí-lo por outro que melhor se ajuste à hipótese *sub examine*.

Em princípio, nos sistemas dominados pelas regras do *common law*, todo precedente deve ser considerado nos julgamentos futuros de casos análogos.

Schauer, discorrendo sobre a eficácia vinculante, ínsita às *rules of law* moldadas nos pretéritos julgamentos, assevera que, paradoxalmente, as cortes de justiça, em princípio, têm o dever de seguir o precedente não apenas quando imaginam estar ele correto, mas, ainda, quando entendem que o precedente emerge incorreto.[186]

Observam, nesse mesmo sentido, Atiyah e Summers:[187] "A concepção do sistema de precedentes é de tal sorte rígida, que acaba constrangendo juízes, em determinados casos, a proferir decisões com as quais eles mesmos não concordam".

Todavia, a inexorável evolução do direito determinada pela dinâmica social dos países que se orientam pela *doctrine of binding precedent* permite que, em certas circunstâncias, venha oposta exceção à referida regra.

À luz do ordenamento jurídico brasileiro, considerando o papel das súmulas de jurisprudência, Miguel Reale afasta a relativa estabilidade destas dos efeitos dos *binding precedents* do *common law*, e ainda exorta os juristas a zelar para que não se enferruje o mecanismo jurisdicional, de modo que os *standards* pretorianos sejam constantemente revistos, em razão de muta-

---

186. Frederick Schauer, *Thinking like a Lawyer*, p. 41.
187. *Form and Substance in Anglo-American Law*, p. 121.

ções supervenientes no sistema legal, ou, o que não é menos importante, por exigência de novos valores socio-econômicos e/ou culturais.[188]

Apontando as causas de superamento de determinada tese jurídica, Patrícia Perrone Campos Mello, em sua sólida pesquisa sobre esta temática, destaca que o precedente judicial perde normalmente a seu *status* quando: *a*) desponta contraditório; *b*) torna-se ultrapassado; *c*) é colhido pela obsolescência em virtude de mutações jurídicas; ou, ainda, *d*) encontra-se equivocado.

Assinala, a propósito, que tais fatores conduzem, em síntese, a "duas razões para se revogar um precedente: sua *incongruência social* e sua *inconsistência sistêmica.* A incongruência social alude a uma relação de incompatibilidade entre as normas jurídicas e os *standards* sociais; corresponde a um vínculo negativo entre as decisões judiciais e as expectativas dos cidadãos. Ela é um dado relevante na revogação de um precedente porque a preservação de um julgado errado, injusto, obsoleto até pode atender aos anseios de estabilidade, regularidade e previsibilidade dos técnicos do direito, mas aviltará o sentimento de segurança do cidadão comum". Já a ideia de inconsistência sistêmica aponta para uma desarmonia entre as diversas regras que compõem um determinado ordenamento jurídico...[189]

Com efeito, as cortes superiores podem então substituir – *overruled* – um determinado precedente por ser considerado ultrapassado ou, ainda, errado (*per incuriam* ou *per ignorantia legis*). A decisão que acolhe nova orientação incumbe-se de revogar expressamente a *ratio decidendi* anterior (*express overruling*). Nesse caso, o antigo paradigma hermenêutico perde todo o seu valor vinculante.

É possível também que, sem qualquer alusão ao posicionamento jurisprudencial assentado, a nova decisão siga diferente vetor. Tem-se aí, embora mais raramente, uma revogação implícita do precedente (*implied overruling*), similar à ab-rogação indireta de uma lei.[190]

Distinguem-se ainda, como exceção à regra do precedente vinculante:

188. *Fontes e modelos do direito*, p. 72.

189. Patrícia Perrone Campos Mello, *Precedentes*, p. 237 ss.

190. Anote-se que a *Court of Appeal* inglesa, por exemplo, não tem a prerrogativa de revogar implicitamente as suas próprias decisões. Se porventura proferir julgamento substancialmente divergente de anterior pronunciamento, em caso análogo, sem manifestar a intenção clara de revogar o precedente, será criada uma duplicidade de orientações, gerando evidente incerteza para as cortes inferiores, até que a *House of Lords* intervenha para fixar qual *ratio decidendi* deve prevalecer (G. Moretti, *La dottrina del precedente giudiziario nel sistema inglese*, Contratto e impresa, p. 57).

a) a *retrospective overruling*: quando a revogação opera efeito *ex tunc*, não permitindo que a anterior decisão, então substituída, seja invocada como paradigma em casos pretéritos, que aguardam julgamento;

b) a *prospective overruling*: instituída pela Suprema Corte americana, na qual o precedente é revogado com eficácia *ex nunc*, isto é, somente em relação aos casos sucessivos, significando que a *ratio decidendi* substituída continua a ser emblemática, como precedente vinculante, aos fatos anteriormente ocorridos;

c) a *anticipatory overruling*: introduzida, com inescondível arrojo, pelos tribunais dos Estados Unidos. Consiste na revogação preventiva do precedente, pelas cortes inferiores, ao fundamento de que não mais constitui *good law*, como já teria sido reconhecido pelo próprio tribunal *ad quem*. Basta portanto que na jurisprudência da corte superior tenha ocorrido, ainda que implicitamente, uma alteração de rumo atinente ao respectivo precedente. Ocorre aí "uma espécie de delegação tácita de poder para proceder-se ao *overruling*".[191]

É certo que todos estes mecanismos estão a evidenciar que a força vinculante do precedente não impede que uma determinada tese dominante, antes sedimentada, possa ser superada, passando-se a um novo processo de "normatização pretoriana". A mutação progressiva de paradigmas de interpretação de um determinado episódio da vida, dotado de relevância jurídica, sempre veio imposta pela historicidade da realidade social, constituindo mesmo uma exigência de justiça...

Saliente-se que o superamento do precedente judicial, pelas mesmas razões supra alinhadas, igualmente se observa nos sistemas de *civil law*.

Seja como for, acerca deste assunto, deve ter-se presente que a abrupta alteração dos rumos da jurisprudência acarreta, em regra, gravíssimas consequências no plano da dinâmica do direito, visto que: *a*) vulnera a previsibilidade dos pronunciamentos judiciais; e, por via de consequência, *b*) produz insegurança jurídica.

Desse modo, para evitar estes sérios inconvenientes, é que foi instituída a denominada *prospective overruling*. Nesse sentido, o mecanismo hermenêutico da modulação dos efeitos constitui importantíssimo instrumento técnico, a ser prestigiado pelo legislador e pelos tribunais. É exatamente o que vem preceituado no § 3º do art. 927 do Código de 2015, ora sob análise: "*Na hipótese de alteração de jurisprudência dominante do Supremo Tribunal Federal e dos tribunais superiores ou daquela oriunda*

191. Sartor, *Precedente giudiziale*, Contratto e impresa, p. 1.345-1.346; Moretti, *La dottrina del precedente giudiziario nel sistema inglese*, p. 56-57.

de julgamento de casos repetitivos, pode haver modulação dos efeitos da alteração no interesse social e no da segurança jurídica".

Assevera, a esse respeito, Marinoni, que: "quando nada indica provável revogação de um precedente, e, assim, os jurisdicionados nele depositam confiança justificada para pautar suas condutas, entende-se que, em nome da proteção da confiança, é possível revogar o precedente com efeitos puramente prospectivos (a partir do trânsito em julgado) ou mesmo com efeitos prospectivos a partir de certa data ou evento. Isso ocorre para que as situações que se formaram com base nos precedentes não sejam atingidas pela nova regra...".[192]

Ademais, o "abandono" do precedente, sobretudo no ambiente de uma experiência jurídica dominada pelo *case law*, exige do órgão judicial uma carga de argumentação que supõe não apenas a explicação ordinária das razões de fato e de direito que fundamentam a decisão, mas, ainda, justificação complementar. Essa imposição natural é geralmente esclarecida pelo denominado *princípio da inércia*, segundo o qual a orientação já adotada em várias oportunidades deve ser mantida no futuro (por ser presumivelmente correta, pelo desejo de coerência e pela força do hábito). Não pode, pois, ser desprezada sem uma motivação satisfatória.[193]

No direito norte-americano, tanto a Suprema Corte quanto os tribunais superiores dos respectivos Estados, ao longo da história, reveem seus precedentes quando manifestamente equivocados ou ultrapassados. Encontra-se expressivo exemplo da técnica do *overruling* em uma conhecida situação na qual um consumidor acionou um fabricante de automóveis visando a receber indenização por danos pessoais, resultantes de defeito no carro. O tribunal de apelação reformou a sentença de primeiro grau, eximindo o fabricante de qualquer responsabilidade em relação ao demandante, porque este não era o comprador original. O automóvel havia sido adquirido de um terceiro.[194]

Ocorre que, posteriormente, por força de um *writ of error* (espécie de ação rescisória), a mesma corte, reexaminando a orientação que antes preva-

---

192. Luiz Guilherme Marinoni, *Eficácia temporal da revogação da jurisprudência consolidada dos tribunais superiores*, Revista dos Tribunais, 906(2011):259. V., sobre o tema da modulação, por último, Ravi Peixoto, *Superação do precedente e segurança jurídica*, p. 313 ss.

193. Cf. Perelman e Olbrechts-Tyteca, *Tratado da argumentação. A nova retórica*, p. 120: "A inércia permite contar com o normal, o habitual, o real, o atual, e valorizá-lo, quer se trate de uma situação existente, de uma opinião admitida ou de um estado de desenvolvimento contínuo e regular. A mudança, em compensação, deve ser justificada; uma decisão, uma vez tomada, só pode ser alterada por razões suficientes"; Marina Gascón Abellán, *La técnica del precedente y la argumentación racional*, p. 40.

194. *Johnson v. Cadillac Motor Co., 261 F. 878, 886, 8 A.L.R. 1023.* V., a respeito, Benjamin Nathan Cardozo, *A natureza do processo judicial*, p. 146-147.

lecera e desconsiderando o caráter privado do contrato, julgou procedente o pedido de indenização, isto é, favorável ao consumidor, com fundamento em precedente do Tribunal de Apelação do Estado de New York (*Mac Pherson v. Buick Motor Co., 217 N.Y. 382, 111 N.E. 1050*).[195]

12. Ônus da justificação adequada

Anote-se, de logo, que por imposição constitucional (art. 93, IX, CF), toda decisão deve conter motivação. O art. 11 do novo Código de Processo Civil também prestigia o princípio do dever de fundamentação dos atos decisórios.

É evidente que esta exigência ganha relevo quando o pronunciamento emergente se contrapõe ao enunciado de súmula, de jurisprudência pacificada ou de tese adotada em julgamento de casos repetitivos (art. 927, § 4º, CPC/2015).

Como já observei, praticamente toda alteração de interpretação de norma legal acarreta graves consequências.

Ao preservar a estabilidade, aplicando o precedente nas situações sucessivas análogas, os tribunais contribuem, a um só tempo, para a certeza jurídica, para fortalecer a igualdade entre os jurisdicionados e para a proteção da confiança na escolha do caminho trilhado pela decisão judicial.

Examinando essa temática, Robert Alexy formula duas regras gerais do discurso jurídico para a utilização da jurisprudência consolidada, a saber:

---

195. Anote-se que esse precedente judicial foi também invocado pelo Lord Atkin, perante a *House of Lords*, e é considerado o *leading case* em matéria de responsabilidade aquiliana, no qual se anteviu a inconsistência do princípio da relatividade dos efeitos contratuais.

Procurando explicar a filosofia dessa possibilidade inerente de "reforma do precedente", vale transcrever trecho de magnífica página da clássica obra de Benjamin Cardozo (Juiz da Suprema Corte dos Estados Unidos, de 1932 a 1938), na qual se reporta a passagem de Monroe Smith: "... O *common law* não opera com verdades preestabelecidas, de validade universal e inflexível, para chegar a conclusões derivadas delas, por um processo dedutivo. Seu método é indutivo e ela extrai as suas generalizações de particulares. Este processo foi admiravelmente fixado por Monroe Smith: ‹Em seus esforços para dar ao sentimento social de justiça expressão articulada em regras e em princípios jurídicos, o método dos profissionais na pesquisa do direito sempre foi experimental. As regras e princípios do direito consuetudinário (*case-law*) nunca foram tratados como verdades finais, mas como hipóteses de trabalho, continuamente reexaminadas nesses grandes laboratórios do direito que são os tribunais de justiça. Cada caso novo é uma experiência; e se as regras aceitas, provavelmente aplicáveis, conduzem a resultado que se sente injusto, a regra é reconsiderada. Pode não ser modificada imediatamente, pois a tentativa de fazer absoluta justiça em cada caso concreto tornaria impossível o desenvolvimento e a manutenção de regras gerais; mas se continua a produzir injustiças, será eventualmente reformulada'..." (*A natureza do processo judicial*, p. 59-60).

a) quando vier invocado um precedente a favor ou contra uma decisão, ele deve, em princípio, ser seguido; e *b*) quem pretender se afastar de um precedente, tem o ônus da justificação.[196]

Procurando participar desse profícuo debate, Marina Gascón Abellán afirma, por sua vez, que o respeito ao precedente judicial gera a inafastável obrigação de que sejam declinadas as razões da dissensão, na hipótese de ser considerado errôneo o anterior critério eleito pela jurisprudência, decidindo-se o caso de acordo com a tese que passa a ser considerada correta para solucionar questões futuras.[197]

A ruptura com a linha de argumentação que justificou a orientação pretérita emerge sempre legítima quando é fundamentada em razões jurídicas objetivas (*quaestio iuris*) e dotada de vocação para o futuro, ou seja, destinada a ser mantida com potencial continuidade em situações análogas.

Cuidando também de mostrar que a jurisprudência acaba desempenhando papel de grande relevo na atividade do operador do direito continental, Martin Kriele esclarece que, em caso de dúvida, deve-se decidir de acordo com o precedente judicial, em decorrência do "princípio da presunção a favor do precedente".[198] Esse "princípio" veio erigido pela *praxis* e corresponde à "natureza das coisas".

Tal presunção em prol do precedente, sob o prisma da argumentação, permite atingir, na visão de Kriele, importantes objetivos políticos-jurídicos:

1º) orienta a decisão judicial segundo máximas gerais, que, superando o caso julgado, atinge a igualdade de tratamento, preserva a certeza do direito e torna mais previsível o desfecho do processo;

2º) abre caminho para que a doutrina se transforme em direito positivo, ou seja, a opinião doutrinária que não se impõe perante a jurisprudência constitui apenas um simples parecer que não opera qualquer influência na realidade jurídica. Institutos jurídicos desenvolvidos pela dogmática irrompem traduzidos em direito positivo na medida em que são absorvidos pelos precedentes judiciais;

3º) diminui a discussão dogmática sobre figuras jurídicas já consagradas pela jurisprudência, como, por exemplo, lesão positiva do crédito, culpa *in contrahendo*, cessão da garantia;

---

196. *Teoria da argumentação jurídica*, p. 261.

197. Marina Gascón Abellán, *La técnica del precedente y la argumentación racional*, p. 98-99.

198. *Il precedente nell'ambito giuridico europeu-continentale e angloamericano*, La sentenza in Europa – método, tecnica e stile (obra coletiva), p. 517.

4º) destaca o vínculo ético do juiz com a dimensão de universalidade do precedente, uma vez que sua decisão também irá estabelecer um precedente. Desse modo, a referida presunção em favor do precedente tem um duplo significado: para o passado e para o futuro. O juiz deve, portanto, considerar a jurisprudência já consolidada e, ainda, cuidar para que a decisão a ser proferida possa também, no futuro, ser invocada em casos análogos;

5º) favorece o progresso da ciência jurídica, com a natural evolução de inúmeros institutos jurídicos.

Assim, diante desse quadro auspicioso – conclui Kriele – se porventura o tribunal resolver desprezar o precedente judicial cabe-lhe sempre o inarredável ônus do argumento contrário.[199]

É certo que os precedentes contam com uma relativa presunção de correção, mas nem por essa razão o tribunal deve entregar-se a eles sem qualquer prevenção. É imperioso que elabore, sempre, um juízo próprio, pelo menos quando surjam dúvidas sobre a legalidade e/ou justiça de uma determinada orientação pretoriana.[200]

13. Ampla publicidade dos pronunciamentos dos tribunais

Dúvida não há de que um dos problemas mais sérios atualmente enfrentados pela nossa comunidade jurídica corresponde às enormes dificuldades de comunicação eficaz entre os mais de 50 tribunais de nosso país.

Focando esta questão, o Presidente do Conselho Nacional de Justiça, Ministro Ricardo Lewandowski, visando a estimular a criação de canais de compartilhamento, unificação e disseminação da jurisprudência entre os tribunais, baixou a Portaria 191, em 2 de dezembro de 2014, instituindo o *Conselho da Presidência do CNJ para disseminação nacional da jurisprudência uniformizada*, que já iniciou a sua missão, colhendo as informações necessárias para submeter, em breve, à apreciação daquele órgão uma proposta concreta em prol de maior sinergia entre as nossas inúmeras cortes de justiça.

Atento também a essa problemática, o novo Código, no § 5º do art. 927, recomenda aos tribunais que cuidem não apenas da devida divulgação de seus respectivos julgados pelas redes de informação eletrônica, como ainda que sejam eles selecionados por matéria.

---

199. *Il precedente nell'ambito giuridico europeu-continentale e angloamericano*, p. 517-520. V., ainda, considerando a doutrina de Kriele, Sartor, *Precedente giudiziale*, p. 1.351-1.352.
200. Cf. Larenz, *Metodologia da ciência do direito*, p. 614.

Torna-se realmente recomendável que os órgãos judicantes providenciem ampla publicidade às suas decisões, sobretudo daquelas referentes às teses mais polêmicas, a nortear as demais cortes de justiça, evitando com isso, indesejada divergência pretoriana.

14. Influxos dos precedentes nos casos repetitivos

Diante de redação um tanto inusitada, até mesmo pela evidente redundância que contém, o dispositivo em apreço, visando a evitar quaisquer dúvidas, estabelece que o julgamento de casos repetitivos, para os fins do novel diploma processual, é aquele proferido no incidente de demandas repetitivas (arts. 976 a 987) ou nos recursos extraordinário e especial repetitivos (arts. 1.036 a 1.041). Observe-se que – por paradoxal que possa parecer –, não há, no Código de 2015, qualquer outro tipo de decisão em casos repetitivos!

Como o legislador insistiu em enfatizar, em inúmeros dispositivos, a eficácia vinculante do julgamento prolatado em casos repetitivos (cf., p. ex., art. 988, IV), entendeu por bem apontar as duas espécies dessa modalidade de decisão previstas no novo diploma processual.

15. Objeto do julgamento dos casos repetitivos

Ainda em tom didático, assinala o parágrafo único, que a questão, objeto do julgamento em tais hipóteses, pode ser de natureza material ou processual.

Ora, antes mesmo da vigência do Código de Processo Civil de 2015, nota-se que, no âmbito do incidente de resolução de recursos repetitivos, regrado pelos arts. 543-B e 543-C do velho estatuto, o Supremo Tribunal Federal e o Superior Tribunal de Justiça enfrentaram, sem qualquer celeuma, questões de cunho processual ou de direito material.

Com efeito, apenas por ilustração, o Plenário da Suprema Corte, no julgamento do Recurso Extraordinário 633.703-MG, relatado pelo Ministro Gilmar Mendes, ficou patenteado que: "O recurso extraordinário é conhecido para: a) reconhecer a repercussão geral da questão constitucional atinente à aplicabilidade da LC 135/2010 às eleições de 2010, em face do princípio da anterioridade eleitoral (art. 16 da Constituição), de modo a permitir aos Tribunais e Turmas Recursais do país a adoção dos procedimentos relacionados ao exercício de retratação ou declaração de inadmissibilidade dos recursos repetitivos, sempre que as decisões recorridas contrariarem ou se pautarem pela orientação ora firmada.; b) dar provimento ao recurso, fixando a não aplicabilidade da Lei Complementar 135/2010 às eleições gerais de 2010". [201]

Abordando matéria de natureza processual, a 2ª Turma do Supremo, por ocasião do julgamento no Agravo Regimental no Recurso Extraordinário com Agravo 796.984-RN, cujo voto condutor é da lavra da ministra Carmen Lúcia, assentou que:

> "... O Tribunal de origem sobresteve o recurso especial interposto pelo ora Agravante para aguardar julgamento do Superior Tribunal de Justiça em processo analisado sob a sistemática dos recursos repetitivos e, uma vez julgada a matéria, o Tribunal *a quo* aplicou o inc. I do § 7º do art. 543-C do CPC. É incabível recurso de agravo previsto no art. 544 do CPC com o objetivo de admitir recurso extraordinário interposto contra decisão que aplica a sistemática de recursos repetitivos. Assim, por exemplo o Recurso Extraordinário com Agravo 787.432, relator o Ministro Luiz Fux, DJe 24.02.2014, transitado em julgado. Ademais, como afirmado na decisão agravada, a falta de interposição simultânea do recurso extraordinário torna preclusas eventuais questões constitucionais relativas à matéria julgada pelo Tribunal de origem...". [202]

Já no âmbito do Superior Tribunal de Justiça, também em sede de recurso repetitivo, no julgamento da 4ª Turma, no Agravo Regimental no REsp 1.273.214-ES, relatado pelo Ministro Raul Araújo, restou decidido que:

> "... Nesse particular aspecto, em relação à obrigatoriedade de juntada de peças essenciais na formação do agravo de instrumento do art. 522 do CPC, esta Corte adotava o entendimento de que o conhecimento do agravo de instrumento pressupunha a juntada das peças de caráter obrigatório, além daquelas consideradas essenciais à compreensão da controvérsia, requisito esse que deveria estar preenchido no momento da interposição do recurso. No entanto, a Corte Especial, na sessão realizada em 2 de maio de 2012, ao julgar o REsp 1.102.467-RJ, de relatoria do Ministro Massami Uyeda, sob o regime do art. 543-C, § 1º, do CPC (recursos repetitivos) e da Resolução/STJ 8/2008, firmou nova orientação no sentido de que a ausência de peças facultativas no agravo de instrumento (CPC, art. 525, II), consideradas necessárias ou essenciais à compreensão da controvérsia, não enseja a inadmissão liminar do recurso, devendo o Tribunal *a quo* dar oportunidade ao agravante de complementação do instrumento, fixando prazo para tanto... Logo, a manutenção da decisão monocrática agravada e o consequente provimento do recurso especial são medidas que se impõem...". [203]

201. J. u., DJe, 18.11.2011.
202. J. u., DJe, 05.05.2014.
203. J. u., DJe, 23.04.2015.

Desse modo, ao lado desta questão de natureza processual, examinada no âmbito de recursos repetitivos, inúmeros outros arestos, submetidos ao procedimento dessa mesma técnica de julgamento, cuidaram de questões de direito material, como, por exemplo, extrai-se daquele proferido no Agravo Regimental no Agravo em REsp 617.348-MS, de relatoria do Ministro Luis Felipe Salomão, *in verbis*: "A jurisprudência desta Corte é assente no sentido de que os juros remuneratórios cobrados pelas instituições financeiras não sofrem a limitação imposta pelo Decreto 22.626/33 (Lei de Usura), a teor do disposto na Súmula 596/STF. Esse posicionamento foi confirmado no julgamento do REsp 1.061.530-RS, de 22.10.2008, afetado à 2ª Seção de acordo com o procedimento da Lei dos Recursos Repetitivos (Lei 11.672/2008), sob a relatoria da ministra Nancy Andrighi... Agravo regimental a que se nega provimento".[204]

Continuo entendendo que o inconveniente desta técnica é que, a rigor, fere a garantia do devido processo legal, porque a parte em um recurso cuja tramitação foi sobrestada é diretamente atingida por decisão proferida em outro processo, sem a sua participação.

---

204. J. u., DJe, 28.04.2015.

– X –

O STJ E A RELEVÂNCIA DOS PRECEDENTES JUDICIAIS COMO FENÔMENO DE TRANSFORMAÇÃO DO DIREITO

SUMÁRIO: 1. Valor do precedente no discurso judicial. 2. O dogma da coisa julgada e a força do precedente judicial. 3. Antecipação à lei e ruptura dos paradigmas.

1. Valor do precedente no discurso judicial

É certo que uma teoria da argumentação jurídica que porventura deixasse de considerar a importância dos precedentes judiciais como objeto de reflexão perderia um de seus mais valiosos elementos.

Sim, porque além dos escopos teórico e político, a função prática do discurso judicial deve ser apta a oferecer subsídios úteis para o desempenho da tarefa de arrazoar, produzir, interpretar e aplicar o direito. Desse modo, os precedentes judiciais ingressam na complexa seara do raciocínio jurídico como elemento paradigmático visando, sobretudo, a persuadir e a convencer.

Verifica-se que, na atualidade, mesmo no ambiente jurídico da Europa continental, a transcendência dos precedentes vem sobrelevada, sendo que boa parte da doutrina, certamente influenciada pela longa e profícua experiência histórica, tece importantes considerações acerca da sua força vinculante.

Partindo do pressuposto de que o produto da atividade judicial (*Richterrecht*) constitui fonte "irrecusável" de conhecimento do direito, Giovanni

Orrù, que escreveu importante monografia de comparação jurídica entre os direitos italiano e alemão, arrola, em abono da tese da eficácia obrigatória dos precedentes, os seguintes argumentos:

1º) a jurisprudência consolidada garante a certeza e a previsibilidade do direito, e, portanto, evita posteriores oscilações e discussões no que se refere à interpretação da lei. Os cidadãos baseiam as suas opções não apenas nos textos legais vigentes, mas, também, na tendência dos precedentes dos tribunais, que proporcionam àqueles, na medida do possível, o conhecimento de seus respectivos direitos. A uniformidade da jurisprudência integra o cálculo de natureza econômica, sendo a previsibilidade que daquela decorre um pressuposto inafastável para o seguro desenvolvimento do tráfico jurídico-comercial: uma mudança abrupta e não suficientemente justificada da orientação pretoriana solapa a estabilidade dos negócios;

2º) a jurisprudência consolidada garante a igualdade dos cidadãos perante a distribuição da justiça, porque situações assemelhadas são tratadas do mesmíssimo modo, e a democracia participativa exige a paridade de trato entre os membros da comunhão social. O tratamento desigual pelos tribunais é forte indício de injustiça em pelo menos um dos casos. Tão-somente justificadas razões peculiares autorizam o desvio dos precedentes judiciais;

3º) a jurisprudência consolidada evidencia submissão moral de respeito à sabedoria acumulada pela experiência, não de forma simplesmente mecânica, mas, sim, por meio de adesão crítica consciente, conseguindo detectar, entre várias situações, um núcleo central estável; e, por fim,

4º) a jurisprudência consolidada constrói uma presunção (relativa) em prol da justiça do precedente, até porque sem um razoável grau de confiança na anterior elaboração judicial, faltaria um dos fundamentos mais relevantes da evolução do direito. É despiciendo dizer, nesse sentido, que um juiz solitário, colocado diante do texto legal, sem qualquer mediação oferecida pelos precedentes judiciais, não poderia, em curto espaço de tempo, chegar a resultados de qualidade.

Orrù encerra a sua exposição afirmando que o juiz, contudo, jamais deve ser escravo do precedente judicial, porque certamente haveria aí uma abdicação da independência da livre persuasão racional, assegurada pelas modernas legislações.[205]

Colocando de lado a polêmica acerca da natureza ontológica dos precedentes judiciais, quanto a ser ou não fonte primária de direito, Robert Alexy, em obra específica sobre a argumentação jurídica, anota que a primordial

---

205. Cf. Giovanni Orrù, *Richterrecht. Il problema della libertà e autorità giudiziale nella dottrina tedesca contemporanea*, pp. 74-85.

justificação da utilização pragmática dos precedentes é ditada pelo "princípio da universalidade" ou da justiça formal, que impõe um tratamento isonômico para situações iguais.

A conciliação entre justiça e universalidade – segundo o referido jurista – pode ser alcançada, em regra, por meio da observância dos precedentes, sem embargo de admitir-se o abandono de uma determinada orientação pretoriana, desde que sobrevenham justificadas razões. E, ocorrendo esta hipótese, o ônus da argumentação deve ser imposto ao operador do direito que pretenda afastar-se do precedente. Alexy entende que, nesse particular, o princípio da inércia de Perelman é adequado, com sua exigência de que uma decisão só pode ser alterada se razões suficientes puderem ser aduzidas para tanto.[206]

Ao preservar a estabilidade, aplicando o precedente nas situações sucessivas análogas, os tribunais contribuem, a um só tempo, para a certeza jurídica e para a proteção da confiança na escolha do caminho trilhado pela decisão judicial.

2. O dogma da coisa julgada e a força do precedente judicial

Traçadas estas premissas, verifica-se que, após o trânsito em julgado, o pronunciamento judicial produz, em regra, coisa julgada material, tornando insuscetível de rediscussão o objeto do processo que se encerrou. A razão desse fenômeno é justificada pela exigência de estabilidade e consequente segurança das relações jurídicas.

O selo da imutabilidade decorrente da coisa julgada é consagrado como garantia constitucional (CF, art. 5º, XXXVI), não podendo ser violado nem mesmo pela lei.

Não obstante, no final do século XX, o dogma da coisa julgada passou a ser reapreciado por alguns juristas brasileiros, à luz de um valor ínsito à tutela jurisdicional, qual seja, o da *justiça das decisões*.

A doutrina e a jurisprudência começaram então – como destaca Dinamarco – a despertar para a necessidade de revisar a garantia constitucional e o instituto técnico-processual da coisa julgada, na crença de que "*não é legítimo eternizar injustiças a pretexto de evitar a eternização de incertezas*".[207]

---

206. *Teoria da argumentação jurídica*, p. 259.

207. *Relativizar a coisa julgada material*, Revista da Escola Paulista da Magistratura, 2(2001):13.

Assim, diante dessa nova visualização, o Supremo Tribunal Federal e, especialmente, o Superior Tribunal de Justiça, em algumas situações excepcionais, passaram a desconsiderar o caráter absoluto da coisa julgada.

Partindo do pressuposto de que a coisa julgada encontra-se sempre condicionada aos princípios da razoabilidade e da proporcionalidade, importante precedente judicial do Superior Tribunal de Justiça, no julgamento do REsp 240.712-SP, relatado pelo Ministro José Augusto Delgado, afastou a *res iudicata* formada em detrimento do erário público.[208]

Procurando estabelecer critérios para impedir que uma decisão judicial produza normalmente os efeitos previstos em lei, deve-se estabelecer um cotejo entre valores constitucionalmente assegurados. Observa, a propósito, Dinamarco que, "aparentemente, a garantia da *justa e prévia indenização* poderia parecer destinada com exclusividade ao resguardo do direito de propriedade e, portanto, configurar-se apenas como uma proteção endereçada aos particulares em face do Estado, sem ter também este como destinatário. Essa insinuação vem não só da topologia da garantia, situada no capítulo *dos direitos e garantias individuais e coletivos*, mas também de sua própria redação. Os precedentes jurisprudenciais que se formaram a esse respeito, todavia, apoiam-se, ainda que não tão explicitamente, em uma visão bipolar da garantia expressa pelo inc. XXIV do art. 5º constitucional. Nessa perspectiva, o *preço justo* figura como uma garantia com que ao mesmo tempo a Constituição Federal quer proteger a efetividade do direito de propriedade e também resguardar o Estado contra excessos indenizatórios. Nem haveria como entender de modo diferente o emprego do adjetivo *justo*, dado que a própria *justiça* é em si mesma um conceito bilateral, não se concebendo que algo seja '*justo*' para um sujeito sem sê-lo para outro. *Não se faz 'justiça' à custa de uma injustiça*".[209]

Entendemos que essa mesma perspectiva vale igualmente para dirimir o conflito entre *coisa julgada v. direitos da personalidade*, que também são garantidos pelo texto constitucional (art. 5º, X).

Se, há duas década, alguém reproduzisse ação judicial de investigação de paternidade, cujo pedido tivesse sido julgado improcedente, certamente que o réu veria acolhida a exceção de coisa julgada que opusera.

Hoje, contudo, o Superior Tribunal de Justiça, em reiterados *precedentes*, relativiza o princípio da *auctoritas rei iudicata*.

---

208. 1ª. Turma, DJU de 24.04.2000. V., a respeito, Dinamarco, *Relativizar a coisa julgada material*, cit., pp. 14-15.
209. Dinamarco, *Relativizar a coisa julgada material*, pp. 32-33.

Com efeito, a segurança da prova pericial da paternidade, realizada pelo método de estudo das moléculas do DNA, tem sido reputada como um novo fundamento, a permitir a rediscussão da lide.

A rigor, ambas as demandas – a anterior e a subsequente – irrompem absolutamente idênticas (*eadem personae*, *causa petendi* e *petitum*) e, por essa razão, sob o ponto de vista técnico-processual, não poderia ser admitida a análise do mérito na nova ação (art. 485, V, do CPC).

Todavia, dada a inequívoca relevância do interesse do demandante em ter reconhecida a sua paternidade, o Superior Tribunal de Justiça, não desconhecendo que a *causa petendi proxima* da ação de investigação somente pode ser o ato sexual, procura contornar o óbice legal, admitindo que a prova biológica pelo DNA ou, ainda, outra circunstância fática, constitui *nova causa de pedir*.

Ficou assentado, nesse sentido, no julgamento do Recurso Especial n. 109.1142-RS, relatado pelo Ministro César Asfor Rocha, que: "O fato de ter sido julgada improcedente a primeira ação de investigação da paternidade, que teve como causa de pedir a existência de concubinato, não impede o ajuizamento da segunda demanda, com outra *causa petendi*, qual seja, a existência do rapto consensual".[210]

Extrai-se, no entanto, do texto do acórdão que o motivo precípuo do provimento do recurso foi exatamente a prova pericial que favoreceu a demandante, "com probabilidade positiva de 99%, conforme 'laudo imunogenético de investigação de paternidade', realizado que foi com base em amostras dos possíveis irmãos da autora...".

Em outro julgado, no REsp 226.436-PR, o Ministro Sálvio de Figueiredo Teixeira, então relator, pontuou que: "Não excluída expressamente a paternidade do investigado na primitiva ação de investigação de paternidade, diante da precariedade da prova e da ausência de indícios suficientes a caracterizar tanto a paternidade como a sua negativa, e considerando que, quando do ajuizamento da primeira ação, o exame pelo DNA ainda não era disponível e nem havia notoriedade a seu respeito, admite-se o ajuizamento de ação investigatória, ainda que tenha sido aforada uma anterior com sentença julgando improcedente o pedido".[211]

Concluímos, destarte, que a força dos precedentes judiciais, no jogo do binômio segurança-justiça, transcende o dogma da coisa julgada material,

---

210. *Rev. do STJ*, 153(2002):309 ss.
211. *Rev. do STJ*, 154(2002):403 ss.

firmando "posições que atendem aos fins sociais do processo e às exigências do bem comum",[212] em prol da *tutela jurisdicional justa.*

3. Antecipação à lei e ruptura dos paradigmas

O desenvolvimento judicial do direito constitui, sob o enfoque dinâmico, característica marcante da jurisprudência.

Assim, em muitas situações, é possível verificar, a lenta evolução de um determinado instituto, ou mesmo de uma situação fática relevante para o direito, nas soluções que os tribunais pátrios, em particular, o Superior Tribunal de Justiça, conferem aos casos que lhes são submetidos à apreciação.

Em matéria de direito de família, a quebra de paradigmas pela influência imediata dos precedentes é ainda mais acentuada. Inúmeras inovações inseridas em nosso vigente Código Civil nada mais representam do que a mera recepção, pela lei escrita, de orientação jurisprudencial sedimentada. Basta lembrar a reiteração de julgados acerca do crescente prestígio da figura paterna, em termos de guarda de filhos menores; ou ainda da mitigação do elemento culpa, para desconstituição da obrigação alimentar, que já vinha tomando corpo na jurisprudência mais recente.[213]

Registre-se, a propósito, que a longa e rica trajetória dos direitos da concubina – desde o reconhecimento à indenização previdenciária, em caso de morte do segurado, até a plena regulamentação legislativa da união estável – constitui exemplo eloquente do desempenho de absoluta vanguarda dos precedentes judiciais.

Concubinato era termo praticamente proscrito da legislação civil. Paulatinamente, logo após os primeiros julgados que atribuíram direito previdenciário à concubina, instituiu-se sólida corrente jurisprudencial no sentido de atenuar as injustiças decorrentes da falta de regulamentação legislativa acerca da matéria. Assim, o denominado concubinato passou a ser tratado como verdadeira sociedade de fato, por uma profusão de precedentes judiciais, no período de 1946 a 1963, ensejando a formulação da Súmula 380 do Supremo Tribunal Federal, que instituiu a comunicação de aquestos, desde que comprovado o esforço comum, para a aquisição onerosa de bens.[214]

---

212. STJ, 4ª Turma, REsp 226.436-PR, rel. Sálvio de Figueiredo Teixeira, DJU de 04.02.2002.

213. Cf., respectivamente, arts. 1.584 e 1.694, § 2º, do CC.

214. Súmula 380 do STF: "*Comprovada a existência de sociedade de fato entre os concubinos, é cabível a sua dissolução judicial com a partilha do patrimônio adquirido pelo esforço comum*". V., a respeito, Álvaro Villaça Azevedo, *Do concubinato ao casamento de fato*, pp. 85 ss.

Inicialmente, esse esforço comum era considerado, em inúmeras decisões judiciais, como a medida da participação efetiva de cada concubino para a partilha do patrimônio acumulado durante a união *more uxorio*.

Surgiu, então, novo posicionamento pretoriano, sustentando que após cinco anos de concubinato, o julgamento deveria ser proferido com base na presunção *iuris tantum* da existência de esforço comum, o que implicava a inversão do ônus da prova para o concubino que tivesse os bens registrados em seu nome.

Ocorre que, pouco a pouco, e mais uma vez por influxo marcante da iteração de precedentes do Superior Tribunal de Justiça, veio prestigiado o entendimento no sentido de que a expressão *esforço comum*, da mencionada Súmula 380, não importava, necessariamente, participação efetiva no aumento patrimonial, bastando que a concubina houvesse contribuído indiretamente, com o seu trabalho na lida doméstica.

Assim é que no julgamento do REsp 1.337.821-MG, da relatoria da Ministra Nancy Andrighi, a 3ª Turma do Superior Tribunal de Justiça assentou:

> "A tese de que até o advento da Lei 9.278/1996 se exige a comprovação do esforço comum, para que tenha o companheiro direito à metade dos bens onerosamente adquiridos na constância da união estável, é construção jurisprudencial que não se coaduna com a natureza própria de entidade familiar, conferida, muito antes, pela Constituição Federal, sob cujos influxos axiológicos deve ser interpretado todo o Direito infraconstitucional. Assim, o preenchimento do vácuo legislativo decorrente da ausência de regulamentação legal do § 3º do art. 226 da Constituição Federal impõe ao Juiz o dever de decidir no sentido que confira máxima efetividade ao dispositivo constitucional que reconhece a união estável como entidade familiar. Para tanto, observando aquilo que ordinariamente acontece – que a formação da família pressupõe o empenho mútuo, no plano material e/ou imaterial, necessário à realização plena de seus integrantes –, a solução da controvérsia outra não deve ser senão a de reconhecer, salvo as exceções legais ou se pactuado diversamente pelos companheiros, o emprego do esforço comum para a aquisição onerosa de bens no curso da vida a dois."

Verifica-se, afinal, que a evolução dos precedentes judiciais sobre essa importante questão social acabou tornando imperiosa a regulamentação legislativa da união estável, primeiramente, pelo art. 226, § 3º, da Constituição Federal, até a disciplina dos arts. 1.723 a 1.727 do Código Civil que, em grande parte, positivou a linha de pensamento predominante no Superior Tribunal de Justiça, que, em seguida, passou a ser secundada pelos demais tribunais pátrios.

Observe-se, outrossim, ainda na seara do direito de família, julgado da 4ª Turma do Superior Tribunal de Justiça, no Agravo Interno no Recurso

Especial 1.738.888-PE, com voto condutor do Ministro Raul Araújo, restou assentado que:

> "O Tribunal de origem manifestou-se em consonância ao entendimento desta Corte Superior de Justiça no sentido de ser possível o ajuizamento de ação de investigação de paternidade, mesmo na hipótese de existência de vínculo socioafetivo, uma vez que o reconhecimento do estado de filiação é direito personalíssimo, indisponível e imprescritível, assentado no princípio da dignidade da pessoa humana, podendo ser exercitado sem nenhuma restrição em face dos pais, não havendo falar que a existência de paternidade socioafetiva tenha o condão de obstar a busca pela verdade biológica da pessoa. O registro efetuado pelo pai afetivo não impede a busca pelo reconhecimento registral também do pai biológico, cujo reconhecimento do vínculo de filiação, com todas as consequências patrimoniais e extrapatrimoniais, é seu consectário lógico. A jurisprudência desta eg. Corte é no sentido de que a inexistência de vínculo afetivo entre a investigante e o investigado não afasta o direito indisponível e imprescritível de reconhecimento da paternidade biológica."

Igualmente, o princípio geral da boa-fé objetiva norteou reiteradas decisões judiciais, mesmo antes da edição do Código de Defesa do Consumidor, tendo sido definitivamente recepcionado com todas letras pelo Código Civil.

É interessante notar que, no Brasil, o art. 131 do Código Comercial de 1850 contém regra cuja importância jamais lhe foi atribuída seja pela doutrina, seja pelos tribunais. Dispõe esse referido preceito que: "Sendo necessário interpretar as cláusulas do contrato, a interpretação, além das regras sobreditas, será regulada sobre as seguintes bases: 1. A inteligência simples e adequada, que for mais conforme à boa-fé, e ao verdadeiro espírito e natureza do contrato, deverá sempre prevalecer à rigorosa e restrita significação das palavras...".

Esquecido em seu contexto histórico, essa antiga norma não vinha, no mais das vezes,[215] invocada nem mesmo por uma vertente jurisprudencial de vanguarda, que extrai os princípios da boa-fé objetiva e do equilíbrio das prestações do atual texto constitucional que protege a dignidade da pessoa humana, prega a solidariedade social e garante a igualdade substancial.[216]

O vigente Código Civil agasalhou expressamente, nos arts. 113, 421 e 422, o princípio da boa-fé objetiva. Cumpre notar, todavia, que antes da

---

215. Invoque-se, como exceção, o acórdão da 4ª Turma do STJ, proferido no REsp 256.456-SP, relatado pelo Min. Ruy Rosado de Aguiar (*DJU* de 01.07.2002), em que houve modificação substancial do mercado, devendo ser suportada por ambas as partes contratantes, de acordo com a boa-fé objetiva (art. 131 do CComercial).

216. V., *e. g.*, Gustavo Tepedino, *O Código Civil, os chamados microssistemas e a Constituição: premissas para uma reforma legislativa*, Problemas de direito civil-constitucional (obra coletiva coord. Gustavo Tepedino), p. 13.

positivação desse regramento impunha-se ao julgador que o acolhia extensa motivação da sentença para justificar a adoção de preceito não contemplado em nosso ordenamento jurídico.[217]

Nessa mesma linha de considerações sobre a contribuição dos precedentes judiciais, digna também de destaque foi a evolução dos chamados direitos da personalidade. De início, negava-se a sua existência sob o argumento de que não poderia haver direitos do homem sobre sua própria pessoa. Tão amplos direitos poderiam, até mesmo, fundamentar a legalidade do suicídio...

Ocorre que, segundo entendimento que passou a ganhar terreno na doutrina e na jurisprudência, os direitos da personalidade prescindem de previsão legal, por decorrerem de princípios básicos do ordenamento jurídico.

Diversas constituições incluem, tradicionalmente, entre os direitos e garantias individuais, inúmeros direitos da personalidade, tais como o direito à vida, à privacidade, a inviolabilidade de domicílio e de correspondência. Alguns países, como Itália, Portugal, França, Argentina e, mais recentemente, o Brasil, inseriram em seus respectivos códigos civis, normas sobre os direitos da personalidade.

Na verdade, esses direitos inicialmente foram sendo moldados, em especial, pelo Superior Tribunal de Justiça, e, somente em seguida, é que se tornaram reconhecidos pela legislação.[218]

Entre nós, muito antes da promulgação da Carta Magna de 1988, foram sem dúvida os precedentes judiciais que descortinaram os princípios e as características comuns dos diferentes direitos da personalidade, no sentido de delimitá-los e possibilitar a sua ulterior sistematização.

Ainda uma vez, no campo do direito das obrigações, coube à doutrina e, em particular, à jurisprudência elaborar a distinção entre *suicídio volun-*

---

217. Consulte-se, a propósito, interessante transcrição e comentário de vários julgados precursores da aplicação do princípio da boa-fé objetiva, fazendo-se justamente referência à extensa fundamentação, dada a falta de regramento legal expresso na legislação pátria, Célia Barbosa Abreu Slawinski, *Breves reflexões sobre a eficácia atual da boa-fé objetiva no ordenamento jurídico brasileiro*, Problemas de direito civil-constitucional, pp. 77 ss. V., ainda, amplamente, acerca da conceituação, estrutura e função das *cláusulas gerais*, inclusive no CC em vigor, Judith Martins-Costa, *A boa-fé no direito privado*, 1ª ed., 2ª tir., pp. 328 ss. V., para uma análise crítica da inserção do princípio da boa-fé no art. 421 do CC, Antonio Junqueira de Azevedo, *Insuficiências, deficiências e desatualização do Projeto de Código Civil na questão da boa-fé objetiva nos contratos*, Revista dos Tribunais, 775(2000):11 ss.

218. V., nesse sentido, Walter Moraes, *Direito da personalidade*, Enciclopédia Saraiva do Direito, p. 39; Carlos Alberto Bittar, *Os direitos da personalidade*, p. 35.

tário e *suicídio involuntário* para fins de incidência ou não da cláusula de não indenizar.[219]

Foi somente com a promulgação do Código Civil que essa matéria, sedimentada há muito tempo nos tribunais, veio regulamentada no art. 798: "*O beneficiário não tem direito ao capital estipulado quando o segurado se suicida nos primeiros 2 (dois) anos de vigência inicial do contrato, ou da sua recondução depois de suspenso, observado o disposto no parágrafo único do artigo antecedente. Parágrafo único. Ressalvada a hipótese prevista neste artigo, é nula a cláusula contratual que exclui o pagamento do capital por suicídio do segurado*".

A evolução dessa questão culminou com a posição pretoriana que vem sendo prestigiada pelo Superior Tribunal de Justiça, como se extrai de acórdão da 3ª Turma, no julgamento do Agravo Interno no Agravo em REsp 1.065.074-SP, relatado pelo Ministro Ricardo Villas Bôas Cueva, textual:

> "O suicídio, nos contratos de seguro de vida individuais ou coletivos firmados sob a égide do Código Civil de 2002, é risco não coberto se cometido nos primeiros 2 (dois) anos de vigência da avença. Com a novel legislação, tornou-se inócuo definir a motivação do ato suicida, se voluntário ou involuntário, se premeditado ou não. Inaplicabilidade das Súmulas 105/STF e n. 61/STJ, editadas com base no Código Civil de 1916. O art. 798 do CC/2002 estabeleceu novo critério, de índole temporal e objetiva, para a hipótese de suicídio do segurado no contrato de seguro de vida. O beneficiário não tem direito ao capital estipulado quando o segurado se suicidar no prazo de carência, sendo assegurado, todavia, o direito de ressarcimento do montante da reserva técnica já formada. Após esgotado esse prazo, a seguradora não poderá se eximir de pagar a indenização alegando que o suicídio foi premeditado. Os arts. 797, parágrafo único, e 798 do Código Civil de 2002 impõem à seguradora, na hipótese de morte do segurado por suicídio dentro do prazo de carência legal, a obrigação de restituir a reserva técnica ao beneficiário, sobretudo em razão do caráter previdenciário do contrato, sem fazer nenhuma ressalva quanto à espécie de seguro, se em grupo ou individual, não se conferindo ao intérprete proceder a uma interpretação restritiva na hipótese (art. 423 do CC/2002)."

É importante lembrar, ainda, que o Código Civil de 1916 e tampouco a legislação extravagante não continham normas expressas sobre a lesão, como causa de invalidade do negócio jurídico (art. 157 CC), sobre a resolução por excessiva onerosidade (arts. 478 a 480 CC), ou mesmo acerca do enriquecimento sem causa (arts. 884 a 886 CC). A despeito dessa lacuna, há incontáveis precedentes judiciais produzidos durante a vigência do diploma

219. Cf., e. g., STJ, 3ª Turma, AgRg no AgIn 426.067-SP, rel. Min. Carlos Alberto Menezes Direito, DJU de 17.06.2002; 4ª Turma, REsp 16.560-SC, rel. Min. Fontes de Alencar, DJU de 22.06.1992.

revogado, que permitiram, nas referidas situações, a revisão dos contratos ou decretaram a sua invalidade,[220] ensejando verdadeira sistematização dogmática não positivada, mas que, em época posterior, foi expressamente contemplada pela legislação civil.

Inversamente, no entanto, alguns institutos previstos na lei passaram a ser desprezados pelos tribunais, até perderem toda a imperatividade ínsita às normas legais.

Assim, por exemplo, o superamento cultural do crime de adultério gerou o completo desuso do correlato impedimento matrimonial entre o cônjuge adúltero e o seu co-réu, até ser completamente abolido do texto art. 1.521 do Código Civil em vigor.

Também o defloramento da mulher, como causa de anulabilidade de casamento, perdeu força nos tribunais e, com o passar do tempo, foi acintosamente desconsiderado pelos precedentes judiciais, até deixar de ser deduzido como causa de pedir.

Eis aí uma abreviada demonstração de múltiplos exemplos da inafastável influência dos precedentes judiciais, iluminados pela inexorável evolução social, como fenômeno de transformação do direito positivo.

---

220. V., *e. g.*, STJ, 6ª Turma, REsp 36.279-SP, Min. Luiz Vicente Cernicchiaro, DJU de 05.04.1999; 3ª Turma, EDecl no REsp 46.723-SP, rel. Min. Waldemar Zveiter, *DJU* de 13.03.1995; 5ª Turma, REsp 34.687-RS, rel. Min. Assis Toledo, *DJU* de 02.08.1993. V., sobre a evolução histórica dos referidos institutos, dentre outros, Caio Mário da Silva Pereira, *Lesão nos contratos*, 6ª ed., Rio de Janeiro, Forense, 1999; Paulo Carneiro Maia, *Da cláusula* rebus sic stantibus, tese, São Paulo, 1959.

– XI –

REGIME DA COISA JULGADA NO CPC DE 2015

Sumário: 1. Estabilidade e segurança jurídica. 2. Eficácia da sentença e delimitação da coisa julgada. 3. Conceito legal de coisa julgada material. 4. Limites objetivos da coisa julgada: questão principal. 5. Questão principal, questão autônoma e questão prejudicial. 6. Questão prejudicial expressa e incidentalmente decidida e coisa julgada. 7. Requisitos para a extensão da coisa julgada à questão prejudicial. 8. Incontornável problema prático. 9. Situações excluídas: restrições probatórias e limitações à cognição. 10. Arguição incidental da falsidade de documento. 11. Viabilidade (ainda) da ação declaratória incidental. 12. Incidência imediata das regras de direito processual. 13. Distinção formal entre motivos e dispositivo. 14. Função instrumental dos motivos. 15. Motivação e coisa julgada. 16. Veracidade dos fatos. 17. Extensão da preclusão. 18. Inexistência de preclusão *pro iudicato* acerca de questão de ordem pública. 19. Coisa julgada e relação jurídica de trato continuado. 20. Previsão legal determinante da revisão da coisa julgada. 21. Alusão à denominada flexibilização da coisa julgada. 22. Limites subjetivos da coisa julgada. 23. Conceito processual de parte e de terceiro. 24. Terceiros beneficiados pela eficácia da sentença transitada em julgado. 25. Questões resolvidas no curso do processo. 26. Indiscutibilidade das questões já decididas. 27. Eficácia preclusiva da coisa julgada. 28. Âmbito de abrangência da eficácia preclusiva da coisa julgada.

1. Estabilidade e segurança jurídica

A ordem descortina-se essencial tanto à vida individual quanto ao convívio no seio da coletividade. Toda sociedade, independentemente de seu grau de evolução, pressupõe mínima organização, sem a qual de modo algum poderia subsistir. Conhecida é, a propósito, a exortação de Goethe, no sentido de que é preferível alguma injustiça à desordem, numa significativa demonstração de que ao seu sagaz espírito não passou despercebido que a existência normal do ser humano impõe uma estabilidade que só a ordem permite proporcionar. Essa exigência de ordem, que traz implícita a noção de segurança, indispensável a qualquer modalidade de convivência, é de tal sorte profunda, que, ao longo do tempo, irrompe espontânea e natural.[221]

Com o desenvolvimento da sociedade, uma das principais funções das instituições públicas é a de construir estruturas de ordem e estabilidade para regrar as relações entre os membros da comunidade. Cabe, assim, às normas jurídicas acrescentar a essa estabilidade ordenadora das instituições sociais, uma segurança específica e própria, à qual se costuma denominar de segurança jurídica.

Como bem destaca Arthur Kaufmann, na esteira, aliás, de secular concepção, um elemento indispensável da segurança jurídica é a força da coisa julgada das sentenças judiciais, significando que um provimento judicial que adquire tal *status* não mais pode ser impugnado pelos instrumentos jurídicos ordinários. "O processo se encontra terminado: *Roma locuta, causa finita*".[222]

Com efeito, há certos institutos jurídicos que são predominantemente informados pela exigência de segurança e de certeza do direito. É o que se verifica, *e. g.*, no atinente à norma que fixa a maioridade (e a capacidade para o exercício de direitos); àquelas regras que estabelecem prazos de prescrição e de decadência; que exigem determinadas formalidades para a validade ou para a prova de certos atos jurídicos; que procuram proteger a confiança ou a fé pública. Igualmente, um instituto como o da coisa julgada (insusceptibilidade de recurso contra as decisões judiciais transitadas em julgado) visa essencialmente a pôr um ponto final nos litígios. É famoso, a propósito, o brocardo *interest rei publicae ut sit litium finis...*

Nos quadrantes do sistema jurídico brasileiro, nem mesmo a lei nova é passível de influir nos domínios da coisa julgada, como claramente se infere do disposto no art. 5º, XXXVI, da Constituição Federal ("*a lei não prejudicará o direito adquirido, o ato jurídico perfeito e a coisa julgada*"), e no art. 6º da Lei de Introdução às Normas do Direito Brasileiro ("*A Lei em vigor terá efeito imediato e geral, respeitados o ato jurídico perfeito, o direito adquirido e a coisa julgada*").

A imutabilidade que passa a exornar o conteúdo decisório da sentença de mérito transitada em julgado, como expressivo e peculiar fenômeno do

---

221. Cf. Theophilo Cavalcanti Filho, *O problema da segurança no direito*, p. 7-8.
222. *Filosofía del derecho*, p. 349.

processo de conhecimento, tem por escopo, como é curial, de um lado, obstar à eternização dos litígios e, de outro, garantir a paz social, prestigiando a segurança jurídica, ainda que em detrimento da própria justiça.[223]

Com efeito, nesse sentido, ressalta Humberto Ávila[224] que a coisa julgada funciona para conter a recorribilidade e a consequente reabertura da discussão da causa, ainda que argumentação relacionada à justiça da decisão possa ser deduzida pela parte insatisfeita.

Importante decisão monocrática proferida pelo Ministro Celso de Mello na Medida Cautelar no Mandado de Segurança 31.412-DF[225] bem destaca, sob a ótica constitucional, a percepção que a nossa Suprema Corte tem acerca do instituto da coisa julgada, *in verbis*:

> "É importante rememorar, no ponto, o alto significado de que se reveste, em nosso sistema jurídico, o instituto da *res iudicata*, que constitui atributo específico da jurisdição e que se revela pela dupla qualidade que tipifica os efeitos emergentes do ato sentencial: a imutabilidade, de um lado, e a coercibilidade, de outro. Esses atributos que caracterizam a coisa julgada em sentido material, notadamente a imutabilidade dos efeitos inerentes ao comando sentencial, recebem, diretamente, da própria Constituição, especial proteção destinada a preservar a inalterabilidade dos pronunciamentos emanados dos Juízes e Tribunais, criando, desse modo, situação de certeza, de estabilidade e de segurança para as relações jurídicas. Mostra-se tão intensa a intangibilidade da coisa julgada, considerada a própria disciplina constitucional que a rege, que nem mesmo lei posterior – que haja alterado (ou, até mesmo, revogado) prescrições normativas que tenham sido aplicadas, jurisdicionalmente, na resolução do litígio – tem o poder de afetar ou de desconstituir a autoridade da coisa julgada. A necessária observância da autoridade da coisa julgada representa expressivo consectário da ordem constitucional, que consagra, dentre os vários princípios que dela resultam, aquele concernente à segurança jurídica. É por essa razão que o Supremo Tribunal Federal, por mais de uma vez, já fez consignar advertência que põe em destaque a essencialidade do postulado da segurança jurídica e a consequente imprescindibilidade de amparo e tutela das relações jurídicas definidas por decisão transitada em julgado."

É exatamente por tudo isso que, no âmbito do processo de conhecimento, para a formação da coisa julgada material – na pontual observação de Donaldo Armelin –, impõe-se cognição plena e exauriente, não exigida em outras espécies de processo, possibilitando ao órgão jurisdicional a oportunidade de aprofundar-se no exame dos fatos e do direito, de modo que a imutabilidade outorgada pelo sistema jurídico à sentença possa produzir

223. J. Baptista Machado, *Introdução ao direito e ao discurso legitimador*, p. 57.
224. *Segurança jurídica no direito tributário*, p. 382.
225. STF, decisão monocrática, proferida em 29.06.2012.

uma decisão que também preserve a justiça, evitando, tanto quanto possível, as consequências deletérias para as partes e para as próprias instituições, da deplorável situação na qual ocorra a dissociação desses valores fundamentais para a sociedade como são a justiça e a segurança jurídica.[226]

É certo que a coisa julgada não é vetor essencial ao provimento judicial, mas possui indiscutível caráter preventivo, ao impedir que se retorne a discutir determinada matéria já submetida à apreciação do Judiciário.

Procurando destacar que o instituto da coisa julgada imbrica-se com a exigência de certeza nas relações jurídicas, assevera Chiovenda que: "são razões de oportunidade, concernentes à utilidade social, que determinam colocar um fim à cognição judiciária e considerar a sentença como lei irrevogável para o caso concreto".[227]

A dogmática identifica, a propósito, a distinção entre coisa julgada formal, que caracteriza as "sentenças terminativas", tornando-as imutáveis no respectivo processo em que proferidas, e coisa julgada material, que se forma sobre as "sentenças definitivas", vale dizer, sentenças de mérito, cuja imutabilidade se projeta "para fora" do processo (pan-processual), impedindo qualquer ulterior contestação ao que restou decidido.

Escudado em abalizada doutrina, Sérgio Porto escreve que a expressão *coisa julgada formal* traduz-se na impossibilidade de novo julgamento pelas vias recursais, seja porque este já foi proferido por tribunal superior, seja porque transcorreu o prazo para recorrer sem que o vencido interpusesse recurso, ou ainda porque se verificou a renúncia ou desistência da impugnação interposta.[228]

Tendo como pressuposto lógico, a preclusão recursal (coisa julgada formal), a *coisa julgada material*, a seu turno, caracteriza-se pela imutabilidade do conteúdo decisório da sentença de mérito, tornando-o imutável e indiscutível aos litigantes a quem foi possibilitada a participação no contraditório. Na redação do novo art. 502, coisa julgada material é, sob a vertente técnica, "*a autoridade que torna imutável e indiscutível a decisão de mérito não mais sujeita a recurso*".

Resta ainda acrescentar, nesta breve introdução sobre os aspectos mais significativos que emergem da teoria geral da coisa julgada, as duas importantes "funções práticas" que lhe são reservadas.

---

226. *Observância à coisa julgada e enriquecimento ilícito – postura ética e jurídica dos magistrados e advogados*, Cadernos do Centro de Estudos Judiciários, p. 297.
227. *Sulla cosa giudicata*, Saggi di diritto processuale civile, v. 2, p. 400.
228. *Comentários ao Código de Processo Civil*, v. 6, p. 160.

A função negativa, que obsta a repetição de demanda idêntica, caracterizada pela reprodução dos mesmos elementos subjetivo e objetivos (*tria eadem*) da ação anterior. A denominada função positiva, por outro lado, determina a situação jurídica das partes entre as quais foi proferida a sentença, que se encontram subjetiva e objetivamente vinculadas ao que foi definitivamente decidido.

2. Eficácia da sentença e delimitação da coisa julgada

Não se confunde a eficácia própria do ato judicial que tende à extinção da fase de conhecimento do processo com a imutabilidade do conteúdo declaratório da sentença que é alcançada com o trânsito em julgado.

A eficácia sentencial, portanto, não se vincula à coisa julgada. Passada em julgado a sentença, adquire ela uma nota característica: a imutabilidade. Por esse prisma – anota Araken de Assis –, é preciso considerar a coisa julgada como instituto culminante de uma atividade, de uma atividade eminentemente teleológica, o processo. Desse modo, decisão imutável e indiscutível é aquela que atingiu estágio final de estabilidade, sob o ponto de vista do comando emitido por determinado órgão jurisdicional. A essência da coisa julgada reside exatamente na imutabilidade da sentença. E o interesse resguardado é o da paz social e segurança das relações jurídicas.[229]

Enquanto a sentença é a resposta ao pleito deduzido pelas partes, a coisa julgada material, por sua vez, coincide com o momento no qual a tutela jurisdicional é definitivamente prestada. Deriva desse fenômeno um duplo aspecto revestido de significativa conotação jurídica: de um lado, as partes não mais poderão submeter novamente a matéria decidida à apreciação do Poder Judiciário e, de outro, o Estado tem o dever de não reexaminar a controvérsia, já decidida, em sucessiva oportunidade.[230]

Foi no âmbito das vicissitudes do direito medieval que floresceu a ideia de traçar a distinção entre sentença e *res iudicata* pelo critério da impugnabilidade. Os juristas que desenvolveram o método da glosa aos textos romanos clássicos preconizavam que a expressão *res iudicata* era designativa da sentença não mais sujeita a qualquer recurso. Bártolo, expoente da Escola de Bolonha, doutrinava, em seus comentários, que a coisa julgada "*est causa quae finem controversie a sententia accipit*".[231]

229. *Da natureza jurídica da sentença sujeita a recurso*, Doutrina e prática do processo civil contemporâneo, p. 247-248.

230. Cf. Ugo Rocco, *L'autorità della cosa giudicata e i suoi limiti soggettivi*, p. 437.

231. *Commentaria in primam digesti novi partem, lib. 1 de re iudicata* (D. 42.1.1), Venetiis, 1575.

Assim como se orienta a moderna dogmática, o comando da sentença ficava imune a qualquer discussão futura apenas quando aquela não mais pudesse ser atacada por meio da apelação. No entanto, as fontes do direito comum certificam que, mesmo antes de passar em julgado, a sentença, em situações excepcionais, já poderia produzir efeitos.

Essa, aliás, tem sido a tendência nos sistemas processuais de época contemporânea (*e.g.*: art. 282 CPC italiano; art. 312, § 1º, CPC do Vaticano; art. 514 NCPC francês; art. 1.398 CJ belga; art. 524 LEC espanhola).

Barbosa Moreira tratou amplamente desse assunto, relembrando que a eficácia dos atos jurídicos, em princípio, pode manifestar-se desde o próprio momento em que são celebrados, ficar diferida para uma ocasião ulterior, ou até mesmo reportar-se a momento anterior. E o mesmo ocorre com a sentença. À indagação: "quando começa a sentença a produzir efeitos?" não é possível responder senão à luz do direito positivo, visto que a produção da eficácia da sentença se inicia no momento determinado pela lei, ou por quem a lei autorize a fixá-lo. Observa, ainda, o processualista carioca que "a eficácia da sentença e sua imutabilidade suscitam duas ordens de questões inconfundíveis e, em linha de princípio, autônomas. Do ponto de vista conceptual, nada nos força a admitir correlação necessária entre os dois fenômenos... Fácil compreender, pois, que, embora a sentença se destine a produzir efeitos jurídicos, nem por isso se destina necessariamente a tornar-se imutável. A imutabilidade não é co-natural à sentença – e isso continuaria a ser verdade mesmo que porventura não existissem, nem jamais tivessem existido, sentenças indefinidamente passíveis de modificação. Se as leis em regra excluem tal possibilidade e fazem imutável a sentença a partir de certo momento, o fato explica-se por uma opção de política legislativa, baseada em óbvias razões de conveniência prática".[232]

Examinando a questão à luz do direito processual brasileiro, anota Dinamarco que, em certa medida, a nossa legislação libera os efeitos da sentença, ou, pelo menos de alguns deles, mesmo antes da coisa julgada. Contudo, adverte ser prudente "condicionar em tese a eficácia da sentença à sua imutabilidade, embora essa correspondência não é necessária nem constante porque há também razões para liberar a primeira, em alguns casos, antes que ocorra a segunda. Eficácia e imutabilidade são conceitos distintos (Liebman)".[233]

---

232. *Eficácia da sentença e autoridade da coisa julgada*, Ajuris – Revista da Associação dos Juízes do Rio Grande do Sul, 28, 1983, p. 18-20; Temas de direito processual, 3ª s., p. 101-103.

233. *Instituições de direito processual civil*, 3, p. 295-296. V., quanto às razões determinantes da liberação da eficácia da sentença, Bedaque, *Tutela cautelar e tutela antecipada: tutelas*

Os efeitos principais da sentença de procedência do pedido devem guardar conformidade com a manifestação de vontade nela especificada e, em princípio (art. 1.012, 1ª parte, CPC/2015), não se produzem se a decisão for impugnada por meio de recurso recebido no efeito suspensivo. No entanto, tais efeitos podem ser liberados, *ope legis*, independentemente do trânsito em julgado. Os arts. 1.012, 2ª parte, do novo CPC; 58, V, da Lei 8.245/1991; e 14 (*a contrario sensu*) da Lei 7.347/1985, contemplam algumas das exceções à regra.

Ainda que caracterizada pela natural instabilidade, a sentença impugnada, quando provisoriamente executada deve produzir efeitos apenas entre as partes, primeiras destinatárias do ato decisório, mas, pode também repercutir na esfera do direito de um terceiro. Não há confundir, em tal situação, a eficácia própria da decisão com os efeitos (secundários) de atos materiais daquela decorrentes, como, p. ex., a constituição da hipoteca judiciária (art. 495 CPC/2015).[234]

3. Conceito legal de coisa julgada material

Afastando-se do sábio conselho do jurista romano de época clássica Javoleno Prisco, no sentido de que *omnis definitio in iure civili periculosa est*, o art. 467 do Código de 1973 definiu os contornos da coisa julgada material, circunstância que, a meu ver, deu ensejo a infrutífera polêmica e copiosa literatura.

A partir do clássico conceito de coisa julgada desenhado por Liebman, então constante do art. 507 do Anteprojeto Buzaid, acabou sendo mutilado o texto original, uma vez que, como bem elucida Araújo Cintra,[235] sofreu ele inúmeras emendas e alterações durante a tramitação legislativa.

Embora reputando mais adequada a redação que acabou vingando no art. 467, Barbosa Moreira, em vários ensaios, sempre a censurou, ao mostrar que os efeitos da sentença passada em julgado são programados para se modificarem no mundo fático. Desse modo, não se destinam eles a perdurar indefinidamente, visto que "o efeito executivo da sentença condenatória, *v. g.*, destina-se, em princípio, à exaustão: acaso restará dele algum vestígio, por exemplo, depois da execução forçada? O efeito da sentença constitutiva que se identifica com a nova situação jurídica gerada, é obviamente passível de futuras modificações, e até de completo desaparecimento, caso as partes, sendo possível, se disponham a restaurar, por acordo de vontades, a situação

---

sumárias e de urgência (tentativa de sistematização), passim; Scarpinella Bueno, *Execução provisória e antecipação da tutela*, p. 160 ss.

234. V., a respeito, Piero Calamandrei, *Appunti sulla sentenza come fatto giuridico*, p. 15 ss.

235. *Comentários ao Código de Processo Civil*, v. 4, p. 317.

anterior. A sentença meramente declaratória 'certifica' em caráter oficial a existência ou a inexistência de uma relação jurídica; mas é claro que, após o trânsito em julgado, pode extinguir-se a relação jurídica declarada existente, ou nascer a relação jurídica declarada inexistente – e com isso, à evidência, cessa o efeito 'certificativo' da sentença".[236]

Anote-se que em escrito anterior, Barbosa Moreira[237] já havia enfrentado a doutrinação de Liebman, contestando a tese de que a imutabilidade é uma qualidade que atinge todos os efeitos da sentença transitada em julgado.

Ovídio Baptista da Silva, a seu turno, ao travar intenso debate teórico com Barbosa Moreira, assevera que a imutabilidade que reveste a decisão jurisdicional, identificável com a coisa julgada material, somente se conecta ao efeito declaratório da sentença, "que diz respeito exclusivamente às partes figurantes da relação jurídica processual".[238]

Na esteira do ponto de vista externado por Botelho de Mesquita, entendo que, após o desenvolvimento da atividade lógica, o julgador, ao proferir a sentença, passa então a declarar a vontade da lei, num ato que transpõe os limites do processo e influi diretamente no julgamento da lide. É nesse momento que o juiz dá a resposta à pretensão das partes, consubstanciada na determinação judicial, no dispositivo da sentença.

Segundo difundida lição de Chiovenda, o julgador, *enquanto razoa* (vontade do juiz), não representa o Estado; representa-o enquanto lhe afirma a vontade. A sentença é unicamente a afirmação ou a negação de uma vontade da lei que assegure ao demandante um bem da vida no caso concreto; e só a isto se pode estender a autoridade do julgado (vontade da lei); com a sentença só se consegue a certeza da existência de tal vontade e, pois, a incontestabilidade do bem reconhecido ou negado.[239]

A eficácia desse comando jurisdicional se projeta fora do processo, incidindo diretamente sobre a lide. E é essa parte da sentença que, a final, fica imune a futuras discussões entre as partes que se submeteram ao contraditório.

Verificado, pois, o trânsito em julgado, torna-se imutável e indiscutível a sentença: "não a sentença toda, mas o seu elemento declaratório e a manifestação de vontade a que se vincular o efeito pretendido pelo autor, ou o juízo de improcedência da ação".

---

236. *Eficácia da sentença e autoridade da coisa julgada*, Ajuris – Revista da Associação dos Juízes do Rio Grande do Sul, p. 26; Temas de direito processual, 3ª s., p. 109.
237. *Direito processual civil – ensaios e pareceres*, p. 139.
238. *Eficácias da sentença e coisa julgada*, p. 106.
239. *Instituições de direito processual civil*, v. 1, p. 372.

Aduza-se que, segundo Botelho de Mesquita, a imutabilidade e a indiscutibilidade são efeitos que o direito positivo atribui à conclusão (dispositivo) da sentença, ao ensejo do trânsito em julgado, independentemente de qual seja o conteúdo do elemento declaratório. «A esse efeito se denomina coisa julgada material», que se diferencia da coisa julgada formal, marcada pela mesma indiscutibilidade e imutabilidade, mas apenas "dentro do próprio processo em que foi proferida" (art. 473 do CPC/1973).

A consequência prospectiva da imutabilidade da sentença caracterizada pelo trânsito em julgado consiste exatamente, como acima frisado, no óbice de uma nova ação idêntica àquela já definida por sentença imunizada pela autoridade da coisa julgada.

De modo diferente, a indiscutibilidade repercute em quaisquer processos, nos quais o julgamento do pedido deduzido pelo autor depender do julgamento de questão prévia, que tenha sido decidida *principaliter* em precedente processo, pendente entre as mesmas partes.

Como enfatiza Botelho de Mesquita, o juiz do processo sucessivo está obrigado a tomar como premissa de sua decisão o resultado do processo anterior.

Assim sendo, "a imutabilidade e a indiscutibilidade atuam de modo diverso: a imutabilidade impede que o juiz posterior se pronuncie sobre a ação já decidida por sentença transitada em julgado. Cria a exceção de coisa julgada. A indiscutibilidade obriga o juiz posterior a decidir em conformidade com o decidido pela sentença transitada em julgado".

Enfatiza, ainda, Botelho de Mesquita, que a "indiscutibilidade decorrente do trânsito em julgado opera apenas entre as partes, enquanto o efeito declaratório vincula tanto as partes como terceiros; assim, terceiros interessados têm plena liberdade para discutir em processo futuro a conclusão da sentença anterior transitada em julgado, mas não podem se opor ao vínculo criado pela declaração pronunciada na sentença de procedência de uma ação declaratória (*e. g.*, a declaração de falsidade do documento)".[240]

---

240. Cf. Botelho de Mesquita, *Coisa julgada*, *passim*; e vários ensaios publicados em Teses, estudos e pareceres de processo civil, v. 2, p. 97 e ss. Observo que, dentre tais escritos, encontra-se aquele intitulado *A autoridade da coisa julgada e a imutabilidade da motivação da sentença*, que constitui a tese de livre-docência do Professor Botelho de Mesquita, defendida, em outubro/novembro de 1963, nas Arcadas de São Francisco, perante banca examinadora composta pelos Professores Luiz Eulálio de Bueno Vidigal, Alfredo Buzaid, Moacyr Amaral Santos, Joaquim Canuto Mendes de Almeida e Washington de Barros Monteiro. Tive a feliz oportunidade de resumir a doutrina do saudoso Mestre no artigo *A fenomenologia da coisa julgada no pensamento de Botelho de Mesquita*, Processo civil – Homenagem a José Ignacio Botelho de Mesquita (obra coletiva), p. 29 ss.

Seja como for, o novo art. 502 procurou eliminar a redação imprecisa do supra referido art. 467 do Código de 1973, que culminou gerando toda a celeuma acima sintetizada, abandonando o vocábulo "eficácia". No entanto, valendo-se ainda uma vez da doutrina de Liebman, o novel dispositivo reveste a coisa julgada material com o atributo de "autoridade", para apontar a qualidade soberana que se agrega à decisão de mérito, consistente na sua ulterior imutabilidade e indiscutibilidade.

Coerente com a classificação dos provimentos jurisdicionais catalogados no art. 203, o art. 502 alude à expressão "decisão de mérito", em substituição a "sentença", visto que o novo Código admite expressamente, no art. 1.015, II, a prolação de decisões interlocutórias de mérito.

Assim, por exemplo, caso o pedido reconvencional, nos termos do art. 332, seja julgado liminarmente improcedente, a respectiva decisão tem natureza interlocutória (de mérito), passível de ser impugnada por meio de agravo de instrumento (art. 1.015, II).

Sob a perspectiva histórica, bem é de ver que o novel diploma processual restabeleceu (provavelmente, de forma involuntária), a velha categoria, provinda do direito reinol, das decisões interlocutórias com força de definitivas!

3. Coisa julgada sobre decisões parciais de mérito e inconstitucionalidade do art. 975 do CPC/2015

É da tradição da doutrina processual brasileira, firme na melhor literatura italiana, sustentar que pode existir no mesmo processo mais de uma decisão de mérito, rescindíveis por meio de autônomas ações rescisórias. Partindo das teorias da cumulação de demandas e dos capítulos da sentença, nada obsta a que, por exemplo, a parte, condenada nos dois pedidos formulados pelo autor, recorra apenas de um deles.

Nunca houve dúvida de que o capítulo da decisão de mérito que restou irrecorrido, ao transitar em julgado, é passível de desconstituição via ação rescisória, cujo biênio decadencial se inicia a partir do respectivo trânsito em julgado. Lembro-me inclusive de antigo e pioneiro ensaio escrito pelo saudoso professor Alcides de Mendonça Lima,[241] que defendia, com muita acuidade, sob a égide do velho diploma processual, o cabimento de ação rescisória contra decisão interlocutória de mérito, sendo o *dies a quo* do lapso de dois anos computado da respectiva preclusão.

---

241. *Ação rescisória contra acórdão em agravo de instrumento*, Revista de Processo, 41(1986):15 ss.

Ademais, como acima referido, o novo diploma admite expressamente a prolação de decisões interlocutórias de mérito.

Não obstante, a despeito da sólida construção doutrinária e jurisprudencial acerca dessa questão, a 1ª Seção do Superior Tribunal de Justiça, no famoso julgamento, ocorrido em 2003, dos Embargos de Divergência 404.777-DF, de relatoria do Ministro Peçanha Martins, por apertada maioria e de forma inusitada, passou a sufragar o entendimento de que: "Sendo a ação una e indivisível, não há que se falar em fracionamento da sentença/acórdão, o que afasta a possibilidade do seu trânsito em julgado parcial. Consoante o disposto no art. 495 do CPC[1973], o direito de propor a ação rescisória se extingue após o decurso de dois anos contados do trânsito em julgado *da última decisão proferida na causa*". Tem-se, pois, como evidente o indevido acréscimo à regra do art. 495: "da última decisão proferida na causa".

Afirmava, com razão, Rui Barbosa que a alteração abrupta de um preceito normativo ou a modificação de uma orientação jurisprudencial sedimentada tem a potencialidade de derrubar uma biblioteca inteira! E, ainda – permito-me acrescentar – destrói o princípio da confiança!

Foi exatamente o que ocorreu, com a posterior edição da Súmula 401/STJ, que secundou o supra referido *leading case*: "*O prazo decadencial da ação rescisória só se inicia quando não for cabível qualquer recurso do último pronunciamento judicial*". E isso porque, com toda certeza, tal princípio sumulado conspirava contra a lei (art. 495 do CPC/1973), a melhor exegese e, ainda – o que é muito pior -, contra a garantia da coisa julgada (art. 5º, XXXVI, da CF), e, consequentemente, contra a segurança jurídica.

Com efeito, suponha-se o reconhecimento parcial da prescrição decidido, por exemplo, há sete anos, numa decisão interlocutória de saneamento de um processo ainda em curso. Ora, segundo o enunciado da indigitada Súmula 401, o prazo decadencial de dois anos, para o ajuizamento da ação rescisória contra aquele ato decisório, ainda não se iniciou!

Como advogado militante curvei-me ao equivocado posicionamento hermenêutico do Superior Tribunal de Justiça sobre esta importante questão, mas, como estudioso do processo, sempre fui um fervoroso crítico.

Pois bem, passado o tempo, aquele mencionado acórdão proferido nos Embargos de Divergência 404.777-DF, foi impugnado pelo Recurso Extraordinário 666.589-DF, distribuído, no Supremo Tribunal Federal, ao Ministro Marco Aurélio.

Observo que a 1ª Turma, ao julgar em 25 de junho de 2014, tal impugnação, cujo fundamento deduzido foi a ofensa ao art. 5º, XXXVI, da Constituição Federal ("intangibilidade da coisa julgada"), o proveu, à unanimidade de votos, com a seguinte e expressiva ementa: "Coisa julgada – Pronunciamento judicial – Capítulos autônomos. Os capítulos autônomos do pronunciamento judicial precluem no que não atacados por meio de recurso, surgindo, ante o fenômeno, o termo inicial do biênio decadencial para a propositura da rescisória".

Reconhecendo o valor da doutrina e da própria jurisprudência da Suprema Corte, lê-se no corpo do acórdão que:

> "Está em jogo definir o momento preciso em que ocorre o fenômeno da coisa julgada para efeito de assentar o início da fluência do prazo decadencial relativo à propositura de ação rescisória, considerado processo revelador de pedidos cumulados, mas materialmente divisíveis, em que as decisões concernentes a cada qual se tornaram definitivas em momentos distintos. A controvérsia envolve saber se é possível cogitar de trânsito em julgado individual das decisões autônomas e a implicação dessa cisão para a contagem do prazo de decadência da rescisória. O Superior Tribunal de Justiça, apontando o caráter unitário e indivisível da causa, consignou a inviabilidade do trânsito em julgado de partes diferentes do acórdão rescindendo, devendo o prazo para propositura de demanda rescisória começar a partir da preclusão maior atinente ao último pronunciamento. Com essas premissas, deu provimento a especial do Banco Central para admitir pedido rescisório, afastada a decadência reconhecida no Tribunal Regional Federal da 1ª Região. O acórdão impugnado está em desarmonia com a melhor doutrina sobre o tema e com a jurisprudência do Supremo, encerrando violação à garantia da coisa julgada, prevista no art. 5º, XXXVI, da Carta da República. Consoante a circunstância de haver capítulos dos pronunciamentos repercute, necessariamente, sobre a determinação do objeto possível dos recursos, seja quanto ao conteúdo, seja no tocante ao legitimado recursal. Unidades autônomas de pedidos implicam capítulos diferentes que condicionam, objetiva ou subjetivamente, e sem prejuízo do princípio da unicidade recursal, as vias de impugnação disponibilizadas pelo sistema normativo processual – recursos parciais ou interpostos por ambos os litigantes em face do mesmo ato judicial formalmente considerado. O caso concreto descreve muito bem o fenômeno – a cláusula do acórdão relativa aos danos emergentes foi desafiada por especial do Banco Central, a alusiva aos lucros cessantes, atacada por recurso da PEBB Corretora de Valores. Pressupostos diversos questionados mediante recursos interpostos por partes adversas em razão de fragmentos autônomos do mesmo acórdão. Essa distinção provoca reflexos no cumprimento do ato – que pode ser realizado de modo independente –, assim como – e esta é a questão central deste processo – no trânsito em julgado, que se mostra passível de ocorrer em momentos separados presentes os capítulos autônomos da decisão... É nesse sentido o entendimento do Supremo, como ficou decidido na *11ª* Questão de Ordem na Ação Penal 470-MG, relator Ministro Joaquim Barbosa, julgada em 13.11.2013, DJ de 19.02.2014. Na ocasião, o tribunal, por unanimidade, concluiu pela executoriedade imediata dos capítulos autônomos do acórdão condenatório, declarando o respectivo trânsito em julgado, excluídos aqueles objeto de embargos infringentes...

Considerada a implicação apontada pelos mestres de ontem e de hoje, deve ser recusada qualquer tese versando unidade absoluta de termo inicial do biênio previsto no art. 495 do CPC. O prazo para formalização da rescisória, em homenagem à natureza fundamental da coisa julgada, só pode iniciar-se de modo independente, relativo a cada decisão autônoma, a partir da preclusão maior progressiva. Nas palavras de Humberto Theodoro, revelada a presença de capítulos diferentes e de recursos parciais, 'não há como fugir da possibilidade de contar-se o prazo da rescisória a partir do trânsito em julgado de cada um dos capítulos em que se dividiu a sentença, se nem todos foram uniformemente afetados pelos diversos recursos manejados' (*Curso de direito processual civil*, vol. 1, 52ª ed., 2011, p. 745-746)... Os fundamentos até aqui desenvolvidos revelam, a mais não poder, que o acórdão atacado implicou transgressão ao art. 5º, XXXVI, da Carta. A rescisória dirige-se contra acórdão do Superior Tribunal de Justiça, confirmando condenação quanto a danos emergentes, cujo trânsito em julgado ocorreu em 8 de fevereiro de 1994. Essa é a data a corresponder ao termo inicial do prazo decadencial, e não aquela, referente à preclusão maior da última decisão – 20 de junho de 1994 –, envolvido especial do recorrente e versados lucros cessantes, matéria que não é objeto da demanda rescisória. Devem ser reconhecidos, sob pena de afronta à garantia constitucional, dois momentos distintos do trânsito em julgado, sendo apenas o primeiro relevante para a formulação do presente pedido rescisório. Tendo sido formalizada a ação em 6 de junho de 1996, evidencia-se a decadência do pleito. Ante o exposto, voto no sentido de dar provimento ao extraordinário para reformar o acórdão recorrido, assentando a decadência do direito e negando seguimento ao pedido rescisório."

Conclui-se, assim, pela superveniente insustentabilidade da Súmula 401/STJ, diante de sua flagrante inconstitucionalidade por violar a coisa julgada material, reafirmando-se, destarte, a supremacia da segurança jurídica em prol da sociedade!

Contudo, a despeito desse judicioso pronunciamento do Supremo Tribunal Federal, de modo surpreendente e, a meu ver, sem qualquer justificativa plausível, ao ensejo da tramitação perante a Câmara dos Deputados, foi introduzida a esdrúxula redação do *caput* do art. 975 do novel diploma processual,[242] que já desponta natimorto, dada a sua manifesta inconstitucionalidade.

5. Limites objetivos da coisa julgada: questão principal

Com o trânsito em julgado, o conteúdo declaratório da sentença ou da decisão interlocutória de mérito torna-se imutável e indiscutível. Este fenômeno, de natureza processual, traz repercussões no plano subjetivo,

242. "*O direito à rescisão se extingue em 2 (dois) anos contados do trânsito em julgado da última decisão proferida no processo*".

porque vincula os litigantes que potencial ou efetivamente participaram do contraditório (limites subjetivos), e, também no plano objetivo, visto que delimita o objeto material do julgamento (limites objetivos).

O art. 503 do Código de Processo Civil encerra os denominados limites objetivos da coisa julgada.

Importa esclarecer que a expressão "força de lei", constante do *caput*, significa trânsito em julgado, a evidenciar que não mais é passível de discussão o núcleo decisório da sentença.

No entanto, o novo preceito afastou-se da redação do art. 468 do Código de 1973, dispondo agora, que o provimento de mérito, total ou parcial, faz coisa julgada exclusivamente em relação à "questão principal",[243] vale dizer, aquela ou aquelas decididas *principaliter*.

A "questão principal", isto é, o objeto litigioso, pode ser simples ou complexo, a depender dos capítulos que integram a pretensão deduzida pelo autor. Em simetria com o disposto no art. 356 do vigente Código, não há óbice a que o julgamento do mérito seja cindido, podendo o juiz proferir ato decisório antecipado, julgando parcialmente um ou mais dos pedidos, que integram a "questão principal", quando reputado incontroversos, nas hipóteses em que a matéria dispensar a produção de prova ou, ainda, em que houver revelia, tudo nos termos do art. 355, I e II.

Estabelecendo que o pronunciamento judicial não extravasa os limites da questão principal expressamente decidida, o novo diploma adotou, no art. 504, a teoria que restringe a coisa julgada à parte dispositiva da sentença, não abrangendo, portanto, as questões prejudiciais e tampouco os motivos que serviram de alicerce à decisão.

Assim, por exemplo, a improcedência do pedido formulado em ação anulatória de escritura pública de reconhecimento de filiação não impede o subsequente ajuizamento de ação declaratória de inexistência da relação de paternidade, fundada na ausência do vínculo biológico, a ser demonstrada por prova pericial hematológica. E isso porque, como explica Ada Pellegrini Grinover, "o objeto do processo instaurado pela ação anulatória, de um lado, e o objeto do processo sucessivo, de outro lado, são diversos, de tal sorte que os limites objetivos da coisa julgada formada em torno daquele não abarcam os limites do objeto do processo da ação declaratória subsequente".[244]

---

243. Inspira-se, o legislador, na doutrina de Carnelutti sobre questões – dúvidas sobre pontos de fato e de direito – suscitadas pelas partes (*Istituzioni del processo civile italiano*, v. 1, p. 12), entendendo-se como "questão principal", o núcleo da lide, isto é, o objeto litigioso.

244. *Limites objetivos da coisa julgada*, Informativo Incijur, 10(2000):6. Consulte-se, também acerca de situações que decorrem da união estável, Alexandre Alves Lazzarini, *A* causa petendi *nas ações de separação judicial e de dissolução da união estável*, p. 94-95.

Ademais, o órgão jurisdicional não só precisa ater-se aos lindes do objeto litigioso como deve abster-se de conhecer de ofício fatos que importem a ampliação da controvérsia (*ne eat iudex ultra petita partium*). O novo art. 141 (= art. 128 do CPC/1973) procura, com efeito, ministrar um harmônico equilíbrio entre os horizontes da demanda e os poderes cognitivos do órgão jurisdicional: "*O juiz decidirá o mérito nos limites propostos pelas partes, sendo-lhe vedado conhecer de questões não suscitadas e a cujo respeito a lei exige iniciativa da parte*".

Todavia, sendo esse igualmente o regime que prevalecia nos arts. 5º, 325 e 468 do Código revogado, a técnica apta a contornar os inconvenientes da estreiteza dos limites objetivos da *res iudicata*, estendendo a coisa julgada às questões prejudiciais, de sorte a permanecerem elas insuscetíveis de discussão, após o encerramento do processo e transitada em julgado a sentença, era o ajuizamento da denominada ação declaratória incidental, que tinha exatamente a finalidade de permitir que se decidisse com força de coisa julgada determinada questão logicamente subordinante daquela que constituía fundamento do pedido.

Entrava então em cena, pois, a "lide prejudicial", aquela que – no dizer de Buzaid –, embora pudesse ter constituído objeto de processo autônomo, poderia ser ajuizada por qualquer das partes, mediante ação declaratória incidental.[245]

O mencionado art. 503 pretendeu, ao que tudo indica, extinguir a previsão desta demanda do novel diploma.

6. Questão principal, questão autônoma e questão prejudicial

Em anterior estudo, tive oportunidade de afirmar que a regra da eventualidade, mantida no art. 508 do Código de Processo Civil de 2015, e a respectiva substanciação da demanda dizem respeito exclusivamente à questão principal, ou seja, àquela delimitada pelo autor na *causa petendi* da petição inicial, de modo que se puder ser deduzida diferente questão, ainda que para o mesmo pedido, não haverá óbice algum para a propositura de outra ação, uma vez que esta não será idêntica à primeira.[246]

Trata-se, como se observa, de questão autônoma, que poderá ser deduzida, em cumulação, no mesmo (art. 327) ou em outro processo.

Esta questão autônoma (e, portanto, principal) poderá igualmente, numa determinada demanda, ser prejudicial ao julgamento da questão principal. O teor da solução desta (prejudicada) depende do resultado daquela

245. *Ação declaratória no direito brasileiro*, p. 389.
246. *A* causa petendi *no processo civil*, p. 161.

(prejudicial), como sucede, por exemplo, em relação à existência da obrigação principal, debatida na ação de natureza condenatória ajuizada em face do fiador.[247]

Adverte, a propósito, Fredie Didier Júnior[248] que "a questão prejudicial pode ser principal ou incidental – *nem toda questão prejudicial é incidental*. Quando a questão prejudicial é o próprio objeto litigioso do processo (questão a ser resolvida *principaliter*), a doutrina costuma referir-se à causa prejudicial, ao invés de 'questão prejudicial', expressão que ficaria restrita à situação em que o exame da questão fará parte apenas da fundamentação da decisão – ou seja, quando a questão prejudicial é incidental".

Barbosa Moreira[249] anota, no entanto, que a questão prejudicial pode também ostentar natureza estritamente processual, como, *e. g.*, aquela sobre o valor da causa, em relação à questão sobre o recurso cabível da decisão que julga o respectivo incidente. Dúvida não há de que a questão subordinante só tem sentido no âmbito de determinado processo, não se admitindo que possa constituir objeto de apreciação judicial autônoma, em outro processo.

7. Questão prejudicial expressa e incidentalmente decidida e coisa julgada

Preceitua o art. 503, § 1º, que a coisa julgada abrange a solução da questão prejudicial incidental, expressamente decidida na sentença. É um exemplo típico de que o dispositivo desta decisão não estará, do ponto de vista formal, na parte final da sentença. Localizar-se-á, em regra, entremeado na motivação do ato decisório.

A coisa julgada material, em tal hipótese, irá se estender não apenas ao dispositivo atinente à questão principal, mas, igualmente, àquele que resolveu, expressa e incidentalmente, a questão prejudicial.

A opção legislativa aqui regrada autoriza, portanto, que se decida também com força de coisa julgada determinada questão jurídica logicamente subordinante daquela que constitui a questão principal, como, *v. g.*, o reconhecimento de união estável, numa demanda em que se visa a partilha de bens comuns.

247. Cf. Barbosa Moreira, *Questões prejudiciais e coisa julgada*, p. 62.

248. *Extensão da coisa julgada à resolução da questão prejudicial incidental no novo CPC brasileiro*, p. 84. V., a respeito, Clarisse Frechiani Lara Leite, *Prejudicialidade no processo civil*, p. 69 ss.

249. *Questões prejudiciais e coisa julgada*, p. 49-50.

A expansão da coisa julgada, ditada pelo art. 503, § 1º, independe de pedido das partes. Isso significa que tanto o autor quanto o réu, na fase postulatória, podem suscitar a questão prejudicial.

Na verdade, como ainda esclarece Didier Júnior, "há uma ampliação do objeto da coisa julgada por determinação legal", como, aliás, assentou o Enunciado n. 165 do Fórum Permanente de Processualistas Civis: "Independentemente de provocação, a análise de questão prejudicial incidental, desde que preencha os pressupostos dos parágrafos do art. 503, está sujeita à coisa julgada".[250]

8. Requisitos para a extensão da coisa julgada à questão prejudicial

Em princípio, como se infere do *caput* do art. 503, apenas a resolução da questão prejudicial é que se subordina à coisa julgada material.

Todavia, também pode ser abrangida pela coisa julgada a questão prejudicial, expressa e incidentalmente, decidida, quando, cumulativamente, preencher os pressupostos exigidos pelos incs. I a III do § 1º do art. 503, quais sejam: a) de sua resolução depender o julgamento da questão principal (prejudicada); b) que sobre o *thema decidendum* da prejudicial tenha ocorrido efetivo contraditório, excluindo-se, portanto, a hipótese de revelia; e *c*) o juízo perante o qual pende a demanda for também competente, *ratione materia* e *ratione personae* para resolver a questão prejudicial.

Novidade constante do Anteprojeto e do Projeto do Senado, verifica-se que o legislador não descurou das garantias processuais nesta situação, que acaba gerando séria consequência na esfera de direitos dos litigantes.

9. Incontornável problema prático

A distribuição da petição inicial, prevista no art. 285, produz inúmeros efeitos materiais e processuais.

Dentre aqueles, presta-se a certificar o ajuizamento de demanda em face de determinado sujeito de direitos. Assim, o registro das ações judiciais, a partir da distribuição, constitui importante subsídio para que se tenha conhecimento da situação jurídica do patrimônio pertencente à pessoa com quem se está entabulando algum negócio. É comum, pois, na praxe negocial, a extração de certidões pessoais do vendedor, entre outras, do cartório do distribuidor.

---

250. *Extensão da coisa julgada à resolução da questão prejudicial incidental no novo CPC brasileiro*, p. 86. V., nesse sentido, Cássio Scarpinella Bueno, *Novo Código de Processo Civil anotado*, p. 335.

Ora, ajuizada uma demanda de natureza meramente declaratória, é muito provável que o pedido formulado em face do réu não produza potencialmente qualquer repercussão na situação financeira deste. É esta demanda que então constará da certidão expedida pelo distribuidor.

Sob a égide do regime processual anterior, o ajuizamento das ações incidentais, como, por exemplo, a reconvenção, a ação declaratória, era devidamente comunicado ao distribuidor para anotações. Passavam assim a constar da respectiva certidão.

Com o novo modelo, agora instituído, somente com a prolação da sentença é que será possível diagnosticar o raio de abrangência objetiva da coisa julgada, podendo acarretar gravíssimo problema, de ordem econômica, se porventura a sentença transitada em julgado tiver alguma repercussão patrimonial, decorrente da questão prejudicial expressa e incidentalmente decidida.

Não se afasta até mesmo a indevida utilização da técnica processual instituída no § 1º do art. 503 para conseguir objetivo ilegal (art. 80, III).

10. Situações excluídas: restrições probatórias e limitações à cognição

Dispõe ainda o § 2º do art. 503 que a hipótese excepcional de extensão dos limites objetivos da coisa julgada material à questão prejudicial, disciplinada no precedente § 1º, não se viabiliza quando houver restrições à produção da prova, como, *v. g.*, verifica-se na ação de mandado de segurança, que admite apenas prova documental pré-constituída. A exemplo do que sucede no caso de revelia (art. 503, § 1º, II), aqui também há óbice legal para a ampliação alvitrada.

Igualmente, o mesmo ocorre em algumas espécies de tutela jurisdicional diferenciada, que se afastam do procedimento comum, nas quais a própria legislação impõe restrições à liberdade de iniciativa do autor quanto à demarcação da *causa petendi*.

As ações possessórias configuram exemplo típico de demandas cujo conteúdo objetivo sofre limitação *ex lege*. A cognição sumária, que caracteriza tais demandas, obsta a que o autor deduza causa de pedir fundada em domínio.

O art. 525, § 1º, do Código em vigor, que cataloga o rol de fundamentos passíveis de alegação em sede de impugnação ao cumprimento de sentença condenatória, do mesmo modo, delimita acentuadamente o âmbito de cognição deduzível pelo devedor.

Em todas estas situações, pois, diante da sumarização do objeto de cognição, vem também afastada a coisa julgada sobre o julgamento de qualquer questão prejudicial.

11. Arguição incidental da falsidade de documento

Saliente-se que, sob a vigência do Código de 1973, o art. 391 e seguintes, diante da arguição de falsidade de documento, autorizava o ajuizamento incidental de ação declaratória, que era julgada por meio de sentença.

O art. 430 do atual diploma continua admitindo a arguição de falsidade na contestação ou na réplica, devendo ela ser resolvida como questão incidental. Todavia, se a parte interessada o requerer, será ela decidida como questão principal (art. 430, parágrafo único).

O art. 433 não deixa margem para dúvida quanto à extensão da coisa julgada à respectiva decisão que enfrentar tal questão *principaliter*, ao dispor que: "*A declaração sobre a falsidade do documento, quando suscitada como questão principal, constará da parte dispositiva da sentença e sobre ela incidirá também a autoridade de coisa julgada*".

12. Viabilidade (ainda) da ação declaratória incidental

Como é sabido, a ação declaratória incidental, no diploma revogado, por razões de economia processual, visava a ampliar os limites objetivos da coisa julgada material, uma vez que a questão prejudicial passava a ser decidida *principaliter*, integrando o dispositivo da sentença (arts. 5º, 325 e 470 do velho CPC). Deixava de ser simples fundamento do *decisum* e se transformava em objeto do julgamento de mérito.

A despeito da nova disciplina agora reservada a essa matéria, continua sendo possível o ajuizamento de ação declaratória incidental pelo menos nas duas hipóteses sugeridas por Didier Júnior, vale dizer: *a*) a ação declaratória incidental de falsidade de documento (art. 430); e *b*) a reconvenção de natureza declaratória, ajuizada pelo réu, que poderá ter por objeto a questão prejudicial incidental controvertida.[251]

13. Incidência imediata das regras de direito processual

É de ressaltar-se, com Carlo Francesco Gabba,[252] ser "princípio geralmente admitido o de que as leis novas referentes às formas processuais se

---

251. *Extensão da coisa julgada à resolução da questão prejudicial incidental no novo CPC brasileiro*, p. 93.
252. *Teoria della retroattività delle leggi*, v. 1, p. 452.

aplicam aos processos iniciados e não concluídos sob o império das leis anteriores".

Paul Rubier, a seu turno, reportando-se à doutrina medieval de Bártolo, assevera que as regras jurídicas processuais constituem leis atinentes à forma, e, portanto, devem ser observadas tão-logo passem a vigorar.[253]

Correspondendo, certamente, à imediata incidência da lei, qual seja, a aplicação normal, automática desta, o mencionado princípio do efeito imediato (que não deve ser considerado como um *ens tertium* entre a retroatividade e a irretroatividade) identifica-se, a rigor, com a exigência de segurança jurídica: "se a lei nova regulasse os fatos já concluídos sob o domínio da lei anterior, *modificando os seus efeitos*, qualquer certeza seria inócua e o direito, antes que uma ordem, seria um caos. Não se trata, na verdade, de *respeito ao passado*, como, com vaga intuição, sustenta Pace, mas, sim, de uma específica garantia da certeza e, com esta, da estabilidade e segurança dos efeitos jurídicos".[254]

Segundo o art. 1.046 do Código de 2015, duas são, sobre este importante tema, as regras fundamentais derivadas da aplicação do princípio *tempus regit actum*, a saber: *a*) *irretroatividade* da nova lei processual, de sorte que os atos realizados em conformidade com as disposições da antiga permaneçam válidos; e *b*) *imediatidade* da nova lei processual, que passa a disciplinar o desenvolvimento restante do processo.

Como bem esclarece Ponte de Miranda, "enquanto a relação jurídica não se estabelece, ou não se extingue, a lei nova pode intervir. É princípio que os elementos sucessivos têm cada um a sua lei, o seu momento legal, mas é decisiva a lei do último momento, que é a do último elemento necessário".[255]

No entanto, dada a relevância da novidade introduzida pelo art. 503, o subsequente art. 1.054 excepcionou a regra legal, procurando infundir segurança jurídica, ao determinar que: "*O disposto no art. 503, § 1º, somente se aplica aos processos iniciados após a vigência deste Código, aplicando-se aos anteriores o disposto nos arts. 5º, 325 e 470 da Lei 5.869, de 11 de janeiro de 1973*", ou seja, do Código revogado.

---

253. *Le droit transitoire – Conflits de lois dans le temps*, p. 542.

254. Cf. Francesco Carnelutti, *Mutamento della legge in tema di prescrizione*, Rivista di diritto processuale, 1952, parte 1, p. 3, com alusão à importante obra de Gaetano Pace, *Il diritto transitorio con particulare riguardo al diritto privato*, p. 142.

255. *Comentários ao Código de Processo Civil*, t. 17, p. 28.

14. Distinção formal entre motivos e dispositivo

Com redação mais aprimorada do que a anterior, o art. 489 do diploma processual de 2015, de forma didática, disciplina a estrutura formal da sentença, dispondo que: "*São elementos essenciais da sentença: I – o relatório, que conterá os nomes das partes, a identificação do caso, com a suma do pedido e da contestação, e o registro das principais ocorrências havidas no andamento do processo; II – os fundamentos, em que o juiz analisará as questões de fato e de direito; III – o dispositivo, em que o juiz resolverá as questões principais que as partes lhe submeterem*".

Na elaboração progressiva da sentença ou do acórdão (art. 204), em regra, após o resumo (relatório) indicativo das fases e dos aspectos relevantes do processo, o juiz deve passar a expressar os fundamentos de fato e de direito (*sources de la motivation*[256]), revelando a sua convicção, isto é, no já referido ensinamento de Chiovenda,[257] a "vontade" íntima do órgão investido de jurisdição, para passar, no dispositivo, a explicitar a "vontade da lei".

Os fundamentos ou motivos dos atos decisórios em geral pressupõem um labor intelectual, de conteúdo crítico, lógico e metalógico (intuitivo), que engloba um conjunto de reflexões de fato e de direito do qual o juiz extrai o julgamento.

É, por assim dizer, o "jornal de viagem" de seu raciocínio, a exposição, expressa na sentença, das razões fáticas e jurídicas que o conduziram a determinada conclusão.[258] A sentença não pode encerrar-se no esquema do silogismo lógico clássico, que alçava a norma jurídica aplicável ao caso examinado como premissa maior e as *quaestiones facti* como premissa menor para chegar-se à conclusão resultante do ato decisório de mérito. Como anota Calamandrei, a sentença "não se confunde com uma operação aritmética: é um ato muito mais complicado e misterioso, que tem as suas raízes na consciência moral e não se explica com as abstratas leis dos números".[259]

A propósito, há uma passagem genial na obra *La genesi logica della sentenza civile*, na qual Calamandrei procura demonstrar, de modo claro e direto, a complexidade que envolve o ato de julgar, vale dizer a difícil tarefa de subsunção, privativa do magistrado: "... limitar-se a ver na operação mental, que por excelência é efetivada pelo juiz, um simples silogismo, do

---

256. Robert Legros, *Considérations sur les motifs*, La motivation des décisions de justice, p. 12.
257. Chiovenda, *Instituições de direito processual civil*, v. 1, p. 372.
258. Calamandrei, *Processo e democrazia*, p. 665.
259. *Processo e democrazia*, p. 668.

qual a lei é a premissa maior, constitui esquematização simplista acerca de uma operação que, pelo contrário, é muito laboriosa e complexa. Prescindindo-se do fato de que raramente num processo a consequência jurídica emerge de um único fato e de uma única norma abstrata, ordinariamente o juiz deve fazer, antes de chegar à pronúncia da sentença, uma complicada série de deduções concatenadas, que, quando se arma a sentença como um único silogismo, alvitra-se apenas o momento final da atividade mental do juiz... Reduzir a um simples cálculo aritmético o ofício do juiz seria deveras fácil e deveras pobre aquele mister. Pelo contrário, a parte mais árdua desse ofício é aquela pela qual o juiz chega a fixar diante de si as 'cifras', que devem embasar o seu cálculo, as premissas, que devem servir ao silogismo... Incumbe ao juiz encontrar a premissa maior (norma) e de verificar se esta realmente comporta a consequência jurídica que a parte pleiteia...".[260]

De assinalar-se, por outro lado, que, na prática, dado o estilo pessoal de muitos magistrados, ou, mesmo, a complexidade da causa, nem sempre resulta tarefa fácil, do ponto vista formal, demarcar as fronteiras entre a motivação e a parte dispositiva do julgado, uma vez que, em certas hipóteses, encerrado o relatório, sucedem inúmeras "decisões culminantes com o dispositivo mas, aparentemente, sem nenhuma interrupção lógica".[261]

A distinção em tais situações, consoante Botelho de Mesquita,[262] deve ser efetuada com atenção à função que a cada um destes tópicos está reservada na sentença, bem como nas decisões interlocutórias de mérito. Tendo-se em vista que a motivação se prende à *causa petendi* e o dispositivo ao seu pedido, será suficiente para separar um do outro que o intérprete se reporte à petição inicial que, se não estiver contaminada pela inépcia, deverá mencionar com clareza e precisão a causa de pedir e o pedido. Terá, então, nestes elementos da inicial, e, ainda, da *causa excipiendi*, deduzida pelo réu em sua contestação, o caminho seguro para proceder à separação entre a motivação e o dispositivo da sentença, pois encerram, respectivamente, as respostas às razões do autor e à sua pretensão, e, outrossim, às questões suscitadas pelo requerido.

Em tais situações, impõe-se ao intérprete atento exame do provimento judicial.

É de Kelsen a exortação no sentido de que a interpretação é necessária à aplicação de toda e qualquer norma jurídica, incluindo-se "as normas

260. *La genesi logica della sentenza civile*, p. 15.
261. Botelho de Mesquita, *A autoridade da coisa julgada e a imutabilidade da motivação da sentença*, p. 43.
262. *A autoridade da coisa julgada e a imutabilidade da motivação da sentença*, p. 43.

individuais, *de sentenças judiciais,* de ordens administrativas, de negócios jurídicos...".[263]

A interpretação de um ato decisório constitui uma operação mental que visa a entender o sentido intrínseco da decisão. Esse processo intelectual deve, pois, responder qual a vontade da norma individualizada e a sua respectiva extensão no mundo fático.

Como todo texto escrito – segundo precisa colocação de Dinamarco –, "a sentença ou acórdão é composto de palavras, que são símbolos convencionais pelos quais o redator procura expressar ideias. Para captar-lhe o significado e intenção, é indispensável buscar o significado desses símbolos e a ideia que eles expressam, seja isoladamente, seja no contexto da redação. Tanto quanto a lei, a sentença precisa sempre ser interpretada. Intérpretes das sentenças são o próprio vencedor e o vencido, os tribunais que julgam recursos interpostos contra elas, ações rescisórias etc., bem como o juiz que dirige sua liquidação em busca do alcance quantitativo das decisões e aquele que comanda a execução...".[264]

Em tema de exegese da sentença ou do acórdão, não se interpreta o dispositivo de forma isolada, dissociada dos fundamentos de decidir. O julgado, antes de tudo, é um texto que deve ser interpretado de forma que suas premissas se mostrem, o mais possível, um conjunto coerente e harmonioso, inclusive com eventuais decisões anteriores proferidas ao longo do processo.

Enfrentando esta mesma questão de hermenêutica, expressivo julgado do Supremo Tribunal de Justiça português, no julgamento do Recurso de Revista 356/02, decidiu que: "a interpretação das sentenças obedece às regras da interpretação dos negócios jurídicos", firme na seguinte argumentação: "para interpretarmos correctamente a parte decisória de uma sentença temos de analisar os seus antecedentes lógicos que a tornam possível e a pressupõem, dada a sua íntima interdependência. A interpretação da sentença exige, assim, que se tome em consideração a fundamentação e a parte dispositiva, factores básicos da sua estrutura. De realçar, ainda, que, embora o objecto da interpretação seja a própria sentença, a verdade é que nessa tarefa interpretativa há que ter em conta outras 'circunstâncias', que funcionam como 'meios auxiliares de interpretação', na medida em que daí se possa retirar 'uma conclusão sobre o sentido' que se lhe quis emprestar...".

Sobre esta temática, como se observa, há entendimento uníssono, no sentido de que, para a interpretação das decisões, o método sistemático é o

---

263. *Teoria pura do direito*, v. 2, p. 284.
264. *Instituições de direito processual civil*, 3, p. 707-708.

mais indicado, segundo o qual as palavras utilizadas em uma passagem do pronunciamento com um claro significado sejam lidas, em outra passagem ou mesmo em outra decisão subsequente, com a mesma compreensão.[265]

Assim, por exemplo, se o acórdão confirma a sentença monocrática, é necessário verificar qual o âmbito de abrangência daquele em relação a esta, para o fim de, a um só tempo, compreender o sentido do ato decisório colegiado e, ainda, na esteira do sistema desenhado no Código de Processo Civil, diagnosticar qual a extensão subjetiva e objetiva da coisa julgada.

Acrescente-se que a parte dispositiva, do ponto de vista formal, não fica adstrita exclusivamente ao final da sentença, porquanto, poderá excepcionalmente haver decisão sobre alguma questão, como acima esclarecido, ao ser anteriormente examinado o art. 503, § 1º, em outras passagens do pronunciamento judicial.

Apontando as dificuldades para a correta interpretação da sentença, frisa, a propósito, Garbagnati, que, por exemplo, a decisão de uma questão preliminar de mérito, mesmo não inserida no dispositivo de uma sentença definitiva integra o próprio ato decisório, não no sentido de que esta constitua mera fração de sua respectiva motivação, mas, na verdade, contendo igualmente dispositivo, concorre a formar a parte decisória da sentença.[266]

Na verdade, apesar de o ato decisório ser formalmente único em seu aspecto material, poderá conter ele tantas sentenças diversas quantas forem as questões autônomas debatidas. Os capítulos da sentença se identificam com os capítulos da demanda. Como elucida Luiz Machado Guimarães, "há sentenças monocelulares – de um só capítulo -, como há sentenças pluricelulares – de diversos capítulos".[267]

15. Função instrumental dos motivos

Importa ressaltar que, sob o regime do velho Código de 1939, tema que despertava a atenção dos processualistas concernia à extensão da imutabilidade da motivação, por força do preceituado no parágrafo único do art. 287, cuja redação era inspirada no art. 290 do Projeto Mortara: "*Considerar-se-ão decididas todas as questões que constituam premissa da conclusão*".

---

265. Cf. Vittorio Denti, *L'interpretazione della sentenza civile*, Studi delle scienze giuridiche e sociali, t. 28, p. 47-48; A. Chizzini, *Sentenza nel diritto processuale civile*, Digesto delle discipline privatistiche – sezione civile, p. 274; Antonio Nasi, *Interpretazione della sentenza*, Enciclopedia del diritto, v. 22, p. 301-302; Carlos Maximiliano, *Hermenêutica e aplicação do direito*, p. 67-68; Estevão Mallet, *Breves notas sobre a interpretação das decisões judiciais*, Revista do TST, 74(jan./fev., 2008):30-31.
266. *Questioni preliminari di merito e parti della sentenza*, p. 1.607.
267. *Limites objetivos do recurso de apelação*, p. 83.

Assim, além da parte dispositiva da sentença, as premissas ou motivos necessários à conclusão eram, em princípio, atingidos pela coisa julgada.

A tese remonta à elegante construção de Savigny, segundo a qual é possível vislumbrar-se, na discussão que conduz o juiz à decisão, duas espécies distintas de motivos: os *objetivos*, ou elementos integrantes da relação jurídica controvertida, que fazem coisa julgada (*werden rechtskräftig*); e os *subjetivos*, aqueles que se destinam à formação da convicção do juiz, a respeito dos primeiros, que não se subordinam à coisa julgada (*werden nicht rechtskräftig*).[268]

Bonaccorso, escudado, por certo, na formulação de Liebman, examinou o problema, a partir da teoria de Savigny, averbando que para a determinação dos limites da *res iudicata* não se devia levar em consideração a distinção, extrínseca e formal, entre motivo e dispositivo, ou seja, a "exclusão dos motivos da coisa julgada não há que ser concebida no sentido formalístico, de que só passa em julgado aquilo que está escrito no dispositivo da sentença: porque, ao contrário, para determinar-se o alcance da coisa julgada, é, muitas vezes, necessário remontar aos motivos a fim de poder-se identificar a ação com a análise da *causa petendi*".[269]

Nessa linha de raciocínio, dúvida não há de que a fundamentação da sentença tem uma função lógico-instrumental, a qual, em última análise, presta-se à compreensão do *decisum*.

O juiz, no dispositivo, cinge-se a decretar que julga procedente ou improcedente o pedido do autor. Pergunta-se: o que foi efetivamente julgado? Daí, porque a interpretação da sentença exige que se recorra à fundamentação, porque esta, na verdade, é imprescindível "para determinar o alcance da parte dispositiva" (art. 504).

A generalidade dos ordenamentos processuais contemporâneos exige que toda sentença ou acórdão contenha elementos mínimos de validade (*Entscheidungsnormen*), quais sejam, o relatório, a motivação e o dispositivo (art. 489 do CPC/2015).

Na elaboração progressiva da sentença, normalmente, após o resumo da causa e das ocorrências processuais (relatório), o juiz ou tribunal deve passar a expressar os fundamentos de fato e de direito (motivação), para concluir a atividade jurisdicional, com o julgamento da demanda (dispositivo).

---

268. *System des heutingen römischen Rechts*, v. 6, p. 358 ss.
269. *Il giudicato civile*, p. 18-19.

A motivação do *decisum*, portanto, é a parte do julgado que deve conter, ainda que entremeadas, a exposição dos fatos relevantes para a solução do litígio e a exposição das razões jurídicas do veredito.

Isso significa que, do ponto de vista de sua estrutura interna, a motivação da sentença, concebida como uma operação lógica do juiz, apresenta-se como verdadeira justificação das circunstâncias fáticas e jurídicas que determinam a individuação das razões de decidir.[270]

Os motivos da sentença têm por escopo imediato, de um lado, iluminar e tornar compreensível a parte dispositiva da decisão, e, de outro, permitir o controle crítico da sentença, para a exata determinação do conteúdo da vontade do juiz e, consequentemente, para a verificação dos limites do julgado.

Como bem enfatiza Pontes de Miranda, a motivação presta-se, em particular, para esclarecer o ato decisório.[271]

Botelho de Mesquita,[272] sustentando tese original, atinente à imutabilidade instrumental (endoprocessual) dos motivos da sentença, assevera que estes têm a precípua finalidade de realizar, na prática, a fixação e a compreensão do resultado do processo, que se materializa no dispositivo.

As razões de decidir, pois, atuam como elemento informador de aferição do raio de alcance da parte dispositiva da sentença.

É assim por esta razão que, embora não abrangidos pela coisa julgada, pode-se vislumbrar certa estabilidade dos motivos, que não possuem existência autônoma. Saliente-se aliás que não seria mesmo admissível haver coisa julgada sobre a "vontade do juiz", vale dizer, sobre as premissas que simplesmente revelam a convicção do órgão jurisdicional, como preparação lógica para o julgamento da causa.

16. Motivação e coisa julgada

Secundando o modelo adotado no diploma processual revogado, o novo Código também consagrou, nesse art. 504, a teoria restritiva, pela qual a autoridade da coisa julgada circunscreve-se ao dispositivo da sentença, não abrangendo, portanto, os motivos que serviram de alicerce à decisão.

Cumpre esclarecer que estes fundamentos devem necessariamente guardar pertinência com o *thema decidendum*, não podendo ser lançados de forma genérica, aptos "a justificar qualquer outra decisão". Se isto for

270. Cf., a propósito, Michele Taruffo, *La motivazione della sentenza civile*, p. 213 ss.
271. *Comentários ao Código de Processo Civil*, t. 2, p. 354.
272. *A autoridade da coisa julgada e a imutabilidade da motivação da sentença*, p. 61-62.

constatado, a teor do disposto no art. 489, § 1º, III, no Código de 2015, a decisão será considerada despida de motivação adequada, e, assim, nula (arts. 93, IX, da CF, e 11 do CPC).

A *ratio decidendi* atua, portanto, como antes pontuado, como elemento informador para aferir-se, com precisão, o círculo de alcance da parte dispositiva da sentença, ou seja, constitui ela "causa de convicção e não de existência".[273]

Bem é de ver, com Cássio Scarpinella Bueno, que, igualmente, não são atingidos pela coisa julgada, os dispositivos das decisões de questões prejudiciais, quando não preenchidos os pressupostos do já referido art. 503, § 1º; e, ainda, da decisão incidental declaratória de falsidade documental (arts. 430, parágrafo único, e 433).[274]

Partindo do pressuposto de "ter a autoridade da coisa julgada a finalidade de *assegurar o resultado prático do processo*, como diz Liebman, não há porque comunicá-la aos motivos, pois estes não necessitam, já que não integram a cadeia de fatos onde eclodiu a lide. Sua função é formar a convicção do julgador e para cumpri-la não necessitam receber a autoridade da coisa julgada. Os motivos esgotam sua eficácia no processo, e a autoridade da coisa julgada é necessária para que os fatos fora do processo, e após o processo, tenham um determinado curso".[275]

17. Veracidade dos fatos

Observa-se, ademais, que a verdade dos fatos, fixada nas razões de decidir, também resta excluída dos limites objetivos da coisa julgada.

O novel legislador, a exemplo do anterior, parece não se ter dado conta de que as conclusões fáticas, a partir da valoração dos elementos probatórios, constantes dos autos, integram, por certo, a motivação da sentença.

Desnecessária – e até redundante –, pois, a alusão à "verdade dos fatos", uma vez que já incluída no âmbito do inc. I do art. 503.

Acrescenta, com absoluta propriedade, Egas Moniz de Aragão, que se os motivos não são abrangidos pela coisa julgada, muito menos a verdade dos fatos estabelecida como fundamento da sentença pode se subordinar àquela. Daí, porque "nenhum juiz, em outro processo, ficará vinculado ao que a sentença houver admitido como verdade; ao proferir o seu julgamento

273. Ronaldo Cunha Campos, *Limites objetivos da coisa julgada*, p. 87.
274. *Novo Código de Processo Civil anotado*, p. 336.
275. Ronaldo Cunha Campos, *Limites objetivos da coisa julgada*, p. 88-89.

qualquer juiz poderá e deverá reapreciar livremente os fatos para formar o seu convencimento".[276]

A probabilidade de verossimilhança avaliada pelo juiz alimenta apenas e tão-somente a sua convicção num ou noutro sentido, diante da prova que foi produzida pelas partes.

Em página memorável de sua prestigiosa obra *La prova civile*, Carnelutti já advertia que todo processo contencioso encerra, ao menos, quatro verdades: a verdade do autor, a do réu, a do juiz, e, simplesmente, a verdade verdadeira![277]

Diante dessa experiente percepção da realidade do processo judicial, não há mesmo como se admitir a autoridade da coisa julgada sobre a "verdade dos fatos".

Desse modo, se em demanda posterior entre os mesmos litigantes, o fato jurídico, tido como existente naquela (p. ex.: existência de vício oculto no bem adquirido), sobre ele terá a parte interessada de produzir prova, visto que não há coisa julgada sobre a sua respectiva veracidade.

A esse respeito, sob a perspectiva da praxe forense, a 5ª Turma Cível do Tribunal de Justiça do Distrito Federal e dos Territórios, no julgamento unânime da Apelação 20121010083593, deixou assentado, que, segundo o art. 469, II, do Código de 1973, "a verdade dos fatos não faz coisa julgada, razão pela qual, em ação reivindicatória, não está o julgador adstrito a fundamento de decisão prolatada no bojo de anterior ação de reintegração de posse entre as mesmas partes".[278]

A 3ª Turma do Superior Tribunal de Justiça, no julgamento do REsp 1.298.342-MG, de relatoria do Ministro Sidnei Beneti, discutiu a ocorrência ou não de ofensa à coisa julgada, tendo em vista que, no âmbito de sucessiva demanda entre as mesmas partes, não foi reconhecido o pagamento maior reconhecido na decisão proferida no precedente processo.[279]

O respectivo voto condutor destacou que a lei processual não exige que conclusão fática seja idêntica, visto que o art. 469 do Código de Processo Civil 1973, a exemplo do art. 504, II, do novo diploma, ressalva que a verdade dos fatos estabelecida como fundamento de sentença não faz coisa julgada. O acórdão unânime tem a seguinte fundamentação: "A coisa julgada material, qualidade de imutabilidade e de indiscutibilidade que se agrega aos efeitos da sentença de mérito, atinge apenas a carga declaratória

---

276. Egas Moniz de Aragão, *Sentença e coisa julgada*, p. 253.
277. *La prova civile: parte generale: il concetto giuridico della prova*, p. 34-36.
278. DJe, 20.03.2014.
279. J. u., DJe, 27.06.2014.

contida no dispositivo do *decisum*. Não fazem coisa julgada: '*II – a verdade dos fatos, estabelecida como fundamento da sentença...*' (art. 469, do CPC). O fato de a sentença proferida em determinado processo judicial adotar como verdadeira premissa fática absolutamente divergente daquela que inspirou a prolação de sentença havida em processo anterior estabelecido entre as mesmas partes, conquanto incomum, não ofende a autoridade da coisa julgada".

18. Extensão da preclusão

Comentando o art. 471 do diploma revogado, correspondente a este dispositivo, praticamente com a mesma redação, Moniz de Aragão esclarece serem duas as suas finalidades: uma atinente à coisa julgada e outra à preclusão.

É até intuitivo que, diante da segurança jurídica assegurada com a formação da coisa julgada, o que foi definitivamente decidido não é passível de ser novamente objeto de julgamento. E isso deve ocorrer não apenas no âmbito do mesmo processo, como, igualmente, em processo sucessivo.

Saliente-se, inicialmente, que a expressão "questões decididas" imbrica-se à doutrina de Carnelutti, relativa à distinção entre "processo integral" (contendo toda a lide) e "processo parcial" (contendo apenas parte da lide), sempre dependendo do poder de disposição do demandante quanto à delimitação do objeto litigioso.[280]

No entanto, sobretudo com a expressa admissão, pelo novo Código (art. 203, § 2º), de decisão interlocutória de mérito, é possível que essa se torne, no curso do processo, indiscutível, diante da preclusão.

Não sendo ela impugnada por meio de agravo de instrumento (art. 1.015, II), transita em julgado, adquirindo o *status* de coisa julgada material. Outro regime é reservado às questões de natureza processual. Apreciadas e julgadas estas no curso do processo, não são mais passíveis de reexame, porque cobertas pela preclusão. Todavia, tratando-se de matéria de ordem pública, o juiz poderá revê-las, enquanto não exaurida a sua jurisdição, diante da inexistência de preclusão *pro iudicato*.

Enfatiza Sérgio Porto que, embora indiferente a natureza do ato decisório, sentença ou interlocutória, sendo de mérito, toda a matéria que tenha se caracterizado como questão controvertida e que tenha provocado julgamento, não sendo impugnada ou não sendo mais passível de recurso,

---

280. *Istituzioni del processo civile italiano*, v. 1, p. 255-256.

adquire estabilidade, vedando nova decisão, por incidência da coisa julgada material.[281]

19. Inexistência de preclusão *pro iudicato* acerca de questão de ordem pública

Sob outra perspectiva, dentre as espécies de preclusão, em relação aos protagonistas do processo, há ainda a denominada preclusão *pro iudicato*, pela qual é vedado ao juiz decidir questão já julgada.

Assim, a preclusão, normalmente, atinge a atividade das partes, mas, igualmente, pode também ocorrer em relação ao órgão jurisdicional, impondo-lhe o obstáculo de não mais poder decidir matéria de direito disponível, a qual, nos termos do *caput* do art. 505, foi objeto de precedente julgamento.

Cumpre deixar claro que a vedação no sentido de desautorizar o juiz a rever anterior ato decisório concerne apenas questões de direito disponível, uma vez que, consoante o disposto no art. 485, § 3º, do Código de 2015, não alcança a matéria de ordem pública, que pode ser reexaminada, pelo próprio juiz da causa, até o momento de proferir sentença.

Tive oportunidade de examinar esta problemática sob a égide do diploma revogado, valendo-me da lição de Galeno Lacerda.[282] Na verdade, há ensinamentos que se perpetuam. Como a redação do atual *caput* do art. 505 é praticamente a mesma da anterior (art. 471), invoco mais uma vez a doutrina do insigne processualista gaúcho, ainda atual, ao refutar a posição de Liebman, no sentido da impossibilidade de ser reavivado, no curso do processo, o exame acerca de questões cujo deslinde já havia sido coberto pela preclusão.

Com efeito, após sistematizar as nulidades processuais e tentar solucionar os problemas que defluíam da atividade saneadora do juiz, Galeno Lacerda afirmava que:

> "(...) a violação de normas imperativas, ao contrário do que ocorre com a anulabilidade, deve ser declarada de ofício pelo magistrado. Enquanto, porém, a ofensa à lei reclamada pelo interesse público provoca nulidade insanável, a infração de preceito imperativo ditado em consideração a interesse da parte impede o juiz a tentar o suprimento, antes de declarar a nulidade. Ora, o problema da preclusão de decisões *no curso do processo* é substancialmente diverso do problema da preclusão das decisões *terminativas*. Enquanto

281. *Comentários ao Código de Processo Civil*, p. 206.

282. Cruz e Tucci, *Sobre a eficácia preclusiva da decisão declaratória de saneamento*, Temas polêmicos de processo civil, p. 49 ss., com arrimo na obra de Galeno Lacerda, *Despacho saneador*, escrita sob a vigência do CPC de 1939.

nestas o magistrado esgota a jurisdição, extinguindo a relação processual, naquelas ele *conserva a função jurisdicional*, continua preso à relação do processo. Em face desta premissa, a pergunta se impõe: Pode o magistrado, que conserva a jurisdição, fugir ao mandamento de norma imperativa, que o obriga a agir de ofício, sob pretexto de que a decisão interlocutória precluiu? Reconhecido o próprio erro, poderá a falta de impugnação da parte impedi-lo de retratar-se? Terá esta com sua anuência, tal poder de disposição sobre a atividade ulterior do juiz? A resposta, evidentemente, no caso, deve ser negativa. Se o juiz conserva a jurisdição, para ele não preclui a faculdade de reexaminar a questão julgada, desde que ela escape à disposição da parte, por emanar de norma processual imperativa. Daí se conclui que a preclusão *no curso do processo* depende, em última análise da disponibilidade da parte em relação à matéria decidida. Se indisponível a questão, a ausência de recurso não impede o reexame pelo juiz. Se disponível, a falta de impugnação importa concordância tácita à decisão. Firma-se o efeito preclusivo não só para as partes, mas também para o juiz, no sentido de vedada se torna a retratação".[283]

Desse modo, também sob a vigência do novo Código, se no curso do processo, enquanto não esgotada a jurisdição, entender o juiz que se equivocara em decisão sobre as matérias arroladas nos incs. IV, V, VI e XI do art. 485, impõem-lhe a função de dirigente do processo e o dever de velar pela duração razoável do processo (art. 139), reexaminá-la e resolvê-la novamente. É o que determina o art. 485, § 3º, no sentido de autorizar ao juiz conhecer de ofício das supra aludidas matérias, até que, à evidência, não tenha exaurido a sua própria jurisdição.[284]

Aduza-se, que esta mesma orientação tem prevalecido atualmente em nossos tribunais, como, *v. g.*, colhe-se em acórdão da 2ª Turma do Superior Tribunal de Justiça, no julgamento do Agravo Regimental no Agravo em REsp 560.793-MG, de relatoria do Ministro Humberto Martins, ao decidir, com base em precedente da Corte Especial (REsp 1.450.361-RN), que: "A jurisprudência desta Corte firmou entendimento no sentido de que não ocorre preclusão *pro iudicato* a análise de matéria de ordem pública".[285]

20. Coisa julgada e relação jurídica de trato continuado

Repetindo quase que literalmente o inc. I do art. 471 do Código de 1973, o novo diploma, no art. 505, I, perdeu a oportunidade de eliminar de uma vez por todas uma regra legal absolutamente desnecessária, que conspira contra a boa técnica processual.

---

283. *Despacho saneador*, p. 160-161.
284. V., em senso análogo, sob o regime do CPC/1973, Moacyr Amaral Santos, *Primeiras linhas de direito processual civil*, v. 2, p. 299.
285. J. u., DJe, 17.11.2004.

Escrevendo em tom crítico sobre o tema, Talamini, com apoio na doutrina de Liebman, resume as impropriedades da norma anterior, num primoroso trecho, que vale ser transcrito:

> "O disposto no inc. I do art. 471 não constitui exceção à coisa julgada, nem propriamente versa sobre coisa julgada submetida à cláusula *rebus sic stantibus* (a não ser que se pretenda dar essa qualificação a toda e qualquer hipótese de coisa julgada). A parte poderá pleitear nova sentença precisamente porque a alteração de fato e ou de direito vem a estabelecer uma *nova causa de pedir*, diversa daquela em relação à qual operou a coisa julgada. Vale dizer: o fenômeno que se apresenta nessa hipótese não é essencialmente diverso daquele que se põe em qualquer outra situação em que, pela evolução dos fatos, surja uma nova causa de pedir, que estará, portanto, fora dos limites objetivos da coisa julgada anterior (p. ex., a ação de declaração de inexistência de débito fundada em pagamento ocorrido depois do trânsito em julgado da sentença condenatória do mesmo crédito). Não se pedirá para rever a coisa julgada anterior, formular-se-á uma *nova pretensão*, inconfundível com aquela que ficou acobertada pela *res iudicata*. Na situação descrita no art. 471, I, a peculiaridade não reside na coisa julgada, mas na natureza da relação jurídica 'continuativa', que, em vista de seu caráter dinâmico e sua duração continuada no tempo, dá ensejo à constituição de novas causas de pedir no seu próprio curso."[286]

É até elementar ressaltar que mesmo no âmbito das demandas que têm por objeto relações jurídicas de trato continuado a coisa julgada material não oferece qualquer peculiaridade.

Com efeito, diante da alteração fática verificada na demanda sucessiva, outra será a causa de pedir próxima, a justificar o pedido de nova tutela jurisdicional (e não de revisão da anterior). Ora, alterado em substância o respectivo fundamento jurídico, não se estará, à evidência, diante de ação idêntica. É exatamente por esta razão que os limites objetivos da precedente coisa julgada não se estendem à "nova questão", posta na segunda demanda.

Tenha-se presente, à guisa de típico exemplo, as situações que derivam da relação jurídica alimentar entre ex-cônjuges, que se projeta no tempo. Neste caso, a própria lei resguarda à parte interessada, o ajuizamento de ação revisional, visando ao proferimento de nova sentença. É a denominada "ação de modificação", aludida por Pontes de Miranda, que tem natureza constitutiva, cujo escopo é o de fazer cessar os efeitos da sentença anterior transitada em julgado, diante da ulterior alteração no estado de fato ou de direito.[287]

---

286. *Coisa julgada e sua revisão*, p. 90.

287. Pontes de Miranda, *Comentários ao Código de Processo Civil*, t. 5, p. 148 ss. V., a propósito, por último, Jaldemiro Rodrigues de Ataíde Júnior, *O trato das relações jurídicas continuadas no NCPC, uma oportunidade perdida*, p. 185.

Já em outras situações, nas quais o ordenamento jurídico não exige o ajuizamento de uma ação específica, a eficácia da precedente decisão expira-se automaticamente, sem qualquer outra providência da parte interessada.[288]

Assim sendo, na sucessiva ação, não é oponível a exceção de coisa julgada, simplesmente, porque não se verifica, em tal hipótese, a função negativa que àquela é reservada, a obstar a repetição de demanda idêntica, caracterizada pela reprodução dos mesmos elementos subjetivo e objetivos (*tria eadem*) da ação anterior.

21. Previsão legal determinante da revisão da coisa julgada

O inc. II do art. 505 excepciona ainda a intangibilidade da *auctoritas rei iudicatae* quando houver autorização legal. Conquanto não seja novo, o dispositivo continua merecendo crítica porque tem uma redação deveras genérica para disciplinar matéria de extrema relevância.

Cumpre destacar que, nos sistemas processuais contemporâneos, a decisão de mérito, mesmo depois de transitada em julgado, pode ainda ser revogada em hipóteses excepcionais.

Costuma-se justificar esta técnica na necessidade de prevalência de um interesse que transcende aqueles das partes à realização de justiça, uma vez que a decisão definitiva poderá apresentar um vício tão nocivo à ordem pública que propicia a sua revogação inclusive após ter-se operado a preclusão dos prazos para a interposição de quaisquer recursos.

Os mecanismos processuais instituídos para esse fim são tradicionalmente de duas espécies – ação autônoma ou recurso -, ambos considerados de natureza especial em razão de seu escopo, que se destaca das vias ordinárias de impugnação e supera o da generalidade das ações.

É, aliás, o que se verifica nos ordenamentos processuais da Itália e da Alemanha, que consagram no *ricorso per cassazione* e na *Nichtigkeitsklage* uma espécie de ação de revogação da sentença; e da França, Espanha e Portugal, que disciplinam um recurso de revisão da sentença também já tangida pela coisa julgada.

Ação ou recurso, pouco importa, a finalidade destes institutos é uma só: a desconstituição da eficácia do *decisum* coberto pela coisa julgada, com fundamento em um dos motivos taxativamente enumerados na lei.[289]

---

288. Cf., ainda, Talamini, *Coisa julgada e sua revisão*, p. 95.
289. Cf. Moacyr Lobo da Costa, *Cumulação de juízos na ação rescisória*, p. 2 (separata).

Em nosso sistema processual, tal *remedium iuris*, tendo como antecedente histórico mais próximo o recurso de revista do velho direito lusitano,[290] é a denominada ação rescisória, que constitui o meio pelo qual se pleiteia a desconstituição da decisão interlocutória de mérito, da sentença, ou do acórdão, quando transitados em julgado, com possibilidade de rejulgamento, ato contínuo, da matéria já apreciada, isto é, do *meritum causae* (art. 966 e ss. do CPC/2015).

Ostenta, assim, a natureza de ação constitutiva, destinada ao pronunciamento da anulação de ato decisório de mérito.[291]

22. Alusão à denominada flexibilização da coisa julgada

No final dos anos 90, o dogma da coisa julgada passou a ser reapreciado por alguns juristas brasileiros, à luz de um valor ínsito à tutela jurisdicional, qual seja, o da justiça das decisões. A doutrina e a jurisprudência começaram então – como destacou Dinamarco – a despertar para a necessidade de revisar a garantia constitucional e o instituto técnico-processual da coisa julgada material, na crença de que "não é legítimo eternizar injustiças a pretexto de evitar a eternização de incertezas".[292]

Essa posição não poderia deixar de suscitar ampla polêmica na nossa literatura,[293] questionando a insegurança jurídica gerada pela revisão de sentença de mérito, mesmo depois do transcurso do prazo bienal para o ajuizamento da ação rescisória, e consequente desprezo à coisa julgada.

Não obstante, importante orientação jurisprudencial, de forma excepcional, passou a *relativizar* a coisa julgada material em casos extremados, envolvendo direitos da personalidade ou fundamentais (investigação de paternidade) ou a moralidade pública.[294]

Hoje contudo o tema, embora relevante num passado não tão distante, passou a plano secundário, visto que a experiência demonstrou que as hipóteses de flexibilização se restringiram àquelas duas aludidas situações.

---

290. Consulte-se, a propósito da trajetória histórica da ação rescisória, a exaustiva exposição de Lobo da Costa, *A revogação da sentença, passim.*
291. Barbosa Moreira (*Comentários ao Código de Processo Civil*, v. 5, p. 108-109) explica que se assimila à do anulável a condição jurídica da sentença rescindível, visto que a inexistência pode ser declarada por qualquer órgão jurisdicional, e a nulidade, após o trânsito em julgado, converte-se em simples rescindibilidade. E rescindir, como anular, é desconstituir.
292. *Relativizar a coisa julgada material*, Revista da Escola Paulista da Magistratura, p. 13 ss.; Revista de Processo, p. 22 ss.; Nova era do processo civil, p. 227.
293. Cf., por último, Talamini, *Coisa julgada e sua revisão*, especialmente, p. 392 ss.
294. V., nesse sentido, *v. g.*, STJ, 4ª Turma, j. u., REsp 330.172-RJ, DJ 18.12.2001; 1ª Turma, j. u., REsp 240.712-SP, DJ 24.04.2000.

23. Limites subjetivos da coisa julgada

Esta regra legal, estabelecendo os denominados limites subjetivos da coisa julgada, é análoga ao art. 472 do Código de 1973, tendo agora a atual redação o grande mérito de ter eliminado um notório equívoco histórico.[295]

Importa ressaltar que a harmonia das decisões judiciais e a posição dos terceiros em relação a uma sentença, proferida *inter alios*, constituem problemas que sempre foram objeto de grande preocupação na história da coisa julgada civil.

Com efeito, na experiência jurídica romana, as fontes revelam que a jurisprudência clássica, visando a inibir o ajuizamento de nova ação com idêntico objeto, passou a elaborar uma série de critérios pelos quais se aferia a reprodução de uma demanda já finda (*eadem res*). Tais critérios são conhecidos por meio de inúmeros preciosos fragmentos que foram conservados, especialmente, no livro 44 do Digesto.

Como esclarece Giovanni Pugliese, a noção de *eadem res* "já havia possivelmente sido esboçada no processo *per legis actiones*, em relação à proibição de *rem actam agere*; todavia, ganhando expressão o processo *per formulas*, vem ela delimitada e aprofundada com específica referência à *litis contestatio* e ao seu primordial efeito".[296]

Se porventura fosse ajuizada a mesma ação entre as mesmas partes, o réu poderia valer-se da exceção de coisa julgada. Era essa a doutrina de Juliano, invocada por Ulpiano: "*exceptionem rei iudicatae obstare, quotiens inter eadem quaestio inter easdem personas revocatur*".[297]

As fontes clássicas ainda comprovam que os juristas tinham consciência de que a sentença que colocava termo ao processo, gerando imediata *res iudicata*, somente deveria produzir efeitos *inter partes*. Não podendo prejudicar terceiros.

Realmente, num famosíssimo fragmento do Digesto, Macro inicia o texto com um princípio de direito que já era conhecido: "*Saepe constitutum*

295. Foi, na verdade, da recepção do direito romano-canônico que as fontes jurídicas da Península Ibérica (incluídas aí as Ordenações do Reino lusitano) interpretaram erroneamente o direito romano. Os textos de época clássica não admitiam que a coisa julgada prejudicasse aquele que não tinha participado do processo; nada dispunham sobre o possível benefício ao terceiro.

296. Pugliese, *Giudicato civile (storia)*, Enciclopedia del diritto, 18, 1968, p. 738.

297. Ulpiano, D. 44.2.3 (*l. 15 ad edictum*): "a exceção de coisa julgada sempre obsta a que entre as mesmas pessoas a mesma questão seja renovada". V., a propósito desse texto, Savigny, *Sistema del diritto romano attuale*, tr. it. Vittorio Scialoja, v. 6, p. 498 ss.

est, res inter alios iudicatas aliis non praeiudicare" (D. 42.1.63).[298] Com formulação idêntica ou assemelhada, o mesmo postulado encontra-se em muitos outros passos da mesma época: "*Quum res inter alios iudicatae nullum aliis praeudicium faciant*" (D. 44.2.1);[299] "... *nec inter alios res iudicata alii prodesse, aut nocere solet*" (D. 20.4.16);[300] "*Modestinus respondit, res inter alios iudicata aliis non obest*" (D. 44.1.10);[301] "... *non potuisse inter alios iudicando alterius ius mutare*" (D. 33.2.31).[302]

Para Betti, a concepção romana sobre a delimitação subjetiva da coisa julgada é bem clara: a sentença proferida *inter partes* é juridicamente irrelevante em relação aos terceiros estranhos ao processo. A sentença gera, assim, entre as partes aquela eficácia própria e vinculante que é denominada *res iudicata*; eficácia que, segundo as fontes romanas, tornava certo e indiscutível em qualquer processo futuro contra o mesmo adversário a relação jurídica que foi objeto de contestação e de decisão.

Todavia, esclarece Betti: ao escrever "*aliis non praeiudicare*" – e que pode ser traduzido por "irrelevância jurídica aos terceiros" –, o jurista Macro, na verdade, procurou destacar que os terceiros não se sujeitam à coisa julgada. Mas, nada leva a concluir que a sentença proferida *inter alios* não possa, de qualquer modo, projetar alguma espécie de eficácia ou mesmo interferir no direito alheio.[303]

Daí a relevante distinção entre coisa julgada, que sempre se forma exclusivamente entre as partes, e eficácia da sentença, que, em princípio, atinge apenas os litigantes, mas excepcionalmente pode muito bem repercutir na esfera de direito de terceiros.

---

298. Macro (*l. 2 de appellationibus*): "Muitas vezes se determinou que a coisa julgada em relação a uns não prejudica a outros".
299. Ulpiano (*l. 2 ad edictum*): "Como as coisas julgadas entre uns não causam prejuízo a outros...".
300. Paulo (*l. 3 quaestionum*): "... a coisa julgada entre uns não costuma aproveitar nem prejudicar a outrem".
301. Modestino (*l. 12 responsorum*): "Modestino respondeu que a coisa julgada entre uns não prejudica a outros".
302. Labeão (*l. 2 posteriorum a Iavoleno epitomarum*): "... não é possível, julgando entre outros, mudar o direito de terceiro".
303. *Trattato dei limiti soggettivi della cosa giudicata in diritto romano*, pp. 9 e 22-23. Betti bem apontou que, apesar de a maioria dos textos romanos atinentes à coisa julgada *inter partes* referir ao prejuízo (*lato oneroso*) que não poderia ser causado ao terceiro, a regra possuía o mesmo valor para a hipótese inversa, vale dizer, quando a *res iudicata* beneficiava terceiro. E isso, porque, "dada a incindibilidade dos efeitos jurídicos de um mesmo fato, negar, em relação a uma determinada pessoa, os efeitos prejudiciais de um fato jurídico, significa afirmar a total irrelevância jurídica desse fato em relação àquela pessoa considerada. Uma coisa julgada claudicante, *secundum eventum litis*, é um conceito absurdo" (p. 10-11).

A regra do art. 506 passou por inúmeras vicissitudes durante o processo legislativo.

Inicialmente, no Anteprojeto e nos sucessivos Projetos a redação continuava sendo a mesma do velho art. 472, no sentido de que a sentença não pode acarretar nem benefício e tampouco pode prejudicar terceiros.

Pela compreensão do equívoco que tal disposição continha, o legislador, em algum momento da tramitação do Projeto na Câmara dos Deputados, acolheu sugestão que formulei, visto não existir qualquer dúvida de que a eficácia da sentença transitada em julgado, em muitas situações, beneficia terceiros. Não pode haver prejuízo! Contudo, nada obsta a que a posição jurídica de terceiros seja efetivamente beneficiada pela eficácia da decisão de mérito.

24. Conceito processual de parte e de terceiro

O estudo dos limites subjetivos da coisa julgada no âmbito do processo civil assume real importância, tanto mais quanto se tenha na devida conta que uma de suas mais significativas características é a de ser um processo de partes. Sintetizando, a esse respeito, o entendimento dominante na moderna doutrina processual, precisa José Frederico Marques[304] que, em virtude de o processo constituir, em seu desenho estrutural, um *actus trium personarum*, o juiz, o autor e o réu apresentam-se como os principais protagonistas da relação processual, por encarnarem, pelo ângulo subjetivo, individualizando-as de forma devida, a jurisdição, a ação e a defesa.

Daí, a necessidade de, num primeiro momento, estabelecer o conceito de parte, para, em seguida, determinar o de terceiro, e a sua respectiva sujeição à eficácia da sentença e, excepcionalmente, à coisa julgada.

Como bem ressalta Chiovenda, a formulação do conceito de parte não se restringe a simples questão de ordem teórica, mas se presta, fundamentalmente, à solução de sérios problemas de natureza prática.[305] De fato, para o fim de dirimir questões atinentes ao impedimento e à suspeição do juiz, ao litisconsórcio e à intervenção de terceiros, à litispendência e aos limites subjetivos da coisa julgada, delineia-se necessária a elaboração de um conceito de parte abstraído de qualquer liame com a situação de direito material.

Tornou-se famosa a definição de Chiovenda, que é centrada no aspecto formal: parte é aquele que demanda, aquele em cujo nome se demanda e aquele em face de quem se demanda a atuação da vontade concreta da lei.

---

304. *Manual de direito processual civil*, v. 1, p. 172.
305. *Instituições de direito processual civil*, v. 2, p. 233.

Ressalte-se, porém, que tal proposição se encontra imbricada, de forma até excessiva, à demanda pendente e ao objeto do processo, "pecando ainda pela falta de associação ao princípio do contraditório".[306]

A noção de "parte" admite variantes de conformidade com a perspectiva adotada, apresentando-se, pois, como um conceito polissêmico.

Garbagnati propõe um desdobramento do conceito de parte em três categorias. Partes são: *a*) os sujeitos dos atos processuais; *b*) os sujeitos destinatários dos efeitos jurídicos puramente processuais; e *c*) os titulares da relação jurídica litigiosa, sujeitos, portanto, dos efeitos da sentença.[307]

Mais recentemente, Proto Pisani, baseando-se nas acepções utilizadas pelo legislador, aceita essa tripartição e preleciona que *partes* são: *a*) os sujeitos dos atos processuais; *b*) os sujeitos dos efeitos do processo; e *c*) os sujeitos dos efeitos da sentença.[308]

Note-se que o significado desse derradeiro campo semântico do conceito de parte – *titulares da relação jurídica deduzida em juízo, sujeitos dos efeitos da sentença* – engloba, *tout court*, sem qualquer distinção, todas aquelas pessoas que, embora ausentes do processo, sofrem a eficácia da sentença. Há, nesse enfoque, uma visível aproximação entre a concepção de partes, *em sentido processual*, com a dos denominados *legitimi contradictores*, vale dizer, das *partes legítimas*. Propicia ele, ainda, desnecessária confusão entre os conceitos de parte e de terceiro...

Ao destacar a *lide* como polo metodológico central de sua exposição, Carnelutti assevera: "exatamente porque o conflito de interesses relevante para o direito tem dois sujeitos, cada um destes recebe o nome de parte... A noção de parte, que é própria do conflito juridicamente relevante, é comum tanto ao direito processual quanto ao direito material e assim ingressa na teoria geral do direito: certamente fala-se de parte também em relação ao contrato".[309]

---

306. *Principii di diritto processuale civile*, p. 579. A crítica é de Dinamarco, *Intervenção de terceiros*, 2ª ed., p. 17. Cf., também, em senso assemelhado, Athos Carneiro, *Intervenção de terceiros*, 12ª ed., p. 4.

307. Garbagnati, *La sostituzine processuale nel nuovo Codice di Procedura Civile*, p. 245-247.

308. *Parte (dir. proc. civ.)*, Enciclopedia del diritto, 31, 1981, p. 921; *Lezioni di diritto processuale civile*, p. 331.

309. *Sistema di diritto processuale civile*, 1, p. 342-343. Cf., ainda, Carnelutti, *Diritto e processo*, p. 92: "... considerando que a posição passiva das partes se relaciona com a lide, enquanto a posição ativa diz com o processo, vem formulada a distinção entre partes *em senso material ou substancial* e partes *em senso formal ou processual*".

Mas é importante advertir, sobretudo para o contexto das presentes notas, que o conceito de parte não pode ser aferido nos domínios da relação jurídica de direito material.

De modo claro e preciso, Liebman escreve que "as partes são os sujeitos contrapostos na dialética do processo instaurado perante o juiz". E, por lógica exclusão, arremata: "*tutti coloro che non sono parti sono, rispetto a quel processo*, terzi". A própria essência do contraditório – explica Fazzalari – exige que do processo participem ao menos dois sujeitos, um interessado e um contrainteressado: em relação a um deles, o provimento final é vocacionado a produzir efeitos favoráveis, e, no tocante ao outro, efeitos prejudiciais.[310]

É de Liebman a afirmação no sentido de que a imutabilidade produzida pela coisa julgada vale "apenas entre as partes".[311] Observo que já na vigência do atual Código Civil italiano e, portanto, do respectivo art. 2.909, que alude a *partes* como destinatárias da coisa julgada ("*L'accertamento contenuto nella sentenza passata in giudicato fa stato a ogni efetto tra* le parti..."), Liebman reitera o mesmo ponto de vista, ao destacar que os sujeitos que ficam adstritos à coisa julgada, são as "*parti* del processo", no qual a sentença foi proferida, e não da relação jurídica substancial.[312]

Além do autor e do réu, também adquirem a "qualidade" de parte (*eadem condicio personarum* – D. 44.2.12) todos aqueles que forem citados, substituindo a parte originária (sucessor), ou que intervenham, defendendo direito próprio (opoente), ou em auxílio da parte, figurando como titular das diversas posições ativas ou passivas inseridas na dinâmica da relação jurídica processual (interveniente litisconsorcial), ou ainda por provocação de uma das partes originárias (denunciado, chamado ou nomeado). Também passa a ser parte aquele que sofre os efeitos da desconsideração incidental da personalidade jurídica.[313]

---

310. Liebman, *Manuale di diritto processuale civile*, 1, p. 85; Fazzalari, *Istituzioni di diritto processuale*, p. 81.

311. *Efficacia ed autorità della sentenza*, rist., p. 56 (= *Eficácia e autoridade da sentença*, p. 80).

312. *Giudicato – diritto processuale civile*, Enciclopedia giuridica treccani p. 14. V., na versão inglesa, Liebman, *The Notion of* Res Judicata, Italian Yearbook of Civil Procedure, p. 236.

313. Cf. STJ, 3ª Turma, RMS 16.274-SP, j. u., rel. Min. Nancy Andrighi, DJ, 02.08.2004: "O sócio alcançado pela desconsideração da personalidade jurídica da sociedade empresária torna-se parte no processo e assim está legitimado a interpor, perante o Juízo de origem, os recursos tidos por cabíveis, visando a defesa de seus direitos". Na verdade, na maioria das vezes, o sócio nestas condições, é litisconsorte passivo. V., a propósito, o documentado artigo de Sidnei Agostinho Beneti, *Desconsideração da sociedade e legitimidade ad causam: esboço de sistematização*, Aspectos polêmicos e atuais sobre os terceiros no processo civil e assuntos afins (obra coletiva), p. 1.005 ss.

Como enfatiza Dinamarco, o conceito estritamente processual de parte desponta como o único apto a explicar, nos quadrantes do sistema, "a contraposição parte-terceiro, sem as distorções próprias das inconvenientes ligações com fenômenos de direito substancial ou com o objeto do processo".[314]

Ressalte-se que tal conceituação, à toda evidência, não merece qualquer reparo na órbita das ações de espectro coletivo.[315]

Em suma: a identificação de parte em senso substancial, como sujeito da lide, é de todo espúria ao sistema de direito processual civil. A denominada parte em sentido substancial, quando não guarda coincidência com a parte que atua no processo, é apenas um *terceiro*.[316]

---

314. *Intervenção de terceiros*, p. 17. V., em sentido análogo, Lopes da Costa, ao esclarecer que a relação erigida no processo tem um conteúdo puramente processual e, assim, sob tal aspecto, "indiferente é que ela se forme entre os verdadeiros ou os pretensos titulares do direito trazido à lide. Autor e réu podem não ser os 'sujeitos do direito', mas se apresentam como os da ação; surgem, pois, como os 'senhores do processo'" (*Da intervenção de terceiros no processo*, p. 11); Arruda Alvim, *Manual de direito processual civil*, v. 2, p. 23: "O conceito de parte é eminentemente processual...".

315. Não obstante, reporto-me ao que escrevi no livro *Limites subjetivos da eficácia da sentença e da coisa julgada civil*, no qual registrei que segmento considerável da doutrina estrangeira e nacional, em busca de um conceito de parte na esfera do processo coletivo, acaba se norteando pela posição dos interessados no plano do direito material. V., *e. g.*, Monteleone, ao examinar o regime das *class actions* do sistema norte-americano, afirma que a decisão proferida nas demandas coletivas não é emitida apenas perante duas partes, e que vai influir na posição jurídica de outros sujeitos, titulares da relação de direito material, ausentes do processo, mas, ao contrário, é proferida em relação à categoria de pessoas, todas representadas perante o juiz por aqueles legitimados, que tomaram a iniciativa da ação. No processo, ademais, vem rigorosamente assegurado o direito de defesa de todos, impondo-se, num juízo essencial e preliminar de admissibilidade da ação, o controle da adequada representação (*I limiti soggettivi del giudicato civile*, p. 178). Na doutrina pátria, Nilton Luiz de Freitas Baziloni (*A coisa julgada nas ações coletivas*, p. 83) escreve: "tecnicamente não existe terceiros nas ações coletivas, posto que todas as pessoas estarão adequadamente representadas nos respectivos processos. Se terceiro é aquele que não participou da relação processual ou não fez parte da relação de direito material, segue-se que nas ações coletivas, de uma forma ou de outra, todos os interessados estarão 'participando'". Ao ver de Mancuso (*Jurisdição coletiva e coisa julgada*, tese, p. 359): "a própria nomenclatura *terceiro* é questionável no plano coletivo, porque, se é inviável a presença efetiva dos sujeitos concernentes ao interesse judicializado e se esses sujeitos estão *adequadamente representados* no processo por um autor credenciado *ope legis*, então a rigor não se pode tê-los como *terceiros*, porque, de duas uma: ou bem os sujeitos concernem ao conflito judicializado, e nesse caso eles tecnicamente participam do processo coletivo através do autor ideológico; ou bem eles são estranhos ao *thema decidendum*, e então, enquanto *terceiros indiferentes*, não se lhes toca o trâmite da ação coletiva, inclusive a coisa julgada que aí se venha formar".

316. Cf. Liebman, *Manuale di diritto processuale civile*, 1, p. 86, que aduz: "A determinação do conceito de parte não tem qualquer imbricação com o problema da legitimação para agir; esse problema consiste na identificação das *partes justas*, ou *legítimos contraditores*, em relação a um determinado objeto; são, pelo contrário, partes no processo aqueles que de

Ademais, por força de imperativos de natureza técnica e política, no que toca aos limites subjetivos, a sentença e a coisa julgada devem projetar eficácia apenas entre as partes.

Todo aquele que não atua no processo na condição de sujeito parcial (*parte*) é considerado *terceiro*. Não integrando o contraditório, não é titular dos poderes, faculdades, ônus, deveres e sujeição próprios das partes. Ora, por não terem participado dos atos que precedem e preparam o julgamento final, os terceiros não podem sofrer os efeitos da sentença de mérito e muito menos se vincularem à coisa julgada material.

A tradicional regra da limitação subjetiva da coisa julgada veio consagrada nesse art. 506.

Ocorre que a interdependência das relações negociais e a complexidade do comércio jurídico acabam rompendo as fronteiras do denominado *princípio da relatividade da coisa julgada*[317] e, com isso, torna-se inexorável a projeção, ainda que por via reflexa, dos efeitos da decisão e, às vezes, em caráter excepcional, da própria expansão da autoridade da coisa julgada a terceiros.

Apesar de raro, nada há de inusitado nesse fenômeno, até porque o nosso novo Código fornece reiterados indícios de sua ocorrência no plano da dinâmica processual. O texto codificado traz um capítulo sobre a oposição (arts. 682 a 686); disciplina a nomeação à autoria (arts. 339), a denunciação

---

fato são os sujeitos, com todas as consequências que daí resultam, e independentemente da circunstância de que sejam ou não, no tocante à ação proposta, também as partes legítimas".

317. A atual doutrina processual francesa, inspirando-se no *princípio da relatividade do contrato*, continua empregando essa terminologia para designar a regra de que a coisa julgada material vale apenas *inter partes*: v., a propósito, por último, Christophe Lefort, *Procédure civile*, p. 312. Cf., ainda, Jacques Héron, *Droit judiciaire privé*, p. 214; Roger Perrot, *La cosa giudicata: recenti sviluppi nel diritto francese*, Rivista di diritto processuale, p. 5: "... A relatividade da coisa julgada, inserida no art. 1.351 do Código Civil francês, constitui um princípio de direito natural. Salvo casos excepcionais, como poderia um terceiro estar vinculado a uma sentença de cuja elaboração não participou? Por esse ponto de vista, a relatividade da coisa julgada é corolário necessário do princípio do contraditório".

Note-se que Rudolf von Ihering, em ensaio que se tornou famoso (*Des effets réflexes ou de la réaction exercée sur les tiers par les faits juridiques*, Études complémentaires de l'espirit du droit romain, 5-9, p. 239 ss.), demonstrou que, no plano do direito material, muitos atos e negócios jurídicos acabam projetando eficácia reflexa na esfera de direitos de terceiros. Em época moderna, provém da experiência do *common law* os subsídios que evidenciam a interdependência das relações jurídicas e suas respectivas implicações. O conhecido precedente da jurisprudência norte-americana *Mac Pherson v. Buick Motor Co.* [1916] é considerado o *leading case* em matéria de responsabilidade aquiliana, no qual se anteviu a falácia da relatividade dos efeitos contratuais (*privity of contract fallacy*), e que, depois, foi aos poucos sendo aplicado a um sem número de situações análogas, em que a vítima experimentou danos materiais (consulte-se, sobre esse instigante assunto, Patrick S. Atiyah, *An Introduction to the Law of Contract*, 5ª ed., p. 374-376).

da lide (arts. 125 a 129), o chamamento ao processo (arts. 130 a 132); atribui legitimidade ao *terceiro* juridicamente interessado para ajuizar ação rescisória (art. 967, II); reconhece ao *terceiro* prejudicado interesse para recorrer (art. 499); institui os embargos de *terceiro* para aquele que, "não sendo parte no processo, sofrer turbação ou esbulho na posse de seus bens" (art. 674). A legislação extravagante, no mesmo sentido, oferece outras tantas hipóteses de extensão *ultra partes* dos efeitos da sentença e da coisa julgada.

No último estudo que escreveu sobre esse tema, pondera Liebman que a limitação da coisa julgada às partes foi considerada, ao longo dos tempos, ora mais, ora menos rigorosa, segundo a concepção que prevalecia, num determinado momento histórico, sobre os direitos individuais ou sobre a exigência de coerência lógica das decisões judiciais. Nos dias de hoje, contudo, é possível acreditar, por inúmeros motivos, que as normas jurídicas estejam mais sensíveis à solidariedade social, que torna cada um de nós responsável pelos seus próprios atos em relação aos outros membros da sociedade, ressalvando sempre que todos possam defender os seus próprios direitos, como garantido expressamente pelos textos constitucionais modernos.[318]

Realmente, nos quadrantes de uma ciência processual dominada por regramentos éticos e políticos, de tendência marcadamente democrática, repugna a ideia de que um sujeito de direitos, sem que se lhe seja assegurado "o contraditório e ampla defesa, com os meios e recursos a ela inerentes", para que possa, na condição de parte, apresentar as suas próprias razões, venha a ser privado de seus bens por força de decisão judicial transitada em julgado. Quando nada, haveria inarredável afronta à letra dos incs. LIV e LV do art. 5º da Constituição Federal.

No efetivo equilíbrio dos pressupostos e exigências que regram a delimitação subjetiva da eficácia da sentença e da extensão da coisa julgada, parece-me que se encontra a chave para a solução da problemática que dela decorre, em perfeita sintonia com o ideário dos tempos atuais.

25. Terceiros beneficiados pela eficácia da sentença transitada em julgado

Em primeiro lugar, deve ser dito que é a eficácia da sentença transitada em julgado não pode prejudicar terceiros.

Não se afasta a possibilidade da repercussão menos ou mais intensa da eficácia da sentença a um terceiro. Esse fenômeno, de todo excepcional, poderá acarretar prejuízo de fato a algumas pessoas (*terceiros titulares de*

---

318. *Giudicato – diritto processuale civile*, Enciclopedia giuridica treccani, p. 14.

um interesse de fato). Assim, credores do réu derrotado na ação reivindicatória não poderão insurgir-se contra a sentença que reconheceu o domínio ao demandante, porque a decisão não lhes trouxe senão prejuízo prático ou meramente econômico. Não se descortina qualquer incompatibilidade entre o direito dos credores e o direito de propriedade declarado na sentença.[319]

Todavia, há outros sujeitos que sofrem prejuízo jurídico decorrente da eficácia da sentença *inter alios*, quando são titulares de um interesse incompatível com o objeto da decisão (*terceiros juridicamente interessados*), como, por exemplo, os verdadeiros proprietários de um imóvel, Antonio e Luiz, diante do trânsito em julgado da sentença que reconhece o domínio de João, sobre o mesmo bem, na ação que promoveu contra Pedro. Ou, ainda, para ficar no exemplo clássico, o sócio que tem interesse na validade de deliberação societária anulada por provimento judicial. Não há dúvida de que foi ele prejudicado pela eficácia da sentença que decretou a anulação do ato social.

Saliente-se, por outro lado, que alguém, estranho ao processo, pode ser beneficiado pelo resultado nele determinado. E aqui também há de fazer-se a distinção entre os *terceiros beneficiados de fato*, que, de forma indireta, acabam sendo favorecidos, *e. g.*, os credores, pela vitória do devedor comum numa ação reivindicatória; e os *terceiros juridicamente beneficiados*, que se subordinam à autoridade da coisa julgada. Nessa derradeira situação, a extensão *ultra partes* geralmente ocorre porque o terceiro, no plano do direito material, situa-se na mesma posição jurídica de um dos demandantes ou então é titular de relação conexa com a *res de qua agitur*.

É mais do que suficiente, para esclarecer tal hipótese, o enunciado do art. 274 do Código Civil: "*O julgamento contrário a um dos credores solidários não atinge os demais; o julgamento favorável aproveita-lhes...*".

Conclui-se, assim, que enquanto a eficácia da sentença pode trazer prejuízo ao terceiro a imutabilidade da decisão vincula-o tão-somente quando lhe propiciar benefício.

Esse fenômeno ocorre toda vez que a situação subjetiva do terceiro for favorecida pela sentença proferida em processo *inter alios*. A coisa julgada, em tais casos, fulmina o potencial interesse de agir de alguém que, embora não tenha integrado o contraditório travado num determinado processo, acabou sendo privilegiado pelo respectivo desfecho.

Nessas condições, com o trânsito em julgado da sentença e a consequente imutabilidade do comando que dela emerge, não se vislumbra, em relação ao terceiro, qualquer violação, necessidade de modificação ou estado

319. Consulte-se, em senso análogo, Menchini, *Il giudicato civile*, p. 159-160.

de incerteza atual, que possa gerar-lhe interesse processual para agir contra a coisa julgada que o favorece. Em suma: não se configura aí a possibilidade de o terceiro pleitear em juízo o reconhecimento de direito algum.

O litisconsórcio facultativo, que se caracteriza pela reunião de duas ou mais pessoas no lado ativo e/ou no lado passivo da relação que se materializa no processo, tem a sua razão de ser na exigência de economia processual. A coexistência de sujeitos que aí se verifica é absolutamente voluntária e, em regra, concerne a relações jurídicas litigiosas que demandam tutela declaratória ou condenatória de natureza ressarcitória. Abstração feita de algumas raras exceções, nessa espécie de litisconsórcio, a regra do art. 506 sempre prevalece. Aqueles que não figuraram como parte não são atingidos pela eficácia da sentença e muito menos pela imutabilidade do comando da decisão.

Há situações, pelo contrário, em que é a própria lei, *propter opportunitatem*, que impõe o litisconsórcio, sobretudo para preservar a harmonia de julgados e por isso resta "vedada" a legitimidade de um só sujeito para, isoladamente, demandar ou ser demandado. E existem ainda hipóteses nas quais, pela natureza da relação jurídica debatida, que geralmente reclama tutela constitutiva, é exigida a participação de mais de um réu ou mais de um autor no processo, ou seja, de todos que são titulares de um mesmo direito subjetivo ou ligados por um único vínculo jurídico, sendo a obrigatoriedade do litisconsórcio definida, não pelo direito processual, mas pelo direito material controvertido (*secundum tenorem rationis*). Nesses casos, sobrepondo-se à autonomia da vontade dos litigantes, o litisconsórcio desponta necessário (art. 114 CPC/2015).

Se o litisconsórcio for necessário, seja por força da lei, seja pela natureza incindível da relação jurídica, toda vez que o processo não for integrado pela totalidade dos sujeitos da relação de direito material litigiosa haverá ilegitimidade de parte.

Sendo hipótese de litisconsórcio passivo necessário, a teor do disposto no par. único do art. 114 do Código em vigor, não sanado o defeito que contamina o processo no prazo determinado, porque não providenciada a citação de todos os litisconsortes, o processo será extinto por carência da ação, pela flagrante ilegitimidade passiva. Como bem destacou Ovídio Baptista da Silva, a incompleta formação do litisconsórcio necessário e unitário constitui uma questão de *legitimatio ad causam*, sob a consideração de que, sendo única a relação litigiosa, a presença de todos os seus protagonistas é condição prévia para que se possa sobre ela controverter, pela simples razão de que a lide é igualmente uma e única.[320]

---

320. *Comentários ao Código de Processo Civil*, v. 1, p. 214. Cf. Redenti, *Il giudizio civile con pluralità di parti*, p. 6: "In tutti questi casi il giudice non può provvedere sulla

No entanto, se apenas no momento da sentença vem detectado o vício, nada impede que o julgamento seja de improcedência, superando-se, assim, a falta de condição de admissibilidade da ação e a nulidade daí originada, até porque o resultado do processo favorece o terceiro cuja presença era obrigatória. A ausência deste no processo me parece irrelevante, visto que alcançado o resultado pretendido pela parte que foi demandada isoladamente.[321]

Procurando superar o formalismo, José Roberto dos Santos Bedaque, ao debruçar-se sobre essa mesma questão, desenvolve detido exame das variantes que ela oferece. Coerente com a proposta formulada no início de seu já clássico estudo, voltado, de modo obstinado, mas seguro, à adequação da técnica a serviço da efetividade do processo, Bedaque, como logo se observa, rompe com o dogma da ineficácia absoluta em tema de preterição de litisconsorte necessário. Para tanto, inicia o seu raciocínio partindo da circunstância de que, num suposto caso concreto, o juiz não se deu conta do vício na formação do litisconsórcio passivo e proferiu julgamento de improcedência do pedido. Assevera, com razão, Bedaque, que essa sentença é válida, porque, observado o resultado do processo, o defeito tornou-se irrelevante, e, portanto, também apta a produzir todos os seus efeitos em relação às partes e aos terceiros.[322]

Visando a mostrar a coerência do raciocínio desenvolvido, fornece ele, como exemplo, a situação, aliás, bem plausível, na qual um devedor, entendendo nulo negócio jurídico celebrado com dois co-credores, afora demanda de natureza declaratória apenas em face de um deles. O processo prossegue normalmente, a despeito do vício, e sobrevém julgamento de improcedência do pedido. Descoberto o vício quando não mais possível a desconstituição da decisão, irrompe ela plenamente eficaz, até porque a incidência cega da regra do parágrafo único do art. 114 do diploma processual de 2015 afrontaria não só o princípio da economia processual, mas ainda a própria instrumentalidade do processo.[323]

---

domanda (azione-pretesa) se non in quanto tutti i soggetti attivi e passivi dell'azione-pretesa partecipino o siano stati chiamati a partecipare al processo" (...) "questa è una conseguenza logica, naturale, necessaria e di tutta evidenza del principio del contradditorio".

321. V., nesse sentido, Bedaque, *Efetividade do processo e técnica processual*, p. 378-379.

322. *Efetividade do processo e técnica processual*, p. 378-379; com o esclarecimento, igualmente convincente, de que a mesma conclusão se aplica à hipótese na qual o vício é flagrado em grau recursal. "Julgado improcedente o pedido, o autor apela e o tribunal verifica a ausência de litisconsorte necessário. Só deverá reconhecer a nulidade do processo ou a carência da ação se o resultado de mérito for favorável ao apelante. Caso contrário melhor será negar provimento ao recurso, ignorando as falhas de natureza processual". Segue-se aqui trecho de precedente pesquisa que desenvolvi no livro *Limites subjetivos da eficácia da sentença e da coisa julgada civil*, p. 241 ss.

323. *Efetividade do processo e técnica processual*, p. 380-381.

É bem de ver que, nessa hipótese, mesmo *antes* do transcurso do biênio para a ação rescisória, a sentença é hígida e eficaz para todos, porque somente o beneficiado, ou seja, o litisconsorte preterido, é que teria interesse de agir em busca da rescisão daquele provimento judicial. Esse terceiro nem mesmo terá necessidade de manifestar expressa aquiescência ao julgado. A sua sujeição, não apenas aos efeitos, mas à própria *auctoritas rei iudicatae* decorre do sistema, porquanto, ainda que em tese possível a sua irresignação, carece ele de interesse processual para discutir o *decisum*.

Ademais, impende esclarecer que, com o trânsito em julgado da decisão de improcedência, o autor não poderá ajuizar, com expectativa de sucesso, nova demanda em face do litisconsorte necessário ausente, uma vez que teria de inserir, no polo passivo, o outro ou outros que, por terem participado do precedente processo, poderiam opor exceção de coisa julgada. "Como o processo não pode prosseguir sem a presença de todos os litisconsortes necessários, não há alternativa senão sua extinção sem exame do mérito".[324]

Nessa perspectiva, além de não haver qualquer atrito com o valor constitucional do direito de defesa, o importante escopo – preconizado e muito caro à ciência processual contemporânea – da máxima eficiência processual (*processo de resultados*) irrompe preservado, porquanto a sentença – é lícito dizer – pode perfeitamente ser considerada *utiliter data*. Nem se argumente que o litisconsórcio necessário é instituído para atender ao interesse do autor, no sentido de coarctar decisão inútil... Afinal, a sentença lhe foi desfavorável!

De todo elogiável, portanto, a redação do art. 506, que representa um passo importante, prestando-se, a um só tempo, para resgatar a verdade histórica e atender à própria evolução da ciência processual!

26. Questões resolvidas no curso do processo

Segundo o alvitre de Egas Moniz de Aragão, quanto ao dispositivo análogo do Código revogado (art. 473), o presente art. 507 guarda simetria com a regra do art. 505. Enquanto o art. 507 tem como destinatário os litigantes, cujas faculdades vêm limitadas (não podem "discutir, no curso do processo, as questões já decididas"), o outro é dirigido ao juiz, que tem seus poderes coarctados (não "decidirá novamente as questões já decididas"). Ambos, portanto, visam a imprimir estabilidade às diversas questões resolvidas no curso do processo, variando, no entanto, a sua intensidade.[325]

---

324. Bedaque, *Efetividade do processo e técnica processual*, p. 379-380.
325. Moniz de Aragão, *Sentença e coisa julgada*, p. 320.

27. Indiscutibilidade das questões já decididas

Traçando a distinção entre processo e procedimento, João Mendes de Almeida Júnior, em clássica lição, anotava que "o *processo* é uma direção no movimento, o *procedimento* é o *modo* de mover e a *forma* em que é movido o ato. *Omnis operatur motus dicitur...*". Enquanto aquele corresponde ao *movimento* no seu aspecto extrínseco, este é o mesmo *movimento* visualizado, todavia, em sua forma extrínseca, "tal como se exerce pelos nossos órgãos corporais e se revela aos nossos sentidos".[326]

A dinâmica do processo, sob a perspectiva lógica, não aceita "retrocesso" e, por esta razão, os atos do procedimento tendem a se estabilizar, a partir de um determinado momento.

A preclusão, como se sabe, é um instituto de natureza endoprocessual, idealizado a gerar efeitos dentro do processo, vinculados aos direitos, ônus, poderes e sujeições das partes.

De forma generalizada, desde a doutrina pioneira a esse respeito de Chiovenda, a literatura processual arrola como espécies de preclusão: *a*) *preclusão temporal*: que se verifica pelo transcurso do tempo. Como a própria noção de processo é dinâmica, a realização de seus respectivos atos se subordinam a prazos contínuos e peremptórios. Consoante disposto no art. 223: "*Decorrido o prazo, extingue-se o direito de praticar ou emendar o ato processual, independentemente de declaração judicial...*"; *b*) *preclusão lógica*: verificada diante da incompatibilidade entre o ato praticado e outro, que se pretendia também praticar; e *c*) *preclusão consumativa:* é aquela prevista no art. 507, que obsta à parte discutir, no curso do processo, as questões já decididas.[327]

Heitor Sica, em primoroso estudo, descarta esta classificação, preferindo falar em preclusão dirigida à atividade das partes em contraposição à preclusão atinente à atividade do juiz (preclusão *pro iudicato*).[328]

Considere-se que o atual Código, a teor dos arts. 1.009, § 1º, e 1.015, alterou profundamente a sistemática da preclusão temporal, atinente à impugnação das decisões interlocutórias, quando irrecorríveis por meio de agravo de instrumento.

---

326. *Direito judiciário brasileiro*, p. 298.

327. V., sobre este tema, a revisão crítica elaborada por Heitor Vitor Mendonça Sica, *Preclusão processual civil*, p. 109 ss.

328. *Preclusão processual civil*, p. 277-279.

28. Eficácia preclusiva da coisa julgada

O enunciado do art. 508 encerra a denominada eficácia preclusiva da *res iudicata* material, que somente tem relevância em sucessivo processo no qual vem questionada a autoridade da coisa julgada formada sobre sentença anterior.

É ampla a literatura processual sobre o famoso art. 474 do estatuto revogado, que é correlato a esse ora analisado, merecendo, destaque, entre outros, o ensaio de Barbosa Moreira, intitulado *A eficácia preclusiva da coisa julgada material no sistema do processo civil brasileiro*,[329] o qual, à época em que veio a lume, fez escola entre os seus pares.

Apenas por ilustração, o preceito em tela continua tendo como fonte inspiradora o art. 305 do Código de Processo Civil do Vaticano, e se conecta, no âmbito do nosso modelo processual, à regra da eventualidade, que impõe aos demandantes o dever de expender, em momento processual único, todos os seus respectivos argumentos relacionados ao fato essencial, ou seja, aquele que tem o condão de delimitar o *thema decidendum*.

Como anota Liebman, o processo civil brasileiro, fiel às suas origens lusitanas, manteve dois postulados herdados do processo comum medieval: "o de uma ordem legal necessária das atividades processuais, como uma sucessão de estádios ou fases diversas nitidamente separadas entre si, e o princípio da eventualidade, que obriga as partes a propor ao mesmo tempo os meios de ataque ou de defesa, ainda que contraditórios entre si".[330]

29. Âmbito de abrangência da eficácia preclusiva da coisa julgada

Depois de terem apresentado as suas respectivas postulações, na fase preambular do processo, os litigantes não mais poderão acrescentar alegações e defesas, vale dizer, fatos e fundamentos que poderiam ter sido deduzidos em prol de suas respectivas razões. Estabilizado o objeto litigioso, o processo então caminha para fase subsequente. Desse modo, transitada em julgado a sentença, aqueles fatos e fundamentos são reputados como se efetivamente tivessem sido invocados e decididos. É, pois, a essa técnica de hermenêutica, de natureza processual, que se denomina *eficácia preclusiva da coisa julgada.*

A eficácia preclusiva, por inferência lógica da autoridade da coisa julgada, veda a alegação, em outro processo, entre os mesmos litigantes, de

329. Temas de direito processual, 1ª s., p. 97 ss.
330. *Notas às Instituições de direito processual civil de Chiovenda*, v. 3, p. 158, nt. 1.

fundamentos fáticos e jurídicos, respeitantes aos mesmos elementos objetivos (*causa petendi* e *petitum*) da precedente demanda.

Liebman, a seu turno, ao debruçar-se sobre o problema dos limites objetivos da coisa julgada, anota que estes abrangem todas as questões pertinentes ao objeto do processo que foram ou não debatidas: "se uma questão pudesse ser discutida no processo, mas de fato não o foi, também a ela se estende, não obstante, a coisa julgada, no sentido de que aquela questão não poderia ser utilizada para negar ou contestar o resultado a que se chegou naquele processo. Por exemplo, o réu não opôs uma série de deduções defensivas que teria podido opor, e foi condenado. Não poderá ele valer-se daquelas deduções para contestar a coisa julgada. A finalidade prática do instituto exige que a coisa julgada permaneça firme, embora a discussão das questões relevantes tenha sido eventualmente incompleta; absorve ela, desse modo, necessariamente, tanto as questões que foram discutidas como as que o poderiam ser".[331]

O fenômeno da eficácia preclusiva, como frisa Talamini,[332] não quer significar que ocorre "julgamento implícito", até porque este ofenderia a garantia da inafastabilidade da tutela jurisdicional (art. 5º, XXXV, da CF), dado que impediria o litigante de deduzir em juízo uma pretensão que de fato não formulara anteriormente. Ademais, qualquer decisão que não seja "explícita" vulneraria a garantia do dever de motivação dos pronunciamentos judiciais (arts. 93, IX, da CF, 11 e 489 do CPC).

Essa perspectiva – que escuda a extensão da coisa julgada em sentido material tanto ao que foi efetivamente arguido quanto ao que poderia ter sido alegado, mas não o foi, desde que tais alegações e defesas se contenham no objeto do processo – também encontra apoio na jurisprudência.

Tampouco na fase de cumprimento da sentença tem lugar a renovação do litígio que foi objeto de resolução no processo de conhecimento, especialmente quando a decisão que apreciou a controvérsia apresenta-se revestida da autoridade da coisa julgada material.

Nesse sentido, a 1ª Turma do Superior Tribunal de Justiça, no julgamento do REsp 915.907-SC,[333] relatado pelo Ministro Luiz Fux, assentou

---

331. *Eficácia e autoridade da sentença*, p. 56, nt. *i*.
332. *Coisa julgada e sua revisão*, p. 85.
333. J. u., DJe, 06.10.2009. Cf., ainda, STJ, 1ª Turma, REsp 469.211-SP, rel. Min. Luiz Fux, j. u., DJ, 29.09.2003: "A desconstituição do título executivo pretendida resta protegida pelo manto da coisa julgada em face do julgamento dos embargos à execução. É evidente que a eficácia preclusiva da coisa julgada (*tantum judicatum quantum disputatum vel quantum disputari debebat*) impede que julgados os embargos à execução, com decisão trânsita, possa a parte, em ação anulatória, tentar infirmar o título executivo, sem rescindir a sentença proferida na oposição do executado. É assente na jurisprudência do STJ que: 'Nos termos de

que: "... À luz do contexto decisório afere-se que o tribunal negou à parte o próprio direito material à compensação, gerando a eficácia preclusiva do julgado. Conforme cediço na doutrina: A preclusão veda a rediscussão da causa noutro processo idêntico – isto é, com identidade dos elementos de identificação das ações (sujeito, pedido e *causa petendi*) – ou noutra demanda onde se vise, por via oblíqua, a infirmar o resultado a que se chegou no processo anterior. É a denominada eficácia preclusiva da coisa julgada retratada pelo art. 474 do Código de Processo Civil e consubstanciada na máxima *tantum judicatum quantum disputatum vel quantum disputari debebat.* Em regra a preclusão é incondicionada: opera-se objetivamente, independente do resultado do processo. Assim é que a eventual discussão incompleta da causa não influi no grau de imutabilidade do julgado, tanto mais que o compromisso da coisa julgada é com a estabilidade social e não com a justiça da decisão ou sua compatibilidade com a realidade, porque esta não se modifica pela sentença. A realidade é a realidade. O juízo é de veracidade ou de verossimilhança, conforme a coincidência do que se repassou para o processo em confronto com a vida fenomênica".

Todavia, tratando-se de outro contexto fático, ainda que escudado em idêntica causa de pedir remota, não há se falar em efeitos preclusivos, uma vez que a segunda demanda não é igual à anterior.

Deixando-se impressionar pela envolvente doutrina de Schwab,[334] na literatura pátria, Ovídio Baptista da Silva, ao analisar o art. 474 do Código de Processo Civil de 1973, sustentou que os horizontes da eficácia preclusiva da coisa julgada alcançaria a solução de todas as "questões pertinentes" à lide, decididas explicitamente na sentença (art. 468 [atual art. 503]), ou mesmo não apreciadas por não terem sido deduzidas pelas partes (art. 474 [atual art. 508]).[335]

Assevera, com manifesto acerto, Sérgio Ricardo de Arruda Fernandes que o jurista gaúcho "ampliou o conceito de causa de pedir ao ponto desta

---

precedente da Turma, 'inocorre preclusão, e portanto a validade e eficácia do título executivo extrajudicial podem ser objeto de posterior ação de conhecimento, quando na execução não forem opostos embargos do devedor, e igualmente quando tais embargos, embora opostos, não foram recebidos ou apreciados em seu mérito. Inexistência de coisa julgada material, e da imutabilidade dela decorrente'.' (AGA 176.552-SP, rel. Min. Sálvio de Figueiredo Teixeira, DJ de 02.05.2000). Deveras, um dos meios de defesa da coisa julgada é a eficácia preclusiva prevista no art. 474, do CPC, de sorte que, ainda que outro o rótulo da ação, veda-se-lhe o prosseguimento ao pálio da coisa julgada, se ela visa a infirmar o resultado a que se alcançou na ação anterior".

334. V., a respeito, com detalhes, Cruz e Tucci, *A* causa petendi *no processo civil*, p. 103-105.

335. *Limites objetivos da coisa julgada no direito brasileiro atual*, p. 168, aduzindo, ainda, ser essa "sem dúvida, a fórmula correta para se interpretar as regras, aparentemente antinômicas dos arts. 468 e 474 do CPC". Valho-me, no texto, de precedente pesquisa, desenvolvida no livro *A* causa petendi *no processo civil*, p. 245-246.

passar a abranger situações que, individualizadas, comporiam *causae petendi* distintas. Portanto, não está com a razão ao afirmar, por exemplo, que numa ação que vise à rescisão de um contrato de parceria agrícola com fundamento em danos à colheita, ocasionados por culpa do lavrador, estaria acobertada pela coisa julgada a decisão quanto à ocorrência dos danos culposos à colheita, como também, de todas as possíveis causas que possam dar lugar à rescisão do contrato sob a alegação de inadimplemento culposo por parte do demandado, e outras 'questões pertinentes'. Tudo sob o efeito da coisa julgada previsto no art. 474 do Código de Processo Civil. Ficaria à mercê da equidade do julgador enquadrar a questão como 'pertinente' ou 'discrepante', quando, então, se aplicaria, ou não, o efeito preclusivo da coisa julgada".[336]

Observa-se, outrossim, que esse problema foi amplamente examinado pela doutrina alemã de época mais recente, cuja respectiva discussão é deslocada para o campo do objeto litigioso. De salientar-se, com Castro Mendes, que os juristas alemães se referem a efeito preclusivo (*Präklusionswirkung*) para designar a eficácia da sentença segundo a qual não se pode formular a mesma pretensão processual no futuro com base em fatos pretéritos.[337]

Escreve, a propósito, Albrecht Zeuner, em sua *Habilitationsschrift*, defendida na Universidade de Hamburgo, que o objeto do processo, estritamente considerado, não é sempre o único fator de identificação da *res iudicata*. Além dele, a autoridade da coisa julgada pode estender-se também às relações prejudiciais quando, de um ponto de vista teleológico, entre os efeitos jurídicos, emergentes do primeiro e do segundo processo, houver uma relação material, isto é, quando subsistir uma conexão material (*Sinnzusammenhang*) entre ambos.

Atento à exigência de harmonia de julgados, Zeuner reconhece, por exemplo, tal necessária interdependência entre uma demanda tendo por objeto uma prestação e outra tendo como objeto a respectiva contratação em caso de avença sinalagmática: a questão prejudicial referente à existência ou não de um contrato de compra e venda, em um processo concernente à entrega de coisa vendida, vinculará o juiz de um novo processo, no qual se discuta sobre o pagamento do respectivo preço.[338]

Castro Mendes, por sua vez, apontou o inconveniente da teoria erigida por Zeuner, no sentido de não fornecer ela um critério seguro de distinção

---

336. *Alguns aspectos da coisa julgada no direito processual civil brasileiro*, Revista de Processo, 62(1991):87.

337. *Limites objectivos do caso julgado em processo civil*, p. 178-179.

338. *Die objektiven Grenzen der Rechtskraft im Rahmem rechtlicher Sinnzusammenhänge*, p. 53 ss.

entre os fundamentos que estarão, no futuro, abrangidos, e os que, apenas aduzidos como simples argumentos (fatos secundários) ou até mesmo não alegados, ficam a salvo da eficácia preclusiva.[339]

Seja como for, consoante as coordenadas de nossa novel legislação processual, continua prevalecendo a orientação no sentido de que a regra da eventualidade e a respectiva substanciação da demanda dizem respeito exclusivamente ao fato essencial, ou seja, àquele delimitado pelo autor na petição inicial, de sorte que – repita-se – se puder ser deduzido diferente fundamento, ainda que para o mesmo pedido, não haverá óbice algum à propositura de outra ação, uma vez que esta não será idêntica à primeira. Não incide, portanto, nesta hipótese, a eficácia preclusiva da coisa julgada.

Na verdade, a eficácia preclusiva da coisa julgada não interfere no âmbito da matéria imunizada pela *res iudicata*. A imutabilidade não se estende aos argumentos deduzidos ou dedutíveis. A eficácia preclusiva impede o ajuizamento de demandas incompatíveis com a situação jurídica definida, na precedente sentença transitada em julgado, "na exata medida da incompatibilidade e sem haver a extensão dos limites objetivos da coisa julgada à situação jurídica incompatível".[340]

Válida, portanto, a síntese conclusiva de Barbosa Moreira, no sentido de que "tão preclusas quanto as questões *efetivamente apreciadas* ficam, com o trânsito em julgado da sentença definitiva, em qualquer outro processo sobre a mesma lide ou sobre lide logicamente subordinada: *a*) as questões que, passíveis de conhecimento *ex officio*, de fato *não hajam sido examinadas* pelo juiz; *b*) as que, dependentes da iniciativa da parte, hajam sido *suscitadas mas não apreciadas* na motivação da sentença; *c*) as que, também dependentes da iniciativa da parte, *não hajam sido suscitadas nem, por conseguinte, apreciadas*".[341]

339. *Limites objectivos do caso julgado em processo civil*, p. 148. Passando em revista as várias posições da processualística alemã, Miguel Teixeira de Sousa concluiu que a eficácia preclusiva da coisa julgada ("preclusão fática extraprocessual") não abrange os fatos indispensáveis para a individualização do objeto do processo: *O objeto da sentença e o caso julgado material (estudo sobre a funcionalidade processual)*, Revista Forense, 291(1985):31.

340. Cf. Bruno Vasconcelos Carrilho Lopes, *Limites objetivos e eficácia preclusiva da coisa julgada*, p. 135.

341. *A eficácia preclusiva da coisa julgada material no sistema do processo civil brasileiro*, p. 106.

– XII –

REFLEXÕES SOBRE A ESTRUTURA FORMAL DA SENTENÇA ARBITRAL

SUMÁRIO: 1. Aspectos gerais. 2. Relatório. 3. Motivação. 3.1. Garantia constitucional da motivação. 3.2. Significado e conteúdo da motivação. 3.3. Proibição do "fundamento-surpresa" e requalificação da demanda pelo tribunal arbitral. 3.4. Escopos da motivação. 3.5. Decisões consideradas nulas por defeito de motivação. 3.5.1. Nulidade decorrente de mera reprodução de fundamento legal (art. 489, § 1º, I). 3.5.2. Nulidade decorrente da fundamentação genérica em "conceitos jurídicos indeterminados" (art. 489, § 1º, II). 3.5.3. Nulidade decorrente de fundamentação padronizada (art. 489, § 1º, III). 3.5.4. Nulidade decorrente de motivação insuficiente (art. 489, § 1º, IV). 3.5.5. Nulidade decorrente de invocação impertinente de súmula ou precedente (art. 489, § 1º, V). 3.5.6. Nulidade decorrente do desrespeito injustificado a súmula, jurisprudência ou precedente (art. 489, § 1º, VI). 3.5.7. Nulidade decorrente de motivação *aliunde* ou *per relationem*. 3.6. Exigência de justificação na hipótese de colisão de normas (art. 489, § 2º). 3.7. Consequência da sentença considerada desmotivada. 4. Dispositivo. 5. Dissenso entre os árbitros. 6. Complementação da sentença arbitral. 7. Aspectos conclusivos.

1. Aspectos gerais

A sentença parcial ou final, como ato magno do processo arbitral, deve ser construída a partir de um modelo lógico-formal, contendo o relatório, a motivação e o dispositivo.

A estrutura intrínseca da sentença mantém-se praticamente a mesma, de modo generalizado, nas mais diferentes experiências jurídicas.

Com a exigência de ser proferida no prazo consignado no termo de arbitragem ou, na ausência deste, em seis meses a partir do início do processo (instituição da arbitragem), e lançada em documento escrito, *ex vi* dos arts. 23, *caput*, e 24, *caput*, o subsequente art. 26 da nossa Lei de Arbitragem dispõe, com efeito, que:

> "São requisitos obrigatórios da sentença arbitral:
>
> I – o relatório, que conterá os nomes das partes e um resumo do litígio;
>
> II – os fundamentos da decisão, onde serão analisadas as questões de fato e de direito, mencionando-se, expressamente, se os árbitros julgaram por equidade;
>
> III – o dispositivo, em que os árbitros resolverão as questões que lhes forem submetidas e estabelecerão o prazo para o cumprimento da decisão, se for o caso; e
>
> IV – a data e o lugar em que foi proferida.
>
> Parágrafo único. A sentença arbitral será assinada pelo árbitro ou por todos os árbitros. Caberá ao presidente do tribunal arbitral, na hipótese de um ou alguns dos árbitros não poder ou não querer assinar a sentença, certificar tal fato."

2. Relatório

O relatório, como o próprio nome indica, destaca-se no preâmbulo da sentença, no qual o tribunal arbitral deve consignar, além da identificação das partes e da natureza da demanda, o cerne das respectivas postulações, a síntese do objeto litigioso, tal como retratado no termo de arbitragem, inclusive com a especificação do pedido, o registro de eventuais incidentes, o resumo das provas porventura produzidas, e tudo o mais que for reputado pertinente para a compreensão da controvérsia.

No desenvolvimento do relatório, os árbitros apenas expõem todos os pontos mais relevantes do processo, não devendo emitir qualquer juízo de valor ou enfrentar alguma questão controvertida.

Não é possível aprioristicamente sugerir qual o conteúdo ideal do relatório. Depende sempre da experiência, disposição e zelo dos integrantes do painel, e, ainda, do estilo adotado na narração dos episódios do processo arbitral. Relatórios longos são sempre desaconselháveis. A descrição objetiva e simplificada, contendo o necessário, será sem dúvida a melhor opção.

3. Motivação

3.1. Garantia constitucional da motivação

O dever de motivação dos atos decisórios judiciais e arbitrais está consagrado, pela lei e pela moderna doutrina processual, na esfera dos direitos fundamentais, como pressuposto do direito de defesa e da imparcialidade e independência dos árbitros.

Assinala, a propósito, Barbosa Moreira, que o pronunciamento, destinado a firmar a inteireza da ordem jurídica, deve estar baseado no direito vigente; "e é preciso que esse fundamento se manifeste, para que se possa saber se o império da lei foi na verdade assegurado. A não ser assim, a garantia torna-se ilusória: caso se reconheça ao julgador a faculdade de silenciar os motivos pelos quais concede ou rejeita a proteção na forma pleiteada, nenhuma certeza pode haver de que o mecanismo assecuratório está funcionando corretamente, está deveras preenchendo a finalidade para a qual foi criado".[342]

Com efeito, considerando a dimensão de seu significado jurídico-político, desponta, na atualidade, a necessidade de controle sobre o *modus operandi* do tribunal arbitral no tocante à convicção pessoal dos respectivos árbitros.

Daí, porque, embora o processo arbitral venha marcado pela confidencialidade, o dever de motivação dos atos decisórios situa-se entre as garantias do devido processo legal, estabelecidas nas Constituições democráticas, com a primordial finalidade de assegurar a transparência às partes da imparcialidade do veredito. É, aliás, o que determina o art. 93, IX, da Constituição Federal brasileira.

A garantia da motivação representa, enfim, o resultado do contraditório travado entre os litigantes.

3.2. Significado e conteúdo da motivação

Findo o relatório, o tribunal arbitral passará a externar a justificação de seu convencimento na motivação do *decisum*. É precisamente na fundamentação da sentença que os árbitros examinarão as questões de fato e de direito, fixando com tais premissas, a conclusão que se projetará na parte dispositiva.

---

342. Cf. Barbosa Moreira, *A motivação das decisões judiciais como garantia inerente ao Estado de Direito*, Revista brasileira de direito processual, 16, 1978, p. 118.

Antes de mais nada, logo no início da motivação, o tribunal arbitral deve declinar se os árbitros julgam com observância das regras de direito ou por equidade (art. 26, II).

Os fundamentos ou motivos dos atos decisórios em geral pressupõem um labor intelectual, de conteúdo crítico, lógico e metalógico (intuitivo), que engloba um conjunto de reflexões de fato e de direito do qual o árbitro extrai o julgamento.

A exteriorização das razões de decidir revela, desse modo, o prisma pelo qual a corte arbitral interpretou a lei e examinou os fatos da causa, devendo aquelas, consequentemente, vir expostas com clareza, lógica e precisão, em prol da perfeita compreensão de todos os pontos e questões controvertidas, bem como, em particular, do desfecho da demanda.

Assim, com a exposição criteriosa dos elementos fáticos e do direito, na análise das questões preliminares e prejudiciais, sejam de natureza processual, sejam de ordem substancial, e, quando possível, do exame acerca do mérito, o árbitro apresenta os motivos determinantes da decisão.

Importa observar que a fundamentação é exigida, de forma absolutamente indiferente, em quais ordens processuais de cunho decisório, e, outrossim, tanto nas sentenças parciais quanto nos provimentos definitivos.

Não é preciso dizer que as decisões menos relevantes, proferidas no curso do processo arbitral, admitem motivação mais singela. Esta possibilidade, contudo, não significa ausência de fundamentação, mas, sim, motivação suficiente na medida da importância do *thema decidendum*, considerando-se, sempre, a situação concreta.

É de entender-se, portanto, que as sentenças parciais e as sentenças terminativas (i. é, "sem resolução do mérito") comportam fundamentação mais singela, sem embargo da excepcional possibilidade de o tribunal arbitral deparar-se com episódio que imponha motivação complexa.

Vale destacar, nessa linha argumentativa, o disposto no art. 373, II, § 1°, do Código de Processo Civil, assim redigido: "*Nos casos previstos em lei ou diante de peculiaridades da causa, relacionadas à impossibilidade ou à excessiva dificuldade de cumprir o encargo nos termos do* caput *ou à maior facilidade de obtenção da prova do fato contrário, poderá o juiz atribuir o ônus da prova de modo diverso, desde que o faça por* decisão fundamentada, *caso em que deverá dar à parte a oportunidade de se desincumbir do ônus que lhe foi atribuído*".

Observa-se aí situação típica de ordem processual que impõe motivação mais elaborada, não sendo suficiente, em tese, aquela concisão típica dessa categoria de provimento arbitral, de natureza interlocutória. Diante desta hipótese, o tribunal terá de enfrentar "*as peculiaridades da causa*", declinando as razões que o convenceram a determinar a inversão do ônus subjetivo da prova, legalmente distribuído nos incs. I e II do art. 373 do Código de Processo Civil.

Fundamentação complexa ou, no mínimo, mais trabalhada, também vem exigida pela regra do art. 298 do Código de Processo Civil, *in verbis*: "*Na decisão que conceder, negar, modificar ou revogar a tutela provisória,* o juiz motivará o seu convencimento de modo claro e preciso".

Entende-se perfeitamente a *mens legislatoris*. É que, nestas situações, em princípio, o ato decisório, judicial ou arbitral, mesmo que reversível, poderá acarretar sérias e imediatas consequências na esfera de direitos da parte contra a qual aquele foi deferido.

As sentenças definitivas (i. é, "com resolução do mérito") devem preencher, rigorosamente, a moldura traçada no art. 26, acima transcrito, ou seja, conter, no plano estrutural, os elementos essenciais neste exigidos.

Até mesmo as sentenças arbitrais homologatórias de transação, a teor do art. 28 da Lei de Arbitragem, devem preencher os requisitos intrínsecos ditados pelo art. 26, embora de forma mais sucinta.

Partindo-se, pois, da legislação em vigor, fácil é concluir que, na verdade, não se admite pronunciamento arbitral, de natureza decisória, despido de adequada fundamentação.

De resto, segundo entendimento doutrinário e jurisprudencial generalizado, a falta de exteriorização da *ratio decidendi* do pronunciamento arbitral acarreta a sua invalidade, em decorrência da expressa cominação prevista no art. 93, IX, da Constituição Federal e, em especial, no art. 32, III, da Lei 9.307/1996.

3.3. Proibição do "fundamento-surpresa" e requalificação da demanda pelo tribunal arbitral

Resulta, ainda, importante esclarecer que o art. 10 do Código de Processo Civil veda, com todas as letras, o "fundamento surpresa", ao estabelecer que: "*O juiz não pode decidir, em grau algum de jurisdição, com base em fundamento a respeito do qual não se tenha dado às partes oportunidade de se manifestar, ainda que se trate de matéria sobre a qual deva decidir de ofício*".

O enunciado desse dispositivo constitui desdobramento do anterior art. 9º, ao vedar, com todas as letras, o denominado "fundamento-surpresa" ainda que se trate de matéria cognoscível de ofício.

Não é difícil verificar que estas regras estão em perfeita sintonia com a moderna ótica da ciência processual, que não admite, em hipótese alguma, a surpresa aos litigantes, decorrente de decisão escudada em ponto jurídico fundamental por eles não debatido. O tribunal deve, portanto, dar conhecimento prévio de qual direção o direito subjetivo encontra-se vulnerável, aproveitando apenas os fatos sobre os quais as partes tenham tomado posição. Dessa forma, faz-se evidente que os litigantes terão oportunidade de defender o seu direito e, sobretudo, influir na decisão arbitral. É certo que a liberdade outorgada ao tribunal, no que se refere à eleição de novo fundamento, à luz do aforismo *iura novit curia*, não dispensa a prévia manifestação das partes acerca da questão alvitrada pelo árbitro, em inafastável homenagem ao princípio do contraditório.

Como bem escreve Carlos Alberto Alvaro de Oliveira, escudado em prestigiosa orientação das doutrinas alemã e italiana, a liberdade outorgada ao órgão julgador de eleger a norma a ser aplicada, até mesmo independentemente de sua alusão pelo interessado, não supera a necessidade de colheita de prévia oitiva das partes sobre os novos rumos a serem imprimidos à solução da questão controvertida.[343]

Em obra específica, Francisco Javier Ezquiaga Ganuzas também frisa que se o julgador eleger um terceiro caminho, deverá dar oportunidade às partes, antes da sentença, para que se pronunciem sobre o novo aspecto jurídico demarcado pelo julgador.[344]

Nos domínios da arbitragem, consideradas as peculiaridades desse meio adequado de solução das controvérsias, tal justificativa redunda plenamente aceitável.

Aduza-se que a novel regra legal, acima transcrita, encerra, ademais, verdadeiro *dever de consulta* do árbitro, impondo ao tribunal, em regime de franca cooperação, conceder às partes a oportunidade de manifestação sobre qualquer questão de fato ou de direito. O árbitro, antes de se pronunciar sobre determinada matéria não debatida, ainda que seja de conhecimento oficioso (decadência, por exemplo), deve abrir prazo para discussão pelas partes, evitando, desse modo, seja proferida decisão calcada em "fundamento-surpresa", circunstância que acarreta a nulidade da sentença arbitral por violação à garantia do contraditório (art. 32, VIII, c.c. art. 21, § 2º, da Lei 9.307/1996).

Pode ser afirmado que o árbitro não só pode como deve, sem alterar os fatos expostos, imprimir o enquadramento jurídico que entender mais

343. *O juiz e o princípio do contraditório*, Revista do Advogado da AASP, 40, p. 37.
344. Iura novit curia *y aplicación judicial del derecho*, p. 37.

adequado. Daí porque, por exemplo, o tribunal arbitral poderá desprezar toda a discussão travada sobre a prova do ato culposo e, com base na responsabilidade objetiva, *sem modificar ou introduzir quaisquer fatos*, emprestar nova moldura jurídica aos mesmos, a partir do reconhecimento da culpa presumida do produtor demandado no âmbito de uma relação de consumo.

Suponha-se, por exemplo, que um demandante tenha requerido a instauração da arbitragem, pleiteando indenização com fundamento na culpa de preposto da Administração Pública, por ter agido com manifesta negligência. Todo o contraditório se desenvolve sobre tal questão. Todavia, guiado pelos princípios que regem a responsabilidade objetiva, o tribunal arbitral, desconsiderando a prova efetiva do ato ilícito, profere sentença de procedência do pedido com fundamento na culpa presumida do Estado.

Nessa hipótese, a circunstância essencial, fundamental para a substanciação da demanda visando à indenização decorrente de atuação culposa de funcionário público, consubstancia-se precisamente no nexo causal entre o dano e o ato do agente. Ainda que deduzida pelo autor a culpa desse agente, não lhe é carreado o ônus da prova quanto ao ato comissivo.

Igualmente, na situação em tela, também não se aplica o disposto no indigitado art. 10 do novo diploma processual, simplesmente porque o fundamento que lastreia a sentença arbitral não constitui surpresa alguma, mas, na verdade, mera subsunção lógica do fato essencial ao ordenamento jurídico.

O mesmo ocorrerá se, por ilustração, as partes estiverem litigando com base em determinados fatos que configuram coação, embora todo o debate encontre-se centrado na alegação de simulação. Dúvida não há de que, apesar do "rótulo" (simulação) sobre o qual contendem as partes, o tribunal possa julgar, requalificando o fundamento jurídico da demanda, reconhecendo ou não a existência de coação.

No entanto, a recíproca não é verdadeira, vale dizer, se o contraditório tiver como foco a possível existência de coação, é vedado aos árbitros, sem possibilitar a manifestação das partes, proferir sentença declaratória de nulidade do negócio com fundamento na simulação, visto que diferente seria a base fática.

Assim também, se o tribunal arbitral formar convencimento de que se operou a prescrição, não arguida e tampouco debatida durante toda tramitação do processo arbitral, não poderá extingui-lo, por meio de sentença de improcedência pelo reconhecimento da prescrição, sem ouvir previamente as partes envolvidas. Justifica-se a manifestação das partes, até porque poderá existir uma causa interruptiva da prescrição, não revelada pelo autor pela simples razão de não ter sido ela suscitada pelo demandado.

O mesmo se impõe quando, por exemplo, vislumbrada possível ilegitimidade de parte no momento em que, encerrada a instrução da causa, aguarda-se a prolação da sentença arbitral.

Ademais, há determinadas situações nas quais a alteração da qualificação jurídica dos fatos implica modificação do regime jurídico aplicável ao caso concreto. Não se trata aí, como se observa, de mera requalificação da demanda, mas, sim, de diferente imputação ou tipificação jurídica extraída do conjunto fático constante dos autos, que pode acarretar sérias consequências na esfera do direito material e processual das partes.

Explico-me: A empresa X ajuíza demanda de natureza ressarcitória com arrimo no art. 186 do Código Civil. A ré Y se defende, deduzindo apenas fato modificativo das circunstâncias alegadas na petição inicial.

Ao iniciar a fase instrutória, diante das postulações das partes, o tribunal arbitral se convence de que a relação é de consumo, devendo ser aplicadas as regras do Código de Defesa do Consumidor, com todas as implicações substanciais e processuais daí decorrentes.

Não tenho receio de afirmar que, nesta hipótese, antes de prosseguir com a realização dos demais atos procedimentais, o tribunal deve propiciar a manifestação das partes nos termos do art. 10 do Código de Processo Civil de 2015, a evitar futura decisão nula, escudada em "fundamento-surpresa".[345]

3.4. Escopos da motivação

A motivação da sentença, concebida como um "ensaio de persuasão",[346] tem por fim imediato demonstrar ao próprio órgão julgador, antes mesmo do que às partes, a *ratio scripta* que legitima o decisório, cujo teor se encontrava projetado em seu raciocínio. O árbitro, portanto, é o primeiro destinatário da motivação.

Quanto ao aspecto subjetivo, visa ainda a motivação a persuadir o litigante sucumbente, mostrando-lhe que o resultado do processo não é fruto de sorte ou capricho, mas de verdadeira atuação da lei. E isto porque, consoante precisa observação de Calamandrei, "o homem tem sentido a necessidade, para aceitar a justiça dos homens, de razões humanas", sendo

345. Examinei esta questão, de forma mais aprofundada, no artigo intitulado *A liberdade do árbitro e o problema da requalificação jurídica da demanda* (20 anos da lei brasileira de arbitragem, OAB, Brasília, 2015, p. 249 e ss.), aqui em parte reproduzido.
346. Cf. Tony Sauvel, *Histoire du jugement motivé*, Revue du droit public et de la science politique en France et à l'étranger, p. 6.

que a fundamentação constitui, pois, aquela parte da sentença que se presta a demonstrar que o julgamento é justo e por que é justo.[347]

Sob o ponto de vista técnico, a alusão às razões de decidir, por outro lado, importa permitir o controle crítico da sentença, para a exata determinação do conteúdo da vontade do tribunal arbitral, e, consequentemente, para a verificação dos limites do julgado.

A motivação revela, sob esse prisma, eventual falha cometida pelos árbitros. Constitui, por isso – como aduz Calamandrei – relevante garantia de justiça, quando logra reproduzir fielmente, como num trabalho topográfico, o *iter* lógico que o tribunal percorreu para encontrar o *decisum*, porquanto se estiver equivocado, é possível aferir-se, nas razões, em que altura do percurso o seu autor se desgovernou.[348]

Trata-se, no dizer de Barbosa Moreira, de conferir garantia ao direito que têm as partes de ser ouvidas e de ver apreciadas pela corte arbitral as questões por elas suscitadas.[349]

3.5. Decisões consideradas nulas por defeito de motivação

Acrescente-se, ainda, que, por outra perspectiva, o novo Código de Processo Civil contém original e importante regra no § 1º do art. 489, perfeitamente aplicável ao processo arbitral, que arrola determinadas situações – frequentes, diga-se de passagem –, nas quais a própria lei se adianta, antevendo ofensa aos textos legais que impõem o dever de fundamentação. Desse modo, preocupado ainda uma vez com o mandamento constitucional da garantia de motivação, o novel diploma, de forma até pedagógica, além de outros que maculam a sentença arbitral (*e. g.*: aqueles de ordem subjetiva, em relação à parcialidade do árbitro ou do perito), estabelece os vícios mais comuns, de natureza intrínseca, que comprometem a higidez do ato decisório.

Entidades de classe, contudo, como a Associação Nacional dos Magistrados da Justiça do Trabalho – Anamatra, a Associação dos Magistrados Brasileiros – AMB e a Associação dos Juízes Federais do Brasil – Ajufe, manifestaram-se contrárias à sanção desse dispositivo. Em resposta às críticas recebidas por parcela da doutrina, a Anamatra divulgou nota em que sintetiza do seguinte modo o seu inconformismo com os novos deveres de fundamentação a serem impostos aos magistrados. Como asseverou tal

---

347. *Processo e democrazia*, Opere giuridiche, v. 1, p. 664, e, em senso análogo, Cruz e Tucci, *A motivação da sentença no processo civil*, p. 22.
348. *Elogio dei giudici scritto da un avvocato*, 4ª ed., p. 169.
349. *A motivação das decisões judiciais*, cit., p. 116.

Associação, a entrada em vigor dessa norma comprometeria a independência funcional dos juízes, prejudicaria a duração razoável do processo, restringiria o disposto no art. 93, IX, da Constituição Federal, e tornaria vinculantes súmulas, teses e orientações jurisprudenciais, o que só o texto constitucional, segundo afirma, poderia realizar. Em sentido semelhante, o presidente da Associação dos Magistrados Brasileiros, João Ricardo Costa, afirmou que o dever imposto aos magistrados de analisar e justificar todas as alegações suscitadas pelas partes acabaria por burocratizar o processo e impediria o julgador de se valer de fundamentos outros que não aqueles suscitados pelos litigantes.

Não é exagero afirmar que o art. 489, tão atacado pelas entidades de magistrados, constitui uma das principais inovações do novo Código de Processo Civil, o que me estimula, portanto, a rebater as objeções contrárias à sua elogiável redação.

Na verdade, as aludidas determinações legais acerca do dever de motivação, inseridas no Código de Processo Civil, reforçam a ideia de que a moderna concepção de "processo justo" não compadece qualquer resquício de discricionariedade, até porque, longe de ser simplesmente "la bouche de la loi", o árbitro proativo de época moderna deve estar comprometido e envidar esforço, tanto quanto possível, para a observância, assegurada aos litigantes, da garantia do devido processo legal![350]

3.5.1. Nulidade decorrente de mera reprodução de fundamento legal (art. 489, § 1º, I)

Não atenderá ao requisito de motivação suficiente o pronunciamento judicial ou arbitral que simplesmente reproduza texto legal, deixando de interpretá-lo à luz da controvérsia que se apresenta ao tribunal. O processo hermenêutico de subsunção é imprescindível para que, de um lado, possa ser adequadamente interpretada a convicção dos integrantes do painel e, ainda, de outro, ser feito o controle crítico do ato decisório.

Considerando, pois, a previsão normativa ora focada, é ainda válida – apenas para esse fim – lançar mão da ideia de que, sob o ponto de vista formal, a sentença pode ser equiparada a um silogismo, sendo a premissa maior a lei; a menor, o contexto fático-jurídico; e, por fim, a conclusão explicitada no dispositivo.

350. V., sob análogo aspecto, a respeito dos poderes do juiz, Bedaque, *Discricionariedade judicial*, Revista Forense, 354, p. 187.

3.5.2. Nulidade decorrente da fundamentação genérica em "conceitos jurídicos indeterminados" (art. 489, § 1º, II)

Mas não é só. O art. 489, § 1º, II, nas hipóteses de incidência de conceitos (*rectius*: termos[351]) indeterminados – e, por certo, de cláusulas gerais e princípios jurídicos –, exige a exposição de raciocínio hermenêutico-axiológico mais pormenorizado, embasado muitas vezes pelo recurso à ponderação, para justificar a escolha, dentre as opções possíveis (lembre-se do juiz Hércules na problemática alvitrada por Dworkin), daquela mais adequada para a situação concreta.

A esse respeito, escrevi, anos atrás, que o "novo Código Civil agasalhou expressamente, nos arts. 113, 421 e 422, o princípio da boa-fé objetiva. Cumpre notar, todavia, que, antes da positivação desse regramento, impunha-se ao julgador que o acolhia extensa motivação da sentença para justificar a adoção de preceito não contemplado em nosso ordenamento jurídico".[352] Assim, por exemplo, quando o tribunal arbitral se nortear pelo princípio da proporcionalidade, tem ele o mister de explicitar, tanto quando possível de forma objetiva, a razão pela qual aquele fundamento, nas fronteiras do caso concreto, determina a procedência ou improcedência do pedido.

3.5.3. Nulidade decorrente de fundamentação padronizada (art. 489, § 1º, III)

No mesmo sentido, já agora a teor do art. 489, § 1º, III, ao tribunal arbitral é vedado valer-se de pseudo-fundamentação, vale dizer, "fundamentação artificial", aparentemente padronizada, apta a justificar qualquer ato decisório.

3.5.4. Nulidade decorrente de motivação insuficiente (art. 489, § 1º, IV)

Tenha-se outrossim presente que a primeira parte do art. 141 do Código de Processo Civil preceitua que: "*O juiz decidirá o mérito nos limites propostos pelas partes...*", ou seja, em senso análogo, o tribunal arbitral

---

351. V., quanto à incongruência da expressão "conceitos indeterminados", a importante obra de Michael Streck, *Generalklausel und unbestimmter Begriff im Recht der allgemeinen Ehewirkungen*, Bonn, Ludwig Röhrscheid, 1969, p. 21, que, inclusive, justifica constar ela do título de seu livro.

352. *Precedente judicial como fonte do direito*, p. 290-291. Consulte-se sobre o tema Canaris, *Pensamento sistemático e conceito de sistema na ciência do direito*, tr. port. A. Menezes Cordeiro, p. 273 ss.

terá de enfrentar toda a argumentação, de direito e de fato, expendida pelas partes.

Caso contrário, vale dizer, se a sentença deixar de considerar alguma questão, que potencialmente poderia ensejar diferente desfecho do processo, não será suficiente a respectiva *ratio decidendi*, porque conterá vício que inquina de nulidade o ato decisório.

Expressivo precedente da 3ª Turma do Superior Tribunal de Justiça, no julgamento do REsp 47.169-MG, cujo voto condutor é da lavra do Ministro Carlos Alberto Menezes Direito, assentou ser "nula a sentença que omite questão central posta na contestação".[353]

Assim, para que a motivação atenda às exigências legais, deverá abordar toda a matéria suscitada pelos litigantes, desde que juridicamente relevante para justificar a decisão. É evidente que, pela perspectiva lógica, não será necessário enfrentar os argumentos cuja apreciação estiver prejudicada pelo acolhimento de determinada preliminar. Desse modo, se, por exemplo, for acolhida a arguição de prescrição, o tribunal arbitral não estará obrigado a examinar e decidir outras questões controvertidas que foram deduzidas pelas partes. Nesta hipótese, a sentença não poderá ser considerada viciada.

3.5.5. Nulidade decorrente de invocação impertinente de súmula ou precedente (art. 489, § 1º, V)

A hipótese do inc. V reitera o que já está, de certo modo, previsto no precedente art. 489, § 1º, III. Coíbe-se aqui a mera referência a súmula ou precedente judicial no corpo da sentença, sem que o tribunal arbitral demonstre, de forma cabal, a sua pertinência com o objeto da controvérsia.

Em perfeita simetria com esta regra, dispõe o § 1º do art. 927 que, na dinâmica da observância das decisões arroladas em seus respectivos incisos, os juízes e tribunais deverão considerar as regras dos arts. 10 e 489, § 1º, do Código de Processo Civil, isto é, ressaltar que a súmula ou precedente invocado se identifica com o cerne da tese debatida no processo.

Daí, porque, o tribunal arbitral não poderá fundamentar o seu respectivo *decisum* baseando-se exclusivamente em precedentes pronunciamentos pretorianos, sem qualquer argumentação adicional, deixando de revelar fundamentação própria, conexa com o objeto do processo arbitral sob julgamento.

---

353. V. u., DJ 14.10.1996.

3.5.6. Nulidade decorrente do desrespeito injustificado a súmula, jurisprudência ou precedente (art. 489, § 1º, VI)

Por fim, nota-se que o art. 489, § 1º, VI, é vocacionado à proteção da confiança, quando impede que o juiz (ou árbitro), ao proferir a sentença, despreze súmula ou precedente, colacionado como reforço argumentativo por uma das partes, não tomando o cuidado de explicar que o julgado paradigma não se aplica ao caso concreto, ou mesmo, que já se encontra superado pela obsolescência.

Entendo que, por força do importante aforismo, *iura novit curia*, mesmo que a tese jurisprudencial, embora relevante, não seja invocada pela parte interessada, a decisão desponta eivada de nulidade, se o árbitro a desprezar de forma injustificada.

Colocando de lado a polêmica acerca da natureza ontológica dos precedentes judiciais, quanto a ser ou não fonte primária de direito, Robert Alexy, em obra específica sobre argumentação jurídica, anota que a primordial justificação da utilização pragmática dos precedentes é ditada pelo "princípio da universalidade" ou da justiça formal, que impõe um tratamento isonômico para situações iguais.

A conciliação entre justiça e universalidade – segundo o referido jurista – pode ser alcançada, em regra, por meio da observância dos precedentes, sem embargo de admitir-se o abandono de uma determinada orientação pretoriana, desde que sobrevenham justificadas razões. E, ocorrendo esta hipótese, o ônus da argumentação deve ser imposto ao órgão julgador – estatal ou arbitral – que pretenda afastar-se do precedente. Alexy entende que, nesse particular, o princípio da inércia de Perelman é adequado, com sua exigência de que uma decisão só pode ser alterada se razões suficientes puderem ser aduzidas para tanto.[354]

Em conclusão, Alexy formula duas regras gerais do discurso jurídico para a utilização dos precedentes, a saber: *a*) quando vier invocado um precedente a favor ou contra uma decisão, ele deve, em princípio, ser seguido; e b) quem pretender se afastar de um precedente, tem o ônus da justificação.[355]

Conclui-se, pois, que, nos termos do analisado inc. VI do § 1º do art. 489, configurando-se a hipótese aí prevista, o tribunal arbitral, assim como ocorre na esfera do processo judicial, tem o ônus de justificar que a súmula ou precedente invocado pela parte não incide no caso concreto.

---

354. *Teoria da argumentação jurídica*, p. 259.
355. *Teoria da argumentação jurídica*, p. 261.

3.5.7. Nulidade decorrente de motivação aliunde ou per relationem

Ressalte-se que esta hipótese continua sem previsão legal expressa, embora facilmente inferida do sistema processual.

Os motivos do julgamento devem ser declinados de modo explícito, uma vez que constitui função própria e exclusiva dos árbitros do processo a de interpretar a lei, aplicá-la aos fatos da causa e, em conclusão, proferir a decisão.

A esse respeito, como já tive oportunidade de afirmar[356], deixará de cumprir o seu dever funcional o tribunal arbitral que se limitar a decidir, sem revelar como interpretou e aplicou a lei ao caso concreto, ou, mesmo, a fazer simples remissão a fundamentos expendidos em razões, pareceres, decisões (motivação *per relationem*) ou, ainda, em atos processuais produzidos em outro processo (motivação *aliunde*).

3.6. Exigência de justificação na hipótese de colisão de normas (art. 489, § 2º)

Ao ensejo da prolação da sentença, em algumas circunstâncias específicas, o árbitro terá de enfrentar o problema do conflito ou colisão de normas incidentes no caso concreto. Geralmente, considerando-se a hierarquia das leis, se houver incompatibilidade entre dois textos legais (antinomia), a questão pode ser resolvida à luz de três critérios hermenêuticos, quais sejam: *a*) o cronológico (*lex posterior derogat priori*); *b*) o hierárquico (*lex superior derogat inferiori*); e, ainda, *c*) o da especialidade (*lex specialis derogat generali*). Igualmente, deve o julgador valer-se dos subsídios ministrados pela Lei de Introdução às Normas do Direito Brasileiro (Lei 13.655/2018).

Todavia, a colisão de princípios, que se torna sempre mais intrincada e difícil, deve ser dirimida pela dimensão de peso e importância, aplicando-se o princípio da proporcionalidade.

E isso porque o § 2º do art. 489 do Código de Processo Civil preceitua que: "*No caso de colisão entre normas, o juiz deve justificar o objeto e os critérios gerais da ponderação efetuada, enunciando as razões que autorizam a interferência na afastada e as premissas fáticas que fundamentam a conclusão*".

A despeito da referência expressa a "normas", a literatura especializada tem, de um modo geral, afirmado que esse dispositivo legal disse, na

---

356. *A motivação da sentença no processo civil*, cit., p. 18. Criticando igualmente essa prática, v. o tópico específico na original monografia de Leonard Ziesemer Schmitz, *Fundamentação das decisões judiciais*, p. 242 ss.

verdade, menos do que pretendia o legislador, uma vez que, além de conflito entre regras legais, o mesmo ocorre na hipótese de colisão entre princípios.

Verifica-se, pois, que, nessas situações, a exposição do convencimento judicial, no âmbito do processo hermenêutico de fundamentação do ato decisório, não constitui tarefa tão simples.

Assinala, a propósito, Leonardo Carneiro da Cunha,[357] ocorrendo embate de princípios, sempre será necessário que o juiz esclareça, na fundamentação de sua decisão, qual o caminho para a solução do problema, "justificando a razão da utilização de determinado princípio em detrimento de outro, a capacidade de ponderação das normas envolvidas, os critérios gerais empregados para definir o peso e a prevalência de uma norma sobre a outra e a relação existente entre esses critérios, o procedimento e o método que serviram de avaliação e comprovação do grau de promoção de uma norma e grau de restrição da outra, bem como os fatos considerados relevantes para a ponderação e com base em que critérios eles foram juridicamente avaliados".

Importa salientar que essa questão foi objeto de acurada interpretação pela 3ª Turma do Superior Tribunal de Justiça, no julgamento do REsp 1.765.579-SP. O primoroso voto condutor da relatoria do Ministro Ricardo Villas Bôas Cueva bem destaca a imposição legal da justificativa a ser oferecida pelo julgador, em particular, no itinerário da respectiva *ratio decidendi*.

O interessante caso concreto que foi submetido à apreciação da turma julgadora tratava de ação de natureza condenatória ajuizada pela Sociedade Beneficente Muçulmana contra a Google Brasil Internet Ltda., objetivando a remoção de vídeos contendo a música Passinho do Romano, disponíveis na página eletrônica do YouTube, sob a alegação de ostentarem conteúdo ofensivo à religião islâmica em virtude do uso indevido de passagens do Alcorão. Segundo a demandante, o videoclipe e a respectiva canção, do gênero funk, utilizaram trechos remixados do Alcorão, livro sagrado da religião muçulmana, que somente poderiam ser recitados no contexto próprio da liturgia religiosa. O juízo de primeiro grau julgou o pedido improcedente, ressaltando, de início, que a empresa requerida é mera provedora da hospedagem do conteúdo e não possui o dever de monitoramento e fiscalização permanentes do sistema, de modo que não poderia ser responsabilizada pelos vídeos inseridos na plataforma YouTube por terceiros usuários. Mediante a ponderação entre os princípios constitucionais da liberdade de expressão e da liberdade religiosa, a sentença concluiu pela ausência de ilicitude, entendendo que a obra não possui teor discriminatório nem declaração de ódio (*hate speech*) e pode ser compreendida como mera "manifestação da

---

357. *Breves comentários ao novo Código de Processo Civil* (obra coletiva), p. 1.374.

cultura popular", resguardada constitucionalmente pelo direito à liberdade de expressão. Tal entendimento foi secundado pelo Tribunal de Justiça de São Paulo.

Valendo-se de abalizada doutrina, o pioneiro acórdão, supra referido, ao enfrentar o cerne da questão, invocou, entre outros, escólio de Fredie Didier Júnior,[358] ao asseverar que: "(...) O primeiro passo é saber se se trata de conflito entre regras ou entre princípios. Segundo Alexy, para solucionar um conflito entre regras é necessário que uma das regras integre uma hipótese de exceção à outra, ou então que uma delas seja invalidada e expurgada do ordenamento, em nome da subsistência da outra, verificando-se, pois, se a regra está dentro (como exceção) ou fora (por invalidação) do ordenamento. Dessa forma, constatada a contradição entre 'juízos concretos de dever-ser', se ela não pode ser sanada com a inserção de uma 'cláusula de exceção' em uma das regras, então se deve decidir qual delas deve ser invalidada. Essa não é, contudo, a solução para a colisão entre princípios. Nesses casos, um princípio não é tomado como exceção ao outro e nenhum deles precisa ser invalidado. Na verdade, em uma 'dimensão de pesos' (e não de validade), considera-se que, nas situações concretas, os princípios têm pesos distintos e que o princípio que mais pesar tem preferência em relação ao outro – caso em que o conflito e sua solução se situam dentro do ordenamento... O importante é que, qualquer que seja a técnica utilizada para superar o conflito normativo, ela exige do juiz uma justificação. Não basta dizer, por exemplo, que uma regra constitui exceção do que diz a outra, ou que, no caso concreto, um determinado princípio deve prevalecer sobre outro. É preciso que se justifique, no caso da regra excepcional, por que se trata de exceção – e não, por exemplo, de revogação; no caso do princípio, porque o caso concreto exige a aplicação de um, e não de outro".

Sob essa perspectiva, assentou a 3ª Turma que é possível conceber o § 2º do art. 489 do diploma processual como uma diretriz a exigir "do juiz que justifique a técnica utilizada para superar o conflito normativo, não o dispensando do dever de fundamentação, mas, antes, reforçando as demais disposições correlatas do novo Código, tais como as dos arts. 10, 11, 489, § 1º, e 927. Sempre caberá às instâncias recursais competentes aferirem, em cada caso, se a técnica da ponderação foi bem aplicada e, consequentemente, se a decisão judicial possui fundamentação válida".

Já no que se refere aos limites da cognição possível nos domínios do Superior Tribunal de Justiça, o julgado deixa bem claro que não cabe a tal corte,

---

358. *Curso de direito processual civil*, v. 3, pp. 373-375.

"(...) a pretexto de apreciar recurso especial baseado apenas na alegada violação do art. 489, parágrafo 2º, adentrar o mérito da ponderação entre duas normas constitucionais, sob pena de se exceder na sua atribuição de uniformizar a interpretação da legislação federal. Na hipótese em que a ponderação realizada pelo tribunal de origem para solucionar o mérito da controvérsia consista em matéria de natureza eminentemente constitucional, como, por exemplo, o sopesamento entre dois princípios constitucionais, a competência para apreciar a correção dos fundamentos do acórdão, em última análise, é do Supremo Tribunal Federal. Em recurso especial, a revisão do mérito da ponderação pressupõe que se trate de matéria infraconstitucional, bem como que a parte recorrente tenha indicado nas suas razões recursais as normas conflitantes às quais, segundo entende, foi conferida interpretação equivocada ou negada vigência pelo acórdão recorrido, providência não adotada no presente recurso."

Com invejável didática, o mencionado julgado do Superior Tribunal de Justiça, em apertada síntese, propõe, ao final, a fixação dos seguintes parâmetros, que se prestam a nortear os juízes quando se depararem com o problema em tela, a saber:

"a) o § 2º do art. 489 do Código de Processo Civil em vigor estabelece balizas para a aplicação da técnica da ponderação visando a assegurar a racionalidade e a controlabilidade da decisão judicial, sem revogar outros critérios de resolução de antinomias, tais como os apresentados na Lei de Introdução às Normas do Direito Brasileiro;

b) apenas se configura a nulidade por violação do § 2º do art. 489 na hipótese de ausência ou flagrante deficiência da justificação do objeto, dos critérios gerais da ponderação realizada e das premissas fáticas e jurídicas que embasaram a conclusão, ou seja, quando não for possível depreender dos fundamentos da decisão o motivo pelo qual a ponderação foi necessária para solucionar o caso concreto e de que forma se estruturou o juízo valorativo do aplicador;

c) o exame da validade/nulidade da decisão que aplicar a técnica da ponderação deve considerar o disposto nos arts. 282 e 489, § 3º (CPC/2015), segundo os quais a decisão judicial constitui um todo unitário a ser interpretado a partir da conjugação de todos os seus elementos e em conformidade com o princípio da boa-fé, não se pronunciando a nulidade quando não houver prejuízo à parte que alega ou quando o mérito puder ser decidido a favor da parte a quem aproveite;

d) em recurso especial, a pretensão de revisão do mérito da ponderação efetuada pelo tribunal de origem pressupõe que se trate de matéria infraconstitucional, além da indicação, nas razões recursais, das normas conflitantes e das teses que embasam a sustentada violação/negativa de vigência da legislação federal;

e) tratando-se de decisão fundamentada eminentemente na ponderação entre normas ou princípios constitucionais, não cabe ao Superior Tribunal de

Justiça apreciar a correção do entendimento firmado pelo Tribunal de origem, sob pena de usurpação de competência do Supremo Tribunal Federal."

A partir desses valiosos subsídios hermenêuticos, que se apresentam como uma efetiva e segura contribuição para a exegese do apontado § 2º do art. 489 do Código de Processo Civil, a 3ª Turma do Superior Tribunal de Justiça concluiu que o acórdão recorrido continha motivação racional e apta a possibilitar o controle jurisdicional posterior, tornando viável tanto a interposição dos recursos cabíveis pela parte que se julgou prejudicada quanto a integral compreensão da controvérsia pelas instâncias extraordinárias competentes. E exatamente por essas razões entendeu que o julgado provindo do tribunal de origem não merecia qualquer reparo, circunstância que ensejou, à unanimidade de votos, o improvimento do aludido recurso especial.

A propósito, assinala, com precisão, Leonardo Carneiro da Cunha,[359] que, ocorrendo embate de princípios, sempre será necessário que o julgador esclareça, na fundamentação de sua decisão, qual o caminho para a solução do problema, "justificando a razão da utilização de determinado princípio em detrimento de outro, a capacidade de ponderação das normas envolvidas, os critérios gerais empregados para definir o peso e a prevalência de uma norma sobre a outra e a relação existente entre esses critérios, o procedimento e o método que serviram de avaliação e comprovação do grau de promoção de uma norma e grau de restrição da outra, bem como os fatos considerados relevantes para a ponderação e com base em que critérios eles foram juridicamente avaliados".

3.7. Consequência da sentença considerada desmotivada

A própria lei – art. 93, IX, da Constituição Federal, e, em particular, art. 32, III, da Lei de Arbitragem – determina, de modo expresso, que a desatenção ao disposto no art. 26, II, acima transcrito, implica nulidade do pronunciamento judicial.

Cuidando desse tema, há alguns anos, afirmei que a ausência ou insuficiência de motivação, por ferir norma cogente, enseja a nulidade absoluta da sentença arbitral.[360]

---

359. *Breves comentários ao novo Código de Processo Civil* (obra coletiva), p. 1.236.
360. *Ainda sobre a nulidade da sentença imotivada*, Temas polêmicos de processo civil, p. 75 ss.

4. Dispositivo

O epílogo da sentença, denominado "dispositivo", é o elemento mais importante do pronunciamento arbitral. É aquele no qual o tribunal, exteriorizando a vontade da lei, declara a tutela jurisdicional invocada pelos demandantes.

Neste seguimento final da decisão os árbitros decidirão as questões que foram submetidas à sua respectiva apreciação, apresentando a conclusão das operações lógicas desenvolvidas na motivação. Tratando-se de sentença de natureza definitiva, é no dispositivo que: "*O juiz resolverá o mérito acolhendo ou rejeitando, no todo ou em parte, os pedidos formulados pelas partes*" (art. 490 do CPC).

Enquanto a ausência ou a insuficiência da motivação acarreta a nulidade da sentença, a falta de dispositivo implica inexistência do ato decisório.

Cumpre registrar que, em certas situações, diante da complexidade da demanda, torna-se difícil delimitar a motivação e a parte dispositiva da sentença, uma vez que, encerrado o relatório, poderá haver decisões atinentes a questões prévias, que não se encontram propriamente no dispositivo.

A parte dispositiva, outrossim, pode conter vários capítulos dependendo do amplitude das questões controvertidas, vale dizer, capítulos de natureza processual, aqueles que se pronunciam sobre a possibilidade do exame do mérito (presença ou ausência dos requisitos de admissibilidade do julgamento de mérito), e aqueles que concernem ao próprio objeto litigioso do processo, em especial, à antecipação da tutela.

A cisão lógica do dispositivo de uma decisão arbitral em capítulos "é de extrema utilidade, porque repercute nos mais variados temas do direito processual, tal como na atribuição do custo financeiro do processo, na liquidação e efetivação das decisões que certificam direito a uma prestação e na própria teoria da decisão judicial".[361]

Prescreve, com efeito, o art. 27 da Lei 9.307/1996 que, na parte dispositiva, a sentença arbitral "decidirá sobre a responsabilidade das partes acerca das custas e despesas [incluindo-se aqui, por certo, a questão da sucumbência] com a arbitragem", sempre em consonância com eventual ajuste contido na convenção ou no termo de arbitragem, "bem como sobre verba decorrente da litigância de má-fé", quando houver incidência das regras dos arts. 79 e seguintes do Código de Processo Civil.[362]

---

361. Cf. Fredie Didier Júnior, Paula Sarno Braga e Rafael Oliveira, *Curso de direito processual civil*, v. 2, p. 355.

362. Consulte-se, a propósito, José Antonio Fichtner, Sergio Nelson Mannheimer e André Luís Monteiro, *A distribuição do custo do processo na sentença arbitral*, Arbitragem: temas

5. Dissenso entre os árbitros

O art. 24, § 1º e 2º, da Lei de Arbitragem, quando o painel arbitral for colegiado, integrado por, no mínimo, três árbitros, contempla a possibilidade de haver divergência entre eles.

Se o dissenso for total, isto é, quando todos os integrantes divergirem entre si, deve prevalecer o voto do árbitro presidente do tribunal arbitral.

Caso a divergência seja apresentada apenas por um dos árbitros, a sentença será subscrita pela maioria, podendo ou não haver declaração do voto divergente e, nesse caso, apresentará apenas a *ratio decidendi* e o dispositivo, dispensando-se o relatório.

Aduza-se, por outro lado, que nenhuma consequência haverá se os três árbitros chegarem à mesma conclusão com base em diferentes fundamentos. Nesta hipótese, o julgamento será considerado unânime.

6. Complementação da sentença arbitral

A despeito de ser irrecorrível, a sentença arbitral, parcial ou final, comporta ainda complementação decorrente de pedido de esclarecimento, a ser formulado pelas partes, no prazo legal de 5 dias ou de outro previamente acordado.

Cumpre frisar que tal incidente da fase decisória do processo arbitral se restringe às situações previstas no art. 30 da Lei de Arbitragem, vale dizer, apenas para a correção de qualquer erro material da sentença; ou, ainda, para sanar eventual obscuridade, dúvida, contradição ou omissão sobre alguma questão reputada relevante.

Antevendo a necessidade de contraditório, o próprio preceito legal (art. 30) já se incumbe de impor à parte que apresenta tal pleito o ônus de comunicá-lo previamente ao seu antagonista, visando a evitar a este indesejada surpresa.

O tribunal arbitral dispõe do prazo legal de 10 dias ou de outro acertado com as partes para julgar referido incidente (art. 30, parágrafo único).

---

contemporâneos, obra coletiva org. por Inez Balbino e Selma Ferreira Lemes, 2012; Gustavo Tepedino e José Emílio Nunes Pinto, *Notas sobre o ressarcimento de despesas como honorários de advogado em procedimentos arbitrais*, Revista trimestral de direito civil, p. 43 ss.

7. Aspectos conclusivos

Atendendo-se, ainda, às disposições da lei de regência, importa salientar, por fim, que o prazo determinado para a prolação da sentença poderá ser prorrogado de comum acordo entre as partes e os árbitros (art. 23, § 2º).

A sentença arbitral deverá ser assinada pelos árbitros, datada e, ainda, conter a especificação do lugar em que proferida (art. 26, IV e parágrafo único).

– XIII –

PERSPECTIVAS DOS HONORÁRIOS DE SUCUMBÊNCIA NO NOVO CPC

1. Pressupostos da revisão de honorários advocatícios de sucumbência pelo STJ

Quando o advogado celebra um contrato com seu cliente, emergem obrigações mútuas: o causídico obriga-se a prestar-lhe serviços profissionais com zelo e dedicação; o cliente obriga-se a remunerar o respectivo trabalho.

Como asseveram Nancy Andrighi, Sidnei Beneti e Vera Andrighi, "a prestação de serviço é um contrato bilateral, porque gera direitos e obrigações para ambas as partes, e, via de regra, oneroso, pois, geralmente, dá origem a benefícios ou vantagens para um e outro contratante".[363]

É exatamente por essa razão que o ar. 594 do Código Civil dispõe, de forma genérica: "*Toda espécie de serviço ou trabalho lícito, material ou imaterial, pode ser contratada mediante retribuição*".

Afinado com essa regra, o art. 22 da Lei 8.906/1994 (Estatuto da Advocacia) prescreve que: "*A prestação de serviço profissional assegura aos inscritos na OAB o direito aos honorários convencionados, aos fixados por arbitramento e aos de sucumbência*".

Assim sendo, não há que se confundir os i) honorários contratuais, que são aqueles acertados entre advogado e cliente, com base na autonomia privada, com os ii) honorários de sucumbência, aqueles que decorrem da condenação da parte vencida (sucumbente) a pagar honorários diretamente ao advogado da parte vencedora, em um processo judicial.

363. *Comentários ao novo Código Civil*, v. 9, p. 222.

É certo que a verba honorária de sucumbência deve ser sempre estimada pelo juiz, tomando-se como parâmetro, à luz do disposto no art. 20, § 3º, do Código de Processo Civil revogado e, agora, no art. 85, § 2º, do vigente diploma processual, o princípio da razoabilidade, a evitar que a respectiva condenação implique injustificado enriquecimento do advogado ou dos advogados beneficiários em detrimento do patrimônio do litigante que perdeu a causa.

Embora pré-fixados por lei, os honorários de sucumbência, mesmo sob a égide do novo código, são estimados pela extensão do trabalho realizado e o tempo exigido para o seu serviço.[364]

Se, por exemplo, o causídico passa a atuar exclusivamente na fase conclusiva do procedimento, é evidente que deve perceber, quando o seu constituinte se sagra vencedor, uma soma menos expressiva, não se justificando, à evidência, que o advogado obtenha uma vantagem patrimonial desproporcional ao tanto do labor profissional que ele despendeu para o patrocínio.

É dizer, com Giuseppe Chiovenda: "O processo deve dar, na medida do possível, a quem tem um direito, tudo aquilo e exatamente aquilo que tem direito de conseguir".[365]

Em nosso sistema jurídico, o recurso especial é o meio processual para impugnar, perante o Superior Tribunal de Justiça, pronunciamento judicial colegiado de tribunal estadual ou de tribunal regional federal, nas hipóteses previstas no art. 105, III, da Constituição Federal.

Há pressupostos específicos que regem a interposição do recurso especial, tendo-se presente que o Superior Tribunal de Justiça não constitui tribunal de apelação, circunstância que lhe impede de reexaminar fatos e provas, a teor do enunciado da famosa Súmula 7: "A pretensão de simples reexame de prova não enseja recurso especial".

Em relação à fixação de honorários advocatícios de sucumbência, o Superior Tribunal de Justiça, em princípio, tem se posicionado no sentido de que o *quantum*, fixado a título de honorários de sucumbência processual, subordina-se a critérios previstos na legislação em vigor, sendo que o seu arbitramento constitui atividade valorativa afeiçoada às instâncias ordinárias, a quem cabe o exame e decisão pertinentes a questões de fato, relacionadas

---

364. V., a respeito, Luiz Henrique Volpe Camargo, *Breves comentários ao novo Código de Processo Civil*, p. 316.
365. *Dell'azione nascente dal contratto preliminare*, Saggi di diritto processuale civile, 1, p. 110.

com o objeto individualizado de cada demanda (cf., por exemplo, REsp 1.721.210-SP, rel. Min. Herman Benjamin).

Tenha-se contudo presente que o Superior Tribunal de Justiça, norteando-se pelo princípio da legalidade, vem admitindo, ao longo do tempo, certa moderação no exercício de sua precípua função de interpretar e aplicar a lei federal infraconstitucional, em circunstâncias específicas, quais sejam, as que evidenciam inequívoca distorção (efetiva má aplicação) das normas jurídicas, em detrimento do direito de uma das partes que controvertem.

Não se trata propriamente de desvio de sua vocação constitucional, mas, sim, de uma concepção ontológica e moderna da jurisdição, a partir do cânone de que o processo judicial jamais pode ser fonte de enriquecimento injustificado.

Assim é que, em matéria de fixação de verba honorária de sucumbência, o Superior Tribunal de Justiça consolidou o entendimento de que a má aplicação dos critérios pré-estabelecidos na legislação processual pode ser corrigida em casos extremos, com a finalidade de restabelecer um equilíbrio de natureza financeira, tanto quanto possível justo, entre a parte vencida e a remuneração do advogado da parte que venceu o litígio.

E isso, em caráter de absoluta excepcionalidade, mesmo no âmbito da instância extraordinária, em sede de recurso especial. Na verdade, a questão de fato transforma-se em verdadeira *quaestio iuris*, que então é passível de ser revista pela referida corte de Justiça Federal.

O juiz, na hipótese de fixação mediante apreciação equitativa, deve estar atento às particularidades da demanda, podendo, se assim entender adequado, considerar ou não o valor da causa como base de cálculo da verba honorária. Em outras palavras: para arbitrar a verba sucumbencial na sentença de improcedência do pedido, o julgador deve levar em conta alguns fatores específicos, vale dizer, o grau de zelo do advogado, o lugar da prestação do serviço e, em particular, a extensão do trabalho efetivamente realizado.[366]

Trilhando essa linha de raciocínio, a 1ª Turma do Superior Tribunal de Justiça admitiu a redução do montante fixado a título de honorários de sucumbência, no julgamento unânime do Agravo Interno no REsp 1.631.422-PR, relatado pelo Ministro Benedito Gonçalves, ao averbar que:

366. Cf., a propósito, já sob a vigência do CPC de 2015, Bruno Garcia Redondo, *Comentários ao novo Código de Processo Civil*, coord. de Antonio do Passo Cabral e Ronaldo Cramer, p. 152.

"A jurisprudência do Superior Tribunal de Justiça é assente no sentido de que, caso verificada a exorbitância ou irrisoriedade do valor relativo aos honorários advocatícios, este pode ser revisto, excepcionalmente, de forma a melhor se ajustar ao comando normativo inserto no art. 20 do Código de Processo Civil/1973... Frise-se que esta Corte Superior de Justiça, ao se deparar com a possibilidade excepcional de revisão do valor dos honorários, não se vincula ao que fora reconhecido pelas instâncias ordinárias... Hipótese em que, não obstante a relevância da causa – constatação de sobrepreço em tomada de contas pelo TCU –, as verbas fixadas em mais de meio milhão de reais, ou 10% sobre o valor da causa, mostram-se exorbitantes, o que impõe a sua redução para 2% sobre a mesma base de cálculo, resultando em R$ 108.968,50, quantum que melhor se adequa aos aspectos da lide e remunera devidamente o trabalho desenvolvido pelos causídicos...".

Em senso assemelhado, abonando a mesma proposição, em recentíssimo julgamento, a 4ª Turma do Superior Tribunal de Justiça, ao apreciar o Agravo Interno nos Embargos de Declaração no Agravo em REsp 1.140.294-SP, com voto condutor da lavra do Ministro Luis Felipe Salomão, assentou que:

"A jurisprudência desta Corte, excepcionalmente quando manifestamente evidenciado que o arbitramento da verba honorária fez-se de modo irrisório ou exorbitante, tem entendido tratar-se de questão de direito, e não fática, repelindo a aplicação da Súmula 7/STJ.

In casu, consoante se infere das razões do recurso especial, a condenação em honorários importará na quantia aproximada de R$ 200.000,00 (duzentos mil reais), valor este considerado exorbitante levando-se em consideração as peculiaridades do caso concreto, como a natureza da causa (ação movida para sustar protestos de dívida inexequível, na qual não houve condenação), o trabalho realizado pelos advogados e o nível de complexidade da causa.

Forçoso concluir que a razoabilidade, aliada a princípios da equidade e proporcionalidade, deve pautar o arbitramento dos honorários...".

Corroborando tal entendimento, a 2ª Turma do Superior Tribunal de Justiça, no julgamento do Agravo Regimental no Agravo em REsp 532.550-RJ, firmou orientação no sentido de que: "A desproporção entre o valor da causa e o valor arbitrado a título de honorários não denota, necessariamente, irrisoriedade ou exorbitância da verba honorária, que deve se pautar na análise da complexidade da causa e do trabalho desenvolvido pelo causídico no patrocínio dos interesses de seu cliente...".

Ressalte-se que o Código de Processo Civil de 2015 inovou e aperfeiçoou a matéria atinente a honorários advocatícios de sucumbência, redefinindo, no art. 85, inúmeros aspectos importantes.

Todavia, no que se refere aos critérios genéricos para a respectiva fixação não houve qualquer alteração, devendo o juiz nortear-se: "pelo grau de zelo do profissional; o lugar de prestação do serviço; a natureza e importância da causa; o trabalho realizado pelo advogado e o tempo exigido para o seu serviço" (cf. art. 85, § 2º). Igualmente, também não se modificaram os percentuais mínimo e máximo, entre 10% e 20%, para a condenação, com a novidade de que há previsão para sucumbência recursal (§ 11).

Conforme, a propósito, acórdão da 1ª Turma no Agravo Interno no Agravo de Instrumento no REsp 1.714.545-SC, com voto condutor do Ministro Sérgio Kukina, textual:

> "A jurisprudência deste Superior Tribunal admite, em caráter excepcional, a alteração do quantum arbitrado a título de danos morais, caso o valor se mostre exorbitante, em clara afronta aos princípios da razoabilidade e da proporcionalidade, o que não ocorreu no caso concreto. 2. *In casu*, considera-se que o patrono da parte agravada atuou de forma diligente, apresentando as cabíveis contrarrazões ao recurso especial, fato que, aliado ao caráter desestimulador dos honorários recursais, justifica sua majoração em 20% (vinte por cento) sobre o valor anteriormente arbitrado pelas instâncias ordinárias para a verba advocatícia, nos termos do art. 85, § 11, do novo CPC/2015."

Desse modo, tudo leva a crer que os tribunais ainda têm uma boa margem para evitar, nesta questão, indevido enriquecimento ou injusto empobrecimento, considerando as peculiaridades de determinadas causas. O juiz pode, ainda, desde que justifique, a teor do art. 85, § 8º, valer-se de "apreciação equitativa".

Bem pondera, a propósito, Renato Beneduzi:[367]

> "O que o juiz deve fazer, com efeito, é fundamentar a fixação à luz dos elementos e dos fatos concretos da causa, sem empregar para justificá-la platitudes e expressões vagas e imprecisas que de concreto nada tenham a ver com a demanda. Lembre-se, neste ponto, que o art. 489 define como não fundamentada exatamente a decisão que 'se limitar à indicação, à reprodução ou à paráfrase de ato normativo, sem explicar sua relação com a causa ou a questão decidida' (inc. I)...".

Avalizando essa doutrina, a 4ª Turma do Superior Tribunal de Justiça, em recentíssimo julgamento do Agravo Interno nos Embargos de Declaração no Agravo em REsp 439.746-CE, da relatoria do Ministro convocado Lázaro Guimarães, decidiu que:

> "É pacífico o entendimento do Superior Tribunal de Justiça de que o valor estabelecido a título de honorários advocatícios pelas instâncias ordinárias pode ser alterado nas hipóteses em que a condenação se revelar exorbitante, distanciando-se dos padrões de razoabilidade, o que ocorre no caso em apreço, em que arbitrado o montante de 20% sobre o valor da execução (R$ 9.176.333,98). Na hipótese, extinto o processo de execução

---

367. *Comentários ao Código de Processo Civil*, v. 2, pág. 130.

pela procedência dos embargos, a verba honorária deve ser fixada com base no § 4º do art. 20 do Código revogado, que prescreve como parâmetro a apreciação equitativa do magistrado, não se vinculando ao valor da causa, ou aos percentuais mínimo e máximo previstos no § 3º do aludido diploma processual, como equivocadamente determinou o Juízo de piso."

E essa análoga orientação prevalece, mesmo sob a vigência do novo Código de Processo Civil, no Tribunal de Justiça de São Paulo, como, por exemplo, extrai-se de significativo acórdão da 23ª Câmara de Direito Privado, proferido no AgIn 2005955-85.2017.8.26.0000, valendo transcrever o seguinte trecho:

> "(...) Ocorre que o percentual mínimo aplicável de 10% sobre o valor atualizado da causa, implicaria no importe excessivo. Ora, não é crível que a legislação processual pretenda coibir tão-somente a fixação de honorários advocatícios irrisórios (art. 85, § 8º, do CPC/2015) e, por outro lado, permita a fixação de valores injustificáveis que impliquem no enriquecimento sem causa do causídico. Desta forma, o montante pretendido pela recorrida destoa dos princípios da razoabilidade e da proporcionalidade (art. 8º do CPC/2015)."

Esposando o mesmo entendimento, a 2ª Câmara de Direito Empresarial do Tribunal de Justiça bandeirante, no julgamento do Apelação 1088694-94.2015.8.26.0100, teve igualmente a oportunidade de admitir margem de adequação na fixação da verba honorária, observado o princípio da razoabilidade, com a seguinte ementa: "Ação anulatória de sentença arbitral. Honorários advocatícios. Fixação por equidade, nos termos do art. 85, § 8º, do CPC. Admissibilidade. Valor da causa elevado, que ensejaria verba honorária em valor excessivo caso observada a regra do art. 85, § 2º, do CPC".

Considerando-se as novas regras introduzidas pelo novel Código de Processo Civil acerca dessa matéria, nada obsta, portanto, a que o juiz, ao fixar os honorários de sucumbência em caso de improcedência do pedido, a despeito da letra do § 6º do art. 85, o faça de forma justificada, lastreando a sua convicção com base no princípio da razoabilidade, mediante "apreciação equitativa"!

Resulta, pois, irrefutável, que o Superior Tribunal de Justiça sedimentou a tese no sentido de que se faz possível, num contexto de excepcionalidade – traduzida em *questão de direito* –, adequar a fixação da verba honorária de sucumbência quando se apresenta ela distorcida: irrisória ou exagerada!

2. Definição dos honorários advocatícios de sucumbência pelo STJ

Além de muitas novidades introduzidas pelo vigente Código de Processo Civil (Lei 13.105/2015), foram modificados os critérios norteadores da fixação dos honorários advocatícios de sucumbência.

Houve, de fato, inúmeras alterações sobre essa importante temática, desde a condenação da Fazenda Pública em honorários mais condizentes com o exercício profissional até a denominada sucumbência recursal.

A matéria encontra-se agora pontualmente disciplinada, em particular, nos arts. 85 a 90 do aludido diploma processual.

O princípio da causalidade continua a justificar a responsabilidade pela sucumbência, como se infere do *caput* do art. 85: quem perdeu deve arcar com os honorários do advogado do vencedor.

Ademais, prestigiando, em vários aspectos, o posicionamento que já prevalecia na jurisprudência, o § 1º do art. 85 estabelece que são devidos honorários: a) na reconvenção; b) no cumprimento de sentença, provisório ou definitivo; c) na execução, resistida ou não; e d) nos recursos.

Como regra de regência, o § 2º do art. 85 dispõe que os honorários deverão ser fixados no percentual entre 10% e 20% da condenação, do proveito econômico ou, na impossibilidade de estimar-se o *quantum debeatur*, sobre o valor atualizado da causa. E isso tudo, independentemente da natureza da decisão, se de extinção do processo sem julgamento do mérito, de procedência ou de improcedência do pedido (§ 6º). Na hipótese de perda superveniente de interesse de agir (perda de objeto), a parte que deu causa ao processo deverá também arcar com o pagamento dos honorários (§ 10).

Não há que se confundir os i) honorários contratuais, que são aqueles acertados entre advogado e cliente, com base na autonomia privada, com os ii) honorários de sucumbência, aqueles que decorrem da condenação da parte vencida (sucumbente) a pagar honorários diretamente ao advogado da parte vencedora, em um processo judicial.

Vale dizer, a relação entre advogado e cliente gera, no mais das vezes, honorários contratuais, convencionados na esfera da autonomia privada das partes da relação de confiança, enquanto que, no âmbito do processo judicial, emerge outra remuneração, atinente aos honorários de sucumbência. Ambas as espécies de honorários, convencionais (ou fixados por arbitramento) e de sucumbência são cumulativos e pertencem ao advogado, como forma de remunerá-lo pelo seu serviço indispensável à administração da Justiça.

Pois bem, a nova regulamentação do Código de Processo Civil atinente à fixação dos honorários de sucumbência gerou notória insegurança nestes três anos de vigência, uma vez que pairava dúvida se, realmente, a *mens legis* teria rompido o paradigma que já estava de certo modo sedimentado em nossos tribunais, qual seja o de que a verba honorária de sucumbência deveria, em alguns casos, ser estimada pelo juiz, tomando-se como parâmetro, à luz do disposto no art. 20, § 3º, do Código de Processo Civil revogado, o princípio da razoabilidade, a evitar que a respectiva condenação implicasse, de um lado, manifesta irrisoriedade; ou, de outro, injustificado enriquecimento do advogado ou dos advogados beneficiários em detrimento do patrimônio do litigante que perdeu a causa.

Passado o tempo, tudo levava a crer que esse entendimento iria resultar inalterado.

Não obstante, aos poucos o Superior Tribunal de Justiça, em particular a 4ª Turma, foi superando essa clássica orientação, para chegar a uma interpretação acentuadamente objetiva, emergente da literalidade do referido § 2º do art. 85: "Os honorários serão fixados entre o mínimo de dez e o máximo de vinte por cento sobre o valor da condenação, do proveito econômico obtido ou, não sendo possível mensurá-lo, sobre o valor atualizado da causa...".

Daí, com efeito, a expectativa da comunidade jurídica no julgamento do REsp 1.746.072-PR, que foi ultimado na tarde do dia 13 de fevereiro passado.

A importante questão fora afetada à 2ª Seção do Superior Tribunal de Justiça, para julgar recurso especial interposto contra acórdão proferido pelo Tribunal de Justiça do Paraná, que deu provimento a agravo de instrumento de uma empresa, a fim de reduzir os honorários advocatícios com fundamento na equidade.

Segundo se extrai dos autos do respectivo processo, a empresa credora, na fase de cumprimento de sentença contra o Banco do Brasil, indicou como valor a ser executado o montante de R$ 2.886.551,03. Após a apresentação de impugnação pelo executado, o juiz, amparando-se em prova pericial contábil, reduziu o valor para R$ 345.340,97, arbitrando os honorários sucumbenciais devidos ao procurador da instituição financeira em R$ 100 mil, com base em critério equitativo, previsto no art. 85, § 8º, do Código de Processo Civil. O Tribunal de Justiça do Paraná, provendo o recurso, reduziu os honorários advocatícios para R$ 5 mil, igualmente com base na equidade. Ambas as partes recorreram ao Superior Tribunal de Justiça.

Lastreando-se na redação do indigitado § 2º do art. 85, o banco argumentou que os honorários deveriam ficar entre 10% e 20% do proveito econômico obtido com o parcial acolhimento da impugnação do cumprimento da sentença. Asseverou ainda que a fixação dos honorários com base na equidade só se aplicaria às causas de valor muito baixo ou de proveito econômico inestimável ou irrisório.

Diante desse contexto, a ministra Nancy Andrighi, relatora sorteada, com arrimo no § 8º do art. 85, defendeu a majoração dos honorários de R$ 5 mil para R$ 40 mil do recorrente, ponderando ser possível a fixação dos honorários advocatícios fora do critério de 10% a 20% estabelecidos no

§ 2º. Segundo sustentou a ministra, o conceito de "inestimável", na redação do § 8º, abrange igualmente as causas de grande valor.

Não obstante, abrindo a divergência em voto-vista, acabou prevalecendo a opinião do Ministro Raul Araújo, ao defender "que o espírito que deve conduzir o intérprete no momento da fixação do *quantum* da verba é o da objetividade", aduzindo que o novel Código de Processo Civil estabeleceu "três importantes vetores interpretativos", que tendem a conferir "maior segurança jurídica e objetividade" à matéria em discussão.

Segundo o relator designado, Ministro Raul Araújo, a regra geral e obrigatória é a de que os honorários sucumbenciais devem ser fixados no patamar de 10% a 20% do valor da condenação, consoante os termos do § 2° do art. 85. O percentual pode ainda incidir sobre o proveito econômico ou, não sendo possível mensurá-lo, sobre o valor atualizado da causa:

> "Nessa ordem de ideias, o Código de Processo Civil relegou ao § 8º do art. 85 a instituição de regra excepcional, de aplicação subsidiária, para as hipóteses em que, havendo ou não condenação, for inestimável ou irrisório o proveito econômico obtido; ou for muito baixo o valor da causa."

De modo muito didático, consignou o ministro relator, que:

> "(...) a incidência, pela ordem, de uma das hipóteses do art. 85, § 2º, impede que o julgador prossiga com sua análise a fim de investigar eventual enquadramento no parágrafo 8º do mesmo dispositivo, porque a subsunção da norma ao fato já se terá esgotado."

Para o ministro, é nítida a intenção do legislador em correlacionar a expressão "inestimável valor econômico" somente às causas em que não se vislumbra benefício patrimonial imediato, como, por exemplo, nas causas de estado e de direito de família:

> "Desse modo, no caso em apreço, diante da existência de norma jurídica expressa no novo Código, concorde-se ou não, descabe a incidência dos princípios da proporcionalidade e da razoabilidade, ou mesmo a aplicação, por analogia, do § 3º do mesmo dispositivo."

Assim, a 2ª Seção do Superior Tribunal de Justiça, com os votos, convergentes ao do relator, dos Ministros Luis Felipe Salomão, Antonio Carlos Ferreira, Ricardo Villas Bôas Cueva, Marco Aurélio Bellizze e Moura Ribeiro, assentou o entendimento de que os honorários advocatícios só podem ser fixados com base na equidade de forma subsidiária, quando não for possível o arbitramento pela regra geral ou quando inestimável ou irrisório o valor da causa.

Com estes fundamentos, a 2ª Seção rejeitou o recurso da empresa e deu provimento ao do Banco do Brasil, fixando os honorários sucumbenciais em 10% sobre o proveito econômico – diminuição do valor pretendido – obtido pela instituição financeira.

Tal orientação, contudo, ao meu ver, não afasta a hipótese de que, no futuro, o Superior Tribunal de Justiça, ao examinar esta questão, posicione-se no sentido de que a má aplicação dos critérios pré-estabelecidos na legislação processual possa ser corrigida em casos extremos, com a finalidade de restabelecer um equilíbrio de natureza financeira, tanto quanto possível justo, entre a parte vencida e a remuneração do advogado da parte que venceu o litígio.

3. Honorários do advogado não podem suplantar o benefício do vencedor

Consagrado no novo Código de Processo Civil, o princípio da causalidade continua a justificar a responsabilidade pela sucumbência, como se infere do *caput* do art. 85: quem perdeu deve arcar com os honorários do advogado do vencedor. "*É o fato objetivo da derrota*", como ensinava Chiovenda.

Ademais, prestigiando, em vários aspectos, o posicionamento que já prevalecia na jurisprudência, o § 1º do art. 85 estabelece que são devidos honorários: a) na reconvenção; b) no cumprimento de sentença, provisório ou definitivo; c) na execução, resistida ou não; e d) nos recursos.

Como acima visto, a exegese dessa importante questão foi afetada à 2ª Seção do Superior Tribunal de Justiça, para julgar, em 13 de fevereiro de 2019, o REsp 1.746.072-PR, no qual prevaleceu o voto condutor do Min. Raul Araújo.

Esse é, desde então, o precedente que tem sido seguido pelos tribunais de justiça de nossos país.

Todavia, a experiência forense tem mostrado inúmeros cenários nos quais a aplicação automática e cega da referida regra acarreta algumas situações paradoxais, que colocam o advogado numa posição melhor do que a alcançada pelo seu próprio cliente, ou ainda mais privilegiada do que a parte que obteve vitória parcial de sua pretensão.

É evidente que, como advogado militante, sempre defendi a fixação de remuneração condizente com o trabalho profissional daquele que presta serviço essencial à Administração da Justiça. Mas isso não significa, como é cediço, que o advogado obtenha, pelas circunstâncias da causa, um benefício financeiro maior do que aquele litigante que teve de ajuizar uma demanda e sagrou-se parcialmente vencedor.

Cabe invocar, mais uma vez, a precisa lição de Giuseppe Chiovenda: "O processo deve dar, na medida do possível, a quem tem um direito [inclusive o advogado], tudo aquilo e exatamente aquilo que tem direito de conseguir".

Fui recentemente consultado em pelo menos duas ocasiões em que havia flagrante distorção ao ser aplicado, sem qualquer reflexão mais acurada, o supra aludido § 2º do art. 85 do Código de Processo Civil.

Explico-me: um potencial cliente me procurou porque figurou como réu numa ação de dissolução de união estável cumulada com partilha de bens, sendo atribuído à causa o valor de R$ 12.000.000,00. Produzida a prova, a sentença de procedência concedeu a cada litigante uma unidade autônoma comercial, no valor de mercado de R$ 500.000,00, visto que apenas estes dois imóveis é que teriam sido adquiridos pelos companheiros durante o período em que perdurou a união estável. A sentença condenou reciprocamente os litigantes a pagarem aos respectivos advogados o percentual de 10% do valor dado à causa, devidamente atualizado. Resultado: cada um dos litigantes devia ao patrono da outra parte perto de R$ 1.500.000,00, em números atualizados.

Como os honorários de sucumbência constituem direito do advogado (cf. § 14 do art. 85), não podendo ser compensados na hipótese de sucumbência recíproca, a incidência da lei acaba gerando esse inadequado desfecho. Inadequado simplesmente porque não houve deslocamento patrimonial decorrente de uma condenação e, muito menos, "proveito econômico" concreto!

Em outra situação, que tem ocorrido com maior frequência, o Banco X requer o cumprimento de sentença contra o devedor Y, escudando-se em memória de cálculo no montante aproximado de R$ 10.000.000,00. O devedor oferece impugnação, baseando-se em adimplemento substancial da transação anteriormente celebrada com a entidade financeira, confessando dever apenas R$ 600.000,00. A impugnação é parcialmente acolhida, com a fixação de 20% de honorários advocatícios em prol dos patronos do devedor, incidentes sobre o proveito econômico atingido, ou seja, 20% sobre R$ 9.400.000,00, redundando numa condenação de R$ 1.880.000,00 de verba honorária sucumbencial, muito superior ao verdadeiro benefício financeiro do Banco credor.

Em casos como estes, certamente haverá manifesta assimetria entre a posição do cliente e a do advogado. Verifica-se, com efeito, no primeiro exemplo, que os dois advogados contratados, tanto do vencedor quanto do vencido, colocam o seu respectivo cliente numa situação pior do que aquela em que ele se encontrava antes do processo, sem ter efetivamente contribuído para essa solução indesejada! Sob o prisma estritamente econômico, na hipótese aqui retratada, teria sido melhor deixar perecer o direito do que sofrer a condenação na verba honorária.

É preciso dizer, por outro lado, que a regra do § 2º do art. 85 do Código de Processo Civil é uma via de mão dupla: se de um lado visa a assegurar remuneração condizente para o profissional contratado pela parte que se sagra vencedora, de outro lado, acaba por impingir ao advogado do autor uma responsabilidade profissional aterrorizante, que milita contra o livre exercício da própria advocacia, visto ser impossível, como é sabido, adivinhar o desfecho da controvérsia em termos de fixação de honorários sucumbenciais.

Entendo, assim, que estas distorções não podem passar ao largo do julgador. Em primeiro lugar, faz-se necessário investigar quem deu causa ao ajuizamento da demanda ou ao cumprimento da sentença. Em seguida, o juiz deve perquirir qual foi efetivamente o "proveito econômico" alcançado com o resultado do processo, para então fixar a sucumbência proporcional (*sempre proporcional*) à vantagem material concedida pela decisão.

É de concluir-se, pois, que o novo regime de sucumbência, estabelecido no Código de Processo Civil em vigor, não deve constituir obstáculo ao acesso à justiça. Daí ser necessário o aprimoramento de um critério seguro, que contorne a interpretação literal da lei, para resolver questões excepcionais, a evitar condenações esdrúxulas, que inviabilizam o caminho da tutela jurisdicional, garantia constitucional assegurada a todo cidadão!

– XIV –

OS ADVOGADOS VÃO AO CINEMA: *CLASS ACTION*

1. O cinema sempre foi a minha segunda paixão. Ainda jovem, além de me interessar pelo direito, os filmes que envolviam o embate entre o bem e o mal me deixavam fascinado.

Mais tarde, precisamente em meados da década de 80, consegui instituir, como professor de direito processual civil na Faculdade de Direito do Largo de São Francisco, atividade acadêmica complementar – *Cinema e Direito* -, destinada à discussão, após atenta apresentação, de questões jurídicas que emergiam de filmes famosos, como, por exemplo, os clássicos *Testemunha de acusação*, *Justiça para todos*, *Querem me enlouquecer*, *Kramer v. Kramer* e muitos outros.

O cinema, enfim, não raro, mostra diversas situações passíveis de controvérsias intersubjetivas que chegam ao proscênio dos tribunais.

Anos depois, esse profícuo e instrutivo exercício acabou sendo implantado, por considerável tempo, no âmbito do programa cultural da operosa Associação dos Advogados de São Paulo, para deleite de seus respectivos associados.

Nessa mesma época, por imperativo acadêmico, acabei me interessando pelo tema das ações coletivas, ainda pouco investigadas pela doutrina brasileira, ocasião em que publiquei um livro, de comparação jurídica, intitulado *"Class Action" e Mandado de Segurança Coletivo* (São Paulo, Saraiva, 1990).

2. Por uma destas incríveis coincidências, no final do ano seguinte, em 1991, foi lançado no Brasil o filme *Class Action*, título traduzido sem muita criatividade para *O julgamento final*, que tem como protagonistas Gene Hackman e Mary Elizabeth Mastrantonio, como diretor, Michael Apted, e como coadjuvantes, Laurence Fishburne, Colin Friels e Donald Moffat.

A trama é simplesmente formidável para quem se interessa não tanto pelo sistema processual norte-americano, mas, muito mais, pelos problemas éticos que são suscitados no desenrolar do filme e que, efetivamente, convidam à reflexão, até porque são os mesmos que enfrentamos no exercício da profissão de advogado, na esfera do contencioso.

3. Apenas para contextualizar o drama traçado pelo respectivo roteiro, imagino ser importante apresentar, ainda que de forma sintética, uma rápida noção do instituto processual denominado *class action* e, ainda, do procedimento de colheita da prova no âmbito do processo americano.

O instituto da *class action* é, na verdade, originário do direito inglês, versa sobre litígios que envolvem um número muito grande de pessoas interessadas e foi criado para estabelecer regras processuais nas hipóteses em que: a) houvesse a possibilidade de agrupamento; b) todos os membros do grupo tivessem o mesmo interesse na questão litigiosa; e c) o autor da ação tivesse condições de representar adequadamente o interesse dos demais.

Tal instituto adquiriu inequívoca importância nos Estados Unidos da América, com a edição, em 1938, da Regra 23 das *Federal Rules of Civil Procedure*. Em decorrência da ampla aceitação nos tribunais federais, a *class action* foi definitivamente implementada pela reforma legislativa de 1966, pondo fim a inúmeras discussões então propiciadas pela redação original da aludida *Rule 23*.

Apesar de ser considerada por alguns autores como uma forma legalizada de chantagem ("a form of legalized blackmail"), a verdade é que, já há décadas, a crescente complexidade e o desenvolvimento das modernas sociedades aumentou incrivelmente a importância das *class actions* (ações coletivas) como mecanismo processual para resolver controvérsias que afetam significativo número de pessoas.

Realmente, a experiência tem demonstrado que, ao longo do tempo, em vários segmentos do direito, além da solução de litígios de massa, as ações coletivas tiveram e continuam tendo múltiplas finalidades, inclusive a de mitigar os postulados capitalistas da indústria e do setor de prestação de serviços.

Com efeito, a potencialidade desse meio de proteção dos interesses metaindividuais proporciona aos cidadãos economicamente desfavorecidos efetivo acesso aos tribunais, visto que dificilmente conseguiriam instaurar processos individuais para defesa de seus direitos. Na verdade, como se costuma afirmar na literatura jurídica americana, a *class action* constitui um dos poucos remédios jurídicos de que dispõe o pequeno litigante, contra aqueles que comandam o *status quo*.

Não é preciso dizer que, na experiência jurídica brasileira, as ações coletivas, regidas por um micro-sistema legislativo, de todo particularizado, têm amplíssima incidência em defesa de um sem número de direitos homogêneos, coletivos e transindividuais, consubstanciando-se em instituto verdadeiramente consagrado na praxe forense.

Ressalte-se, por outro lado, que o processo civil norte-americano subdivide-se em duas fases procedimentais, a saber: a) a primeira, que é preliminar, anterior ao julgamento (*pretrial*); e b) aquela sucessiva, a do julgamento (*trial*), a qual, dependendo da matéria, desenrola-se perante o juiz togado ou diante do tribunal popular.

Na fase do *pretrial*, diferentemente do que ocorre em nosso sistema, as partes têm o dever recíproco de revelação, denominado *discovery*, dos meios de provas e de todos os dados que serão utilizados para a elucidação do caso e para roborar as respectivas alegações. Note-se que, neste primeiro momento, não há, em regra, qualquer ingerência do órgão julgador, vale dizer, do juiz estatal. São os próprios advogados que, de forma cooperativa, realizam todos os atos visando à investigação e à sucessiva produção da prova oral, podendo valer-se de uma pessoa detentora de credenciais oficiais (juramentada) para exercer tal atividade.

O juiz intervém apenas quando for instado, para refrear eventuais abusos das partes e de seus procuradores, não interferindo diretamente na das provas.

A Regra 26 das *Federal Rules of Civil Procedure* impõe às partes o dever de disponibilizar, mesmo sem qualquer requerimento do adversário, o nome, o telefone e o endereço de qualquer pessoa que possa fornecer informações possivelmente úteis para serem utilizadas na fase de julgamento.

Tenha-se presente, por fim, que, no âmbito do processo norte-americano, somente se viabiliza a instauração de um caso a ser levado a julgamento se efetivamente estiver calcado em provas potencialmente sólidas, produzidas durante a fase do *pretrial* e, ainda, que tenham sido estabelecidos os riscos e os limites subjetivos e objetivos da demanda.

4. Pois bem, retornando ao filme *Class Action*, logo em seu preâmbulo, já se observa que o ambiente é a cidade de San Francisco e o pano de fundo é o relacionamento de amor e ódio entre o experiente e famoso advogado

Jedediah Tucker Ward (Gene Hackman), sempre brilhante e irreverente, que dedicou a sua vida em busca de justiça para os mais fracos e às causas inglórias, não obstante à frente de um minúsculo e simples escritório de advocacia, e ninguém menos do que sua filha, a jovem e ambiciosa advogada Maggie Ward (Mary Elizabeth Mastrantonio), associada de uma das mais importantes bancas dos Estados Unidos.

O papel de ambos é intenso: o formidável desempenho de Gene Hackman, lembrando aquele maroto, de 20 anos atrás, que lhe fez vencer o Oscar pela atuação de melhor ator em Operação França; o de Mary Mastrantonio, sem dúvida, disparada a melhor de todas as suas atuações, incluindo aquela do mesmo ano de 1991, como a charmosa Lady Mariam, em Robin Hood: o príncipe dos ladrões.

Qual é o drama que se desenha logo após o início do filme?

Um homem – Steven Kellen (Robert David Hall) – que sofrera havia alguns anos, um terrível acidente automobilístico no qual teve as pernas amputadas por uma explosão, agenda uma consulta com Jed Ward. Relatando o caso a Jed e ao seu assistente, Nick Holbrook (Laurence Fishburne), explica que o acidente ocorrera quando ele estava parado num cruzamento, com a seta esquerda acionada. O carro que vinha atrás colidiu na traseira do seu, ocasionando forte explosão. O potencial cliente narrou ainda que, no ano anterior, ajuizara uma ação individual, que sequer fora aceita por ausência de provas mínimas.

Diante da situação concreta, o tirocínio e a experiência de Jed Ward fizeram-no aceitar o patrocínio da causa, dada a real possibilidade de ser ajuizada uma *class action*, na hipótese de vir a ser provado eventual defeito de fabricação daquele tipo de automóvel.

Em sequência, conhecendo um pouco mais os elementos da causa, há um diálogo deveras interessante entre Jed e Nick. Este último pondera que a chance de êxito da ação era remota porque, num universo de 500.000 veículos fabricados, seguindo o mesmo projeto, durante os anos de 1980 a 1985, apenas 132 apresentaram defeito grave, circunstância esta que teria levado o cliente à desistência da anterior. A tal argumento, retruca Jed: "não, não podemos temer estes juízes fascistas da era Reagan, que colocam os mais fracos para fora do tribunal, quando acionam uma grande corporação; temos de lutar, temos de acreditar em nossos ideais, vamos atrás das provas"!

Nesse ínterim, observa-se que a montadora do aludido automóvel é a cliente mais importante da renomada banca de advocacia na qual trabalha a filha de Jed, Maggie Ward, que, sem saber do patrocínio assumido pelo seu pai, luta para ficar à frente da possível demanda, aspirando inclusive a se tornar sócia do escritório.

Quando ambos – pai e filha – tomam conhecimento de que se enfrentariam no tribunal, a despeito da insistência de Maggie, Jed não cede, pretende continuar no caso, não apenas por uma questão de princípio, em razão do completo desamparo à vítima, seu cliente, como também, porque almejava vencer o sócio mais importante do grande escritório, Frederick Quinn (Donald Moffatt). Sua filha, Maggie, a seu turno, igualmente não desiste, porque, embora admire o pai, não se conforma com o desprezo em relação a ela, como advogada de um escritório de elite, bem como pelas reiteradas ausências de seu pai, e, ainda – tomando as dores de sua mãe -, pela infidelidade de Jed, ao longo dos anos. Realça ainda que o êxito no caso iria lhe transformar em sócia do renomado escritório!

A mulher de Jed, Estelle Ward (Joanna Merlin) implora a ambos, de forma carinhosa, para que não se enfrentem. A filha confessa à mãe que não pode se submeter ao preconceito paterno de que ela não pode ser uma boa profissional. "Eu quero vencê-lo, quero mostrar que eu posso... Você nunca quis enfrentá-lo, eu quero..."!

A dinâmica e as coincidências da vida, às vezes, de fato, colocam em lados opostos colegas e amigos mais chegados, bem como professores e ex-alunos, ensejando o surgimento de um sem número de aspectos altamente intrigantes do exercício profissional, tais como a disputa fora dos autos, a vaidade, a imperiosidade do patrocínio fiel decorrente do dever de lealdade ao cliente, o sigilo profissional e uma gama infindável de questões que podem surgir quando o exercício profissional se emaranha com a vida pessoal de cada um de nós...

No filme *Class Action* descortina-se, com efeito, um duelo de todo diferente, no qual o tribunal torna-se o palco de batalha para as rivalidades entre pai e filha, quando se deparam frente a frente numa causa milionária. A rigor, apesar do inusitado da situação, inexiste qualquer impedimento ético ou legal nessa circunstância... Não obstante, no drama do filme, há muito mais do que dinheiro envolvido!

5. Segue-se então o ajuizamento da *Class Action n. 861947, Kellen v. Argo Motors Corporation.*

Dada a resistência da empresa requerida para fornecer as informações solicitadas pelo autor, é marcada uma audiência pelo juiz da demanda, na qual o velho advogado Jed, com muita habilidade, "arrasa", a ponto de quase humilhar a jovem colega que, por sinal, também é sua filha!

Em suma, nessa fase do *pretrial*, fica estabelecido o dever de a ré entregar ao demandante todos os nomes e endereços dos 242 prepostos que trabalharam no projeto do carro defeituoso.

Ceifada por uma súbita embolia, Estelle – esposa de Jed e mãe de Maggie – vem a falecer. Numa posterior visita que Maggie faz ao seu pai, há um diálogo franco e muito revelador do caráter de ambos. O pai pede desculpas e declara amor à filha; ela, por sua vez, confessa: "eu precisava de você". Sem muita habilidade para administrar seus sentimentos Jed adiciona: "Amor era com sua mãe. Eu estava ocupado, tentando salvar o planeta"! Maggie retruca: "Num só golpe você decepcionou a mãe que eu amava e afastou o pai em quem eu sempre acreditei"! Este episódio culmina, logicamente, com mais uma áspera discussão...

6. Voltando à demanda, numa cena forte, na qual estava sendo colhido o depoimento do autor, Maggie, certamente para impressionar o sócio de seu escritório, Fred Quinn, que estava presente à sessão, exibe à vítima, Steven Kellen, as fotos do acidente. O depoente se comove. Jed e Nick, revoltados, levantam-se em protesto e Jed se volta para Maggie advertindo--a: "Segure bem o seu dinheiro, pois, sem alma ou coração, ele é tudo que você terá na vida"!

Dentre as pessoas envolvidas, Maggie descobre, num dos documentos apresentados, que um dos engenheiros da empresa, ao examinar o projeto do automóvel, que já estava em linha de produção, havia emitido um parecer apontando um grave defeito que poderia ter sido corrigido.

Ela, então, vai atrás do engenheiro Alexander Pavel (Jan Rubes). Este lhe descreve o defeito do projeto original do carro: quando ligada a seta esquerda, eventual impacto na parte traseira do automóvel poderia ocasionar explosão, em decorrência do atrito do metal, próximo ao tanque de combustível. Afirma mais: "apesar da idade avançada que tenho, lembro-me que expliquei tudo isso, de forma detalhada, num relatório". Maggie então lhe pergunta: "o Sr. tem cópia desse documento"? Ele responde: "não, entreguei ao responsável pela área de projetos da Argo". Maggie indaga: "o Sr. ainda tem as suas notas"? Ele responde: "É claro que sim, estão no arquivo da empresa".

Maggie acaba encontrando estas anotações altamente comprometedoras, em detrimento dos interesses de sua constituinte. Procura imediatamente o diretor da Argo, George Getchell (Fred Dalton Thompson), que lhe afirma lembrar-se do relatório, mas que, à época, submeteu o problema ao analista de risco. Sem qualquer sentimento, acrescenta o diretor, que pelos cálculos que foram elaborados, fazer um *recall* para consertar o defeito daquela marca de carro custaria aproximadamente 50 milhões de dólares, ao passo que reparar as possíveis perdas – estimadas em 200 acidentes – ficaria bem mais barato, algo em torno de 30 milhões de dólares. O circuito foi redesenhado para evitar a explosão e a indústria automobilística sujeitou-se conscientemente ao risco dos acidentes.

O diretor Getchell relatou ainda a Maggie que, à época, chegou a expor a questão ao seu escritório de advocacia, mas teria sido informado que não havia com o que se preocupar porque o relatório do engenheiro Pavel estava equivocado e deveria ser jogado no lixo. Maggie então lhe pergunta: "com quem o Sr. conversou". Resposta: "com Michael, seu superior, responsável pelo contencioso"!

Incrédula, retornando ao escritório, Michael Grazier (Colin Friels) lhe confessa que, de fato, dada a importância do cliente, preferiu se omitir, não alardeando o possível problema jurídico futuro, e tudo para o bem da firma e de sua própria carreira...

Maggie, extremamente decepcionada, que até então estava empenhada no patrocínio da causa, reúne-se com Quinn e Michael, entendendo que a prova do defeito, consubstanciada nas notas do engenheiro Pavel, deveria ser revelada ao tribunal. Ambos a advertem que tal atitude não apenas colocaria o escritório numa posição ridícula perante o cliente e até mesmo perante a comunidade jurídica, como, ainda, certamente, comprometeria a atuação profissional de Maggie, que não conseguiria se empregar em qualquer outra banca de advocacia!

Ela insiste, dizendo: "não se enganem, meu pai, sem a menor dúvida, solicitará todos os documentos do arquivo relacionados a Alexander Pavel"!

Diante de tal cenário, Fred Quinn e Michael não se opõem a entregar toda a documentação, não apenas relacionada ao período em que o carro apresentou o defeito, mas, sim, a um arco de 32 anos, tempo em que Pavel trabalhou na Argo. Michael ainda, em tom jocoso, ressalta que a parte contrária iria receber documentos que representariam o acervo da biblioteca do Congresso americano. Maggie ressalta: "não subestimem meu pai, ele irá direto na documentação do ano de 1983...". Michael lhe responde: "Mas ele não terá tempo hábil para encontrar as anotações de Pavel, simplesmente porque não temos qualquer obrigação legal de enviar os documentos em ordem cronológica, vamos misturá-los..."!

Maggie, até então, embora decepcionada com a atitude anti-ética de seus superiores, não mostra qualquer relutância em continuar à frente da defesa da Argo.

E, de fato, centenas de caixas de documentos, que lotaram um grande caminhão baú, foram enviadas ao escritório de Jed.

Dias depois, iniciada a audiência de debates e julgamento, Jed se apressa a afirmar que o único fato a ser provado era o prévio conhecimento da empresa ré quanto ao defeito de projeto do automóvel, causador de muitas mortes.

A defesa mostra declarado contentamento com a delimitação probatória estabelecida por Jed, sabendo de antemão que ele não lograria obter prova contundente, devendo fiar-se apenas no depoimento de um ancião.

E, assim, o engenheiro Pavel é convocado a prestar o seu depoimento. Maggie simplesmente acaba com a testemunha, desqualificando-a completamente na frente dos jurados, porque, apresentando-lhe alguns números, Pavel sequer se lembrou da data de seu nascimento.

Para surpresa e protesto da defesa, Jed chama para depor Michael Grazier, o responsável pela área de contencioso do escritório de Maggie. Embora depondo sob juramento, o depoente comete perjúrio ao declarar que jamais soube de qualquer relatório apresentado pelo Dr. Pavel.

Maggie se revolta!

Intrigada porque o escritório de seu pai, a despeito do esforço, ainda não encontrara as anotações de Pavel, Maggie, por instinto, vai conferir a listagem de documentos enviados e descobre que, na verdade, aquelas importantíssimas notas haviam sido destruídas por Michael (e, certamente, com a conivência de Fred Quinn), e, portanto, por mais que procurassem nas centenas de caixas de documentos, nada seria descoberto... Em resumo: Quinn e Michael estavam, deliberadamente, fazendo Jed perder tempo...

Na continuação da audiência, Jed "tira do colete" – como ainda se diz –, a próxima testemunha convocada a depor. A defesa não esperava... e tampouco sabia que poderia ser chamado o, já referido, analista de risco da Argo!

Nesse momento, Quinn e Michael percebem que Maggie passara a sigilosa informação a seu pai. Michael sussurra a Maggie: "sua megera, você deu a testemunha a eles". Ela ironiza, também em voz baixa, quase inaudível: "Você não sabia que o anseio por justiça é hereditário"?

A primeira pergunta que Jed formula ao analista de risco é a seguinte: "O Sr. se recorda de ter examinado um relatório que revelava defeito do projeto do carro"? Resposta: "Sim, lembro-me do relatório".

Fred Quinn, que estava sentado no auditório da sala de julgamento, apressa-se em solicitar audiência com o juiz, da qual deveriam participar apenas os advogados mais experientes, ou seja, ele e Jed. Ponderando, então, em sala fechada, Quinn assevera que o caso deveria ser encerrado ali, porque a filha de Jed passara informações sigilosas à parte contrária, infringindo a lei. Jed retruca, de forma exaltada, que se alguém cometeu falta ética e até mesmo crime foi Michael, ao destruir provas e tentar obstruir a justiça, e, outrossim, adverte Quinn a deixar sua filha fora de qualquer acusação, até porque era dever da defesa da Argo revelar a existência do relatório sobre o defeito do projeto do carro... O Juiz Symes (Matt Clark) então exorta Quinn a procurar um acordo, uma vez que o escritório deste cometera inúmeras ilegalidades, ao arrepio da lei e do código de ética.

Quinn, sem outra saída, oferece 30 milhões de dólares... Jed ignora a oferta... Quinn chega a 50 milhões para fecharem um acordo. Jed simplesmente diz: "prefiro o julgamento" e deixa a sala!

7. Em seguida, a cena final traduz a satisfação e contentamento de todos os integrantes do escritório de Jed – que, na verdade, não eram muitos -, numa mesa de um restaurante que ainda estava fechado para o público, celebrando a grande vitória, visto que a Argo fora condenada a pagar indenização às vítimas no significativo valor de 100 milhões de dólares!

Maggie chega à pequena confraternização e é saudada por todos, em especial, por seu pai e por Nick, que lhe agradecem por sua postura ética, ainda que lhe tenha custado muito caro.

A mensagem que este belo filme deixa, sobretudo aos iniciados em direito, é a tensão dialética entre os advogados que atuam norteados por um comportamento ético desejável e o perfil daqueles profissionais que agem sem quaisquer escrúpulos, demonstrando mínimo conhecimento de deontologia (teoria dos deveres) forense!

A responsabilidade moral e ética de cada ser humano, a rigor, não precisaria estar disciplinada por normas preestabelecidas, visto que decorre como consequência natural do berço, da vida em sociedade, do homem em suas relações vitais e comunicativas.

Enfim, a atuação profissional de Maggie, embora fruto de ficção, constitui, em qualquer experiência jurídica do planeta, um verdadeiro padrão, a possibilitar a delimitação objetiva na liberdade de escolha deste ou daquele caminho ético!

– XV –

COLAR DO MÉRITO JUDICIÁRIO

DISCURSO DE AGRADECIMENTO

TJSP – 25.10.2018 – SP

Senhoras e Senhores:

As minhas primeiras palavras são de agradecimento pela fidalguia com a qual Vossa Excelência, Sr. Presidente, acolhe-me nesse prestigioso Sodalício bandeirante.

Agradeço-lhe a honra e o prazer que o Tribunal de Justiça bandeirante me proporciona, na luminosidade da hora e na magnificência do cenário, com a profusão de cores e de tons, a exuberância de sentimentos e multiplicidade de afetos, na presença confortadora e na comunhão dileta de familiares, amigos e colegas.

Destaco inicialmente que meu Pai, cujo maior legado foi o de me inculcar a ideia de que não há justiça sem ética entre os seus protagonistas, estaria certamente muito orgulhoso nesta efeméride vendo-me receber o Colar do Mérito Judiciário da Corte de Justiça paulista. Na condição de advogado militante durante toda a vida, ele não perdia oportunidade para enaltecer esse Tribunal de Justiça. Ensinou-me desde cedo que para exercer a advocacia em plenitude era necessário, antes de mais nada, respeitar e reverenciar os integrantes do Poder Judiciário. Lição assimilada e que tenho seguido à risca durante esses 40 anos de exercício profissional.

A vida é repleta de coincidências e de surpresas, quando é que poderia eu imaginar que um dia, fosse estar nesse prestigioso salão nobre denominado Manoel da Costa Manso. O Ministro Manoel da Costa Manso formou-se em 1894 na Velha e Sempre nova Academia do Largo de São Francisco, tendo passado os primeiros 8 anos de atividade profissional exercendo a advocacia em Mogi-Mirim, minha cidade natal, até ser nomeado juiz em 1903. Deixou o seu nome esculpido nos umbrais desse Tribunal de Justiça, tendo sido seu Presidente entre janeiro de 1932 até julho de 1933. Em disputada eleição com o já acatado Carlos Maximiliano, seu nome foi aprovado por unanimidade pelos 10 Ministros para preencher vaga no Supremo Tribunal Federal, a partir de agosto de 1933, onde brilhou, com votos magistrais, até maio de 1939.

Quando é que eu poderia pensar em receber aqui tamanha distinção por ato de inequívoco desprendimento de todos os integrantes do Órgão Especial desse Egrégio Tribunal de Justiça?

Aqui estou, pois, acudindo a tão enobrecedora homenagem.

Vindo de Mogi-Mirim aos 14 anos de idade, depois de ter cursado o clássico, ingressei na Faculdade de Direito do Largo de São Francisco e de lá jamais saí. Formado há exatos 40 anos, fiz das Arcadas a minha segunda casa e do fórum paulista o meu cotidiano profissional.

Na Academia, procurei me aperfeiçoar, inspirado nos ensinamentos, dentre outros, de mestres da envergadura moral de Sérgio Marcos de Moraes Pitombo, José Ignácio Botelho de Mesquita, Luiz Carlos de Azevedo e Moacyr Lobo da Costa, homens de personalidade austera, que traçaram os desígnios da minha formação intelectual e me instigaram a desvendar as raízes dogmáticas da ciência processual. Tive ainda a fortuna de ter sido orientado no meu doutorado, por dois anos consecutivos, na Universidade de Roma, pelo Professor Giovanni Pugliese, considerado, ao lado de Cesare Vivante, Emilio Betti e Francesco Carnelutti, um dos quatro maiores juristas italianos do século XX, pelas mãos de quem me aprofundei no estudo do método fascinante que conota toda a grandiosa obra de Piero Calamandrei.

Consciente do significado da docência, a partir de seu sentido etimológico, procurei não me omitir no cumprimento do dever de produzir, ensinar e orientar, de incentivar os que iniciam e prosseguem em sua caminhada pela órbita jurídica ou que ousam trilhar outras veredas; assim também, em reuniões e em certames acadêmicos, em momento algum fugi à responsabilidade de expressar minha opinião sincera e franca, ainda que assumindo posições delicadas, não exatamente simpáticas, sobre o justo e o injusto.

No Fórum, fiel ao juramento de exercer a advocacia com dignidade e independência, jamais agi de forma desleal ou postulei com receio de desagradar quem quer que fosse. Aos meus pares advogados, sempre uma palavra de alento e de respeito; aos magistrados, sempre uma reverência; aos servidores, sempre demonstrei estima!

Posso afirmar que, até hoje, continuo tendo enorme alegria, que é diuturna, em exercer a profissão de advogado, aprendendo dia após dia, com os meus colegas e com os juízes, as múltiplas variantes que a interpretação e a aplicação do direito oferecem.

Pelo menos, nos últimos 10 anos, subo uma ou duas vezes por semana os 28 degraus das escadas desenhadas pelo renomado escritório Ramos de Azevedo, para ingressar nesse Palácio da Justiça, constantemente motivado e tomado pela ansiedade da expectativa do julgamento. Invariavelmente, dirijo-me a esse 5º andar para vestir beca. De modo já descontraído, vou logo perguntando, em tom de pilhéria, ao Wellington ou ao Juscelino, servidores exemplares e prestativos, se deu pra guardar a beca do Dr. Theotonio. De volta do julgamento, perguntam-me e aí Dr. ganhou? Ocorre também às vezes que, quando chego, já me adiantam que a do Dr. Theotonio está aqui reservada, e eu então retruco: hoje, meu amigo, nem com a do Theotonio eu ganho, mas vamos ver o que acontece!

Senhor Presidente, em ocasiões como esta, protocolarmente, o homenageado agradece a significativa honraria que lhe é concedida, aduz mais algumas palavras e encerra a sua manifestação.

Não obstante, entendo que se descortina uma oportunidade peculiar para que eu possa tecer duas ou três rápidas observações realistas de como um advogado, já com alguma vivência, enxerga o Judiciário paulista em época contemporânea.

Evidente que não correrei o risco de ser contagiado pela maldição dos longos discursos. É que nos anais da história política dos EUA, William Harrison, o 9º Presidente americano, proveniente do Estado da Virginia, proferiu o mais longo discurso de posse de toda história, com a duração de 2hs e 22minutos, a céu aberto, numa tarde gelada, em Washington, no dia 4 de março de 1841. Faleceu exatamente um mês depois de pneumonia!

Serei breve!

No recentíssimo best-seller escrito por Steven Levitsky e Daniel Ziblatt, intitulado *Como as democracias morrem*, os autores, baseados em profunda pesquisa, elaboram um inventário histórico, a demonstrar que, sem exceção, todas as vezes nas quais o Poder Judiciário foi cooptado ou foi calado pela força, os regimes liberais converteram-se em ditaduras. Asseveram inclusive que nos Estados Unidos, durante quase todo o primeiro século após a Independência, a composição da Suprema Corte foi alvo frequente de maquinações sectárias, começando pela manobra dos federalistas de encolher a corte para negar ao presidente eleito, Jefferson, a prerrogativa de indicar um *Justice*. Nessa época, mais precisamente entre 1800 e 1869, a Suprema Corte dos EUA teve a sua composição alterada sete vezes, todas elas por razões de cunho político.

Sob a perspectiva da experiência histórica, quando um grupo passa a dominar as instituições oficiais, em especial, a independência do Poder Judiciário, usando o Estado em benefício de alguns, pode-se notar que a legitimidade desse sistema fenece, ainda que o modelo, a burocracia e a retórica adotados para a conservação desse poder arbitrário sejam travestidos dos aspectos formais do direito.

A despeito da situação crítica que, nessa quadra, caracteriza as instituições públicas do Brasil, mais relevante ainda se torna o papel do Poder Judiciário, que, em sua missão maior de tutelar o direito, continua sendo o proscênio de esperança e a derradeira trincheira de todos os cidadãos.

Faço esta profissão de fé porque o período atual é claramente de indefinições. As incertezas que assolam o País fazem com que o Judiciário, cônscio de sua importância e de seu papel fundamental no desenvolvimento e na autonomia da Nação, evite, a todo o custo, ceder à pressão das dificuldades que têm a particular malícia de destruir mais e mais depressa os nossos valores republicanos.

A administração da justiça, sobretudo para garantir de forma irrestrita a observância dos direitos fundamentais é a chave para a manutenção da ordem, a preservação da paz e, sobretudo, da segurança.

Um Poder Judiciário destemido é, portanto, em qualquer lugar do planeta, pressuposto da garantia de segurança jurídica. Aquela segurança jurídica destacada com ênfase pelo eminente Celso Lafer, há alguns meses, em seu discurso de agradecimento, nesse mesmo salão nobre, por ocasião do recebimento deste mesmo galardão.

Podemos afiançar que o nosso Judiciário se mantém altaneiro na senda que constitucionalmente lhe é reservada. O Poder Judiciário paulista, em particular, continua forte e unido!

Em primeiro lugar, porque, ao longo destes últimos anos, tem cumprido o compromisso de atender ao princípio fundamental da duração razoável do processo.

Não é tarefa fácil nem de baixa complexidade, numa Corte tão numerosa quanto esta, encurtar o tempo entre a lesão e a satisfação do direito tutelado, velho anseio de toda a sociedade.

Michele Taruffo, num festejado livro sobre as vicissitudes da justiça italiana a partir do séc. XVIII, assinala que a história do processo é a história da luta contra o tempo. Aquele tempo inimigo, como a ele referia-se Carnelutti, que conspira contra todos os protagonistas do processo e, em última análise, que desprestigia a fé na Justiça.

É bem de ver que atualmente, em relação aos países integrantes da União Europeia, o Tribunal Constitucional sediado em Estrasburgo, a partir dos critérios do grau de dificuldade da causa e do desempenho do juiz responsável pelo processo, estabeleceu, como média da tramitação razoável do processo, o lapso de 2 anos para o primeiro grau e de 3 anos para o segundo grau. Ultrapassado esse tempo, vale dizer, um lustro, cada um dos litigantes, independentemente de ter ou não razão, já têm o direito de receber 1.000 euros do país em que o processo tramita, considerado objetivamente responsável, a guisa de reparação pelo dano moral experimentado em decorrência da angústia provocada pela demora do processo.

Ora, quem exerce a advocacia no contencioso civil em São Paulo deve orgulhar-se da significativa conquista alcançada pelo Tribunal de Justiça, visto que, em regra, o tempo de espera para o julgamento dos recursos – agravos e apelações – tem sido extremamente exíguo, a invejar, por exemplo, o Judiciário da Itália, da Grécia e de Portugal, cuja morosidade é vexatória no conserto dos países da Europa continental!

Mas não é só.

É sabido que mesmo antes da vigência do novo Código de Processo de Civil, sobreveio propositada valorização da observância do precedente jurisprudencial como mecanismo visando a imprimir maior celeridade ao desfecho das controvérsias.

Cumpre-me registrar que se faz notória a dilatada e crescente preocupação desta Egrégia Corte de Justiça, em preservar a uniformidade de interpretação e de aplicação do direito, no âmbito de seus respectivos órgãos fracionários.

Na verdade, esta tendência de consolidação, *intra muros*, das teses pretorianas sufragadas pela maioria de seus integrantes, constitui inequívoca demonstração do espírito de colegialidade, a ensejar, de um lado, prestígio e confiança ao Tribunal, e a garantir, de outro, previsibilidade e segurança ao jurisdicionado!

Não é tarefa fácil ater-se ao precedente julgamento proferido em caso análogo. O juiz deve, evidentemente, realizar um exercício prévio de hermenêutica das normas jurídicas, que nem sempre são suscetíveis de uma única apreensão intelectual. Como bem assevera Miguel Reale, "enquanto as leis físico-matemáticas têm um rigor e uma estrutura que não dão lugar a interpretações conflitantes, as leis jurídicas, ao contrário, são momentos de vida que se integram na experiência humana e que, a todo instante, exigem um esforço de superamento de entendimentos contrastantes, para que possam ser aplicadas em consonância com as exigências da sociedade em determinado momento e lugar".

O juiz que deixa de lado os padrões esperados ou ao menos previsíveis para julgar com base em suas preferências pessoais está agindo de forma arbitrária e, portanto, contrária ao direito,

Isso não significa, em absoluto, que o julgador deva ser considerado um escravo do passado nem tampouco um déspota do futuro. Mas cabe a ele, ao se afastar do precedente, seja pela obsolescência, seja pela ausência de similitude entre o caso julgado e a hipótese pendente de julgamento, o ônus da justificativa, ao expor a *ratio decidendi* da respectiva decisão.

Seja como for, o que também observo é que o Tribunal de Justiça de São Paulo, salvo raríssimas situações, não se deixou contaminar pela famigerada "jurisprudência defensiva", que, a pretexto de diminuir o número de recursos despreza o exame do mérito do litígio, circunstância que provoca enorme frustração ao jurisdicionado. É dizer, mais vale um recurso a menos do que dar razão a quem tem direito!

Não é, por certo, pela dizimação heterodoxa do acervo de recursos dos Tribunais Superiores que será atendido o princípio fundamental da duração razoável do processo!

Saliente-se, por outro lado, que, com a entrada em vigor do novo Código de Processo Civil, tem aumentado, de forma visível, a tensão entre os operadores do direito.

Aliás, essa tensão dialética entre juízes e advogados sempre existiu. Calamandrei, com sua saborosa perspicácia, evoca uma passagem na qual, já afamado jurista, atuava como advogado num inventário, em que sua cliente, muito idosa, precisava receber seu quinhão para poder sobreviver. Foi ele ter com o juiz da causa, expondo o drama pelo qual passava sua constituinte, ponderando que a audiência estava designada para ser realizada a dali 15 meses e solicitava que fosse antecipada. O juiz então pegou a sua agenda e redesignou tal ato processual, diminuindo apenas 1 mês aquele longo período de espera, de 15 para 14 meses, para o dia tal às 16h. Calamandrei não se conteve e indagou ao juiz, com ironia, Excelência, diante da situação aflitiva que narrei ao Sr., não poderia ser às 14h?

Tomando como meu o vaticínio do experiente processualista português Miguel Teixeira de Sousa, pode-se afirmar que somente depois da entrada em vigor de um novo diploma processual é que começam as verdadeiras dificuldades.

De fato, inúmeras são as questões polêmicas que têm surgido na praxe forense nos dias atuais decorrentes da exegese do vigente Código de Processo Civil, no que se refere, por exemplo, à audiência de conciliação, à fixação dos honorários, à estabilização da tutela de urgência, à amplitude de cabimento do agravo de instrumento, aos limites objetivos do recurso de apelação, à notória multiplicação do número de sustentações orais e ainda outras, que certamente irão aparecer.

Como tudo na vida, não se deve sofrer por antecipação. Para que o novo diploma processual possa ter uma interpretação convergente e mais consistente, dada a dimensão continental do nosso País, arrisco-me a prever que se exigirá ao menos um prazo de 5 anos.

Nesse entretempo, o melhor caminho é o da tolerância entre todos nós, que pressupõe o ouvir, o se comunicar, o interagir, a fim de que possamos caminhar num sentido de entendimento convergente. O outro deve ser encarado não como um indivíduo a ser suportado, mas como alguém – juiz, promotor, advogado – que pode abrir novos horizontes e perspectivas.

A metáfora do "ponto cego", invocada por Marcelo Neves, presta-se a ilustrar esse importante aspecto das nossas relações: embora nem todos sejam capazes de enxergar o "ponto cego", é possível que outra pessoa consiga. Assim, o nosso campo de visão se amplia consideravelmente a partir do momento em que estejamos dispostos a ouvir o que o outro tem a dizer e não simplesmente querer impor a nossa própria interpretação na base da força e da arrogância. Afinal, não há nenhuma pessoa ou grupo social que seja capaz de ter uma visão tão privilegiada e tão abrangente de determinado problema que possa se arrogar no direito de impor a sua própria solução às outras pessoas sem levar em conta o que elas têm a dizer.

Essa visão cooperativa do fenômeno processual passou a ter inclusive previsão legal, no sentido de que a tolerância acima referida sirva igualmente a preservar e acentuar a cordialidade, considerada como um dos valores essenciais ao convívio diuturno da nossa comunidade jurídica.

Dworkin reforça essa perspectiva, na medida em que propõe uma integração entre a ética e a moral, defendendo uma conjugação entre os padrões que prescrevem como tratar os outros e os padrões que prescrevem como nós próprios devemos nos comportar no desempenho do nosso mister.

É hora de finalizar!

Preclaro Presidente, meus Colegas e Amigos, ao encerrar estas palavras desejo, mais uma vez, agradecer ao Colendo Órgão Especial a generosidade em me outorgar este honroso título, colocando-me como par de uma plêiade de juristas ilustres.

Recebo-o em meu nome, pedindo licença ao Presidente da OAB, para também recebê-lo em nome de todos os Advogados do Estado de São Paulo.

Muito obrigado!

BIBLIOGRAFIA

ALEXY, Robert, e DREIER, Ralf. *Precedent in the Federal Republic of Germany*, Interpreting Precedents – A Comparative Study, obra coletiva dir. Neil MacCormick e Robert Summers, Adershot, Ashgate, 1997.

ALEXY, Robert. *Teoria da argumentação jurídica*, tr. port. Zilda Hutchinson Schild Silva, São Paulo, Landy, 2001,

ALMADA, Roberto José Ferreira, *A garantia processual da publicidade*, coord. Bedaque e Cruz e Tucci, São Paulo, Ed. RT, 2005.

Andolina, Italo e VIGNERA, Giuseppe. *Il modelo costituzionale del processo civile italiano*, Torino, Giappichelli, 1990.

ARAGÃO, Egas Moniz de. *Sentença e coisa julgada – Exegese do Código de Processo Civil*, Rio de Janeiro, Aide, 1992.

ARMELIN, Donaldo. *Observância à coisa julgada e enriquecimento ilícito – postura ética e jurídica dos magistrados e advogados*, Cadernos do Centro de Estudos Judiciários, Conselho da Justiça Federal, 23, Brasília, 2003.

ARRUDA ALVIM, José Manoel de. *Manual de direito processual civil*, v. 2, 6ª ed., São Paulo, Ed. RT, 1997.

ASSIS, Araken de. *Cumulação de ações*, São Paulo, Ed. RT, 1989.

ASSIS, Araken de. *Da natureza jurídica da sentença sujeita a recurso*, Doutrina e prática do processo civil contemporâneo, São Paulo, Ed. RT, 2001.

ATAÍDE JÚNIOR, Jaldemiro Rodrigues de. *O trato das relações jurídicas continuadas no NCPC, uma oportunidade perdida*, Novo CPC e o processo tributário, obra coletiva coord. Antonio Carlos F. de Souza Júnior e Leonardo Carneiro da Cunha, São Paulo, Focofiscal, 2015.

ATIYAH, P. e Summers, R. *Form and Substance in Anglo-American Law*, Oxford, Clarendon, 2002 (reed.).

ÁVILA, Humberto. *Segurança jurídica no direito tributário*, São Paulo, Malheiros, 2014.

AZEVEDO, Philadelpho de. *Um triênio de judicatura*, v. 3, São Paulo, Max Limonad, 1955.

BARBOSA MOREIRA, José Carlos. *A eficácia preclusiva da coisa julgada material no sistema do processo civil brasileiro*, Temas de direito processual, 1ª s., São Paulo, Saraiva, 1977.

BARBOSA MOREIRA, José Carlos. *Comentários ao Código de Processo Civil*, v. 5, 14ª ed., Rio de Janeiro, Forense, 2008.

BARBOSA MOREIRA, José Carlos. *Direito processual civil – ensaios e pareceres*, Rio de Janeiro, Borsoi, 1971.

BARBOSA MOREIRA, José Carlos. *Eficácia da sentença e autoridade da coisa julgada*, Ajuris – Revista da Associação dos Juízes do Rio Grande do Sul, 28, 1983; Temas de direito processual, 3ª ser., São Paulo, Saraiva, 1984.

BARBOSA MOREIRA, José Carlos. *O futuro da justiça: alguns mitos*, Temas de direito processual, 8ª s., São Paulo, Saraiva, 2004.

BARBOSA MOREIRA, José Carlos. *Questões prejudiciais e coisa julgada*, tese, Rio de Janeiro, 1967.

BARILE, Paolo. Nota de pé de página na publicação do artigo de Cipriani, *Come si attacano gli intocabili*.

BAUR, Fritz. *Wege zu einer Konzentration der mündlichen Verhandlung im Zivilprozess*, Beiträge zur Gerichtsverfassung und zum Zivilprozessrecht, Tübingen, Mohr, 1983.

BAZILONI, Nilton Luiz de Freitas. *A coisa julgada nas ações coletivas*, São Paulo, Juarez de Oliveira, 2004.

BEDAQUE, José Roberto dos Santos. *Efetividade do processo e técnica processual: tentativa de compatibilização*, São Paulo, Malheiros, 2006.

BEDAQUE, José Roberto dos Santos. *Instrumentalismo e garantismo: visões opostas do fenômeno processual*, Garantismo processual – garantias constitucionais aplicadas ao processo, obra coletiva coordenada por José Roberto dos Santos Bedaque, Lia Carolina Batista Cintra e Elie Pierre Eid, Brasília, Gazeta Jurídica, 2016.

BEDAQUE, José Roberto dos Santos. *Poderes instrutórios do juiz*, 5ª ed., São Paulo, Ed. RT, 2011.

BEDAQUE, José Roberto dos Santos. *Tutela cautelar e tutela antecipada: tutelas sumárias e de urgência (tentativa de sistematização)*, São Paulo, Malheiros, 1998.

BENDER, Rolf. *The Stuttgart Model*, Acess to Justice, v. 2, t. 2, ed. Cappelletti e Weisner, Milano-Sijthoff, Giuffrè-Alphen aan den Rijn, 1979.

BENETI, Sidnei Agostinho. *Desconsideração da sociedade e legitimidade ad causam: esboço de sistematização*, Aspectos polêmicos e atuais sobre os terceiros no processo civil e assuntos afins (obra coletiva), coord. Fredie Didier Júnior e Teresa Arruda Alvim Wambier, São Paulo, Ed. RT, 2004.

Betti, Emilio. *D. 42.1.63 – Trattato dei limiti soggettivi della cosa giudicata in diritto romano*, Macerata, Tip. Bianchini, 1922.

Bezerra Filho, Manoel Justino. *Lei de recuperação de empresas e falências comentada*, 10ª ed., São Paulo, Ed. RT, 2014.

Bonaccorso, Liborio C. *Il giudicato civile*, Napoli. Jovene, 1955.

Botelho de Mesquita, José Ignácio. *A autoridade da coisa julgada e a imutabilidade da motivação da sentença*, São Paulo, tese, 1963.

Botelho de Mesquita, José Ignácio. *Coisa julgada*, São Paulo, Forense, 2004,

Botelho de Mesquita, José Ignácio. *Teses, estudos e pareceres de processo civil*, v. 2, São Paulo, Ed. RT, 2005.

Bueno, Cassio Scarpinella. *Execução provisória e antecipação da tutela*, São Paulo, Saraiva, 2003.

Bueno, Cassio Scarpinella. *Novo Código de Processo Civil anotado*, São Paulo, Saraiva, 2015.

Bustamante, Thomas da Rosa. *Teoria do precedente judicial*, São Paulo, Noeses, 2012.

Buzaid, Alfredo. *A ação declaratória no direito brasileiro*, 2ª ed., São Paulo, Saraiva, 1986.

Cabral, Antonio do Passo. *Convenções processuais: entre publicismo e privatismo*, Salvador, JusPodivm, 2015.

Cadiet, Loïc, Normand, Jacques e Mekki, Soraya Amrani. *Théorie générale du procès*, Paris, PUF, 2010.

Cadiet, Loïc. *Les convenctions relatives au procès en droit français. Sur la contractualisation du règlement des litiges*, Accordi di parti e processo – suplemento da Rivista trimestrale di diritto e procedura civile, 2008.

Calamandrei, Piero. *Anche i giudici sono uomini*, Il Ponte, n. 10, 1956

Calamandrei, Piero. *Appunti sulla sentenza come fatto giuridico*, Rivista di diritto processuale civile, 1932.

Calamandrei, Piero. *La genesi logica della sentenza civile*, Opere giuridiche, v. 1, Napoli, Morano, 1965.

Calamandrei, Piero. *Oralità nel processo*, Nuovo digesto italiano, 9, Torino, Utet, 1940; Opere giuridiche, 1, Napoli, MOrano, 1965.

Calamandrei, Piero. *Parere della Facoltà di Giurisprudenza a S. E. il Ministro della Giustizia sul Progetto preliminare del Codice di Procedura Civile*, Firenze, Universitaria-Carlo Cya, 1937; Opere giuridiche, v. 1, Napoli, Morano, 1965; Processo oral (obra coletiva), São Paulo, Forense, 1940.

Calamandrei, Piero. *Processo e democrazia*, Padova, Cedam, 1954.

Campos, Ronaldo Cunha. *Limites objetivos da coisa julgada*, São Paulo, Leud, 1976.

CAPONI, Remo. *Autonomia privata e processo civile: gli accordi processuali*, Accordi di parti e processo – suplemento da Rivista di diritto e procedura civile, 2008.

CAPPELLETTI, Mauro. *Le grandi tendenze evolutive del processo civile nel diritto comparato*, Processo e ideologie, Bologna, Mulino, 1969.

CARNEIRO, Athos Gusmão. *Audiência de instrução e julgamento*, 4ª ed., Rio de Janeiro, Forense, 1992.

CARNEIRO, Athos Gusmão. *Intervenção de terceiros*, 12ª ed., São Paulo, Saraiva, 2001.

CARNELUTTI, Francesco. *Diritto e processo*, Napoli, Morano, 1958.

CARNELUTTI, Francesco. *Istituzioni del processo civile italiano*, v. 1, 5ª ed., Roma, Foro Italiano, 1956.

CARNELUTTI, Francesco. *La prova civile – parte generale: il concetto giuridico della prova*, Roma, Athenaeum, 1915.

CARNELUTTI, Francesco. *Mutamento della legge in tema di prescrizione*, Rivista di diritto processuale, 1952.

CARNELUTTI, Francesco. *Sistema di diritto processuale civile*, 1, Padova, Cedam, 1936.

CARPES, Artur. Ônus dinâmico da prova, Porto Alegre, Livraria do Advogado, 2010.

CARPI, Federico. *Reflections on the Harmonization of Civil Procedural Law in Europe in Relation to the 1968 Brussels Convention*, Scritti in onore di F. Mancini, 2, Milano, Giuffrè, 1998.

CAVALCANTI FILHO, Theophilo. *O problema da segurança no direito*, tese, São Paulo, 1964.

CHIASSONI, Pierluigi. *Il precedente giudiziale: tre esercizi di disincanto*, Analisi e diritto, Firenze, 2004.

CHIOVENDA, Giuseppe. *Instituições de direito processual civil*, vs. 1, 2 e 3, 2ª ed., tr. port. J. Guimarães Menegale, São Paulo, Saraiva, 1965.

CHIOVENDA, Giuseppe. *Principii di diritto processuale civile*, 3ª ed., Napoli, Jovene, 1923.

CHIOVENDA, Giuseppe. *Procedimento oral*, Processo oral (obra coletiva), trad. port. Osvaldo Magon, Rio de Janeiro, Forense, 1949.

CHIOVENDA, Giuseppe. *Sulla cosa giudicata*, Saggi di diritto processuale civile, v. 2, Roma, Foro Italiano, 1931.

CHIZZINI, A. *Sentenza nel diritto processuale civile*, Digesto delle discipline privatistiche – sezione civile, 4ª ed., Torino, Utet, 2008.

CINTRA, Antonio Carlos de Araújo. *Comentários ao Código de Processo Civil*, v. 4, 3ª ed., Rio de Janeiro, Forense, 2008.

CIPRIANI, Franco. *Come si attacano gli intocabili,* Il Ponte, 1992, n. 3.

CIPRIANI, Franco. *L'Elogio di Calamandrei tra canzonatura e piaggeria*, Piero Calamandrei e la procedura civile, 2ª ed., Napoli, ESI, 2009.

CIPRIANI, Franco. *Nel centenario del regolamento di Klein (il processo civile tra libertà e autorità)*, Rivista di diritto processuale, 1995.

CIPRIANI, Franco. *Prefazione* à edição italiana do livro de Montero Aroca, *I principi politici del nuovo processo civile spagnolo*, Napoli, ESI, 2002.

COELHO, Fábio Ulhoa. *Comentários à nova lei de falências e de recuperação de empresas*, 4ª ed., São Paulo, Saraiva, 2007.

COMOGLIO, Luigi Paolo, Ferri, Corrado e Taruffo, Michele. *Lezioni sul processo civile*, Bologna, Mulino, 1995.

COSTA, Moacyr Lobo da. *A revogação da sentença*, São Paulo, Edusp/Ícone, 1995.

COSTA, Moacyr Lobo da. *Cumulação de juízos na ação rescisória*, separata, São Paulo, 1986.

COUTO, Camilo José D'Ávila. *Dinamização do ônus da prova no processo civil*, Curitiba, Juruá, 2014.

COUTURE, Eduardo J. *Due libri in uno*, Rivista di diritto processuale, tr. it. de Mauro Cappelletti, 1957.

COUTURE, Eduardo J. *Fundamentos del derecho procesal civil*, 3ª ed., Buenos Aires, Depalma, 1966.

CRUZ E TUCCI, José Rogério e Azevedo, Luiz Carlos de. *Lições de história do processo civil lusitano*, Coimbra Ed.- Ed. RT, São Paulo, 2009.

CRUZ E TUCCI, José Rogério e Tucci, Rogério Lauria. *Indevido processo legal decorrente da apresentação simultânea de memoriais*, Devido processo legal e tutela jurisdicional, São Paulo, Ed. RT, 1993.

CRUZ E TUCCI, José Rogério. *A* causa petendi *no processo civil*, 3ª ed., São Paulo, Ed. RT, 2009.

CRUZ E TUCCI, José Rogério. *A fenomenologia da coisa julgada no pensamento de Botelho de Mesquita*, Processo civil – Homenagem a José Ignacio Botelho de Mesquita (obra coletiva coord. por José Rogério Cruz e Tucci, Walter Piva Rodrigues e Rodolfo Costa Manso Real Amadeo), São Paulo, Quartier Latin, 2013.

CRUZ E TUCCI, José Rogério. *Direito processual civil inglês*, Direito processual civil europeu contemporâneo (obra coletiva), coord. Cruz e Tucci, São Paulo, Lex, 2010.

CRUZ E TUCCI, José Rogério. *Lineamentos da nova reforma do CPC*, 2ª ed., São Paulo, Saraiva, 2002.

CRUZ E TUCCI, José Rogério. *Precedente judicial como fonte do direito*, São Paulo, Ed. RT, 2004.

CRUZ E TUCCI, José Rogério. *Sobre a eficácia preclusiva da decisão declaratória de saneamento*, Temas polêmicos de processo civil, São Paulo, Saraiva, 1990.

CRUZ E TUCCI, José Rogério. *Técnica processual civil do Código de Defesa do Consumidor*, Devido processo legal e tutela jurisdicional, São Paulo, Ed. RT, 1993.

CRUZ, Guilherme Braga da. *A formação histórica do moderno direito privado português e brasileiro*, Revista da Faculdade de Direito da USP, 50, 1955, p. 65.

DE CRESCI SOBRINHO, Elício. *Dever de esclarecimento e complementação no processo civil*, Porto Alegre, Fabris, 1988.

DENTI, Vittorio. *L'interpretazione della sentenza civile*, Studi delle scienze giuridiche e sociali, t. 28, Pavia, A. Garzanti, 1946.

DIAS, Handel Martins. *Condicionamento histórico do processo civil brasileiro: o legado do direito lusitano* tese de doutorado inédita, Faculdade de Direito da USP, 2015.

DI PIETRO, Maria Sylvia Zanella. *Direito administrativo*, 11ª ed., São Paulo, Atlas, 1999.

DIDIER JÚNIOR, Fredie. *Extensão da coisa julgada à resolução da questão prejudicial incidental no novo CPC brasileiro*, Civil Procedure Review, 6, 2015.

DIDIER JÚNIOR, Fredie. *Curso de direito processual civil*, v. 1, 17ª ed., Salvador, Jus Podivm, 2015.

DINAMARCO, Cândido Rangel. *Instituições de direito processual civil*, 2 e 3, 6ª ed., São Paulo, Malheiros, 2009.

DINAMARCO, Cândido Rangel. *Intervenção de terceiros*, 2ª ed., São Paulo, Malheiros, 2000.

DINAMARCO, Cândido Rangel. *Relativizar a coisa julgada material*, Revista da Escola Paulista da Magistratura, 2, 2001; Revista de Processo, n. 109, 2003; Nova era do processo civil, São Paulo, Malheiros, 2003.

DINAMARCO, Cândido Rangel. *Súmulas vinculantes*, Revista Forense, 347, 1999.

EZQUIAGA GANUZAS, Francisco Javier. Iura novit curia *y aplicación judicial del derecho*, Valladolid, Lex Nova, 2000.

FAIRÉN GUILLÉN, Victor. *Los princípios procesales de oralidad y de publicidad general y su carácter técnico o político*, Rev. Der. Proc. Ibero Americana, 1975.

FAIRÉN GUILLÉN, Victor. *Un proceso actual, oral, concentrado y económico:* él *del Tribunal de las Aguas de Valencia*, Studi in onore di Enrico Tullio Liebman, v. 4, Milano, Giuffrè, 1979.

FAZZALARI, Elio. *Istituzioni di diritto processuale*, 4ª ed., Padova, Cedam, 1986.

FAZZALARI, Elio. *Le funzione del giudice nella direzione del processo civile*, Rivista di diritto processuale, 1963.

FAZZALARI, Elio. *Per un processo comune europeo*, Rivista trimestrale di dirittto e procedura civile, 1994.

FAZZALARI, Elio. *Prefazione*, La giustizia civile nei paesi comunitari, obra coletiva dir. Elio FAZZALARI, Padova, Cedam, 1994.

FERNANDES, Sérgio Ricardo de Arruda. *Alguns aspectos da coisa julgada no direito processual civil brasileiro*, Revista de Processo, 62, 1991.

FERREIRA, Manuel Alceu Affonso, *Funeral da cordialidade*, Revista da CAASP, dez./2014.

FERRI, Corrado, TARUFFO, Michele e COMOGLIO, Luigi Paolo. *Lezioni sul processo civile*, Bologna, Mulino, 1995.

FERRI, Corrado. *Struttura del processo e modificazione della domanda*, Padova, Cedam, 1975.

FRANÇA, Rubens Limongi. *Jurisprudência*, Enciclopédia Saraiva do Direito, 47, 1980.

FRANÇA, Rubens Limongi. *O direito, a lei e a jurisprudência*, São Paulo, Ed. RT, 1974.

GABBA, Carlo Francesco. *Teoria della retroattività delle leggi*, v. 1, 2ª ed., Torino, Unione Tip. Ed., 1884.

GALGANO, Francesco. *Il precedente giudiziario in civil law*, Atlante di diritto privato comparato, Bologna, Zanichelli, 1999.

GARAPON, Antoine. *Bien juger. Essai sur le rituel judiciaire*, Paris, Odile Jacob, 1997.

GARBAGNATI, Edoardo. *La sostituzine processuale nel nuovo Codice di Procedura Civile*, Milano, Giuffrè, 1942.

GARBAGNATI, Edoardo. *Questioni preliminari di merito e parti della sentenza*, Studi in onore di Enrico Tullio Liebman, v. 3, Milano, Giuffrè, 1979.

GARRONE, Alessandro Galante. *Calamandrei e l'*Elogio *dei giudici: ieri e oggi*, Giornata lincea in ricordo di Piero Calamandrei, Roma, 1993.

GASCÓN ABELLÁN, Marina. *La técnica del precedente y la argumentación racional*, Madrid, Tecnos, 1993.

GHIRGA, Maria Francesca. *Le novità sul calendario del processo: le sanzioni previste per il suo mancato rispetto*, Rivista di diritto processuale, 2012.

GODINHO, Robson. *Negócios processuais sobre o ônus da prova no novo Código de Processo Civil*, São Paulo, Ed. RT, 2015.

GÖNNER, Nicolaus T. *Handbuch des deutschen gemeinen Prozesses*, v. 1, 2ª ed., Erlangen, 1804.

GORLA, Gino. *Precedente giudiziale*, Enciclopedia giuridica treccani, v. 23, 1990.

GRILLO LONGORIA, Rafael. *Derecho Procesal civil* – I (Teoría general del proceso civil), 2ª ed., Habana, Pueblo y Educación, 1986.

GRINOVER, Ada Pellegrini. *Limites objetivos da coisa julgada*, Informativo Incijur, 10, 2000.

GRUNSKY, Wolfgang. *Il cosiddetto "Modello di Stoccarda" e l'accelerazione del processo civile tedesco*, Rivista di diritto processuale, 1971.

GUIMARÃES, Luiz Machado. *Limites objetivos do recurso de apelação*, Rio de Janeiro, Instituto Brasileiro de Direito Processual Civil, 1961.

GUIMARÃES, Mário. *O juiz e função jurisdicional*, Rio de Janeiro, Forense, 1958.

GURVICH, M. A. *Profili generali del processo civile sovietico*, Ricerche sul processo – 1. Il processo civile sovietico, Padova, Cedam, 1976.

HABSCHEID, Walter. *Droit judiciaire privé suisse*, 2ª ed., Genebra, Gerg e Cia., 1981.

HÉRON, Jacques. *Droit judiciaire privé*, Paris, Montchrestien, 1991.

IHERING, Rudolf von. *Des effets réflexes ou de la réaction exercée sur les tiers par les faits juridiques*, Études complémentaires de l'espirit du droit romain, 5-9, tr. fr. Octave de Meulenaere, t. 4, Paris, Libr. A. Maresq, 1903.

JOLOWICZ, J. A. *The Active Role of the Court in Civil Litigation*, Public Interest Parties and the Active Role of the Judge in Civil Litigation, Milano-New York, Giuffrè-Oceana, 1975.

KAUFMANN, *Arthur. Filosofía del derecho*, tr. cast. Luis Villar Borda e Ana Maria Montoya, da 2ª ed. alemã de 1997, Bogotá, Univ. Ext. de Colombia, 1999.

KELSEN, Hans. *Teoria pura do direito*, v. 2, Coimbra, Armênio Amado, 1962.

KRIELE, Martin. *Il precedente nell'ambito giuridico europeu-continentale e anglo-americano*, La sentenza in Europa – método, tecnica e stile (obra coletiva), Padova, Cedam, 1988.

LACERDA, Galeno. *Despacho saneador*, Canoas, La Salle, 1953.

LARENZ, Karl. *Metodologia da ciência do direito*, 3ª ed., tr. port. José Lamego, Lisboa, Fundação C. Gulbenkian, 1997.

LAZZARINI, Alexandre Alves. *A* causa petendi *nas ações de separação judicial e de dissolução da união estável*, São Paulo, Ed. RT, 1999.

LE GALLOU, Anne. *Le juge e le droit: présentation de l'article 12 NCPC*, Revue juridique de l'Ouest, v. 8, n. 4, 1995.

LEBRE DE FREITAS, José. *Introdução ao processo civil. Conceito e princípios gerais à luz do Código revisto*, Coimbra, Coimbra Ed., 1996.

LEBRE DE FREITAS, José. *Revisão do processo civil*, Revista da Ordem dos Advogados, Lisboa, 55, 1995.

LEFORT, Christophe. *Procédure civile*, Paris, Dalloz, 2005.

LEGROS, Robert. *Considérations sur les motifs*, La motivation des décisions de justice (obra coletiva), Bruxelles, É. Bruylant, 1978.

LEITE, Clarisse Frechiani Lara. *Prejudicialidade no processo civil*, São Paulo, Saraiva, 2008.

LIEBMAN, Enrico Tullio. *Efficacia ed autorità della sentenza*, rist., Milano, Giuffrè, 1962 (= *Eficácia e autoridade da sentença e outros escritos sobre a coisa julgada*, tr. port., 2ª ed., Rio de Janeiro, Foprense, 1981).

LIEBMAN, Enrico Tullio. *Giudicato – diritto processuale civile*, Enciclopedia giuridica treccani, v. 15, 1989 (=*The Notion of* Res Judicata, Italian Yearbook of Civil Procedure, ed. Elio Fazzalari e Maurice Sheridan, Milano, Giuffrè, 1991.

LIEBMAN, Enrico Tullio. *Manuale di diritto processuale civile*, 1, 6ª ed., Milano, Giuffrè, 2002.

LIEBMAN, Enrico Tullio. *Notas às Instituições de direito processual civil de Chiovenda*, v. 3, 2ª ed., tr. port. J. Guimarães Menegale, São Paulo, Saraiva, 1965.

LIMA, Alcides de Mendonça. *Ação rescisória contra acórdão em agravo de instrumento*, Revista de Processo, 41, 1986.

LIMA, Tiago Asfor Rocha. *Precedentes judiciais civis no Brasil*, São Paulo, Saraiva, 2013.

LOPES DA COSTA, Alfredo de Araújo. *Da intervenção de terceiros no processo*, São Paulo, Teixeira, 1930.

LOPES, Bruno Vasconcelos Carrilho. *Limites objetivos e eficácia preclusiva da coisa julgada*, São Paulo, Saraiva, 2012.

LUCON, Paulo Henrique dos S. *Código de Processo Civil anotado* (obra coletiva), AASP-OAB/PR, 2015.

MACÊDO, Lucas Buril e Peixoto, Ravi Medeiros. Ônus da prova e sua dinamização, Salvador, Jus Podivum, 2014.

MACHADO, António Montalvão e Pimenta, Paulo. *O novo processo civil*, 2ª ed., Coimbra, Almedina, 2000.

MACHADO, J. Baptista. *Introdução ao direito e ao discurso legitimador*, Coimbra, Almedina, 1997.

MALLET, Estevão. *Breves notas sobre a interpretação das decisões judiciais*, Revista do TST, 74, jan./fev., 2008.

MANCUSO, Rodolfo de Camargo. *Jurisdição coletiva e coisa julgada*, tese, São Paulo, 2005.

MANSOUR, Affef Ben. *Un processus inédit: les arrêts "pilotes" de la CEDH*, Les actions en justice au-delà de l'intérêt personnel (obra coletiva), Paris, Dalloz, 2014.

MARINONI, Luiz Guilherme. *A ética dos precedentes*, São Paulo, Ed. RT, 2014.

MARINONI, Luiz Guilherme. *Eficácia temporal da revogação da jurisprudência consolidada dos tribunais superiores*, Revista dos Tribunais, 906, 2011.

MARQUES, José Frederico. *Instituições de direito processual civil*, v. 3, Rio de Janeiro, Forense, 1959.

MARQUES, José Frederico. *Manual de direito processual civil*, v. 1, São Paulo, Saraiva, 1974.

MAXIMILIANO, Carlos. *Hermenêutica e aplicação do direito*, 6ª ed., Rio de Janeiro, Freitas Bastos, 1957.

MELLO, Patrícia Perrone Campos. *Precedentes*, Rio de Janeiro, Renovar, 2008.

MENCHINI, Sergio. *Il giudicato civile*, Torino, Utet, 1988.

MENDES, João de Castro. *Limites objectivos do caso julgado em processo civil*, Lisboa, Ática, 1968.

MILLAR, Robert Wyness. *The Formative Principles of Civil Procedure*, A History of Continental Civil Procedure, coord. Arthur Engelmann, New York, Augustus Kelley, 1969.

MONTELEONE, Girolamo. *I limiti soggettivi del giudicato civile*, Padova, Cedam, 1978.

MONTELEONE, Girolamo. *Principi e ideologie del processo civile: impressioni di un "revisionista"*, Rivista trimestrale di diritto e procedura civile, 2003 (= *Principios e ideologías del proceso civil: impresiones de "un revisionista"*, Proceso civil e ideología, coord. Juan Montero Aroca, Valencia, Tirant lo Blanch, 2006).

MONTERO AROCA, Juan *et alii*. *El nuevo proceso civil (Ley 1/2000)*, Valencia, Tirant Lo Blanch, 2000.

MONTERO AROCA, Juan. *El proceso civil llamado "social" como instrumento de "justicia" autoritaria*, Proceso civil e ideología, coord. Juan Montero Aroca, Valencia, Tirant lo Blanch, 2006.

MONTERO AROCA, Juan. *Los princípios políticos de la nueva Ley de Enjuiciamento Civil: los poderes del juez y la oralidade*, Valencia, Tirant lo Blanch, 2001.

MONTERO AROCA, Juan. *Síntesis de las concepciones históricas del proceso civil*, Teoría & Derecho – Revista de pensamento jurídico, 7, Valencia, Tirant lo Blanch, 2010

MONTESANO, Luigi. *"Pubblico" e "privato" in norme del Codice Civile sulla tutela giurisdizionale dei diritti*, Scritti in onore di Elio Fazzalari, v. 2, Milano, Giuffrè, 1993.

MORAES CARVALHO, Alberto Antonio de. *Praxe forense ou directorio prático do processo civil brasileiro*, 3ª ed., Rio de Janeiro, Ribeiro dos Santos, 1910.

NASI, Antonio. *Interpretazione della sentenza*, Enciclopedia del diritto, 22, 1972.

NEGRÃO, Theotonio *et alli*. *Código de Processo Civil e legislação processual em vigor*, 49ª ed., São Paulo, 2018.

OLIVEIRA ASCENSÃO, José de. *O direito. Introdução e teoria geral – uma perspectiva luso-brasileira*, 11ª ed., Coimbra, Almedina, 2001.

OLIVEIRA, André Macedo. *A desistência dos recursos especiais repetitivos e os julgamentos em tese*, Revista Consultor Jurídico, 19-01-2015.

OLIVEIRA, Carlos Alberto Alvaro de. *O juiz e o princípio do contraditório*, Revista do Advogado da AASP, n. 40, 1993 (= Revista de Processo, 73, 1994).

ORMAZÁBAL SÁNCHEZ, Guillermo. *La vinculación del juez a la calificación jurídica de la demanda*, Madrid, Marcial Pons, 2007.

PACE, Gaetano. *Il diritto transitorio con particulare riguardo al diritto privato*, Milano, Ambrosiana, 1944.

PAULA BAPTISTA, Francisco de. *Compendio de theoria e pratica do processo civil comparado com o commercial*, 7ª ed., Lisboa, Livr. Clássica Ed., 1910.

PEIXOTO, Ravi Medeiros e Macêdo, Lucas Buril. Ônus da prova e sua dinamização, Salvador, Jus Podivum, 2014.

PEIXOTO, Ravi Medeiros. *Superação do precedente e segurança jurídica*, Salvador, Jus Podivm, 2015.

PEREIRA E SOUZA, Joaquim José Caetano. *Primeiras linhas sobre o processo civil, acomodadas ao foro do Brasil*, Rio de Janeiro, Garnier, 1907.

PERELMAN, Chaïm, e OLBRECHTS-TYTECA, Lucie. *Tratado da argumentação. A nova retórica*, tr. port. Maria Ermantina Galvão, São Paulo, Martins Fontes, 2002.

PERROT, Roger. *La cosa giudicata: recenti sviluppi nel diritto francese*, Rivista di diritto processuale, 1982.

PESSOA VAZ, Alexandre Mário. *Poderes e deveres do juiz na conciliação judicial*, Coimbra, Coimbra Ed., 1976.

PICÓ I JUNOY, Joan. *El derecho procesal entre el garantismo y la eficacia: un debate mal planteado*, Proceso civil e ideología, coord. Juan Montero Aroca, Valencia, Tirant lo Blanch, 2006.

PICÓ I JUNOY, Joan. *Las garantías constitucionales del proceso*, Barcelona, Bosch, 1997.

PIMENTEL, Wellington Moreira. *Comentários ao Código de Processo Civil*, v. 3, São Paulo, Ed. RT, 1975.

PONTES DE MIRANDA, F. C. *Comentários ao Código de Processo Civil*, t. 3, 2ª ed., Rio de Janeiro, Forense, 1979.

PONTES DE MIRANDA, F. C. *Comentários ao Código de Processo Civil*, t. 2, Rio de Janeiro, Forense, 1947.

PONTES DE MIRANDA, F. C. *Comentários ao Código de Processo Civil*, t. 5, Rio de Janeiro, Forense, 1974.

PONTES DE MIRANDA, F. C. *Comentários ao Código de Processo Civil*, t. 17, Rio de Janeiro, Forense, 1978.

PORTO, Sérgio Gilberto. *Comentários ao Código de Processo Civil*, v. 6, São Paulo, Ed. RT, 2000.

POUTCHINSKI, V. K. *Princípios de processo civil da URSS e das Repúblicas Federadas*, trad. port. Soveral Martins, Coimbra, Centelha, 1978.

PROTO PISANI, Andrea. *Lezioni di diritto processuale civile*, Napoli, Jovene, 1994.

PROTO PISANI, Andrea. *Parte (dir. proc. civ.)*, Enciclopedia del diritto, 31, 1981,

PUGLIESE, Giovanni. *Giudicato civile (storia)*, Enciclopedia del diritto, 18, 1968.

REALE, Miguel. *Fontes e modelos do direito*, São Paulo, Saraiva, 1994.

REDENTI, Enrico. *Il giudizio civile con pluralità di parti*, rist., Milano, Giuffrè, 1960.

REIS, José Alberto dos. *Breve estudo sobre a reforma do processo civil e comercial*, 2ª ed., Coimbra, Coimbra Ed., 1929.

REZENDE FILHO, Gabriel de. *A reforma processual*, Processo oral (obra coletiva), Rio de Janeiro, Forense, 1940.

RICCI, Gian Franco. *Principi di diritto processuale generale*, Torino, Giappichelli, 1995.

ROCCO, Ugo. *L'autorità della cosa giudicata e i suoi limiti soggettivi*, Roma, Athenaeum, 1917.

ROSAS, Roberto F. *Direito sumular*, 14ª ed., São Paulo, Malheiros, 2012.

RUBIER, Paul. *Le droit transitoire – Conflits de lois dans le temps*, 2ª ed., Paris, Dalloz, 2008 (reimpr.).

SANTOS, Moacyr Amaral. *Comentários ao Código de Processo Civil*, v. 4, 3ª ed., Rio de Janeiro, Forense, 1982.

SANTOS, Moacyr Amaral. *Contra o processo autoritário*, aula inaugural do ano letivo de 1959, Revista da Faculdade de Direito da Universidade de São Paulo, 1959.

SANTOS, Moacyr Amaral. *Primeiras linhas de direito processual civil*, v. 2, 26ª ed., São Paulo, Saraiva, 2010.

SARTOR, G. *Precedente giudiziale*, Contratto e impresa (obra coletiva dir. F. Galgano), Padova, Cedam, 1995.

SAVIGNY, F. Carl von. *System des heutingen* römischen Rechts, v. 6, Berlin, Veit und Comp., 1847 (= *Sistema del diritto romano attuale*, tr. it. Vittorio Scialoja, v. 6, Torino, Utet, 1896).

SCHAUER, Frederick. *Thinking like a Lawyer*, 1ª reed. Indiana, Nova Deli, Universal, 2010.

SERRA DOMÍNGUEZ, Manuel. *La Ley 1/2000 sobre enjuiciamiento civil*, Barcelona, J. M. Bosch, 2000.

SICA, Heitor Vitor Mendonça, *Direito processual civil espanhol*, Direito processual civil europeu contemporâneo, coletânea coord. Cruz e Tucci, São Paulo, Lex, 2010.

SICA, Heitor Vitor Mendonça. *Preclusão processual civil*, 2ª ed., São Paulo, Atlas, 2008.

SILVA, José Afonso da. *Curso de direito constitucional positivo*, 16ª ed., São Paulo, Malheiros, 1999.

SILVA, Ovídio A. Baptista da. *Comentários ao Código de Processo Civil*, v. 1, São Paulo, Ed. RT, 2000.

SILVA, Ovídio A. Baptista da. *Eficácias da sentença e coisa julgada*, Sentença e coisa julgada – ensaios, Porto Alegre, Sérgio Fabris, 1979.

SOARES, Fernando Luso. *Processo civil de declaração*, Coimbra, Amedina, 1985.

SOUSA, Miguel Teixeira de. *Apreciação de alguns aspectos da "revisão do processo civil – projecto"*, Revista da Ordem dos Advogados, 55, 1995.

SOUSA, Miguel Teixeira de. *O objeto da sentença e o caso julgado material (estudo sobre a funcionalidade processual)*, Revista Forense, 291, 1985.

STALEV, Zhivko. *Fundamental Guarantees of Litigation in Civil Proceedings: A Survey of the Laws of the European People's Democracies*, Fundamental Guarantees of the Parties in Civil Litigation, org. Cappelletti e Tallon, Milano--New York, Giuffrè-Oceana, 1973.

STEIN, Eric. *Un nuovo diritto per l'Europa*, trad. it. Ilaria Mattei, Milano, Giuffrè, 1991.

STEIN, Peter. *I fondamenti del diritto europeo – Profili sostanziali e processuali dell'evoluzione dei sistemi giuridici*, Milano, Giuffrè, 1995.

STORME, Marcel. *Diritto processuale internazionale*, La giustizia civile nei paesi comunitari, obra coletiva dir. Elio Fazzalari, Padova, Cedam, 1994.

STORME, Marcel. *Perorazione per un diritto giudiziario europeo*, Rivista di diritto processuale, 1986.

STRECK, Lenio Luiz. *Jurisdição constitucional e hermenêutica. Uma nova crítica do direito*, Porto Alegre, Livr. do Advogado, 2002.

TALAMINI, Eduardo. *Coisa julgada e sua revisão*, São Paulo, Ed. RT, 2005.

TARUFFO, Michele e La Torre. *Precedent in Italy*, Interpreting Precedents – A Comparative Study, obra coletiva dir. Neil MacCormick e Robert. Summers, Adershot, Ashgate, 1997.

TARUFFO, Michele, Comoglio, Luigi Paolo e Ferri, Corrado. *Lezioni sul processo civile*, Bologna, Mulino, 1995.

TARUFFO, Michele. *Calamandrei e le riforme del processo civile*, Piero Calamandrei – Ventidue saggi su un grande maestro, coletânea Per la storia del pensiero giuridico moderno, 32, coord. de Paolo Barile, Milano, Giuffrè, 1990.

TARUFFO, Michele. *Dimensioni del precedente giudiziario*, *Scintillae iuris* – Studi in memoria di Gino Gorla, t. 1, Milano, Giuffrè, 1994.

TARUFFO, Michele. *La motivazione della sentenza civile*, Padova, Cedam, 1975.

TARUFFO, Michele. *Las funciones de las Cortes Supremas: entre uniformidad y justicia*, Proceso y Constitución – El rol de las Altas Cortes y el derecho a la impugnación, Lima, Palestra, 2015.

TARUFFO. Michele. *Precedente e giurisprudenza*, Rivista trimestrale di diritto e procedura civile, 2007.

THEODORO JÚNIOR, Humberto. *Curso de direito processual civil*, v. 1, 59ª ed., Rio de Janeiro, Forense, 2017.

TOME GARCÍA, José Antonio. *Proteción procesal de los derechos humanos ante los tribunales ordinarios*, Madrid, Montecorvo, 1987.

TORNAGHI, Hélio. *Comentários ao Código de Processo Civil*, v. 1, São Paulo, Ed. RT, 1974.

TROCKER, Nicolò. *Processo civile e constituzione – Problemi di diritto tedesco e italiano*, Milano, Giuffrè, 1974.

TUCCI, Rogério Lauria e Cruz e Tucci, José Rogério. *Constituição de 1988 e processo*, São Paulo, Saraiva, 1989.

TUCCI, Rogério Lauria e Cruz e Tucci, José Rogério. *Indevido processo legal decorrente da apresentação simultânea de memoriais*, Devido processo legal e tutela jurisdicional, São Paulo, Ed. RT, 1993.

VAZ, Teresa Sapiro Anselmo. *Novas tendências do processo civil no âmbito do processo declarativo comum (alguns aspectos)*, Revista da Ordem dos Advogados, Lisboa, 55, 1995.

VERDE, Giovanni, *Le ideologie del processo in un recente saggio*, Rivista di diritto processuale, 2002 (= *Las ideologías del proceso en un reciente ensayo*, Proceso civil e ideología, coord. Juan Montero Aroca, Tirant lo Blanch, Valencia, 2006).

ZEUNER, Albrecht. *Die objektiven Grenzen der Rechtskraft im Rahmem rechtlicher Sinnzusammenhänge*, Tübingen, Mohr, 1959.